해 양 인 문 학 총 서

XII

수중고고학의
역 사

해 양 인 문 학 총 서

XII

수중고고학의
역 사

김도현 지음

한국학술정보

목 차

제3장 한국 수중고고학 발굴조사 사례 분석

제4장 해외 사례와의 비교

제5장 우리나라 수중고고학의 미래

〈그림 목차〉

〈표 목차〉

제 1 장

수중고고학이란

1. 왜 연구해야 하는가?

우리는 어릴 때부터 "삼면이 바다로 둘러 싸여 있는 우리나라는 해양국가로서…" 라는 문구를 많이 들어왔으며, 즐겨 쓰고 있다. 하지만 많은 섬들과 발달된 해안선, 넓은 대륙붕을 가진 해양 국가임을 내세우면서도, 해양 의식 수준과 사고방식, 나아가 구체적인 정책, 제도 등은 일반적인 기대보다 뒤떨어져 있다. 특히 수중고고학 조사·탐사, 발굴 기법 등은, 자연과학 또는 공학적 사고를 필요로 하고, (대부분) 관련 분야들과의 공동 연구나 협조가 종합적으로 이루어져야 하지만, 이를 소홀히 하는 경우도 많다.

특히 유럽(미국과 호주도 포함)에서는 오래 전부터 난파·침몰선, 자연 현상이나 환경 변화로 인하여 가라앉거나 물에 잠긴 고대 도시·항구, 호수가 선사주거지와 내수면 등에서 수중고고학 발굴조사로 볼 수 있는 행위가 시도되고 행하여져 왔다. 1940년대 초, 프랑스의 쿠스토(J.-Y. Cousteau)와 가냥(E. Gagnan)에 의한 스쿠버(SCUBA)의 실용적 개발은, 잠수 인구의 저변 확대를 가져오게 되었고, 자연스럽게 수중 활동이 확산될 수 있는 계기가 되었다. 하지만 수중고고학이 학문(고고학)적으로 체계화되는 것은, 1950년대 이후의 일로 본다.[1] 이는 수중고고학을 학문적인 체계라는 관점에서 파악한 것이며, 실질적인 수중고고학의 시작 시기를 구체적으로 단정 짓기는 어렵다.

우리나라에서는 1973년 이 충무공 해전유물 탐사를 시작으로, 1975~1976년 안압지 발굴조사 중의 나무배 발굴, 잇따른 신안해저 유물 발굴·인양 등, 1970년대에 들어서면서부터, 수중 매장 문화재와 문화유산에 대한 관심이 고조되었다. 이후 여러 곳에서 수중 유물과 침몰선들이 발견되고, 발굴조사가 수행되어왔으며, 자연스럽게 수중고고학(Underwater archaeology)이라는 용어를 사용하게 되었다.[2] 이렇듯 우리나라에서 수중고고학 탐사나 발굴조사가 시작된 지 어언 40년이 흐른 지금도, 수중고고학이 학문적으로 정립되지 않은 것으로 생각된다. 그러므로 그간의 발굴조사 성과를 정리·분석하고, 외국의 주요 사례들과 비교·검토하여 수중고고학의 발달과정과 현황을 정리해 볼 필요가 있다. 아울러 연구 방법·방향 등을 제시할 수 있다면, 우리나라 수중고고학의 발전에 도움이 될 수 있을 것이다.

수중고고학 연구의 특성으로는, 자연 환경과 인위·사회적 요소를 들 수 있다. 그 중, 자연 환경을 우선적으로 고려해야 한다. 대부분의 연구 대상이 수중 환경에 존재하기 때문이다. 따라서 수중 환경 특성을 이해함은 물론, 해양에 대한 일반적인 지식뿐만 아니라, 필요

---

1) Babits and Tilburg 1998, p.1.

2) 국립해양유물전시관 2003(초판 1995), 『바다로 보는 우리 역사』, p.11.
   '수중고고학이란 바다나 강, 호수 등에 가라앉은 옛 유적이나 유물을 발굴하여 당시의 문화상을 복원하는 학문으로서 수중이라는 특성 때문에 육상 고고학과 구분된다.'
   국립해양유물전시관 2004, 『신안선 보존·복원 보고서』, p.2.
   '수중고고학은 물 속에 잠겨 있는 유적·유물을 통해 문화발전과정을 새롭게 이해하는 중요한 학문입니다. 유럽에서 본격적으로 시작된 수중고고학은 1970년대 중반에 이르러, 신안 해저발굴을 계기로 우리나라에 도입되었습니다.'
   이충무공 해전유물 탐사는 1973년에 시작되었다 (본문 Ⅲ. 3. 참조).

에 따라 전문적 지식과 사고가 뒷받침되어야 한다. 바다는 매우 넓고, 인간이 직접 도달할 수 없는 깊은 수심이 대부분이다. 장기간에 걸친 해수면의 변화(주로 상승), 해저 지형 변화나 퇴적 등도 고려되어야 하며, 기상·기후 조건에 따른 제약도 따를 수 있다. 특히 우리나라의 발굴조사에 있어서, 대부분 수중 시야가 나쁘고 강한 해·조류로 인한 제약이 따르는 경우가 많다. 그러므로 조사 방법에 있어서도, 이러한 환경과 제약을 극복할 수 있는 기술·기법이 필요한 것이다.

바다에 대한 올바른 인식과 전문적 지식의 부족이, 수중고고학 발전에 걸림돌이 되는 것으로 생각된다. 수중 환경에서의 고고학적 조사는, 수중이라는 특수한 자연 환경 때문에, 자연과학이나 공학의 뒷받침이 필요하다. 나아가 관련 분야의 전문가는 물론 연구자가 필요하다. 아울러 우리의 실정과 상황에 맞는 기술·기법의 적용과 개발이 따라야 할 것이다.

또한 수중발굴을 진행하는 과정에서, 나라간의 소유권 분쟁이 발생할 수도 있고, 이는 영해의 확장 의도와 맞물려 심각해 질 수도 있다. 자연스레 수중의 고고·역사학적 가치가 있는 침몰선의 발굴조사는 해상력, 외교력 등의 우위로 연결될 수도 있다. 경우에 따라 국력의 과시 또는 팽창을 위해 수중 발굴이 고려되는 적도 있었다.

2. 무엇을 어떻게 다룰 것인가

고고학적 연구·조사의 대상이 존재하는 환경은, 바다와 육지로 크게 구분 지을 수 있다. 이 책에서는 바다와 육지의 수중 환경에 존재하는 대상을 주로 다룰 것이다. 다시 말하여, 바다의 수중은 물

론 육지의 수괴(연못·호수, 저수지, 하천 등의 내수면)의 수중 환경도 모두 포함되는 것이다.[3]

우리나라의 수중고고학은 특정 분야나 주제에 대한 연구 결과들은 더러 있으나, 기초적 연구는 다소 부족하였다고 본다. 특히 기술·기법에 대하여는 소홀히 한 경향이 있다고 본다. 이는 수중 환경의 특성을 간과한 결과이기도 하며, 편협적인 연구나 결과를 유발할 수도 있는 것이다. 따라서 본 연구에서는 수중이라는 특수한 환경과 발굴조사의 기술·기법은 물론, 앞서 언급한 특성들에 대하여 사례별로 비교(정리)·분석코자 한다.

Ⅱ장에서는 먼저 수중고고학의 정의 및 그 영역과 대상 등에 대하여 알아볼 것이다. 학자에 따라서 수중고고학을 각각 다르게 정의하고 있는 것이 현실이지만, 다양한 견해의 공통분모를 확인하고, 현재의 상황에서 유용한 정의를 도출해 보고자 한다.

다음으로 수중고고학이 발전되어 온 과정을 알아볼 것이다, 그 발전 과정에서 필연적으로 많은 영향을 주어왔고, 수중고고학의 기원이라고도 생각할 수 있는 해난구조(salvage)[4] 분야도 함께 살펴보았다. 즉, 오래 전부터 해난구조 즉 재물·보화·유물 등의 인양 노력과 시도는, 수중고고학 분야에 대한 관심을 불러일으킨 계기가 되었음은 물론, 발전을 촉진하였다고 볼 수 있기 때문이다.

또한 외국에서 수중고고학이 발전한 과정을 살펴보기 위하여 - 물론 난파·침몰선[5]이 많은 부분을 차지하겠지만 - 수중고고학 발

---

3) Muckelroy 1978, pp. 9~10; 본문 Ⅱ.1. 참조.
   바다의 수중 환경은 광범위하며 발굴조사 사례들이 많고, 연구 또한 활발하다. 난파·침몰선 사례 또한 그러하다. 따라서 본 연구도 이를 위주로 한다.

4) Dean et al. 1995, p.20; 본문 Ⅱ.3.1) 참조.
   구제고고학에서의 구제 의미가 아닌 바다에서의 해난구조라는 뜻이다.
   "Not to be confused with the term 'salvage archaeology,' a North American term which equates with the British Expression 'rescue archaeology'."

전의 중요한 계기가 된 대표적인 사례들에 대하여 정리해 보았다
특히 유구·유적의 특성을 고려한 사례 및, 최근 과학·기술의 발달
로 가능하게 된 심해 탐사 분야도 포함하였다. 이는 수중고고학과
관련된 여러 분야서 나타나는 최근의 세계적 추세를 이해하는 데
도움이 될 것이다. 아울러 우리나라의 수중고고학의 역사도 간략히
정리하였다. 다소 산만한 내용이 될 수 있지만 이러한 검토는, 우리
나라 수중고고학의 현실을 고려할 때, 반드시 필요하다고 본다.

　다음으로 수중 환경의 특성과 이에 따른 필요 기술·기법을 살펴
볼 것이다. 특히 수중 환경에서의 연구 활동에 필수적인 잠수 기술
에 대하여 고찰하였다. 이는 오랫동안 수중유물 인양, 발굴조사 등
에 필수적임에도 불구하고 소홀히 하였을 뿐만 아니라, 아직도 잠수
장비 선택이나 운용에 있어서 미흡하고, 개선되어야 할 소지가 많기
때문이다. 비록 수중 잠수 기술보다 중요시되어 온 해양 조사·탐사
기법(주로 Remote sensing techniques) 또한 마찬가지이다.6) 우선 이

---

5) 오래 전 인류가 바다나 강을 수송 수단의 매개체로서 이용할 무렵에 사용하였던 뗏목이나 선박들은
　주로 나무를 이용하여 만들었다. 정확한 해도가 없고 항해술이 발달되지 않았을 당시에는, 많은 선박
　들이 좌초되거나 풍랑으로 침몰하였다. 이 같은 목선의 구조는 취약하여 해난을 당할 경우, 크게 파
　손되어(난파) 화물 등과 함께 흘러가다 침몰하게 됨으로, 이를 난파선(wreck)이라고 표현하였다. 하지
　만 산업혁명을 전후하여 발명된 증기기관과 제철·제강 등, 공업 기술의 발달에 따라 - 목선에 비하
　여 쉽게 파괴되지 않는 - 철(강)선이 등장하게 되었으며, 이 후 조난을 당하더라도 침몰선이라는 용어
　를 주로 사용하는 경우가 많아지게 되었다. 이렇듯 경우에 따라서는 난파선과 침몰선의 뚜렷한 구분
　은 어려울 수도 있으나, 조난의 동기·과정·결과 등을 고려한 의미를 이해하는데 참고하기 바란다.
　Babits and Tilburg 1998, p.17.
　'수중에 침몰된 선박은 일반적으로 난파선(shipwrecks)이라고 부르며, 난파(難破, wreck)는 파손·파
　괴의 의미를 지닌다. 실제 파손된 선체의 잔해나 흐트러진 동반물은 원형을 잃어버려 그 맥락이나
　배경(context)을 정확히 추정하기는 어렵다. 하지만 이들의 연구가 매우 필요하고 귀중한 결과를 가
　져올 수도 있다.'
6) Ruppe and Barstad 2002, p.17.
　수중고고학의 발전사는 해양기술의 발달사와 밀접한 관계가 있다. 잠수와 수중 작업의 장비, 기법
　발달은 수중고고학의 발굴조사를 가능케 하였다.
　'The history of archaeology underwater is inextricably associated with the history of marine
　technology, for it is through the equipment and techniques of diving and underwater work that
　archaeology under water is made possible.'

러한 기법들을 이해하고, 나아가 이를 효과적으로 적용한 외국의 사례들을 고찰하여, 우리나라와 비교하여 보았다.

이어서 수중고고학의 최근 추세와 전망에 대하여 알아본다. 2,000년대에 들어서면서부터 유럽연합 국가들의 인식 변화와 심해고고학에 대한 관심·연구 증가 등을 알아보았다.

Ⅲ장에서는 그간의 우리나라 사례들을 정리, 분석한다. 사례들은 시기, 대상, 중요도, 유사성 등을 고려 선정하였다. 순서는 시대 순으로 하였다.

1절은 선사~통일신라시대를 다루고자 하는데, 그 대상은 반구대 암각화, 창녕 비봉리 유적, 울진 죽변등대 주변의 신석기 유적, 김해 봉황동 유적과 안압지이다. 이 모두 현재 육지 유적이지만, 당시의 지형, 생활상, 출토 유물과 수리(水理) 구조, 수중고고학과의 관련성 등을 고려하여 본 연구에 포함시켰다.

2절은 고려시대를 다루고자 하는데, 그 대상은 한선 10척과 같은 시대의 외국(중국)선 2척이다. 후자는 우리나라에서 발굴조사 되었기에 포함시켰다. 진도 벽파리 통나무배와 신안선이다. 특히 신안선은 다양한 유물이 대량으로 발굴·인양되었고, 세계적으로도 많은 관심을 끈 주요 사례로 평가되고 있다.

3절은 조선시대를 다루고자 하는데, 그 대상은 이충무공 해전유물(거북선) 탐사이다. 비록 만족할 만한 성과는 얻지 못하였더라도, 우리나라 최초의 수중고고학 탐사로 볼 수 있다.

4절은 근현대를 다루고자 하는데, 그 대상은 동아시아 해역의 심해 침몰선인 돈스코이호(*Dmitri Donskoi*) 탐사이다. 이 선박은 1895년에 건조되었으며, 1905년 울릉도 근해에 침몰된 러시아 군함이다.

한국해양연구원(현 한국해양과학기술원, 2012년 7월 1일)에서 탐사를 주관하였다.

Ⅳ장에서는 외국의 주요 사례들을 분석, 검토하고, 그와 유사성이 있는 한국의 발굴조사 사례들을 비교·고찰하여, 발전 단계, 기법, 인식 등의 미래를 제시한다.

1절은 대형 범선들의 계획적 발굴조사를 다룰 것이다. 발굴 연도 순으로, 1628년 침몰한 스웨덴의 바사호(*Vasa*), 1545년 침몰한 영국의 메리로즈호(*Mary Rose*)와 중국 남송 시대(1127~1279년)의 남해 1호이다. 이들은 계획적으로 탐사, 발굴조사된 사례들이면서, 선체 인양, 보존 처리와 새로운 박물관 건립 등 막대한 예산을 들인 장기간의 사업으로 중요한 사례들이다. 이들과 함께 우리나라의 '이 충무공 해전유물(거북선) 탐사'와 근자의 심해 침몰선 돈스코이호 탐사, 신안선과 고려 한선들의 발굴조사 등을 비교, 고찰한다.

2절은 가물막이(Cofferdam) 공법을 적용한 사례들을 다룰 것이다. 덴마크 스쿨델레브(Skuldelev)의 바이킹 난파선들, 미국 요크타운(Yorktown) 난파선과 벨호(*Belle*)이다. 우리나라에서는, 물론 설치 목적이 다르고 규모도 작았지만, 진도 벽파리 통나무배와 목포시 달리도 한선 발굴조사에 간이 가물막이를 사용하였다.

3절은 지중해 겔리도니아(Cape Gelidonya)와 울루부룬(Uluburun) 해역의 청동기 시대 침몰선을 다룰 것이다. 고고학자(G. Bass)에 의하여 교과서적으로 선체를 발굴조사한 사례들이다. 주로 고려시대 한선들의 발굴조사와 함께 고찰한다.

연구 대상 사례들을 요약하면 다음의 **표 1-1**과 같다.

표 1-1 연구 대상 사례 요약.

구 분	국 내		국 외	
	사 례	주 안 점	사 례	주 안 점
선사~ 통일신라	울주 반구대 암각화	고래, 배, 고래잡이. 주기적 침수.	청동기시대 지중해 침몰선	교과서적인 사례 고고학자 주관
	창녕 비봉리 나무배 1, 2호	최고(最古)의 배, 보존처리 중	겔리도니아	
	안압지 목선 등	관련 유물, 수리 시설 물을 모두 펴냄.	올루부룬	지중해 교역
	울진 죽변리	목선 박편과 노 등.		
	김해 봉황동	목선 부재와 노.		
고려시대 한선 (발굴조사 년대 순)	완도군 어두리 완도선			
	목포 달리도 배	(가)물막이	스쿨델레브	적합한 기술·법 적용
			요크타운	물을 퍼내지 않음 (wet cofferdam)
			벨호	두 겹으로 시공 (double cofferdam)
	십이동파도선			
	영산강 나주선			
	신안군 안좌(도)선			
	안산시 대부도선			
	태안 대섬 태안선			
	태안 마도 1호선	목간 편년		
	태안 마도 2호선	목간 편년		
	태안 마도 3호선	2015년 통째 인양 예정	대형 범선의 계획적 발굴조사	많은 지원과 예산의 계획적 탐사·발굴조사 선체 인양 후의 보존, 전시에 유의.
고려시대 외국(중국)선	신안군 신안선	우리나라 수중고고학 발전과 국제적 교류.	바사호	자체 부력 복원과 조석, 물리적 인양력.
	진도 벽파리 통나무배	보수공(保壽孔).	메리로즈호	인양틀과 받침틀
조선시대	이충무공(거북선) 해전유물 탐사	만족할만한 성과는 없 었지만, 최초의 계획적 인 수중고고학 탐사로 의의를 둠.	남해 1호	대형 철제상자로 통째 인양, 새로 지은 전용 박물관의 대형 수조로 이송하여 발굴조사 진행. 국가 위상 재고.
근현대 동아시아	돈스코이호 탐사	다양한 간접 탐사 기 법 적용, 민간 투자.		

제 2 장

수중고고학 개요

1. 수중고고학의 영역 및 대상

수중고고학을 정의하기 위해서는, 영역 구분과 연구 대상을 함께
이해하면서 사용되고 있는 용어들을 먼저 알아야 한다. 또한 정의와
관련된 주요 개념은 수중(underwater)·해양(marine or maritime)·
해사(nautical, 주로 항해 등과 관련되어) 그리고 고고학을 들 수 있
다(Muckelroy 1978, **그림 2-1**).[7] 옥스퍼드대 출판부의『선박·해양

---

7) 본문에서는 목적이나 내용을 고려하여 수중고고학으로 표기하지만, 학자나 경우 - 대상, 연구 방법
   및 결과 등에 따라 달리 표기할 수 있음을 알려둔다. 즉, 수중(underwater)은 바다와 바다가 아닌
   육지의 수괴 - 연못·호수, 저수지, 강, 습지 등의 내수면 물 속도 포함된 것이고, 해양·해사
   (maritime)는 바다와 이 곳에서 일어날 수 있는 모든 행위도 포함하는 광범위한 의미로 사용될 수
   있으며, 해사(nautical)는 선박과 항해 - 이와 연관되는 해상 활동이나 사건, 장소까지 포함될 수 있
   는 것이다.
   Bass 1966, pp.15~22; Dean et al. 1995, p.20; Green 2004, pp.2~12 참조.
   Muckelroy 1978, p.4.
   "…해양고고학(maritime archaeology)은, '바다에서의 인간 활동과 그들이 남긴 잔존물에 대한 과학
   적 연구 (the scientific study of the material remains of man and his activities on the sea)'로 정의
   할 수 있다.."
   Wikipedia, the free encyclopedia (http://en.wikipedia.org/).
   수중고고학의 연구 대상은 난파·침몰선(또는 항공기)을 위시하여, 호수가(위) 주거지, 항구나 교량
   등 수리 구조물의 자취 또는 한때 육상의 인간 생활 터가 해수면의 상승 또는 다른 형상에 의하여
   물속으로 가라앉은 곳 등이 포함된다.
   머클로이(1951~1980)는 짧은 삶에도 불구하고, 수중고고학의 학문적 체계 정립에 큰 업적을 남겼
   다. 테이호(Loch Tay)에서 연구를 위한 잠수 중 익사하였다 (…drowned in a diving accident).

용어집』[8]에는 해양·수중고고학(marine and underwater archaeology)
이란 용어만 기재하였다. 드물게는 박사학위 논문에 고고해양학
(Archaeological oceanography)이란 표기가 있었으되, 이는 전공과 내
용에 따른 제한된 개념으로 사용된 것으로 볼 수도 있다.[9]

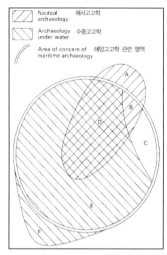

구분	영역 (구분, 선체 위주) 설명
A	해사고고학 영역 중, 바다 경관이 아닌 곳에서 발견되는 선박. 묻혀 있는 경우가 많음.
F	수중고고학 영역 중, 해양 활동과 직접적인 연관이 없는 유적. 해수면 아래로 가라앉은 지표면.
D	수중고고학의 영역은 해양고고학의 영역과 많은 부분이 중첩되지만, 특히 해양의 기술적인 부문과 함께 고려될 수 있는 부분이다.
E	수중고고학 영역.
B	해양고고학 영역 중, 고 선박 그 자체로 바다(수괴)가 아닌 환경에 있는 경우. 예를 들어 해안 가에 좌초되거나, 그 환경이 육지화 된 곳의 선박.
B & C	상기와 같은 환경에서 발견되는 선박이 아닌 과거의 해양 활동으로 인한 유적.

범례: Nautical archaeology 해사고고학 / Archaeology under water 수중고고학 / Area of concern of maritime archaeology 해양고고학 관련 영역

그림 2-1 해양, 수중·해사(海事) 고고학 영역과의 관계 (Muckelroy 1978).

수중고고학의 연구 대상(앞의 주 7), **그림 2-1** 참조)은 난파·침
몰선일 경우가 많고, 발굴조사 사례 또한 풍부하다. 이는 인류가 오
래 전부터 바다나 강, 호수 등에서 배를 사용하여왔기 때문일 것이
다. 또한 환경에 따라 보존 상태가 육상보다 양호하여, 선체와 함께
발견되는 모든 잔존물[10]의 고고학적 가치와 중요성이 더할 수 있

8) Dear and Kemp 2006(1st ed. 1976 / paperback ed. 2006), pp. 338~340.

9) Coleman D.F., 2003.
   비록 보는 관점에서 다를 수도 있겠지만, 수중고고학 연구 환경의 이해를 위한 기초적이고도 주된 관련 학문이 해양학임을 시사한다고도 볼 수 있겠다.

다.11) 즉, 선체와 파편(주변 잔류물 포함)은 물론 함께 발견되는 화물, 기물, 선용품, 장비, 선원·승객의 유해, 소지품, 사용품, 생활 흔적 등이 중요한 연구 대상이며, 고대 교역과 해사, 문화, 생활상 등의 연구에 귀중한 자료가 된다.

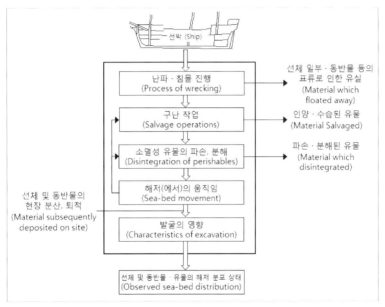

그림 2-2 자연·인위적 영향으로 인한 난파선 변화 단계 흐름도 (Muckelroy 1978).

사고 선박이 난파·침몰되어, 선체와 동반 유물이 파손, 유실, 분해(훼손) 등의 과정을 거치며, 해저에 산포, 안정화된 상태로 발견, 발굴조사 되는 진행 과정의 흐름도. 이러한 일련의 과정은 하나의 시스템으로 이해 될 수 있으며, 선박의 특성과 시간의 흐름에 따른 변화를 거친 후, 발견되며 고고학적 발굴조사를 통하여 그 실체를 파악 해석할 수 있다. 이 같은 난파·침몰선의 변화 과정 시스템의 한 테두리 안에서, 선박 자체의 자료와 외부의 영향 등을 고려하더라도, 발굴조사·연구자에 따라 얻을 수 있는 지식(연구 결과)은 달라질 수 있다 (Clarke 1968, 44). 마찬가지로, 굵은 선 사각 내의 요소들만의 이해도 연구에 있어서는 부분적일 수 있다. 따라서 좁은 시각을 통한 국부적 연구를 극복하고, 다양한 요소와 분야를 아우르는 연구가 필요하다.

---

10) Babits and Tilburg 1998, p.27.

11) Ruppe and Barstad 2002, p.14.

이러한 난파선들에 대한 연구는 시간의 흐름과 환경의 특성과 변화를 고려하여 종합적으로 이루어져야 한다. 난파선은 다양한 환경에서 발견되며, 난파 후에는 자연적 또는 인위적인 요인에 의하여 변형되기에 더욱 더 그러하다. 이러한 변형에 대하여 먹클로이(Muckelroy 1978)는 기본적인 흐름도를 제시하였고(**그림 2-2**), 이후 워드 등(Ward, Larcombe and Veth 1999)은 환경 요인 등을 추가로 고려하여 발전된 흐름도를 제시하였다(**그림 2-3**).[12]

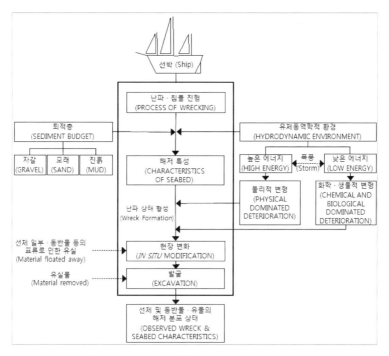

그림 2-3 먹클로이 흐름도(**그림 2-2**)의 확장판 (Ward et al. 1999).

{An expanded version of Muckelroy's(1978) flow diagram}.
난파·침몰선(a), 퇴적 환경(b)과 유체동역학적 환경(c)들을 구분 지어 나타내면서, 난파선 변화의 주요, 단계별 과정을 나타낸다.

---

12) Ward et al. 1999, p.561.

더욱이 여러 자연 환경 요인에 따른 퇴적과 침식의 변화로, 보존·잔존 상태와 분포가 달라진다. 이러한 자연 환경 요인들을 고려하여, 헨더슨(Hendersen 1986)은 먹클로이의 분석 사례[13]를 인용하면서 호주 환경에 맞게끔 제시하였다.[14]

우리나라에서는 자연 환경 요인들을 고려하면서 고선박을 분석·연구한 경우가 부족하였다고 본다. 물론 현재까지 바다와 강에서 발굴조사된 난파·침몰선 사례는 12건(고려 한선 10척, 외국선인 벽파리 통나무배와 신안선, 본문 III. 참조)에 불과하여, 자연 환경 요인에 대한 비교·분석이 어려울 수도 있겠다. 하지만 이들에 대한 자료화[15]를 시작으로, 향후 우리 실정에 맞는 조사·연구 방안을 개발해야 할 것이다. 아울러 먹클로이의 분석 사례에 대한 한계성을 이해하고,[16] 헨더슨이 자국(호주)에 맞는 요인들을 추가 제시하듯이, 우리나라 해역의 특성을 고려하여야 될 것이다.

난파·침몰선은 우연히 발견되는 경우가 많지만, 고문서·문헌 등을 추적, 연구하여 계획적으로 찾을 수도 있다. 발견된 후에는 적합한 방법으로 기본적인 조사가 이루어지며, 사진이나 도면 등으로 기록하고 자료화한다. 그리고 전체 발굴(Total excavation)의 결정은 고고학적인 가치와 중요성을 기준으로 한다. 또한 대상 침몰선의 사

---

13) Muckelroy 1978, p.164.

14) Henderson 1986, pp. 10~11.

15) 최근에 이르러 GIS(Geographic Information System) 환경에서의 자료 정리 및 분석 등에 관한 기법을 많이 적용하고 있으며, 1990년대 이후부터 수중고고학의 자료 분석 및 연구에 중요한 역할을 하고 있다. GIS를 지리정보 체제(계)로 번역하고 있으나, 단순한 지리정보라기보다는 경관 및 유물 등을 포함한 조사, 탐사 및 발굴에서 얻어진 종합적인 정보들을 저장, 취합, 분석 등을 가능케 하는 체계로 이해하여야 할 것이다. 본 논문에서는 영문 GIS로 표기한다.
김수정·유혜수 2004, p.89.
'최근 고고학계에서 유적지의 공간적인 관련된 자료들을 저장하고 분석하기 위해서 GIS 프로그램을 사용하기 시작하였다. GIS는 공간적인 참고(지도) 자료를 저장하고 시각화하며 분석하는 컴퓨터 시스템이다. 이는 유물과 유적의 공간적인 관련된 자료를 처리하기 위해 적절히 응용되고 있다…'

16) Muckelroy 1978, p.165.

전 조사 흔적, 침몰 이후의 훼손 정도 등을 고려하되, 발굴조사에 많은 인원, 장비, 시간과 경비가 소요되더라도, 다음과 같은 점들을 유의해야 할 것이다.[17]

  - 퇴적물(모래나 뻘 등)의 상태: 보존 상태를 파악하는 중요한 자료,
  - 연대 등의 고고학적 가치성과 똑같은 형태의 발굴 사례 여부,
  - 위치와 발굴의 용이도,
  - 자금과 발굴단 구성 가능성 및 기타 등.

우리나라 해저에서 난파·침몰선이나 유물들 외에, 수몰된 유구나 유적의 발굴조사 사례는 없었다.[18] 하지만 앞으로 언젠가는 발견될 수도 있을 것이다. 아울러 유럽의 호수가 주거지(Menotti 2004; Dixon 2004) 등과 같이, 내수면 등지의 수중에서도 유구나 유적이 발견될 가능성은 있다고 본다.

2. 수중고고학 발달사

오래 전부터 해난 사고로 인한 선박의 좌초, 난파, 침몰 현장에서,

---

17) Woods and Lythgoe 1971, pp. 249~250, 252~253.
    Babits and Tilburg 1998, p.19.
    최항순 2006, p.195.
    '…. 그러나 역사의 중요성에도 불구하고 배에 대한 문헌 기록이 별로 남아 있지 않아 안타깝다.'
18) 문화재관리국 1985, p.41.
    '해양고고학에 있어서의 조사 대상은 항상 해저에 있으며, 그 성격은 육상의 유적이나 유물과 꼭 같다. 즉 인위적으로 구축되거나 제작된 유구와 다른 곳에서 제작된 기물인 유물이 있었을 수 있다. 그러나 우리나라 연안 해저에 수몰된 유구는 거의 없는 것 같으며,…'
    이러한 견해 …수몰된 유구가 거의 없는 것 같으며, - 에 대하여, 당시까지는 거의 발견은 되지 않았지만, 앞으로 이러한 유구나 유적이 발견될 수도 있다라는 가능성을 제시하고 싶다.
    Henderson 1986, p.10.
    Woods and Lythgoe 1971, p.235.

쓸 수 있는 자재, 선적품, 값진 보화 등의 회수 - 구난 작업(해난구조, Salvage)이 행하여져 왔고, 기술 발전에 따라 회수되는 부분과 수량은 늘어났다. 하지만 많은 선체와 동반물 등은 해저에 남아 있게 된다. 이러한 잔존물은 고고·역사학적 가치를 지니게 되었고, 나아가 귀중한 수중 문화유산으로 인식되면서, 자연스럽게 수중고고학이 태동되었다고 본다. 따라서, 해난구조의 역사를 간략히 알아본 후, 수중고고학의 발달사를 정리한다.

1) 해난구조의 약사 및 기술 발달

해난구조가 언제, 어디서, 어떻게 하여 시작되었는지에 대해 정확한 역사적 기록은 없다. 그러나 인간이 바다나 강을 수송의 매개로 이용하기 시작한 이후, 선박, 뗏목 등 많은 수송 수단들이 조난을 당하였다. 정확한 해도가 없고 항해술이 발달되지 않았을 당시, 나무로 만든 많은 선박들이 좌초되거나 풍랑으로 인하여 침몰되었다. 이 같은 목선의 구조는 취약하여, 해난을 당할 경우 난파선(Wreck, **그림 2-4**)이라는 말이 단적으로 표현하듯이, 파도에 의해 크게 파손되어 화물과 함께 조류를 타고 흘러가는 것이 보통이었으므로, 실질적인 해난구조는 어려웠다. 해안 가까운 곳이나 아주 잔잔한 외항에서의 조난과 같은 제한된 경우에 한하여, 극히 간단한 구조 작업이 해변 주민들에 의하여 행해지는 것이 고작이었다. 또한 구조 기술의 단순함(인력, 수동)으로 많은 시간과 노력이 소요되었으며, 과학적 구조 기술이 발달되지 않았기 때문에, 사고 발생 시 인명이나 재산의 손실이 컸다. 그리고 마땅한 잠수장구가 없었기에 맨몸 잠수에 의존했으며, 선박의 부력 복원을 위해 적재(화)물을 버렸고, 인양은 주로 조석에 의존할 수밖에 없었다.

더욱이 봉건제도 혹은 절대 군주 통치 하에서, 행정력이 미치지 않는 변방의 해안에서는, 주민들이 해난물을 절취하고 일부러 해난을 유발시키는 경우도 빈번하였다. 따라서 실질적인 근절은 이루어지지 않았지만, 각 국에서는 이런 악습을 없애기 위하여 이 같은 행위를 금지하거나, 해난구조에 대한 보수를 지불하는 등의 법을 제정하기 시작한 것이, 해난구조에 대한 법적인 모체가 되었다고 볼 수 있다. 또한 고대 이집트, 로마 또는 스페인의 금, 은, 보석 등을 실은 배들이 해전 등으로 인하여 침몰하였으며, 함께 가라앉은 배의 금·은 보화, 재물들을 건지려는 인류의 야망과 노력이 있었고, 나아가 좋은 뜻을 가지거나 나쁜 마음을 먹고, 경제·고고학적 가치가 있는 물건의 회수에 많은 사람들이 큰 관심을 가져왔다. 이러한 야망과 행위들이 해난구조의 기원이 되었을 것이다. 아울러 바다를 접하는 여러 나라들에서는, 이러한 난파선과 적재물에 대한 보호를 하고 제재를 가하기도 하여왔으며, 더욱이 최근에는 자국 또는 국가 간의 협의 등을 통하여, 보존이나 유산의 보호에 더욱 더 노력을 기울이고 있다.[19]

또한 산업혁명을 전후하여 발명된 증기기관과 제철·제강 등의 공업 기술 발달에 따라, 해난(海難)에도 쉽게 파괴되지 않는 철(강)선이 등장하게 되고, 목선 시대에는 기대하지 못했던 해난선 자체의 예인이나 인양이 가능하게 되었다. 이와 더불어 근대의 해난구조에서는, 이전보다 긴 시간 깊게 잠수할 수 있는 잠수 장비의 출현과 구조 기술의 개발이 자연스럽게 이루어졌다.

---

19) UNESCO 2001 Convention on the Protection of the Underwater Cultural Heritage and etc.

그림 2-4 난파선 (Shipwreck, 1759년의 캔버스 유화, 96 x 134.5 cm).

{Groeninge Museum, Bruges Joseph Vernet (1714 ~ 1789)}.

해난사고 - 특히 해안가에서 좌초되었을 때의 인명구조와 선체의 난파를 잘 보여주는 고전적인 그림이다.

근대 해난구조의 역사적 최초 기록은, 1782년 8월 포츠머스 (Portsmouth) 정박지에서, 800명 이상(약 1,200명으로도 추정, wikipedia)의 희생자를 내며 침몰한 로얄죠지호(*Royal George*)에 대한 인양 작업(**그림 2-5**)으로 볼 수 있다. 1840년까지 여러 차례 인양을 시도했으나 실패하고, 결국 폭약으로 선체를 해체시켰다. 근대적 잠수기인 1836년에 이르러, 시베(A. Siebe) 등의 재래식 중량 잠수구가 개발됨으로써, 침몰선에 실렸던 물건들을 건져낼 수 있었다.

그림 2-5 로얄죠지호 구난 작업 (McKee 1982, Photo: National Maritime Museum).
트래이시(W. Tracy)의 실패로 끝난 1973년 인양 시도. 1545년 메리로즈호(*Mary Rose*, 본문 Ⅵ.
1. 2) 참조) 인양 시도에 제시된 방법과 유사 - 대형선 두 척의 부력을 이용. 그 원리와 기법은
지금도 적용된다.

이후 여러 종류의 펌프와 공기압축기 등의 발명으로, 침몰선 구조
기술의 발달이 뒤따랐다. 물막이 방수벽(Cofferdam), 우물통(Caisson),
폰툰(Pontoon) 등도 널리 사용되기 시작하였으며, 해난구조는 과학
적 기술이 요구되는 매우 복잡한 기술 분야로 발전하게 되었고, 이
러한 기술들은 여러 수중고고학 발굴조사에 적용된다.

2) 수중고고학의 약사 (Muckelroy 1978; Throckmorton 1987 & etc.)

근래에 들어 본격적으로 연구가 시작된 수중고고학의 역사는, 이미 15세기 중엽으로 거슬러 올라 갈 수 있다. 고대 그리스와 로마예술품 수집·애호가였던 콜로나 추기경(Cardinal Colona)은, 로마근처의 네미 호수(Lake Nemi) 바닥에 로마 선박 두 척이 1세기 경에 많은 재화와 예술품을 실은 채 가라앉았다는 소문을 들었다. 그는 1446년에 알베르티(L. B. Alberti)로 하여금 소문의 선박들을 찾게 하였으며, 10길(Fathom, 1 fathom = 183cm) 수심에서 이들을 발견하고, 이 중 한 척을 인양코자 하였으나, 당시로서는 깊은 수심과 기술 부족으로 실패하였다. 그 이후, 1535년 페마르치(F. Pemarchi)의 자신이 만든 잠수 기구를 이용한 조사, 1827년경의 잠수종 사용, 1895년 로마 골동품 상인 보르기(E. Borghi)의 작업 등, 이 배들과 유물들의 인양에 대한 시도들의 결과로, 19세기에 잠수부들이 유물 몇 점을 인양하였으며, 1895년 이탈리아 정부의 주관 아래 작업이 이루어지면서, 상당량의 나무판자들이 인양되었다. 1928년에 이르러서 무솔리니(Mussolini)는 정부가 이 배들을 인양해야 한다고 결정하여, 4년에 걸쳐 대규모의 공사로 물을 퍼내고 발굴을 하였다 (Stafford 1999, mnsu.edu).[20] 발굴 노출된 배는 보존이 잘 돼있었고, 해체하여 로마의 보존소로 운반하기 전에, 고고학자들은 선체를 연구할 귀중한 기회를 가지게 되었다. 두 척 모두 크고 화려하였으며, 길이가 70미터 이상으로(71.3, 73.2m), 앞판은 모자이크 식의 유색 대리석으로 되어 있었고, 온수 목욕 시설, 대리석 원주, 장식품, 호

---

20) Thorndike 1980, p.101.; Carlson 2002.; Davis 1995, pp.603~604.;
    Ruppe and Barstad 2002, p.18.

화스런 물건들이 발견되었다. 아마도 이 선박은 로마의 지도자나 상류층의 유람선으로 추측되었다. 하지만 1944년 독일군에 의하여 이 선체는 불타버렸고, 축소 모형만 남아있어 연구에 이용되다가 최근 복원 작업을 하였다.

이후 또 다른 관점에서, 수중고고학 및 발굴에 관심을 보인 것은 1775년 영국의 골동품 수집가들이 로마 근처 티베르(Tiber)강에서 유물을 발굴토록 후원한 사실일 것이다. 이곳에서 그리스 잠수부들이 잠수종을 사용하여 3년 간 작업하였으나, 큰 성과는 얻지 못하였다. 수 세기에 걸쳐 퇴적된 강바닥의 뻘을 제거할 만한 기술이 없었기 때문이었다. 이후 한동안 관심은 식어져 미미한 상태였고, 지중해에서 귀중한 청동상 등이 간간이 인양되었다.

18세기 초 이탈리아 리보르노(Livorno) 근처에서 호머(Homer)와 소포클레스(Sophocles)의 청동상을 인양하였고, 몇 년 뒤 그리스 코린트(Corinth) 만에서 제우스 청동상(Zeus of Livadhostro)이 그물에 걸려 인양되었다. 1832년 투스카니(Tuscany) 해안 피옴비노(Piombino) 근처에서, 현재 루브르(Louvre) 박물관에 보관되어 있는 아폴로 청동상을 인양하였다. 당시에는 인식 부족으로, 우연히 인양된 많은 유물들을 녹이거나 부수어 고철로 팔곤 하였다..

1853~4년 겨울, 스위스 취리히 호수(Lake Zurich of Ober-Meilen)의 수면이, 여느 때보다 건조한 기후 때문에 현저히 낮아졌을 때, (발견된) 선사 말뚝 주거지(Sunken pole-dweller cultures, lake-dwelling phenomenon, 이후 '호수가 주거지'로 표기함가 발견된 것을 계기로, 유럽은 여러 호수들에 관심을 가지게 되었다. 1860년대 초에 이미 100여 곳에 대한 보고가 있을 정도였으며, 그 이후 지금까지 많은 발굴조사와 연구가 이루어져 오고 있다.

애플리(J. Aeppli, school teacher)의 노력으로 발견한 취리히 호수가 (호숫가) 주거지 유물과 유구 등은, 취리히의 골동품 협회(Antiquarian Association)에 보고되었고, 협회장 켈러(Dr. F. Keler, local naturalist)에 의하여 1854년 말, 유적지에 관한 세부적인 보고서가 처음으로 발간되었다. 그는 스위스 서부의 또 다른 비엔느(Bienne) 호수가 주거지와 함께, 이러한 곳들이 단순한 어부들의 움막(Isolated fishermen's huts)이 아닌 주거지의 형태(Proper settlement)라고 해석하였으며, 이러한 주거지가 호수 가장자리의 얕은 물 위에 지어졌다는 가설(Keller's theory)을 제시하였다. 지질학자인 몰롯(A. von Morlot)은 자신이 직접 만든 잠수 헬멧(A bucket as a self-made diving helmet)을 사용하여, 로잔(Lausanne) 박물관의 트로욘(F. Troyon)이 보트 위에서 도와주는 가운데, 1854년 5월 22일, 모르게스(Morges) 근처의 제네바 호수(Lake Geneva)에 잠수하였다{**그림 2-6 a**}. 블로(Jean-Yves Blot 1996)는 이를 두고, 잠수를 이용한 선구자적인 고고학적 조사라고 표현하였다. 트로욘은 몇 년 뒤(1860) 발간한 보고서에서 켈러의 가설에 동조하였다. 켈러 이후 70년 이상, 일반인들의 낭만적 추구 성향 때문일 수도 있지만, 물 위에 지어졌다는 것에 대한 이의를 제기하는 경우가 없었다.

호수가 주거지에 대한 연구를 시작한지 약 반 세기가 지나도록, 거의 대부분의 고고학자들은 수중의 잔존물들은, 주거지가 물 위에 있었음을 보여주는 것이라고 전적으로 믿어왔다. 심지어 지질학자나 식물학자들까지도 호수의 수위는 상당 기간 큰 변화 없이 안정되어 있었다고 생각하였다. 라이너트(H. Reinerth)의 콘스탄체(Constance) 호수에 있는 시플링겐(Sipplingen, 1921)과 운터울딩겐(Unteruhldingen, 1929)의 주거지에 대한 연구에서, 켈러의 가설과는 좀 틀리지만, 말뚝 아래 부분은 계절에 따라, 또는 주기적으로 잠기곤 하였다는 타협적 견해를 주장하였다. 이는 스위스 고고학자들은 물론, 식물학자들에게 자극을 주었지만, 일부는 반박을 하기도 하였다. 그 이후 과학적 근거를 바탕으로, 라이너트(1932), 파레트(Paret 1942)와 보그트(E. Vogt 1955) 등은, 물속의 말뚝들로 이루어진 기초 위에 지어진 것이 아니라, 호수 가장자리의 물로 접근하기 용이하고 가까운 땅에 지어진 것이라고 주장하였다 {**그림** 2-6 b)}. 특히 보그트는 노(hearths)의 발견 층별 위치와, 말뚝의 부위 별 보존 상태의 차이점에 착안하여, 논리적으로 (이를) 증명코자 하였다. 여러 호숫가 주거지의 층서 구분, 환경 요소와 연대 측정 등을 통하여 많은 학자들이 이러한 주장을 이견 없이 받아들이고 있다. 하지만, 최근 들어 개발에 따른 전체 또는 구제 발굴을 통하여, 비록 켈러의 개념과는 차이가 있겠지만, 극히 일부에서 물 위에 말뚝 기초를 이용한 주거지가 발견되었음도 유의해야 할 것이다.

취리히 호수가 주거지의 발견은, 수중고고학이라는 학문의 태동을 가져오게 된 계기들 중 하나라고도 볼 수 있으며, 이 후 유럽 여러 나라에서 호수가 주거지를 중요한 연구 대상들 중의 한 분야가 되었다. 이는 빙하 등의 환경적 요인으로 인한 호수들이 많았기 때문이며, 그 발견도 기후 변화로 인한 수면 하강 때문이었다. 아울러 개발에 따른 유적지나 경관의 훼손에 각별히 주의를 기울이고, 범유럽적인 학술적 협조 체계를 이루어가고 있다. 또한 과학 기술의 발달과 이의 적용은 수중고고학 발전에 크게 이바지할 수 있으며, 관련 분야와의 공동 연구가 학문 발전을 가속화시킬 것이다.

 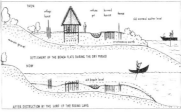

a) 몰롯의 제네바 호수 잠수 (Blot 1996).　　　b) 파레트의 주장 (Rackl 1968).

그림 2-6　제네바 호수 잠수와 스위스 호수가 주거지.

　　a) 최초의 고고학적 잠수가 1854년 5월 22일 제네바 호수에서 이루어졌다. 하지만 '잠수하는 고
　　　고학자(diving archaeologist)' 몰롯이 성공하였는지는 의심스럽다. 그가 고안한 잠수 헬멧은
　　　상체를 바로 세운 자세에서만 작동 가능한 것으로 보여, 수중 시야가 좋지 않은 호수 바닥을
　　　제대로 살피기에는 어려워 더듬는 수준이었을 것이며, 단지 몇 개의 돌만 주웠을 것이다. (단
　　　지 그는 배 위에서 웃으며 기다리고 있는 친구들 - 트로욘과 포렐(Forel)에게 돌 몇 점만 가
　　　져다 주었다. Menotti 2004).
　　　블로는 이를 '잠수를 이용한 선구자적인 고고학적 조사'라고 표현하였다 (Morlot is sometimes
　　　said to have pioneered archaeological research by diving.).
　　b) 파레트의 주장에 따른 스위스 호수가 주거지의 기원에 대한 추정도.

또한 서반구 최초의 대규모 수중 발굴조사는, 20세기 초엽 멕시
코 유카탄 메리다(Merida)에 있던 미국 영사 톰슨(E. H. Thompson)
에 의하여 이루어졌다. 즉, 마야 문명의 가장 중요한 도시들 중 하
나인 치첸이트차(Chichen Itza)의 폐허를 포함한 땅 일부를 사들이
고, 미국골동품협회(American Antiquarian Society)와 하버드대학 피
버디(Peabody) 박물관의 후원으로, 이 지역의 많은 유적지에 관한
조직적 탐사가 1904~1927년에 걸쳐 이루어졌다. 이 지역 사원들
중 한 곳 근처에 직경 27.4미터, 수심 약 20미터의 커다란 석회암호
가 있었으며, 주민들은 이곳을 '제물의 연못(Well of Sacrifice;
Cenote)'이라 부르고, 많은 보물이 있다고 전해져왔다.

　1904~1907년에 준설(Dredging) 위주로 발굴하다가, 1908~1909
년에는 잠수 작업{**그림 2-8** c)}도 병행하였다. 이후 1927년까지 간
헐적인 발굴조사가 진행되었다. 수중 시야가 나빠 손으로 더듬어서

향 덩어리, 도기로 된 향로, 사발, 접시, 꽃병, 도끼, 창촉, 화살촉, 구리, 끌, 편편한 동판과 몇 개의 인골을 찾아내었다. 80만 불에 달하는 금종, 상징물과 판, 장식물, 구슬과 비취로 된 귀걸이 등의 값진 물건도 인양하였다. 이러한 유물에 대한 분석을 통하여, 마야인들은 북으로 아즈텍족(Aztec tribes), 서쪽으로 멕시코 계곡(Valley of Mexico), 그리고 남으로는 콜롬비아, 코스타리카와 파나마까지 교역하였음을 알 수 있었다. 또한 그는 발굴품으로 돈을 벌 목적이 아니었으며, 고고학 초창기에 많은 공헌을 하였다. 그의 모든 발굴품들은 하버드대학 피버디 박물관에 기증되었고, 1960년 멕시코로 반환할 때까지 이 박물관에서 전시하였다.

이 연못 남쪽으로 사원의 흔적이 있었으며, 이곳에서 인간 제물을 바쳤을 것이다. 더 많은 건축물의 유적은 1967년에 이르러 발굴되었다. 1954년 멕시코의 잠수사들(Frogmen)이 스쿠버 장비를 가지고 다시 왔지만, 수중 시야가 나쁘고 조명 장치의 미비함 등으로, 스쿠버 장비만으로는 발굴이 불가능하다고 판단하였다. 1960～1961년에, 국립인류역사원(INAH: National Institute of Anthropology and History)의 지휘 아래, 여러 단체들의 공동 작업으로, 다시 발굴을 시도하여 많은 유물을 발굴하였으나, 적절한 층서 자료를 얻을 수 없었고, 에어리프트가 정교하고 섬세한 유물들에 손상을 입힐 우려 때문에 중단되었다. 1967년 다시 재개하였으며, 이때에는 존슨(K. Johnson)의 재정 후원과 15개 미국 회사들의 협력을 얻어 탐사단(Expeditions Unlimited, Inc.)을 구성하였다. 수중 시야를 좋게 하기 위하여 화학적인 처리방법{**그림 2-8 e)**}도 시도하였다. 두 달 반에 걸친 이 작업으로, 연못의 물을 퍼내는 것은 비경제적이고, 대신 물을 맑게 정화시키고, 에어리프트의 올바른 사용이 바람직하다고 제시하였다.

a) (Bass 1966).

b) (T. Proskouriakoff, courtesy Peobody Museum).

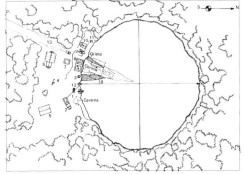

1 derrick and hoist,
2 compressors,
3 winch,
4 compressor tanks,
5 store,
6 house,
7 foundations of old temple,
8 more foundations,
9 & 10 houses,
11 camp mess,
12 air-lift pipe,
13 road,
14 Thompson's trenching.

c) 현장 평면도 (Coggins 1992).

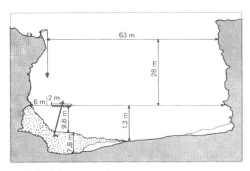

d) 현장 단면도 (UNESCO 1972).

그림 2-7 치첸이트차 유적지 '제물의 연못'.

a) 톰슨과 준설 바가지 인양 장치.　　　b) 준설 작업 모습.

c) 1908~09년의 중량 헬멧 잠수부.　　　d) 에어리프트(Air-lift)와 금 쟁반 (NGS).

그림 2-8　치첸이트차 제물의 연못 발굴조사 (Coggins 1992).

　　d) 에어리프트의 배출수가 하얗게 보인다. 직경 약 23cm 금 쟁반 (NGS).

e) 수중 부유물의 침전을 위한 화학제 살포.   f) 석제 재규어.
e) & f) (Abbott et al. 1974, NGS).

그림 2-8   계속 (치첸이트차 제물의 연못 발굴조사).

　f) 재규어(Jaguar)는 마야 세계에서 무서운 힘의 상징으로 신성시하였다.

　20세기 초에 이르러, 지중해에서 그리스와 터키의 어부, 해면채취 잠수부(Sponge diver: traditional hard-hat diver, **Fig. 2-10**)들[21]에 의하여 난파선의 흔적들이 발견되면서, 지중해의 수중 유물에 대한 관심이 높아졌다. 지중해의 많은 고대 난파선들에 대한 귀중한 정보들을 이들 잠수부들이 제공하였다.

---

21) 칼림노스(Kalymnos)는 에게해(Aegean Sea)의 50여 개 섬들로 이루어진, 그리스 도데칸노소스 (Dodekanesos) 중의 매우 작은(약 8×16km) 섬이다. 지난 세기 동안 해면 채취는 그리스 여러 섬들의 주요 수입원이었으며, 칼림노스는 해면 잠수업의 중심지로 알려졌다. 남동 지중해는 높은 수온으로, 해면의 최적 서식지이고 최상급이 생산된다. 해면이 언제부터 어디에 사용되었는지는 분명치 않지만, 목욕할 때 사용했다는 오래 전 기록(Plato, Homerus)이 있다. 따라서 칼림노스 해면 채취 잠수의 기원 또한 고대로 거슬러 올라간다. 이 섬의 가장 오래된 직업으로 볼 수 있으며, 해면 잠수는 이 섬에 사회·경제적 발전을 가져왔다. 하지만 1800년대 후반부터 중량 잠수 헬멧을 사용하면서부터, 감압병으로 인한 신체적 장애와 치명적 사고가 발생하여, 사회적 문제가 되기까지 하였다 (Warn 2000).

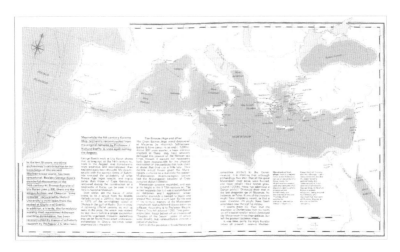

그림 2-9 고대 지중해 (Throckmorton 1987).

지중해 해저에는 오래 전부터 잃어버린 수많은 배들과 동반물들이 흩어져 있다. 이들의 발견과
과학적 발굴조사는 과거에 대한 우리의 지식을 넓혀주었다.

a) 터키 해면 채취선(1903년 사진).　　　　b) 그리스 연안 (Thorndike 1980).

그림 2-10 지중해의 수산물(해면) 채취 잠수 (Throckmorton 1987; divingheritage.com).

　　a) 작은 배에서 대빗(davit)을 이용하여, 많은 무더기의 해면을 들어올린다. 대빗의 크기와 채취
　　　 물의 많은 양을 보면 곧 전복될 것처럼 보인다. 해면 채취 잠수부(sponge diver)가 발견한
　　　 안티키테라(Antikythera)에서도 이 같은 배를 사용하였다. 해면잠수부들은 수심 약 55미터까
　　　 지도 잠수하였으며, 당시의 시원적 잠수기와 잠수병 등을 고려할 때 매우 놀라운 일이다.
　　b) 헬멧을 착용한 해면잠수부가 도움을 받으며 배 위로 오르려 하고 있다. 지중해에서 많은 난
　　　 파·침몰선들이 이들의 작업 중에 발견되었다.

암포라(amphora) 수습과 발굴조사. 오래 전부터 해면 채취 잠수부들은 고고학자들의 초창기 선구자적 수중 발굴에 많은 도움을 주었다. 울루부룬(Ulu Burun)의 BC 14세기 난파선 등도 마찬가지다.

c) & d) 야시아다(Yassi Ada)의 터키 해면 잠수부 (Throckmorton 1987).

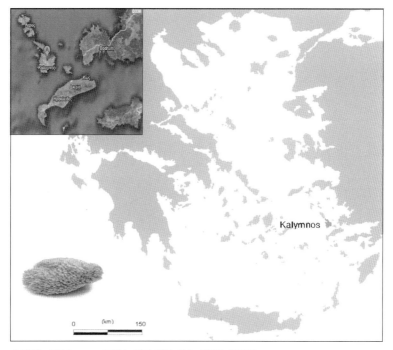

e) 칼림노스(Kalymnos, 그리스 해면 채취 잠수 산업의 중심지).

그림 2–10 계속 (지중해의 수산물-해면 채취 잠수).

g) 스칸달로페트라(skandalopetra).
겨드랑이에 낀 흰색 판.

f) & g) 오래 전에는 맨몸 잠수(skin diving)로
해면을 채취하였다. 원통형의 장구 밑 부분에
유리판을 대고 해저의 해면을 찾았다. 해면을
발견하면 잠수부는 장구를 타고 물 속으로 내
려간다.
일반적으로 발가벗은 채, 스칸달로페트라로 알
려진 15kg 가량의 편편한 돌 추를 지니고, 해
저까지 빠르게 내려가서, 해면을 잘라 망태기
에 담아 올린다 (g).
그들은 심폐 기능에 따라 차이는 있겠지만, 3 ~
5분 동안에 약 30미터를 잠수한다.

f) 오래 전의 해면 채취 잠수.

h) 부두에 하치 된 해면 더미
(Warn 2000).

i) 근자의 칼림노스 가게에 전시된 해면
(wikipedia).

그림 2-10 계속 (지중해의 수산물-해면 채취 잠수).

   h) 1910년의 타르폰 스프링스(Tarpon Springs)의 해면 부두(Sponge dock).

1900년 부활절을 며칠 앞두고 그리스 안티키테라(Antikythera) 섬 절벽 해안에서 우연히 바다의 값진 유산을 발견하였다. 스타디아티스(E. Stadiatis)라는 해면채취 잠수부가 (수심, 해저??) 55미터에서 우연히 유물을 발견하고, 그 중 청동상{그림 2-10 b)}의 팔은 들고 올라왔다. 선장이면서(선장이자) 잠수반장인 콘도스(D. Kondos)가 직접 잠수하여 확인 한(확인한) 뒤, 아테네로 보고하였다. 그리스 정부는 비잔티노스(G. Byzantinos) 교수의 지휘 아래, 그 해 11월부터 해군함정 등을 지원하여, 콘도스 일행들이 9개월 간 탐사, 발굴토록 하였으나, 잠수부들의 교육 수준 때문에 올바른 고고학적 발굴은 되지 못하였다. 또한 감압병으로 인하여 한 명이 사망, 두 명이 불구가 되는 값비싼 희생이 뒤따랐다. 이미 1878년 소르본 대학의 폴 베르(P. Bert) 교수가 대기압보다 높은 압력에서 호흡할 경우, 혈액 속에 녹아든 기체에 의한 잠수병(Divers' illnesses)에 대하여 발표하였다. 1900년대 초에는 최초의 감압표가 발표되었다{본문 Ⅱ. 3. 1) 참조}. 하지만 안티키테라의 희생자들에게는 도움이 되질 못하였다.

이때 확인된 배는 기원전 1세기 경에 침몰한 로마 선박으로 추정되었다. 테일러(J. du P. Taylor)는 이 발견을 침몰된 고선박에 대하여 뚜렷한 목적을 갖고 의도적으로 인양한 최초의 경우라고 표현하였을 만큼[22] 수중고고학의 획기적 전환점이 되었다. 발굴품 중에는 기원전 4세기 경의 작품으로 추정되는 靑年像, 靑銅神像과 運動家像이 있었고, B.C. 5세기 경의 작은 청동상 2개와, 훨씬 이후 시기의 대리석 조각도 포함되어 있었다. 한 배에 5~6세기에 걸친 작품들이 실려져 있었으며, 연구 결과 이 배는 로마 선박으로서 아테네를 경유하여, 작품들을 기반석으로부터 뜯어내어 적재한 것으로 추정하였다.

---

22) Taylor 1966, p.35.

작은 발견품 중에는 톱니바퀴, 청동문자판 등이 있었는데, 천문관측 기구임을 알 수 있었다. 복원 결과, 이 기구는 헬레니즘 그리스 시대 과학 기술의 불가사의를 풀 수 있는 단서가 될 수 있었고, 1959년 예

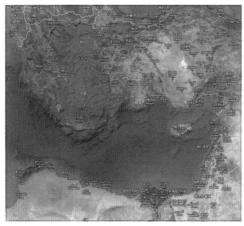

a) 안티키테라와 서부 지중해.

b) 2,000년 간 지중해 바닥에 시간을 초월한 채 있었던 남자(젊은이) 청동상. 조각들을 맞춰 복원하였다. 공을 막 던진 운동 선수로 추정하였다.

b) 남자 청동상 (약 2m).

c) 청동제 머리. 청동 머리상에 흰색 돌로 눈을 만들었다. 무엇인가를 응시하는 철학자를 표현(BC 3～4 세기).

그림 2-11 안티키테라 출수 유물 (Throckmorton 1987).

b) 2,000년 간 지중해 바닥에 시간을 초월한 채 있었던 남자(젊은이) 청동상. 조각들을 맞춰 복원하였다. 공을 막 던진 운동 선수로 추정하였다.

일대학 교수 프라이스 박사(Dr. D. J. de S. Price)는 "이 같은 기구는 지구 어느 곳에서도 발견되지 않았다."라고 하였다. 1953년 꾸스토 (J.-Y. Cousteau) 일행이 캘립소호(*Calyso*)로 이곳을 다시 방문하였다.

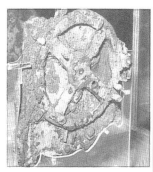

d) 기구의 전시 상태.

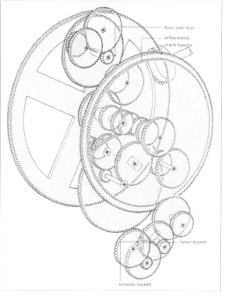

f) 내부 구성도

다양한 톱니바퀴들이 놀라우리만큼 복잡하지만, 정확히 계산 된 축, 톱니 수와 크기에 따라 작동되었을 것이다.

경이로운 기구의 출수 상태, X-선 투시 사진과 내부 구성도. 처음 에는 단순한 항해 기구라고 추정하였지만, 조사 결과 훨씬 더 정 교하고 천체의 운동 주기에 맞춰 작동되는 고대 그리스의 컴퓨터 라고까지 표현하였다.

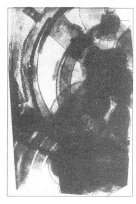

e) X-선 투시 사진.

그림 2-12 안티키테라의 경이로움 (Throckmorton 1987).

1907년, 튀니지(Tunisia) 마디아(Mahdia) 반도로부터 3마일 떨어 진 곳에서 그리스 해면채취 잠수부가 약 39m 해저에서 기원전 1세기 경의 또 다른 로마 상선을 발견하였다. 석주, 기둥머리, 60개의 원주와 암포라(Amphorae) 등 200여 톤의 화물이 있었다. 잠수부들은 인양된 조상(彫像)들을 팔려고 내 놓았다. 튀니지 시장에서 갑작스런 고대 조상들의 등장으로, 관련 기관의 관심을 끌게 되었다. 1908~1913년 사이에 2~3개월씩 5차례에 걸쳐, 튀니지 유물관리청의 멀린(M. A. Merlin)[23]의 지휘 아래, 그리스 해면채취 잠수부들이 많은 유물들을 인양하였다. 하지만 작업 조건이 열악하여 효율적인 발굴 작업이 어려웠다.

1948년 툴롱(Toulon)의 수중 연구 및 조사 협회[24] 주관 아래, 꾸스토와 타일리에즈(P. Tailliez)[25]가 이끄는 프랑스 다이버들이, 처음으로 수중 발굴에 스쿠버를 매우 효율적으로 사용하였으며, 난파선을 덮고 있는 퇴적물을 제거하는데 고압 물 분사기(high-pressure water-jet)를 사용하였다. 1954, 1955년에는 마디아의 튀니지 수중연구클럽[26] 다이버들이 다시 발굴을 하였지만, 많은 작업량이 남아있었다. 본(Bonn)에서의 마디아 전시회를 앞둔 1993년에, 독일 수중고고학회,[27] 튀니지 국립유물국[28]과 옥스퍼드 대학[29] 들의 합동 재조사가 이루어졌으며, 1990년대 후반에 대규모의 새로운 조사가 실시되었다.

---

23) The Director of Antiquities, at that time M. A. Merlin.

24) The Underwater Study and Research Organization; G.E.R.S.

25) Throckmorton 1987, p.8.

26) Tunisian Club of Underwater Studies

27) German Society for Underwater Archaeology; DEGUWA

28) Tunisian National Institute for the Patrimony; INP

29) Oxford University
   MARE; Maritime Archaeological Research and Excavation

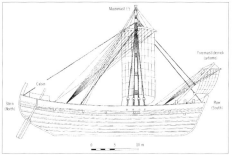

a) 가상 복원도 (Tentative reconstruction, Delgado 1997).

주 돛대(mast)와 돛은 확실하지 않다. 데릭(derrick) 역할도 하는 선수 구조물(artemo)은 1톤 이상의 닻을 취급하는데도 사용되었을 것이다.

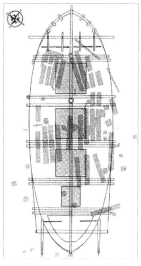

b) 범선으로 복원한 평면도.

엷은 표시 : 원주 등과 석조물.
진한 부분 : (화물칸) 해치(hatch).
(Easterbrook et al. 2003).

c) & d) 청동상.   d) 램프를 든 청동 양성인상 (Bronze hermaphrodite carrying a lamp).

e) 탬버린(tambourine)을   f) 춤추는 마이나스   g) 아리아드네 배내기
든 마이나스   (Ariadne cornice).

e) & f) 대리석 마이나스(Maenad) 조상 (Marble craters).

그림 2-13 마디아 고선과 출수 유물 (Taylor 1966).

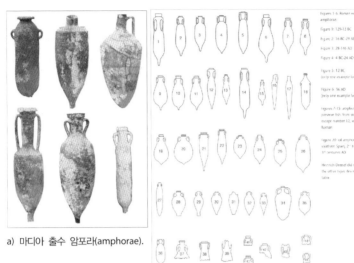

a) 마디아 출수 암포라(amphorae).

b) 기형에 따른 암포라 분류도.
  1~6 : 로마 포도주 암포라.
    1 : 129~13 BC
    2 : 16 BC~29 AD
    3 : 28~146 AD
    4 : 4 BC~24 AD
    5 : 12 BC (1점만 발견)
    6 : 36 AD (1점만 발견)

b) 기형에 따른 암포라 분류도(The Dressel Table, Easterbrook et al. 2003).

  7~15 : 남스페인 물고기 저장용.
  12만 로마산
  20 : 남스페인 기름 보관용.
  AD 2~3세기
  ※ 드레셀(H. Dressel)은 위 번호 외의 기형은 분류치 않았다.

그림 2-14 암포라 (Amphorae, Taylor 1966; Easterbrook et al. 2003).

암포라는 (고대 그리스·로마의) 양손잡이가 달린 항아리로서, 편년 자료로 매우 중요하다. 고대 지중해 문화에서 음식물 등의 운반(때로는 보관 및 저장)에 사용되었다. 일용의 포도주, 올리브유, 절인 생선, 가룸(garum, 맵게 절인 생선)과 (설탕 대용의) 꿀 등을 담아두고 운반하였다. 음식물 산지에는, 생산품의 종류와 지역의 특성에 따라 기형과 크기를 달리한 암포라를 만드는 도기 제작소들(pottery workshops)이 있었다.

1899년 독일 과학자 드레셀(Heinrich Dressel)은 암포라의 기형과 내용물에 따른 분류를 처음으로 시도하였다. 그는 로마의 육상 발굴에 근거하여 알려진 암포라의 기형을 분류하였다. 드레셀의 분류도는 45가지의 그림이 있었다. 하지만 이후의 수중 발굴을 통하여, 드레셀 시대에는 알 수 없던 새로운 기형이 발견, 추가되었다.

여하튼 암포라에 대한 분석과 연구만으로는, 당시의 음식물 해상 교역 모두를 알 수는 없다는 점을 염두에 두어야 한다. 선박을 이용한 로마의 가장 큰 운송과 교역은 곡물류 수입이었다. 이러한 곡물류의 운반·포장 자루는 암포라와는 달리, 해수와 시간의 흐름에 따라 불행히도 쉽게 훼손·파손되기 때문이다.

1928년 아테네 북쪽 약 75마일 떨어진 아르테미숀(Cape Artemision)
의 수심 약 30미터 해저에서, 해면채취 잠수부들이 우연히 또 다른
발견을 하였다. 예수 시대를 전후한 로마 난파선을 찾은 것이다. 그
리스 해군이 인양 작업을 하였으나, 감압병으로 잠수사 한 명이 사
망하자 중도에서 그만두었다. 유물들 중에는 그리스의 유명한 국제
적 소장품인 바다의 신 포세이돈 청동상(복제품을 유엔본부에 선물
함), 헬레니즘 시대의 청동제 기수와 질주하는 말의 일부분이 포함
돼 있었다.

a) 청동 포세이돈(또는 제우스)상 (기원전 450년경).　　b) 어린 기수 청동상 (기원전 2세기경).

그림 2-15 아르테미숀 출수 유물 (Cleator 1973; Dugan 1967).

　　a) 아테네의 국립 고고학박물관 (National Archaeological Museum, Athens) 소장.

　다음의 체계적인 수중 발굴은 1952년부터 5년 간에 걸친 고고학
자 베누아(F. Benoit)가 참여한 꾸스토 팀의 발굴로서, 마르세유 근
처 그랑꽁루(Grand Congloue)섬 수심 45.7미터에 있던 난파선
(Amphora mound) 발굴이었다 (**그림 2-16**). 이는 1948년 마르세유

하수구 공사 때 잠수부에 의하여 발견된 것으로, 여러 척의 잔해로 이루어졌으나, 두 척이 대표적이었다.

기원전 2세기 초반의 것은 약 400개의 그레꼬-이탈리아(Graeco-Italian) 포도주 항아리(amphorae)와 토기류를 탑재하였고, 기원전 2세기 말엽의 것은 약 1,500개 에트루리아(Etruria: 현재의 Tuscany) 포도주 항아리들을 운반하고 있었다. 이 발굴을 계기로 현재까지도 사용하는 에어리프트, 고압 물줄기, 수중 촬영 및 탐색, 도면 작성 등의 많은 새로운 기술과 장비가 사용되었다. 특히 에어리프트가 효율적으로 사용되었다. 하지만 꾸스토는 그의 명성과는 달리, 고고학자들은 수중발굴 작업에 큰 도움이 되지 않는다는 편견을 갖고 있었으며, 단지 발굴 작업에 스쿠버가 매우 유용한 도구임을 강조하게만 되었다. 많은 학자들이 장기간의 발굴에도 불구하고, 발굴 전 지표조사나, 기록(도면 작성 포함)이 기대에 못 미쳤고, 단지 인양 위주, 나아가 어떠한 고고학적 원칙이나 기본이 무시되었다는 아쉬움을 표하기도 하였다 (Throckmorton 1987). 더욱이 고고학자 베누아가 캘립소호에 승선하고 있었지만, 잠수를 하지 못하여 인양 전 유물들이 수중 환경에 어떻게 잔존·분포하였는지를 정확히 파악치 못하여, 유물들의 연대 구분, 차이에 대한 설명이나 해석 등 고고학적인 발굴이 제대로 이루어지지 않았다. 다시 한번 발굴 전의 지표조사나 구제 발굴의 중요성을 깨닫고, 한 번 훼손된 유적은 다시는 원상태로 돌아갈 수 없음을 상기해야 할 것이다.

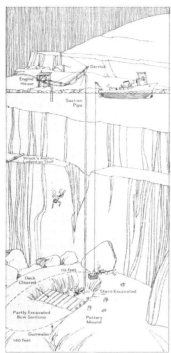

b) 에어리프트 데릭과 작업장.

a) 현장 개황도 (Dugan 1967).

c) 발굴 중 노출된 선적물과 선체 일부.

그림 2-16 1952년 그랑꽁루의 그리스 침몰선 (Greek merchantman, Dugan 1967; Taylor 1966). 1952년의 내셔널 지오그라픽(National Geographic) / 캘립소호 수중고고학 탐사에서 3,000여 점의 암포라를 인양하였다.

이와는 달리 잘 알려지진 않았지만, 부께르 박사(Dr. R. Beaucaire) 는 1946(1948)년부터 조사 발굴된 기원전 2세기경의 로마시대 항구 유적인 포스쉬르메(Fos-sur-Mer)를 발굴조사 하였다. 이는 육상 고 고학 기법들이 선구적으로 적용된, 괄목할 만한 수중고고학적 발굴 중의 하나로 손꼽을 수 있겠다. 유적지에 대한 사전 조사를 통하여 세부적인 도면(지도)을 작성하여, 층서에 유의하면서 발굴 대상지역과 방법을 정하였다. 유물들의 위치를 정확히 기록한 뒤, 섬세하게 발굴 복원하여 효율적인 전시까지도 고려하였으며, 기록과 보고에 도 많은 주의를 기울인 훌륭한 업적임에도 불구하고, 제대로 평가받 지 못함은 매우 이례적이었다. (Babits & Tilburg 1998).

1950년대 초부터 10여 년에 걸쳐, 스미스소니언 협회(Smithsonian Institution, M. L. Peterson)와 링크(E. A. Link)[30] 일행의, 플로리다 해협, 서인도 제도와 버뮤다 해역 - 신대륙 발견 이후의 난파선들 (주로 스페인)과 1692년 6월 7일의 지진 때문에 물속으로 잠긴 자 메이카의 포트로얄(Port Royal) - 등에 대한 탐사도 있었다.

카리브해에서 연구하는 해양고고학자들에게는 침몰된 난파선 외 에도, 지진으로 가라앉은 소도시들도 주요한 연구대상 유적이다. 잘 알려진 곳들은, 1680년 4월 30일의 지진으로 가라앉은 네비스 (Nevis)섬의 제임스 타운(Jamestown, 수심 3~10미터), 세인트 유스 타티우스(St. Eustatius)섬의 오렌지 타운(Orangetown, 수심 7~20미 터), 1692년 6월 7일 정오 직전의 지진으로 가라앉은 자메이카 (Jamaica)의 포트 로얄(Port Royal) 등이다. 이들 중 포트 로얄이 중 요도와 규모에서 단연 앞선다. 카리브해에서의 해양고고학 연구는, 많으면서도 다양한 유적지가 존재하는 이외에도, 두 가지 용이한 면 이 있다. 첫째로, 기존 자료 - 특히 스페인의 고기록 등이 많아 위치 확인과, 수집된 유물들이나 유적지에 대한 식별이 용이하다는 것이 다. 둘째로, 작업 환경 조건이 비교적 좋다는 것이다. 수중 시야가 양호하여, 사진 촬영과 조사 기록 작성(Mapping)이 용이하다. 수심

---

30) Peterson 1965, p.iii.
   'inventor and underwater pioneer'
   Dugan et al. 1967, p.137.
   'the aviation pioneer and industrialist who turned underwater explorer'

이 얕아 해저체류시간이 길어지며, 잠수병(질소마취나 감압병)에 걸릴 확률이 낮아지는 것이다. 또한 수온이 따뜻하고 기상 상태가 대체로 양호하여 지속적인 조사나 발굴 작업을 가능케 한다(Unesco 1972).

포트로얄은 1655년경 영국인들이 건설하였으며, 해적 모간(H. Morgan)이 근거지를 삼으면서 전성기를 맞았다. 신대륙의 길목인 카리브해의 중심지로서, 스페인 본토에서 오는 많은 선박들이 약탈당하였고, 약탈품들이 거래되는 등 당시 가장 사악한 도시 중의 하나로 묘사되었다. 물론 서인도제도의 가장 큰 교역 중심지로 발전하면서, 6,500명의 주민과 2,000동 이상의 건물이 있었으며, 여러 층으로 이루어진 건물도 있었다. 하지만 지진으로 인하여, 모래 반도 위에 건설된 이 도시의 약 ⅔가 물 속으로 가라앉고, 주민 2,000명 이상이 지진과 해일로 곧바로 사라졌으며, 후유 증세(부상, 질병 등)로 약 3,000명이 추가로 숨졌다고 추정되었다. 생존자들은 폐허에서 필요한 물건들을 낱낱이 긁어모았고, 수중에서 노획한 물건들도 수년간 거래되었다.

근래에 이르러, 가라앉은 포트 로얄은 세계에서 17세기 영국을 이해할 수 있는 주요한 고고학 유적으로 인식되었다. 심지어 화산재로 매몰된 폼페이와 헤르쿨라네움(Herculaneum)에 비교되면서, 세상에 모습을 드러내기 위하여 물속에 보존된 타임캡슐(Time capsule)로 여기게 된 것이다. 1859년 영국 해군 잠수사들이 옛 항구 북서쪽 포트 제임스(Fort James)에서 그 흔적을 발견하였다. 하지만 지속적인 발굴은 진행되지 않았다.

a) 집필자의 도덕적 시각으로 작성된 1세기 후의 런던타임즈(The London Times) 기사. 그림에서, 건물들이 무너져 물에 잠기고, 해안의 배들이 난파되고 있다. 사람들이 둥글게 모여, 무릎 꿇고 기도하고 있다. 이 그림은 인간의 탐욕스런 행위를 바로 잡으려고, 신이 벌줌을 시사하고 있다.

b) 해적의 도시 포트 로얄이 바다로 미끄러지듯 가라앉고, 벽들이 무너지고 갈라진 틈은 도망치는 남녀의 발목을 잡았다. 1692년 6월 7일 아침, 지진 발생 2분 내에 도시의 ⅔가 파괴되고 2,000명의 주민이 사라졌다.

a) 1세기 후의 런던타임즈 기사.

b) 해적의 도시 포트로얄의 붕괴·침몰.

그림 2-17 1692년의 포트로얄 지진 (Throckmorton 1987; Dugan et al. 1967).

약 100년 뒤 1959년 링크 일행은, 내셔널 지오그라픽 소사이어티
(National Geographic Society)의 일부 후원과 미 해군 잠수사들의
협조를 얻어, 항구와 왕의 창고(King's Warehouse)에서 유물들을 인
양하였다. 링크는 탐사선 시다이버호(*Sea Diver*)와 장비 등을 동원하
여, 포트 로얄에 대한 최초의 조직적인 탐사를 10주간에 걸쳐 수행
하였다. 그 결과는 매우 인상적이었으며, 예비역 해군 대령 윔스
(Capt. P.V.H. Weems)와 함께, 지진 피해 전의 포트 로얄에 대한
자료도를 작성하였다. 또한 중요한 발굴품들 중의 하나인 주머니 시
계에 대한 X-ray 조사를 통해 11:43을 가리키고 있음을 확인하였다.

수중 탐사를 목적으로 처음 건
조된 시다이버호가 1959년 포트
로얄 항구로 들어오고 있다. 29
미터의 이 배는 다수의 전자 기
기, 8명의 잠수사를 위한 잠수
장비와 생리 연구실을 갖추었다.
특수 장치로 운용과 현장 묘박
을 수월케 한다. 선수의 물 분사
기(water jet)는 164톤 선박의
조종을 수월케 한다.

(Peterson 1965).

최신 전자·전기 기기들 - 자력
계(magnetometer), 전기탐지기
(electronic detector), 음파탐지
기(sonar) 등을 갖추었고, 펌프
및 물 분사기로 침몰선을 덮고
있는 산호 부스러기, 모래 등의
퇴적물을 제거할 수 있다.

(Peterson 1954).

그림 2-18 시다이버호 (*Sea Diver*, Peterson 1965).

a) 링크의 입수.
b) 링크 부부가 시다이버호 선미의 잠수 격실에서, 인양 유물을 확인.

그림 2-19 링크 (Peterson 1954; Dugan et al. 1967).

a) 링크가 침몰선 조사를 위하여 하잠 준비를 하고 있다.
b) 포트 로얄에서 잠수사가 인양한 주석 쟁반, 적색 천장 타일을 확인하고 있다.

1966년 1월부터 자메이카 정부는 장기적인 계획의 제대로 된 발굴을 시작하였다. 그 일환으로, 미국의 마르크스(R. Marx)에 의하여, 근대적인 조사와 발굴이 2년에 걸쳐 수행되었다. 4개월에 걸쳐 약 140,000m²를 조사하였다. 수천 점의 유물들이 인양되어, 카리브해 최초의 고고학 박물관이 생기는데 기여하였다. 그 이후 영국 고고학자 메이예스(P. Mayes)에 의하여, 세인트폴 교회(St. Paul's Church) 일부가 발견되었다.

1981년부터 INA[31]가 JNHT(Jamaica National Heritage Trust)와 협조하여 발굴을 계속하였으며, 1817년에 축조된 해군 병원이 박물관과 실험실로 사용되면서 발굴 본부의 역할을 하게 되었다. 해밀튼 박사(Dr. D. L. Hamilton)의 주관 아래 수중고고학도들을 위한 현장 실습 학교가 설립된 것이다. 가라앉은 도시 전체의 발굴은 수십 년이 걸리겠지만, 이러한 학교의 설립은 국제적 협력 연구의 기초가

---

31) INA: Institute of Nautical Archaeology (nauticalarch.org).

a) & b) 바스 (NGM 1987). c) 트로크머르턴. d) 뒤마(1913∼1991).

그림 2-20 바스, 트로크머르턴과 뒤마 (NGM 1987; Runestone 1994; Wikipedia).

> a) & b) 1932년에 태어난 고고학자. 1961년 내셔널 지오그라픽 소사이어티(NGS)의 터키 케이프겔리도니아(Cape Gelydonya) 수중발굴(a)과 25년이 지난 울루부룬 수중발굴(b) 때의 사진. 1973년 INA를 설립하였으며, 수중고고학의 아버지(Father of underwater archaeology)라고도 불리운다. 텍사스에이앤엠 대학(Texas A&M University)의 명예 교수이며, 이와 함께 많은 수중고고학 발굴조사를 수행하고 있다.
> c) 트로크머르턴 또한 종종 수중고고학의 아버지로 불리운다.

됨은 분명하다.

고고학자에 의하여 처음으로 고대 난파선을 완전히 수중 발굴한 것은, 펜실베이니아 대학 박물관 팀에 의한, 터키 겔리도니아(Cape Gelidonya, 본문 Ⅳ. 3. 1)}에 침몰해 있던 기원전 1,200년경의 청동기시대 난파선 발굴일 것이다. 1959년에 발견, 트로크머르턴(P. Throckmorton)이 확인한 뒤, 1960년 바스(G. F. Bass), 뒤마(F. Dumas) 등(**그림 2-20**) 각계 전문가들이 참가하여 지중해에서의 새로운 수중 고고학 연구의 장을 열었고, 수중 발굴의 가치를 깨닫게 한 중요한 업적이었다.

이를 계기로 터키 해안에서 또 다른 발굴이 계속되었다. 즉 1961년부터 본격적으로 발굴을 시작한 보드룸(Bodrum) 근처 야시아다(Yassi Ada)에 있던 비잔틴 시대 난파선{Byzantine wine carrier, 7세기경: 625/626년 또는 직후, 해면 채취 잠수부 아라스(K. Aras) 발견, 수심 32∼39미터} 발굴로서, 훌륭한 기록 도면 작성과 수중 촬

영 등이 특기할만한 발전이었으며, 4세기경(Roman ship)과 16세기
경의 선박도 발견되었다 (그림 2-21). 7세기(1961~1964년) 및 4세
기(1967, 69, 74년)의 난파선들은 바스와 그 일행들에 의하여 발굴
되었고, 16세기 후기 오스만(Ottoman) 난파선은 풀락(C. Pulak and
an all-Turkish team)에 의하여 1980년대에 발굴되었다. 동일 지역에
서 시대가 다른 난파선이 발견되는 것은 그리 흔한 경우는 아니었다.

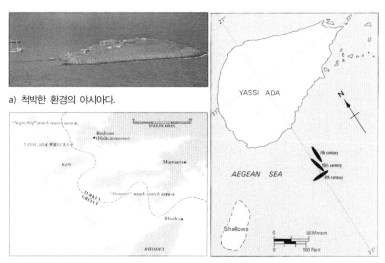

a) 척박한 환경의 야시아다.

b) 야시아다와 주변(Bass 1968).   c) 세 척의 침몰선 위치(Throckmorton 1987).

그림 2-21 야시아다 (Yassi Ada).
  a) 척박한 무인도에 탐험대(Expedition colony)가 자리잡았다. 흰색 천막은 기혼자들 것이다.
     왼쪽에 검은색의 잠수 바지(Barge)와 터키 트롤선(*Kardesler*)이 있다.
  c) 시대가 다른 세 척의 침몰선들은 각기 다른 과거의 역사를 엿보게 한다.

  7세기경 난파선이 가장 얕은 곳에 있었고, 보통의 경사면이지만,
비교적 일정한 기울기의 해저에 보존 상태가 양호해 보였으며, 수중
시야도 괜찮은 편이었다. 여러 가지 가능한 도면 작성 및 기록 방법을

시도하였으되, 전체 6m×2m의 층계별 구획틀(Step frame, angle-iron frame)을 3개로 구분 지어 2m×2m를 기본 단위로 구성하였다. 층계별 구획틀은 6개의 수직 파이프로 지탱되어, 수평을 유지하면서 해저 면에 가장 가깝게 위치할 수 있으며, 다른 구획틀과 함께 안정성을 기할 수 있었다. 이는 입체사진기술과 함께 선체의 상태를 3차원적으로 매우 정확하게 파악할 수 있게 하였고, 복원에도 많은 도움을 주었다. (**그림** 2-22, 2-24).

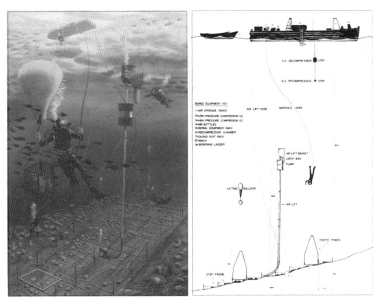

a) 발굴과 조사 · 기록(mapping) 방법, 1962년. b) 발굴조사 진행도 (Bass 1972).

그림 2-22 야시아다 7세기선 발굴 (Bass and van Doorninck 1982; INA).

7세기 암포라 운반선(Byzantine amphora-carrying ship, 길이 약 21미터) 발굴. 다양한 수중 발굴조사 기법의 적용은 수중고고학 발달에 많은 기여를 하였다.

a) 잠수지원선 역할을 한 바지선(Harbor barge).

b) & c) 바지선 - 모든 잠수는 이 곳에서 수행되었다.

c) 바지선에서의 잠수 준비.

d) 발굴조사 시의 바지선상 모습.

e) 격실 두 개의 재압실 (Bass 1975).

그림 2-23 야시아다 7세기선 발굴조사 바지선과 잠수 (INA).

- c) 3,533회의 잠수. 더블 호스 호흡조절기(Double-hose regulator)에 유의. 현재는 싱글 호스 (Single-hose)로 대체되었다.
- d) 격실 하나인 일인용 간이 재압실(One-man recompression chamber)이 보인다.
- e) 1969년 공기색전증(Embolism) 치료 중.
  바스의 발굴조사단은 1967년(4세기선 발굴조사)부터 2격실 챔버(Double-lock chamber)를 사용하였다. 일인용 1격실은 특수한 경우를 제외하고는, 현장에서 사용치 않는다. 감압 중 챔버 내 잠수사가 도움을 필요로 하더라도, 보조원의 출입이 불가능하다. 물론 비좁고 불편하다.

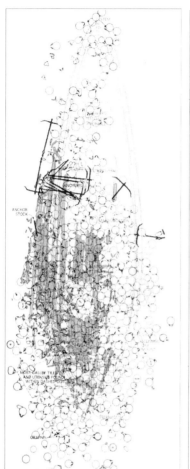

b) 선체 복원도(푸른색). 조사 자료(붉은 색,   a) 닻, 암포라 화물과 물 항아리 등이 표시 된
   선체의 약 10%)를 수년 간 연구한 결과.   현장 평면도.

그림 2–24 잔존 화물과 선체 (Bass and van Doorninck 1982; Bass 1975).

   b) 화물 - 1,000개에 달하는 원형의 포도주 항아리 아래, 약 10%만의 선체가 남아 있었다. 이러
     한 선체 조각에 대한, 수년에 걸친 주의 깊은 연구를 통하여, 정확하다고 판단되는 선체의 추
     정 복원도(푸른색)를 만들 수 있었다.

4세기 후반 또는 5세기 초로 추정되는 후기 로마시대 선박은, 야시아다 섬 남쪽 약 100m 떨어진 수심 36~42m에서 발견되어, 1967, 1969, 1974년에 바스 일행에 의하여 발굴되었다. 1974년 INA의 후원으로 발굴이 진행되던 중, 키프로스 정변으로 중단되었다. 선체 길이 약 19m였고, 전장과 폭의 비는 3:1이었다. 선체는 다른 대부분의 키프로스 선박과 마찬가지로 외판을 먼저 제작하는 그리스·로마식(Shell-first Greco-Roman) 형태로 건조되었다. 용골의 재질은 흰 떡갈나무였다. 발굴 작업은 앞서 발굴한 7세기의 비잔틴 선박과 유사한 방법으로 진행되었지만, 수심이 깊어짐에 따라 진보된 장비와 기법의 적용을 알 수 있다 (**그림 2-25**). 특히 하나의 격실로 된 재압실에서, 두 격실(Double-lock) 재압실로 사용하여 안전하고도 효율적인 잠수 작업이 이루어질 수 있었다{**그림 2-23, d) 와 e)**}.[32]

이후 바스는 우연에 의존하는 초보적 수중고고학 조사나 발굴에서 탈피하고자하였다. 우선 터키 연안의 난파선들 자료를 취합·정리하여 목록을 작성한.뒤, 중요도나 목적에 따라 순차적으로 체계적인 발굴을 시도하였다. 1973년 텍사스 에이앤앰 대학에 항해고고학 연구소(INA)를 설립하여 활발한 연구를 하여 왔으며, 터키에서 발굴된 귀중한 문화유산들의 자국 내 보존에 큰 이바지를 하였다.

---

32) '감압실', '기압조절실'이라고 번역하고 있다. 외국에서는 재압실(recompression chamber), 감압실(decompression chamber) 혹은 단순히 챔버(chamber)라고도 한다. 잠수 현장에 되도록 가깝게 있어야 되므로, 잠수 지원선박의 갑판(deck) 상에 주로 위치하는 경우가 많고, 감압(decompression)을 주로 한 장비로 인식되어, DDC(Deck Decompression Chamber)라는 약자를 많이 사용하여 왔다.
산업안전보건법 산업보건규칙(제213조-제256조) 제8편 고기압에 의한 건강장해예방(1994년 3월 29일 최종개정) 내용이 2003년 7월 12일 전문 개정되어, 산업보건기준에관한규칙 제6장 이상기압에 의한 건강장해의 예방에 수록되면서, '기갑실', '재압실'이라는 용어가 '기압조절실'로 바뀌어 사용되고 있다. 이는 잠수작업과 고압작업(잠함공법 또는 그 외의 압기공법)을 함께 다루었기 때문인 것으로 사료된다. 2009년, 2011년 3월에 보완 등이 있었지만, '기압조절실'과 '고압작업'이라는 용어는 그대로이다. 외국과 국내의 사용 사례들과 기능 등을 고려할 때, '재압실'로 쓰기를 권하고 싶다. 물론 그 기능이나 목적이 다른 경우에는, 별도의 용어를 사용할 수 있을 것이다.

1982년 울루부룬{Uluburun, 본문 Ⅳ. 3. 2)}에서 조사 발굴된 청동기시대 난파선의 연대는 기원전 1,300년으로 추정되었으며, 당시의 교역상 등을 규명할 수 있는 값진 성과를 거두었다고 평가되었다.

그림 2-25 4세기 로마 침몰선 발굴 (Bass 1975).

"해저 도시를 세웠다! (You've built a city down there!)"라고, 수심 42m 수중 발굴조사 현장을 처음으로 본 잠수사는 탄성을 내뱉었다. 일반적으로 4명보다 많은 잠수사들이, 동시에 수중 작업에 임하진 않았지만, 멜쳐(artist D. Meltzer)는 한 화면에 수중 작업 상황 전체를 나타냈다. 유인잠수정 아쉐라호(Asherah)가 불빛을 비추며, 입체 사진(Stereophotography)을 찍고 있다. 기획 발굴을 위한 철제 틀(Scaffolding of angle iron), 전자금속탐지기, 수중 통화소, 리프트백(Lifting baloon)과 와이어 바구니(Wire basket)에 담긴 암포라와 유물 등을 운반하는 4명의 잠수사들, 대·소형 에어리프트(Air-lift)와 궤도, 구형 수중 감압실 등을 나타내고 있다.

1965년{1967년, 카트체프(Katzev)가 현장 답사} 그리스 키프로스 섬의 잠수부 카리오루(Greek-Cypriot diver A. Kariolou)가 키레니아 (Kyrenia) 근처에서 기원전 4세기 후반의 것으로 추정되는 그리스 목선 (Greek mer- chant ship)을 발견한 뒤, 1970년대 초반까지 발굴하였다 {**그림 2-61 a)**}. 선체의 약 75%가 잘 보존되어 있어, 육상에서 복원하였으며, 이에 대한 실험고고학(Experimental archaeology)적 연구로 고대 목선의 건조기술을 밝히는데 중요한 단서가 되었다.

신대륙에서, 미 독립전쟁 당시 요크타운(Yorktown)의 요크 강에 많은 영국 전함들이 침몰하였다(1781). 1852년 애쉬(T. Ashe)의 진정에 의하여 작은 유물들이 건져졌고, 그 이후 이 곳에서 작업하던 굴 채취자들(oystermen)에 의하여 장애물이나 흔적의 존재가 알려지곤 했으며, 그들의 불만 또한 많게 되었다. 1933년 가을, 이들과 국립식민지역사공원(Colonial National Historical Park) 및 선원박물관 (The Mariners' Museum)간에 강바닥의 장애물을 제거하기 위한 공동 조사를 실시하기로 합의하였다. 1934년 여름에 강바닥을 긁으면서 장애물들의 위치를 파악하여 기록하였다. 이 해 겨울동안 작업을 중단하고 1935년 5월에 다시 재개하였다. 목재 바지선{Wooden barge, 길이 23미터, 폭 6.7미터, **그림 2-26 a) 와 b)**}을 비롯하여 필요한 장비, 자재 및 인원 등이 동원되었다. 해군 잠수사들이 강한 물줄기를 사용하여 뻘을 제거하였으나, 인양하기엔 선체 보존 상태가 좋지 않았다. 준설기{Grab bucket, **그림 2-26 c)**}가 사용되었으며, 18세기 무기류와 장비 - 대포, 닻, 소형 무기, 연장, 병, 도자기류, 백랍제품, 그릇 등 많은 유물들을 발굴하였다. 선원박물관장 페르구슨 (H. L. Ferguson)은 이러한 작업을 해난구조(Salvage)의 한 형태로 표현하였다 (Ferguson 1939). 근래의 구제발굴(Salvage excavation) 개념이 아닌 침몰선에서 필요한 잔해나 가치 있는 물품의 인양 행위로 본 것이다. 이는 그 당시 수중고고학 분야가 제대로 정립되지 않았기 때문인 것으로 생각된다. 1980년대에 이 곳에서 물막이('wet' cofferdam) 공법을 이용한 발굴도 있었다 (본문 IV. 2.).

a) & b) 바지선(선원박물관).　　c) 준설기(Clam-shell, 국립공원관리소; National Park Service).

그림 2-26　요크타운의 인양 작업 (Salvage operation, Ferguson 1939).

20세기 중·후반 수중 발굴의 큰 결실 - 16, 17세기에 침몰한 대형 범선을 통째로 인양 - 을 유럽, 스웨덴과 영국에서 맺었다 (본문 IV. 1.).

1961년 스웨덴 스톡홀름(Stockholm)항에서 수중 발굴 기술의 발전에 따른 값진 결과가 빛을 보게 되었다. 1628년 처녀항해 때 침몰한 전함 바사호 인양이 바로 그것이다 {본문 IV. 1. 1)}. 원형의 약 95%가 잘 보존되어 있어, 침몰선 자체의 부력과 조석으로 인한 수면 상승도 이용하였다. 물론 물리적 인양력도 사용되었다. 이러한 복합적 인양은 고도의 전문화된 기술을 필요로 하였다. 수습 유물들의 기록, 보존처리, 전시 및 보존을 위한 특수 구조물 설계·제작 등 많은 발전을 가져왔으며, 이후 영국의 메리로즈호 발굴{본문 IV. 1. 2)}에 많은 영향과 도움을 주었다. 50여 년 전에 인양되어 보존 처리, 복원·전시되어 오고 있는 바, 전시 공간의 환경, 복원재 등의 문제로 인한 훼손이 나타났다. 이에 대한 지속적 연구가 이루어져 왔으며, 새로운 기술과 재질을 적용한 보존 처리가 진행되고 있다.

1982년 영국 포츠머스 솔런트 해협(Solent channel, Portsmouth)에서, 1545년 많은 인명 피해를 낸 채 침몰한 헨리 8세의 전함 메리로즈호를 인양하였다. 바사호보다 원형 훼손이 심하여(원형의 약 40%만 잔존), 자체 부력 복원은 불가능하였으며, 인양 시의 2차적 훼손에 대비하여야 했다. 침몰 현장 상황과 잔존 선체에 맞춰 인양틀과 받침틀을 설계·제작하고, 선체의 구조와 강도를 고려하여 지정된 선체 부위들에 구멍을 뚫어 철선(Wire)으로 인양틀과 연결하여, 수중에서 인양틀과 선체를 받침틀 위에 정확히 올려놓은 뒤, 이들 - 인양틀, 선체, 받침틀 모두를 한꺼번에 운반선(Bareg)으로 들어올렸다. 미리 정해진 선거(船渠, Dry dock)로 이송하여, 보존처리를 하면서 바로 세우고(우현으로 약 60°기울어진 채 인양) 임시 박물관을 선거에 세웠다. 보존처리, 복원을 하면서 전시를 하였다. 새로운 (증축된) 박물관은 2013년 5월 31일 개관하였다.

a) 바사호 침몰 상상도 (J. Donahue, Google).　　b) 바사 박물관의 침몰 상황 모형.

c) 침몰 상황을 선수 좌현에서 본 모형 (b) 와 c) 김도현 촬영).

그림 2-27 바사호(총길이 69미터, 폭 11,7미터, 1,210 배수톤수)의 침몰.

바사호는 위가 무겁고(2층의 64문 대포 갑판), 바닥짐(Ballast)이 충분치 못하였다. 당시의 정황 때문에 화력과 선체를 늘리는 등, 처음의 계획보다 무게 중심이 높아졌다. 또한 갑자기 강해진 바람에 배가 기울고, 열려진 포문으로 침수가 빨리 진행되어 침몰한 것으로 추정되었다.

a) 바시르(J. Basire, 1730~1803)의 1545년 7월 19일 솔랑 해전 (1788년 작).
   왼쪽에 프랑스 함대가 자리잡고, 중앙에서부터 오른쪽으로 영국 배들이 있다. 위로 와이트(Wight)
   섬이 보이며, 아래로는 포츠머스의 남쪽 해안이다.

b) 위 판화 a)의 중앙부 - 침몰한 메리로즈호. 선수와 주 돛대, 물에 빠진 사람과 부유물 등이
   보이고, 위로는 해전을 벌이고 있다.

그림 2-28 메리로즈호(폭 12미터, 700~800 적하톤수)[33]의 침몰.
   1510년 건조 시작하여 1512년 500 적하톤수로 완공하였고, 1536년 700여 톤으로 증건하였다.

---

33) Wikipedia.
   신체 일부만 남아있어 정확한 치수 추정은 어려웠다.

a) 찰스 왕세자 (Lampton 1988).　　　b) 다이애나 왕세자비(Princess of Wales)와 룰(M. Rule)여사.

그림 2-29 메리로즈호 인양.

　메리로즈호 인양은 범국가적인 관심과 지원으로 수행되었다. 찰스 황태자가 발굴단의 위원장을 맡기도 하였으며, 인양 후 선거에 도착하자, 다이애나 왕세자비가 즉시 방문할 정도였다.

　a) 메리로즈호 조사를 위하여 잠수한 후, 휴식을 취하는 찰스(Charles) 왕세자.

　b) 룰 여사의 안내를 받으며, 인양된 메리로즈호(아래)를 살펴보는 다이애나 왕세자비. 룰 여사는 당시로는 드물게 여성 고고학자로서 직접 잠수도 하면서, 고고학자와 자원봉사자들을 이끌고 발굴조사를 하였다.

　알렉산드리아(Alexandria)에 대한 고고학적 연구는 1세기가 넘는다. 1892년 그리스·로마 박물관(Greco-Roman Museum)이 설립되고 1895년 이전·확장된다. 1911년 요넷(G. Yonet)이 서항구(Western Harbor) 물 속에서 광범위한 구조물을 발견하였다.[34] 1960년대 초에는 동항구(Eastern Harbor)수중에서 프톨레마이오스 시대 조상들(Ptolemaic statues)과 거대한 이시스(Isis) 여신상을 인양하였다.

　근자에 이르러 알렉산드리아에 대한 조사와 발굴을 통하여, 헬레니즘 시대 이집트의 고대 수도에서 지성적인 생활상의 놀랄만한 단서를 찾아내고, 이 도시의 몰락에 지질학적인 요소도 크게 작용하였음을 알게 되었다.

　알렉산드리아는 334 BC경에 건설되어 8세기경에 쇠퇴 몰락한 고

---

34) Williams K. 2004, p.193.

대 항구이다. 이곳에는 알렉산더 대왕의 무덤이 있으며, 클레오파트라가 사망한 곳이고, 상업과 철학이 꽃피었던 곳으로, 최근 많은 학자들에 의하여 재조명되고 있다. 새로이 개발된 수중지형탐사기법의 적용과 구제고고학(Rescue salvage)적인 접근으로, 급속한 중심지의 팽창에 따른 이 고대 도시의 역할과 역사에 대하여 새로운 통찰을 하게 되었다. 고고학자들은 새로운 단서들을 찾아내면서, 일반적으로 생각하였던 것보다 역동적인 지적 생활이 훨씬 이전부터, 오래 동안 지속되었음을 알게 되었다. 또한 새로운 자료들로써, 이 도시의 몰락에 환경적 재난(Environmental disaster)이 중요한 이유였다고 제시하였다. 이 전까지는 종교와 정치적 이유가 우선적인 것으로 받아들여져 왔다. 따라서 현재 전 세계 여러 델타 지역에 위치하여 급속히 커지고 있는 도시들에 대한 경고로 받아들여질 수도 있다는 것이다.

1990년대에 들어서, 이집트 정부가 수중고고학에 관심을 기울이고, 도시 확장에 따른 육상의 구제발굴 작업등을 통하여 새로운 자료들이 수집되었다. 약 12개에 달하는 발굴단들이 도시와 항구에서 고대 흔적들을 수집하고 있다. 파리 과학연구센터 고고학자 엥뻬레(Empereur)[35]는 고대 도시 위의 새로운 확장에 따른 고대 흔적들의 구제 작업을 신속하게 수행하였다. 현대 도시의 10~12미터 아래에 오래된 고대 도시가 잘 보존되어 있으며, 주택, 도로와 모자이크 등의 겨우 1%만이 구제 발굴(Rescue)될 수 있을 것이라고 하였다. 비록 이 적은 자료가 고대 도시의 역사를 새롭게 쓰는데 이용될 수도 있겠지만, 많은 역사학자들은 도서관의 파괴와 기독교의 번창에 따라 이 고대 도시의 지성적 삶이 쇠퇴하였다고 가정하여왔다.

현재의 항구를 구분 짓는 방파제 근처에서부터 200~300미터밖에

---

35) Archaeologist Jean-Yeves Empereur of the Center for Scientific Research in Paris.

떨어지지 않은 곳에 고대 알렉산드리아의 중요한 부분이 물 속에 잘 보존되어 있었다. 1990년대에 엥뻬레는 조상(彫像)과 파로스(Pharos) 등대의 축조에 사용된 것으로 추정되는 블록들을 발견하였다. 고디오(F. Goddio)[36]는 가라앉은 프톨레마이오스 시대의 궁전을 발견하였으며, 클레오파트라의 유산으로 추정하는 조상과 유물들을 인용하였다. 이 또한 정확한 파로스 등대의 위치와 함께 논쟁거리이다.

근자에는, 알렉산드리아의 중심이라 할 수 있는 고대 항구의 발전상에 대한 중요한 단서를 제공할 수 있다는 발견들이 제시되었다. 예를 들어, 고디오 일행은 알렉산더 시대보다 앞선 400 B.C.E.경으로 추정되는 선거(船渠, Dock)의 증거를 발견하였고, 나아가 현재 수심 7.5미터에 프톨레마이오스 이전 시기의 것으로 확신되는 구조물이 존재한다는 것이다. 일행 중 스탠리(Stanley)[37]는 그 곳의 거주자가 2000 B.C.E.경에 납을 제련한 것으로 추정되는 단서를 찾았다고 하였다. 하지만, 이러한 발견들은 고디오의 야심 찬 노력의 일부이다. 전체 조사 해역 2.5 × 15 km를 설정하고, 25 cm 간격을 기준으로 해저 지형 자료를 취득하고, 잠수사가 건져 올린 판재와 말뚝들(planks and pilings)에 대한 탄소 동위원소 연대 측정을 하는 것이다.

스탠리는 항구에서 수십 개의 시료를 채취·분석함으로써, 단·

---

36) Wikipedia; franckgoddio.org
'Franck Goddio (born 1947 in Casablanca, Morocco), French underwater archaeologist, modern mariner and former businessman leads spectacular underwater digs, who has worked for 20 years on more than 50 underwater sites.…… In 2000 discovered the city of Herakleion-Thonis 7 km off the Egyptian shore in Aboukir Bay. He leads the excavation of the submerged site of Eastern Canopus and in the ancient harbour of Alexandria (Portus Magnus).…… In the early 1980s he decided to focus entirely on underwater archaeology and founded in 1987 the Institut Europeen d'archeologie Sous-Marine (IEASM) in Paris.…… In 2003, in co-operation with Oxford University, the Oxford Centre for Maritime Archaeology (OCMA) was founded.…… Franck Goddio's research projects have been financed by the Hilti Foundation since 1996.'

37) Jean-Daniel Stanley, geologist and team member, of Washington D.C.'s Smithsonian Institution

장기간의 침하에 대하여 고대 기술자들이 수세기 동안 극복하고자 싸워왔던 방법과 증거를 밝히려 하고 있다. 이러한 침하는 지진이나 해일의 복합적인 치명적 결과일 수 있고, 불안정한 토질 위에 무거운 기초를 세움으로써, 비록 천천히 진행될 수도 있었지만, 궁극적으로는 무너질 수 있었으며, 로마 기술자들의 능력 한계를 넘어서 발생하였다. 몇몇 부두는 수세기를 지나며, 보수·재건되었지만, 무거운 석재 기초나 건물들을 오랜 기간 지탱할 수 있을 정도의 말뚝 기초는 충분하지 않았다고 그는 말하며, 추가적으로 발생되는 파력에도 견디지 못하고, 알렉산드리아 해안의 침식도 동반되었을 것으로 추정하였다. 또한 역사적 기록에도 4~6세기에 지진과 해일이 발생하였고, 이는 퇴적층이 물과 희석되어 묽어지는 현상을 초래하였다. 서항구에서 채취한 65개의 시료는 이를 대변하고 있으며, 항구에서 자생하지 않았던 홍산호의 많은 부스러기들은, 해일로 인한 유입을 시사한다는 것이다. 충분한 복구와 재건이 이루어지기 전에 또 다른 피해가 잇달아 발생할 수 있었으며, 어느 구조물을 언제, 어떻게 복구하였는지를 알려면, 항구의 하층(下層)에 대한 보다 나은 입체적(3D) 자료가 필요하다고 말하였다.

이러한 지질학적 힘은 알렉산드리아뿐만이 아닌 다른 곳에도 상상이상으로 영향을 미쳤다. 스탠리와 고디오는 아부키르만(Aboukir Bay) 근처의 가라앉은 세 도시들: 헤라클라이온(Herakleion), 카노푸스(Canopus)와 메노우티스(Menouthis)에서의 발굴도 진행하고 있다. 헤라클라이온은 나일강 어귀의 중요한 입구이고, 나머지 두 도시는 잘 알려진 순례지이다. 세계적인 해수면의 점진적 상승으로, 기원 전 6세기에서 기원 후 7세기 사이에, 이 곳은 최소한 2미터 이상의 수면이 상승하였다. 아랍 자료에 의하면, 741년과 742년에 나일강의 대 범람과, 같은 시대 8세기경에 알렉산드리아도 가라앉으면서, 이곳들은 역사의 기록에서 사라지게 되었다. 스탠리의 연구는 비극적인 자연 재해인 지진·해일과 더불어 점진적 침강으로 인하여 사라졌다는 이론을 뒷받침하여 준다. 단순한 침강만으로는 현재 6미터의 수심에 잠겨 있는 상황을 설명할 수 없는 것이다. 스탠리는 지진으로 인하여 발생할 수 있는 나일 델타 지류들의 갑작스러운 흐름 변화가 급격한 지형적 변화를 가속시켰다고 단정하였다. 불안정한 퇴적층의 수평적 치환에 의해 갑작스런 변화를 가져오고 나일강의 새로운 하상을 형성하게 되었다. 고디오 일행은 언급한 세 도시의 무너진 층 밑에서 사람의 흔적에 대한 증거를 찾았으며, 이는 이러한 이론을 뒷받침하여 줄 수 있을 것이다.

이상과 같은 연구 결과는, 해안을 따라 중심지가 빠르게 발전하고 기후의 변화라는 관점에서, 오늘날에도 적용될 수 있음을 시사하는 것이다. 스탠리는 지적하기를 현재의 베니스, 방콕, 뉴올리언스와 같은 도시들은 불안정한 퇴적층 위에 세워져 문제점이 발생할 수 있을 것이며, 침강의 위협에 대한 이해는, 언급한 세 도시들로 하여금 알렉산드리아 항구에 일어났던 비극적 결과의 재발을 막을 수 있을 것이라고 하였다.

해저지형 탐사기법의 발달과 더불어 구제고고학(Rescue salvage)적인 접근으로, 이 고대 도시의 급속한 중심지 팽창, 역할과 역사에 대하여 새로운 통찰을 하게 되었고, 많은 학자들에 의하여 재조명되고 있다. 고고학자들은 새로운 단서들을 찾아내면서, 일반적으로 생각하였던 것보다 역동적인 지적 생활이 훨씬 이전부터, 오래 동안 지속되었음을 알게 되었다. 또한 새로운 자료들로써, 이 도시의 몰락에 환경적인 재난(Environmental disaster: 연약 지반의 침하 등, 지질학적인 요소)이 중요한 역할을 하였다고 제시하여, 현재 세계 여러 곳의 델타 지역에 위치하여 급속히 커지고 있는 도시들에 대한 경고로까지 확대 해석하기도 한다. 이 전까지는 이 도시의 몰락이 종교와 정치적 요인에 우선적으로 기인한 것으로 받아들어져 왔다.

이 같은 환경적 재난 요소에 병행하여, 중요한 고고학적 유산인 알렉산드리아의 수중 발굴조사와 더불어, 수중 환경 변화 - 오염 등을 함께 연구해야 될 것이다.[38]

2009년에는 EU-TEMPUS III 프로그램에 따라 알렉산드리아 대학에 '해양고고학과 수중문화유산 알렉산드리아 센터'가 설립되었다.[39]

이상과 같이 외국의 수중고고학 발전 과정을, 시대 흐름에 따른 주요 사례들과, 유구·유적의 특성을 고려한 사례들을 중심으로 알아보았다. 최근의 두드러진 기술적 발전과 동향은, 심해고고학의 시도를 들 수 있으며, EU를 중심으로 - 물론 미국, 호주 등도 포함되지만, 선체의 발굴·인양도 중요하지만, 현장 보존과 모니터링을 함께 또는 우선시 하게 된다는 인식과 경향이다. 즉, 공기잠수의 한계를 넘어선 심해에서, 장비와 수중기술의 발달에 따라, 해저 조사·탐사 장비, 원격조정 무인 잠수장치(ROV),[40] 잠수정(함), 특수 제작 장비 등을 이용하여 탐사 및 부분적 발굴 작업을 수행하고 있다 (본문 II. 4.). EU

---

38) UNESCO 2000. *Underwater Archaeology and Coastal Management - Focus on Alexandria*. UNESCO Publishing.

39) arts.alexu.edu.eg; cma.soton.ac.uk; eacea.ec.europa.eu/tempus/
TEMPUS: Trans-European Mobility Scheme for University Studies
'In 2009 the Alexandria Centre for Maritime Archaeology & Underwater Cultural Heritage was established as a European Union project under the EU-Tempus III Programme. The Alexandria Centre was created through collaboration between eight(8) consortium institutions from the EU and Egypt who among them provided the necessary academic, technical and administrative expertise.'

40) ROV: Remotely Operated Vehicle, 원격조정 무인 잠수장치로 번역한다. - 이후 ROV로 표기. rov.org 참고.

의 모스(MoSS, 2001년 7월~2004년 6월), 마츄(MACHU, 2006년 9월~2009년 8월), 난파·침몰선 보호(WreckProtect, 2009년 5월~2011년 4월) 프로젝트들은 그들의 최근 경향을 잘 나타내고 있다.[41]

3. 수중고고학 조사·탐사, 발굴조사 기술의 검토

1) 수중환경과 잠수기술의 발달

수중고고학의 발전은, 수중이라는 특수 환경에서의 조사·탐사 기법과 잠수기술의 발달에 밀접한 관계를 가지고 있으며,[42] 잠수는 수중고고학 연구에 필수적인 도구이다. 따라서 잠수의 발전 단계(**그림 2-30**)[43]를 수중고고학 분야에의 적용과 함께 살펴 볼 필요가 있다.[44]
일반적으로 잠수라 함은 사람이 수중에서 활동할 때, 그 수심의 압력(ambient pressure)에 직접 노출되는 행위('직접 잠수'라 한다.)이지만, ROV, (일) 대기압 잠수 장비(ADS)[45]와 유·무인 잠수정

---

41) 김도현 2012, pp. 317~512 참고.

42) 앞의 주 6) 참조.

43) Bennett and Elliot 1982, pp.1~2.
   '⋯These stages of development are:
   1. Free or breath-hold diving.
   2. Diving bells.
   3. Surface support or helmet. the so-called hard-hat diving.
   4. SCUBA (self-contained underwater breathing apparatus; scuba).
   5. Saturation diving.'
   잠수의 발달 단계를 요약하면, 맨몸잠수, 잠수종, 표면공급식 잠수헬멧 등, 스쿠버, 혼합기체(포화)잠수 등으로 변천되어 왔으며, ADS, ROV, Submersible(주로 소형 유인 잠수정: manned submersible) 등의 개발도 함께 생각할 수 있다.
   USN 1999, pp.1-1~1-31.
   Ruppe and Barstad 2002, pp.18~24.

44) 앞의 주 6) 참조.
   Babits and Tilburg 1998, p.341.

(submersible) 등, 장비 자체의 입수도 포함될 수 있다.

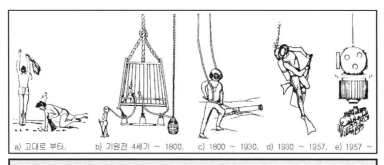

그림 2-30 시대에 따른 잠수의 변천 (Bennett and Elliott 1982).
　　b) 잠수종, c) 표면공급식 잠수헬멧, d) 스쿠버들의 표기 년대는 주 발달이 이루어진 기간을 나타낸 것이다. 각 장비들은 아직도 개량을 거치며 사용하고 있다.

　　인류는 약 육천년 이전부터 수중 세계를 탐험하면서, 여러 가지 목적으로 잠수를 하였으며, 처음에는 아무런 장구 없이 맨몸인 채, 물속으로 내려갔을 것이다 (**그림 2-31**).[46] 잠수와 관련하여 가장 오래 된 역사 기록은 헤로도투스(Herodotus)의 고대 그리스 잠수부에

---

45) ADS: atmospheric diving suit, one atm. diving suit.
　　대기압 - 1 atmosphere (atm.) - 상태, 즉 해수면의 기압과 동일한 압력으로 잠수하는 것으로, 이해를 돕기 위하여 '(일) 대기압 잠수 장비'로 번역하였으나, '대기압 잠수(장비)' 또는 'ADS'로 표기한다.

46) Bachrach et al. 1988, p.2; *U.S. Navy Diving Manual* rev.4 1999, p.1-1.
　　Joiner 2001, p.1-1.
　　'⋯ The Hae-Nyu and Ama pearl divers of Korea and Japan are among the better-known breath-hold divers.⋯'
　　박양생 2004, p.8.
　　'⋯이들(한국 해녀들)은 수중 호흡 장치를 사용하지 않으므로, 잠수 중에는 숨을 멈추게 되는데, 이처럼 지식(止息) 상태에서 수행하는 잠수 활동을 지식 잠수(止息, 潛水, breath- hold diving)라 하며, 스포츠 분야에서는 스킨다이빙이라고도 한다. (스킨다이빙이란 말은, 대마도 해녀들이 거의 나체 상태로 잠수하는 것을 보고 만든 말이라고 함).⋯'

대한 기록이며, 투키디데스(Thucydides), 아리스토텔레스(Aristotle)의 기록과 알렉산더 대왕의 전설적인 잠수 기록도 있다.[47]

b) 한국의 해녀, 1950년대.

a) 17세기 해난구조 (Institute of Jamaica, Unesco 1972).   c) 일본 해녀 (Hass 1973).

그림 2-31 맨몸 잠수.

a) 1622년 판화로, 카리브해에서 스페인 사람들의 소형 침몰선 인양 방법을 묘사하였다.
맨몸 잠수부들이 침몰선에 갈고리를 걸고, 구난선에 탑재된 기계 장치를 사용하여 침몰선을 끌어올린다. 잠수부들은 침몰선에서 우선적으로 무거운 물건들 - 대포, 닻, 화물 등을 모두 들어 올려, 인양할 침몰선의 중량을 줄인다.
노예 잠수부들이 침몰선에서 값나가는 물건들을 회수한다. (Thorndike 1980).
b) (홍정표 촬영, 제주도 1996).
c) 전복 채취 일본 해녀("Amas")는, 특별한 호흡 기구 없이 40미터 이상을 종종 잠수한다. 무거운 중량 추 등을 착용(사용)하여 빠르게 하잠하고, 상승 때는 배 위에 있는 가족의 일원이 끌어올린다.

---

47) Bennett and Elliott 1982, pp. 1~2.; Ruppe and Barstad 2002, p.18.

1600년대를 전후하여 잠수종이 등장, 발전되면서 해난구조, 수중 공사, 군사 등 여러 분야에 이용되어 왔다. 1535년에 이탈리아 로마 근처의 네미(Nemi) 호수에 침몰되었다고 전해지는, 로마시대 칼리 굴라 황제(Caligula, AD 37~41)의 호화유람선 탐사에 사용되었다는 기록이 있다.[48] 이는 잠수종이 실질적으로 사용된 최초의 경우로 보고 있으며,[49] 1820년대 후반에 푸스코니(A. Fusconi)는 공기 펌프와 잠수종(내경 2.5미터, eight hands)이 탑재된 대형 뗏목을 이용하여 한 척을 인양코자 하였으나 실패하고, 티베리우스 황제(42 BC~AD 37) 시대의 유물들을 인양함으로써, 이 선체들이 평범한 것이 아님을 알게 되었다 (**그림 2-32**). 이어 1663년부터 트라이레벤 (A. von Treileben) 등에 의하여 스웨덴의 바사호에서 함포 등을 인양하는데 사용되었으며,[50] 이곳에서의 경험과 기술 개발은 핼리(E. Halley)의 잠수종 개발에 영향을 미치게 된다. 바사호에서 시원적 형태의 잠수종으로 53문의 함포(개당 1~2톤)를 인양한 것은 믿기 힘든 사실이었다. 1680년대, 핍스(W. Phipps)의 잠수종을 이용한 금·은, 보화 인양작업은 꿈같은 사건이었다.[51] 이 외에도 여러 사람들에 의하여 다양한 형태로 발전되었다.

---

48) 앞의 주 20) 참고.

49) 앞의 주 20) 참고.

50) Franzen 1960, p.12.
   Ruppe and Barstad 2002, p.23.
   '1663 Sweden: Divers using bell recover cannon from sunken warship *Vasa* at 110 feet (34m).'

51) Davis 1995, p.607; *U.S. Navy Diving Manual* rev.4 1999, p.1-3.
   'One of the world's most famous treasure-seekers, Sir William Phipps,···he was afterwards successful in recovering treasure to the amount of some £200,000 sterling.'
   U.S. Navy Diving Manual rev.4 1999, p.1-3.
   '···a Massachusetts-born adventurer···'

1500년대에 미미한 잠수 기술의 발전이 있었다. 1535년에 이르러 로레나(Guglielmo de Lorena)가 고안한 잠수종은 실제 사용할 수 있었고, 네미 호수에서 잠수부가 한 시간 정도씩 작업하였다는 기록이 있다.

a) 1551년에 타르타글리아(N. Tartaglia)가 발표한 독창적인 고안품이다. 모래시계 형태의 나무 틀 상부의 밑이 터진 유리구 속에 잠수부의 머리가 들어 갈 수 있다. 중량 추가 달려 있으며 양묘기로 하잠, 상승하였을 것이다. 어떠한 일을 할 수 있었는지는 분명치 않다. 이후 몸 대부분이 들어갈 수 있는 구를 만들었다고 한다.

a) 1551년 그림 (Joiner 2001).

b) 푸스코니(Fusconi)가 사용하였던 대형 뗏목과 잠수종 등.

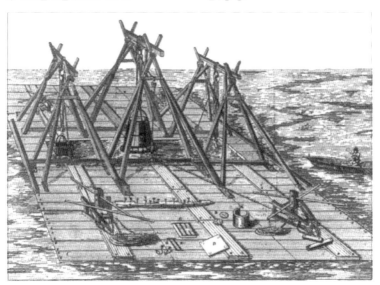

b) 1820년대 (Blot 1996).

그림 2-32 네미(Nemi) 호수의 잠수종과 인양을 위한 뗏목형 수상 플랫폼.

1700년대에 들어서면서 대기압 잠수 장비의 시원적 형태[52]가 등장하기 시작하였다. 1715년 레스브릿지(Lethbridge)에 의하여 처음으로 시도되었고(**그림 2-33**), 1749년 런던의 *The Gentleman's Magazine*에 기고하였다. 1782~1783년에 트래이시(W. Tracy)는 이러한 형태의 잠수장비를 사용하여, 포츠머스항 부근에 침몰한 로얄 죠지호(*Royal George*)를 인양하려했으나 실패하였다(**그림 2-5와 2-34**). 1838년에는 테일러(Taylor)가 최초로 관절을 갖춘 장비를 설계하였으며, 그 이후 필립스(Philips)가 고안한 팔과 다리의 분절 부위를 개량하고, 작업기(Manipulator) 형태를 갖춘 장비가 1856년 기록에 나타났다. 1900년대 전반 실용화 단계에 이르러, 1920~1930년대에 이집트호(S.S. *Egypt*, 1922년 5월 침몰, 수심 약 128미터)와 루시타니아호(RMS *Lusitania*, 1915년 침몰, 수심 약 95미터, **그림 2-36**) 등의 침몰선 탐사와 재화 회수 등에 사용되었다. 후자의 탐사에 사용한 '트리토니아(Tritonia)' 대기압 잠수구는 개량·발전되어, 근자의 '짐 슈트(Jim suit, 김도현 2012, p.34, **Fig. 2-26** 참조)'에 이른다. 최근에는, 작업의 규모와 성격에 따라, 복잡하고도 경비가 많이 드는 심해 포화잠수를 대신하기도 한다.

---

52) Muckelroy 1978, p.10; Bevan 1996, pp. 59~63.
   근래의 완전한 대기압 잠수장비는 직접 잠수로 볼 수 없지만, 이러한 시원적 형태의 장비(Enclosed barrel, semi-atmospheric diving system)들은 신체 일부가 주위 압력에 노출되고, 당시 수중고고학적 인양으로 볼 수 있는 작업 등에 시도·사용되었기에 언급하였다.

레스브릿지의 잠수 장치 상상도. 1715년 영국 자료.

이는 아마도 가장 성공적인 시원적 형태의 반(semi)-대기압 잠수 장치였다. 잠수부의 팔만 주위 압력에 노출되고, 나머지 신체는 대기압 상태로 보호받는다. 단점으로는, 잠수 중에 수면으로부터 신선한 공기를 공급받지 못한다는 것이다. (*La Navigation Sous Marine*, G L Pesce, 1912).

그림 2-33 레스브릿지의 잠수통 (Bachrach 1988).

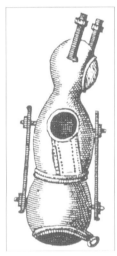

a) 반(semi)-대기압
   잠수 장치 1735.

b) 트래이시(W. Tracy)의 로얄 죠지호 인양 시도 그림
   (1782~1783).

그림 2-34 1780년대의 로얄 죠지호 구난 작업 (Bevan 1996).

a) 트래이시는 로얄 죠지호 작업에서, 이와 유사한 잠수구를 사용하였다. 머리 부분의 두 군데에 호스 연결부가 있다. (Motion of Fluids, M. Clare, 1735).

b) 트래이시의 해저 작업 묘사 그림. 파이프가 두 군데 있으며, 수동 풀무 한 짝으로 대기압 상태의 공기를 한 쪽 파이프로 잠수부에게 공급하고, 두 번째 파이프로 되돌아오게 한다. 1545년 메리로즈호 구난 작업(큰 배 두 척을 부력구로 사용한 인양 시도)에도 이 같은 방법이 제시되었다.

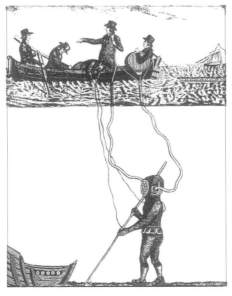

크리프트(P. Kreeft)의 반-대기압 잠수복. 1800~05, 독일.

잠수부의 머리만 수압으로부터 보호 받을 수 있을 것 같으며, 수면 바로 밑에서만 작업 가능했으리라 본다. 하지만 반-대기압 잠수복의 원리를 잘 나타내었다. 한 짝의 풀무로 공기를 한 쪽 파이프로 잠수부에게 공급하고, 두 번째 파이프로 되돌아오게 한다. 두 번째 배출 파이프는 소리 통화관이 들어 있어 공급 파이프보다 굵다. 이는 반-대기압 잠수 장치의 일반적 형태이다. (앞 **그림 2-34** 참조).

그림 2-35 반-대기압(semi-atmospheric) 잠수 장치 (Bevan 1996).

1935년 탐사 시, 페레스(J. Peress)의 대기압 잠수구 '트리토니아(Tritonia)'와 중량 헬멧 잠수부(standard diving dress). 페레스의 잠수 반장인 짐 쟈렛트(Jim Jarrett)가 트리토니아를 착용하여 95미터까지 잠수하였으며, 이는 나중에 그의 이름을 딴 짐 슈트의 전신이기도 하다.
(photolib.noaa.gov, wikipedia).

b) 루시타니아호 음측기 기록 (Harris 1994).

그림 2-36 루시타니아호 탐사.

진정한 잠수 장비·기술 혁신은, 수동 펌프(Hand-operated pump)가 수중의 잠수부에게 압축 공기를 제대로 보낼 수 있게 발전된, 19세기에 들어서면서 이루어졌다고 봐야 할 것이다.[53] 1800년대 전반, 몇몇 사람들에 의하여 잠수복과 중량 잠수헬멧(Hard hat)[54]이 실용적으로 개발되면서, 수중 유물 인양 - 해난구조, 항만·연안, 해양(Offshore) 공사 등에 본격적으로 사용되었다. 1823년 딘 형제(Charles and John Dean)는 화재 진압용 호흡 기구에 대한 특허[55]를 출원한 이후 잠수용으로 개량시켰고, 시베(A. Siebe)는 한층 더 실용적으로 개량시켰다.[56] 아직도 이러한 중량 잠수헬멧이 경우에 따라 간혹 사용되지만, 근래에 이르러 간편하고 효율적인 잠수복들과 함께, 경량 잠수헬멧{Lightweight diving helmet, **그림 2-37** a) & b)}과 밴드마스크{Band mask, **그림 2-37** c)}등으로 대체된다.

19세기 말에 이어, 특히 20세기가 시작되면서, 지중해의 그리스와 터키의 수산물(해면) 채취 잠수부들(Sponge divers - traditional hard-hat divers, **그림 2-10**)에 의하여, 유물과 침몰선들이 본격적으로 발견되었으며, 이는 수중고고학의 새 장을 여는 계기가 되기도 하였다. 당시의 해면 채취 잠수 산업은, 이에 종사하는 이들에게 많은 부를 가져다주었고, 사회·경제적 발전에 큰 이바지를 하게 되었다. 하지만 잠수병(특히 감압병: Decompression disease)에 대한 지식 부족으로, 많은 잠수부들이 잠수병 증세와 후유증으로 고통을 받거나, 죽음에 이르곤 하였다. 비록 외진 곳(주로 섬)의 소수 군이었지만, 잠수의 발전 단계에서 그들의 비중은 매우 컸고, 잠수병 또한 매우 중요한 것이다.

53) *U.S. Navy Diving Manual* rev.4 1999, p.1-4.
54) 우리나라에서 재래식 잠수기라고 일컫는 헬멧의 원조형.
   U.S. Navy Diving Manual rev.4 1999, pp. 1-4~1-5.
55) 김도현 2006, p.100, **Fig. 3-10** a).
56) 앞의 책, p.102, **Fig. 3-12.**

a) 경량 헬멧과 연구자 (1980년대 초).
오른쪽 밴드마스크와 비상 공기통은 비상
대기 잠수사(Stand-by diver)용이다.

b) 경량 헬멧과 건식 잠수복 (1994년 초 한강).
겨울(추운 곳) 잠수 시의 장비 - 잠수사 머리부분
과 전신이 물에 거의 젖지 않는다.

c) 밴드마스크. 비상공기통(Bail-out bottle)에 유의 (1980년대 중반).

그림 2-37 경량 잠수 헬멧과 밴드마스크 (김도현 촬영).

경량 헬멧과 밴드마스크는 각기 장단점이 있다.[57] 현장 상황이나 여건에 맞춰 사용하면 된다. 일
반적인 산업잠수에서는 작업에 임하는 잠수사는 경량 헬멧을 사용하고, 비상대기 잠수사는 주로
착용이 빠른 밴드마스크를 준비한다.

1850~60년 사이의 기술 발전으로, 잠수부들은 더 깊게(수심 48~55미터 등으로 설정) 내려갈 수 있게 되며, 이러한 과정에서 새로운 생리학적 현상(잠수병: Diving dieses)이 나타나게 되었다. 당시의 신문 등에서 관련된 증세와 사건들이 보도되기도 하였다. 케이슨(Caisson) 공법의 개발에 따른 부작용도 뒤따라, 1862년 철도 공사 케이슨 작업장에서 일한 근로자 두 명의 사망 사건도 있었다. 물론 관심있는 사람들의 연구가 시작되었다.

1870년 마장(Magen)에 의한 비고(Vigo)에서의 수중 발굴 작업에서(**그림 2-38**), 잠수부들은 원인 모르는 병으로 고통을 받은 기록이 있었고, 몇 년 뒤 1878년 소르본 대학의 폴 베르 교수(Paul Bert, a professor at the Sorbonne)의 저서(*La Pression barometrique*)에서 잠수부의 병은 수중 압력 하에서 숨쉴 때 혈액 속에 녹아든 기체 때문이라고 하였으며, 이 무렵 재압실(**그림 2-39**)[58]이 등장하였다. 하지만 1900년대 초 안티키테라에서도 잠수병으로 한 명이 사망하고, 두 명은 불구가 되었다. 몇 년 뒤, 할데인(J. S. Haldane)은 이산화탄소의 축적에 관한 연구에 이어 감압표를 1908년에 발표하고,[59] 1930년대에 질소마취('rapture of the deep', nitrogen narcosis)의 원인이 규명되는[60] 등 괄목한 발전이 있었으며, 이러한 잠수 생리학의 발전은 차후의 혼합기체(포화) 잠수의 기초를 이루게 된다.

---

57) Bevan 2011, p.220, Fig. 1 참조.

58) 앞의 주 32) 참조.

59) Ruppe and Barstad 2002, p.18.
   U.S. Navy Diving Manual rev.4 1999, p.1-7.
   Bennett and Elliott 1982, pp. 321~331.

60) *U.S. Navy Diving Manual* rev.4 1999, p.1-7.
   "…. In the 1930s this 'rapture of the deep' was linked to nitrogen in the air breathed under higher pressures. Known as nitrogen narcosis, this condition occurred because nitrogen has anesthetic properties that become progressively more severe with increasing air pressure. To avoid problem, special breathing mixtures such as helium-oxygen were developed for deep diving."

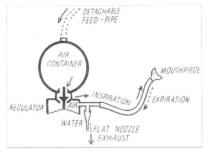

1860~65년 프랑스의 루꼬롤(B. Rouquayrol, 광산 기술자)과 디나이루즈(A. Denayrouze, 해군 장교)가 만든 반-스쿠버 형태의 잠수구 (semi-self- contained diving suit)이다. 등에 짊어진 금속 통에 25~40 (대)기압의 공기를 공급·저장한다. 이 통과 잠수사의 호흡 튜브 사이에는 압력조절기(Regulator)가 있다. 이 원리는 현재 누구라도 수중 세계로 갈 수 있게끔 만든, 꾸스토와 가냥의 스쿠버에 적용된, 매우 중요하고도 혁신적인 것이었다.

a) 루꼬롤-디나이루즈 잠수구의 원리.

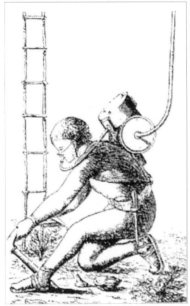

b) 비고(Vigo) 발굴.

c) 개량형

그림 2-38 비고(Vigo) 수중 발굴에 사용된 잠수구 (Latil & Rivoire 1956).

b) 반-스쿠버 형태의 잠수구.[61]
1870년 비고(Vigo) 발굴에서 마장(Magen)이 선택한 잠수구. 당시에 이미 에게해 해면 채취 잠수부들이 사용하기도 했다. 하지만 그들의 보수적 성향 때문에, 다시 재래식 중량 헬멧을 사용하게 된다.
c) 헬멧 형태를 갖추고 안면 창이 부착되었다.

---

61) Semi-self-contained diving suit, from Larson 1959, p.20.

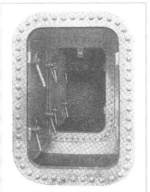

a) 재압실 외부 모습 (Davis 1995, p.128).　　　b) 이중 출입문.

c) 재압실 내부. 장교(보조자)가 출입용 격실(Air-, entry-lock)을 지나, 주 격실(Treatment chamber, main-lock)로 들어가고 있다.

그림 2-39　초기의 재압실 (Davis 1995).

　1940년대 초, 프랑스의 꾸스토와 가냥 등에 의한, 실용적인 스쿠버{**그림** 2-23 c), 2-40, 2-41}[62]의 개발로 잠수 인구가 급격히 증가

---

62) Wikipedia.
　　'···Today, scuba(Self-contained Underwater Breathing Apparatus) typically usually refers to the in-line open-circuit equipment, developed by Emile Gagnan and Jacques-Yves Cousteau, in

하게 되어, 많은 사람들이 수중 유물이나 유적을 접할 수 있는 기회가 많아졌다. 하지만 이들에 의한 무분별한 유물 인양(Treasure hunting)이나, 수중 유구·유적의 훼손은 세계적인 문제로 떠오르기도 하였다. 또한 빈번하게 많은 사람들(학자도 포함)이 표면공급식 잠수 장비의 안전성과 효율성을 무시한 채, 간편하고 경제적인 측면만으로 스쿠버 위주의 잠수 계획을 세우는 경향도 있지만, 이는 합리적으로 재고되어야 할 것이다. 마찬가지로 훅카(Hookah)의 사용도 신중하게 고려되어야 한다. 최근에는 기술잠수(Technical diving)라고들 일컫는, 혼합기체를 사용하는 스쿠버 잠수가 등장하였으나, 이 또한 마찬가지일 것으로 생각된다. 이들을 사용할 경우, 안전에 유의하여 만반의 계획을 세우고 준비를 해야 한다. 육상 환경과 다른 수중에서의 잠수는, 안전이 최우선적으로 고려되어야 하기 때문이다.

앞서 본 바스의 지중해 발굴조사 등에서 스쿠버를 위주로 사용한 점은, 다소 잠수 기술에 대한 전문성 결여로 보여 질 수도 있겠다. 물론 불가피한 사정도 있었겠지만, 신안선 발굴에서도 스쿠버를 위주로 하였다. 아울러 본인이 직접 겪은 불행한 사고 사례를 언급하여 경종을 울리고 싶다. 1980년대 사우디아라비아 해양공사 현장에서 잠수반장이 사망하였고, 2004년 완도 해저케이블 공사 현장에서 잠수사 2명이 사망하였다. 비록 산업잠수 현장이지만, 모두 스쿠버를 사용하여 발생한 사고였다.

which compressed gas (usually air) is inhaled from a tank and then exhaled into the water. However, rebreathers (both semi-closed circuit and closed circuit) are also self-contained systems (as opposed to surface-supplied systems) and are therefore classified as scuba.'

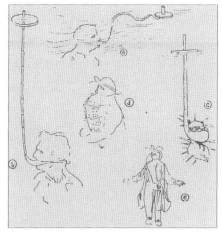 

a) 1500년대 다빈치(L. Da Vinci)의 개념도.　　　　b) 보렐리(Borelli)의 구상도. 1680년경.

그림 2-40 스쿠버의 시원적 개념 (Davis 1995).

　　a) 1500년대 다빈치의 개념도. 잠수와 관련된 몇 가지의 단계별 개념도이며, 그의 궁극적 목적은
　　스쿠버임을 알 수 있다. ⓐ와 ⓑ는 매우 얕은 곳에서 사용하기 위한 단순한 숨대롱(Breathing-
　　pipe apparatus)에 불과하다. ⓒ는 시원적 헬멧형으로 물안경, 물의 유입을 막는 목 부분까
　　지의 처리 방법 등을 보여주고 있다. ⓓ는 좀더 구체적으로 공기 저장통 형태를 지녔고, 코와
　　입까지 가릴 수 있는 마스크 형태로 보인다. ⓔ는 가장 공들인 작품으로 총체적으로 완성된
　　것이다.
　　b) 1680년경에 발행된 보렐리(G. A. Borelli)의 시원적 형태의 스쿠버 작품이다. 주의를 기울이고
　　공들인 고안이었으나, 불행히도 실제 사용되지 못하였다.

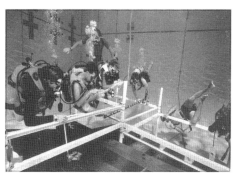

동 캐롤라이나 대학(East Carolina University) 실기 훈련 수영장. 요크타운(Yorktown) 침몰선 발굴조사에 앞서 수중 적응력을 키우고 조사 기법 등의 훈련을 하는 학생들. 파이버글라스(Fiberglass)로 나무 돛배의 모형을 제작, 설치하여 훈련함. "침니(沈泥) 외에는 모든 것이 다 있다 (This pool had everything but the silt)."라고 표현하였다.

그림 2-41 수중고고학과 스쿠버 (NGM 1988).

1960년대에 이르러서는 잠수 생리와 기술의 연구 개발로, 혼합기체를 사용하는 포화잠수(Saturation diving)가 실용화되기 시작하였다.[63] 물론 혼합기체를 이용한 잠수 개념의 인식과 시도는 이전부터도 시도되어 왔다.

근간의 기술 발달로 심해고고학(Deep sea archaeology)[64]에 관심을 가지게 되었고, 성과들도 잇따르고 있다. 심해고고학에서 거의 필수적으로 이용하고 있는 원격조정무인잠수장치(ROV)[65]와 잠수정에 대하여 - 직접 잠수는 아니지만 - 간략히 살펴본다.

ROV는, 1850년 8월 28일 영국해협에 설치된 해저케이블 손상을 계기로, 케이블을 해저에 묻을 수 있는 장비가 필요함에 따라 개발이 시작되었다. 전기, 전자 계통 및 수밀 기술의 발전에 따라 1930년대 말에 해저예인기 형태(Bottom crawling/towed vehicle)가 등장하고, 해저 광통신 케이블과 동력 케이블의 설치 (포설 및 매설 등) 공사를 위하여, 이 형태의 ROV 개발이 급진전되었다. 1960년대 초의 개발 이후, 1975년경부터 해양유전업계의 발전과 더불어 실용화되어, 다양한 수중 작업, 심해저 조사·탐사와 개발을 가능케 하여 왔다. 직접 잠수와 비교하여, 장점 및 용도는 아래와 같다.

- 잠수사의 위해 환경 노출을 최소화하거나 대신함,

---

63) 김도현 1999, pp. 6, 61~79; 김도현 2012, pp. 38~39; *U.S. Navy Diving Manual* rev.4 1999, pp. 1-16~1-24 참조.
Vorosmarti 1997.
"'포화잠수(Saturation dive)'라는 용어는 미해군 실험잠수대의 오토 반데르 에위 박사(Dr. Otto van der Aue)가 1945년에 처음 사용하였다.…"

64) Deep water 또는 Deep sea archaeology로 표현하고 있다.
MIT에서는 'Deep Water Archaeology Research Group'을 운영하고 있으며, Deep sea라고 표현한다. 연구자는 '심해고고학'으로 번역 표기한다.

65) 앞의 주 40) 참조.

- 위험, 유해 환경에서의 작업 (원자력 구조물, 오염 지구 등),
- 인간의 직접 잠수 불가능 수심에서의 작업 등.

이러한 ROV의 종류는 작업 수심이 30~6,000미터, 무게는 몇 kg에서 수 톤에 이르기까지 그 종류가 다양하고,[66] 부착시킬 수 있는 보조 장비·장치 또한 광범위하다. 하지만 현 국내에서는 ROV에 대하여 편협적이고도 국부적으로 소개된 경향 때문에, 경우에 따라 운용(작동)에 많은 제약이 따르고, 만족스러운 결과를 얻지 못할 수도 있다는[67] 인식이 결여되어있고, 심지어는 잠수사에 앞서 모든 수중 작업을 가능케 하는, 만물 상자로 잘 못 이해되는 경우가 종종 있음을 간과해서는 아니 된다. 더욱이 대형화 될 수록 모선이 커져야 하고, 원활한 운용을 위하여서는 DP(Dynamic positioning)[68] 시스템을 갖춘 고가의 선박이 필요한 경우가 많다.

---

66) MTS 1984, p.1.; 김도현 2012, pp. 40~41 참조.
　　'Vehicle Types:⋯six(6) types of ROVs: 1) Tethered, Free-Swimming; 2) Towed (Mid-water and Bottom/Structurally-Relient); 3) Bottom-Relient; 4) Structurally-Relient; 5) Untethered and 6) Hybrid Vehicle. The primary distinction between these groups is the means whereby they obtain propulsion.⋯'
　　noaa.gov
　　'ROVs range in size from that of a bread box to a small truck. Deployment and recovery operations range from simply dropping the ROV over the side of a small boat to complex deck operations involving large winches for lifting and A-frames to swing the ROV back onto the deck. Some even have "garages"that are lowered to the bottom. The cabled ROV then leaves the garage to explore, returning when the mission is completed.⋯'

67) noaa.gov
　　'The disadvantages of using an ROV include the fact that the human presence is lost, making visual surveys and evaluations more difficult, and the lack of freedom from the surface due to the ROV's cabled connection to the ship.'

68) 통상적으로 '자동위치유지장치'로 번역하지만, position keeping (auto position and heading control), autopilot, autotrack (low & high speed), follow ROV 등 다양한 기능을 갖고 있다.
　　한글과 컴퓨터 사전.
　　' 【항해】 (컴퓨터에 의한) 자동 위치 제어 [정점 (定點) 유지]'.
　　Mirzoeff 1985, p.21.
　　IMCA 2006, p.5.

ROV는 해·조류의 영향을 많이 받는다. 특히 수중고고학에서 자주 이용되는 유영식 형태(Tetherd, free-swimming type)는 더욱 그러하다. TMS{앞의 주 65) 참조, **그림 2-42**}의 사용이 권장된다.

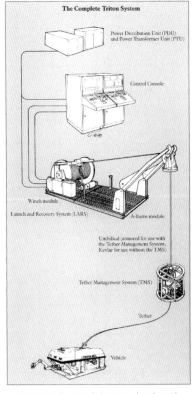

a) TMS를 갖춘 전형적인 ROV 시스템 구성.

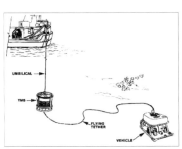

b) TMS를 사용하는 ROV 운용 모식도.

c) 수중에서 TMS로부터 분리된 ROV.

그림 2-42 ROV 운용 시스템과 TMS (Perry 1984; NOAA).

　　ROV를 추의 역할도 하는 TMS와 함께 일정 수심(작업 수심·장소 근처)까지 내린 후, ROV의 자체 추진력으로 TMS와 분리된 뒤, 작업 장소로 이동한다.

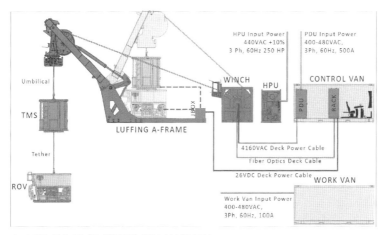

a) TMS를 갖춘 근자의 전형적인 ROV 시스템 구성.

그림 2-43 근자의 ROV 체계 구성과 TMS (FMC Technologies, shilling.com).

앞 **그림 2-42**와 비교할 때, 약 30년이 지난 지금의 시스템 구성 기본은 거의 변함이 없다. 단지 소프트웨어나 관련 부품들의 개량이 진행되어오고 있다.

a) 소형 ROV (videoray.com).　　b) 소형 ROV는 매우 작은 보트에서도 운용 가능하다 (Csepp 2005).

그림 2-44 ROV 구성과 다양성 (FMC Technologies, shilling.com).

ROV의 선택은 목적과 작업 환경을 고려하여야 하며, 그 운용은 ROV 자체(몸체)만을 생각해서는 아니 된다. 시스템의 구성이, 수상(水上)에는 ROV 몸체보다 크고 무거운 움빌리칼 윈치, 조종 장치, 입수·회수 장치(LARS) 등 여러 관련 장치들로 이루어지기 때문이다.

ROV에는 목적과 용도에 따라 다양한 장비, 도구, 계측기 등을 부착할 수 있다. 잠수사를 대신하여 팔과 손 역할을 할 수 있는 머니퓰레이터(manipulator) 를 부착하여 필요한 작업을 가능케 한다.

a) 전형적인 머니퓰레이터와 작동기 (oceaneering.com). b) 머니퓰레이터의 다양한 도구들.

그림 2-45 ROV 부착 장비·도구 (rov.org).

a) 딥워터호라이즌호(*Deepwater Horizon*) b) 아이네마루호(*Ehine Maru*)
  폭파·화재, 기름유출 사고 (2010년 멕시코만).   구난 작업.

그림 2-46 ROV 머니퓰레이터 수중 작업 (oceaneering.com).

해양유전지대(Offshore oil-field) 개발과, 공학, 전자·전기 등 관련 분야의 발전은 수중고고학 탐사, 발굴조사 및 연구 등에 많은 도움을 주고 있다.

a) & b) 2004년 미 해양대기국(NOAA)의 탐사 - ROV와 선상 조정실.

a) 선미의 상자들 탐사 중 (ⓒ IFE/URI/NOAA). b) (ⓒ Bert Fox / NGM).

c) 유인잠수정 알빈호(Alvin)[69]로부터 출발한 ROV가 층계를 따라 4층 아래로 투입되고 있는 모식도.

　　　매우 고난이도의 작업이다.

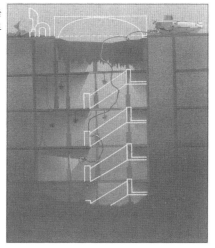

타이타닉호는 영국에서 미국으로 향하던 처녀항해 중, 1912년 4월 10일 뉴펀들랜드(Newfoundland) 근해에서, 빙산과 충돌하여 수심 3,784m에 침몰했다. 2,224명의 승객과 승무원 중, 1,502명이 사망한 비극적 해난 사고였다. 이를 찾고자 하였던 여러 탐사들의 결과로, 1985년 9월 잔해를 발견하였다.

심해 - 특히 인간의 직접잠수 한계보다 깊은 수심에서, 어떤 실체의 확인 등에는, ROV, 잠수정 등이 필수적이다.

그림 2-47 타이타닉호(RMS *Titanic*) ROV 탐사.

---

69) 김도현 2012, pp. 42~48 참조.

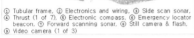
① Tubular frame, ② Electronics and wiring, ③ Side scan sonar, ④ Thrust (1 of 7), ⑤ Electronic compass, ⑥ Emergency locator beacon, ⑦ Forward scanning sonar, ⑧ Still camera & flash, ⑨ Video camera (1 of 3)

a) 수심 6,000m급 ROV 제이슨(Jason). b) 머니퓰레이터 작동 중.

ROV에는 사진·비디오 카메라, 소나, 정밀 위치 측정기(precision mapping abilities) 등이 부착되어, 심해에서의 현장 분석 연구를 가능케 한다.

b) 잠수사 대신 ROV가 머니퓰레이터로 철제 닻을 들어 올리고 있다.

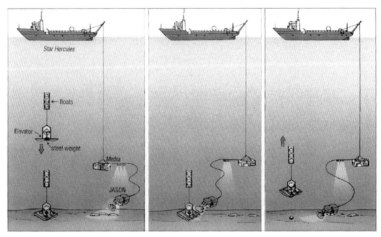

c) ROV 수중 작업 모식도.

① 철제 추(steel weight)를 장착한 인양 장치(Elevator)를 침몰선과 안전한 거리의 해저에 앉힌다.
② ROV로 유물들을 그물 망 틀(net compartments)에 담는다.
③ 모선에서 무선 음파 신호(acoustic command pulsing)를 수중의 인양기로 보내어 철제 추를 분리한다. 세 개의 부력구(glass floats) 때문에 인양기는 수면으로 떠오르게 된다.

그림 2-48 로마 침몰선(Roman shipwreck *Isis*, 수심 약 800m) 탐사 (Ballard 1990).

잠수정(Submersible)[70] 또한 형태(크기 등)와 성능은 매우 다양하다. 유인과 무인 잠수정으로도 구분될 수 있으되, 수중고고학에서는 유인 잠수정이 주로 사용되어져 오고 있다. 하지만 ROV만큼 자주 사용되지는 않는다.

---

[70] Wikipedia.
"잠수정은 일반적으로 수면의 모선(지원선, Surface vessel)이나 대형 잠수함(Large submarine)의 지원을 받아 작업 해역까지 이송되는, 행동 범위를 제약받는 수중선체(기구, Underwater vessel(容器))의 한 형태이다. 잠수정은 잠수함에 비하여 크기뿐 아니라, 독자(립)적 운용이 거의 불가능하다는 기술적인 점에서, 분명한 차이가 있다. 하지만 수중 챔버 또는 잠수종(diving chambers or diving bells)과는 달리 추진력을 갖추어 월등한 기동성을 가진다.…
잘 알려진 잠수정들 중, 가장 유명한 것은 심해 연구정 알빈호가 잘 알려진 잠수정들 중 가장 유명하다 (Among the most famous submersibles is the deep-submergence research vessel DSV *Alvin*.)."
Delgado 1997, p.409.
'유·무인 잠수정(Manned and unmanned submersibles)은 고고학자와 역사학자들에게, 전 세계 수괴(Water masses)의 밑바닥 아래에 존재하는 역사적 가치를 지닌 많은 곳(material)으로 인도할 수 있는 수단이다. 이러한 수중탐사에 적합한 기구는 인간의 호기심을 만족시켜주거나 군사적 목적으로 고안되어져 왔다. 1960년대 후반에 들어서면서, 우주 탐사와 마찬가지로 여러 기업들이 수중 탐사에도 관심을 가지고 투자를 하게 되었다. 그 결과 산업, 과학, 군사 등 여러 분야의 심해 유인 잠수정들이 개발, 제작되었다.…이중에서도 아쉐라호(*Ashera*,)가 유일하게 수중고고학을 위하여 설계·건조되었다.…'
The best known manned submersible constructed during that time is unquestionably the Deep Submergence Vehicle (DSV) *Alvin*. This vehicle, funded by the US Navy, was originally constructed by Litton Industries for operation by the Wood Hole, Massachusetts.…'

a) 아누스호(*Janus*, Comex)에 탑재된 유인 잠수정.　b) 잠수정 모선(*Ocean Voyager*) 선미.

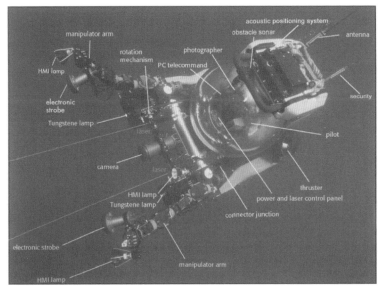

c) 1,000m급 2인승 잠수정 (Goddio et al., 2000).

그림 2-49　유인 잠수정 (underwater.com; Goddio et al., 2000).

　　a) 잠수정과 ROV 모선(전장 약 30m).
　　　2인승 잠수정 운용에는 다소 적은 듯하나, DP 시스템을 갖추고 있다.
　　b) & c) 로얄캡틴호(*Royal Captain*) 탐사(**그림 2-50**)에 사용되었다.

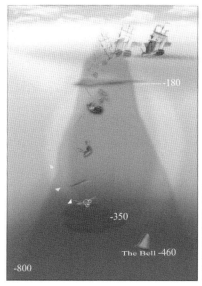

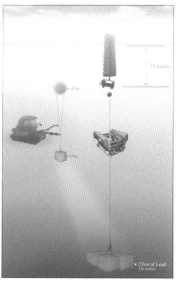

a) 현장 설명도 - 유물 분포와 수심.　　b) 유물 인양 방법.

c) & d) 잠수정 수중 탐사 모습. (ⓒFranck Goddio/Hilti Foundation, photo: C. Gerigk).

그림 2-50　로얄캡틴호(*Royal Captain*) 유인 잠수정 탐사 (Goddio et al., 2000/2001).

　　로얄캡틴호는 영국 동인도회사(East India Company)의 선박(전장 43.6m)으로, 1772년에 진수
되었다. 1773년 12월 남지나해에서 해도에 표시되지 않은 산호초에 부딪쳐 침몰하였다. 1985년
과 1995년 ROV 탐사에서 찾지 못하고, 1999년 고디오(F. Goddio)에 의하여 발견되었다. 필리
핀 국립박물관과 협조하여, 수심 350~850m를 중점적으로 2대의 수심 1,000m급 2인승 잠수정
으로 탐사하였다. 5%만이 발굴조사 되었으며, 1,847점의 유물을 인양하였다. 나머지 95%는 미
래의 심해고고학 관련 기술 개발에 따라 발굴조사 할 몫으로 남겨두었다.

2) 잠수 장비와 운용 (김도현 2012, pp. 49〜59 참조)

잠수는 목적과 활동 분야에 따라 산업(Commercial), 과학(Scientific), 군사(Military), 레저·스포츠(Leisure·sports) 잠수로 나눌 수 있으며, 수사(Investigation, police)와 수산물 채취 잠수 분야도 있다. 수중고고학에서 필요로 하는 잠수는 과학과 산업 잠수의 중간(혼합)적 형태로 본다. 목적으로 볼 때에는 과학적인 면이 주가 될 수 있으나, 운용을 고려할 때는 산업잠수적인 면을 강조하지 않을 수 없다. 산업잠수의 기준이나 운용을 제대로 이해하여, 수중 환경에서의 안전과 효율성을 높여야 할 것이다. 흔히들 상황이나 여건 때문에 스쿠버를 종종 사용하다보니, 레저·스포츠의 기준으로 보는 경우가 있으되, 이는 매우 위험하고도 여러 문제점들을 야기 시킬 수 있다. 훅카(hookah) 또한 마찬가지이다. 이들의 사용은 되도록 자제해야 할 것이다.

잠수 장비와 운용 방법은 편의상 **표 2-1**과 같이 나누어 볼 수 있다.

표 2-1 잠수의 분류.

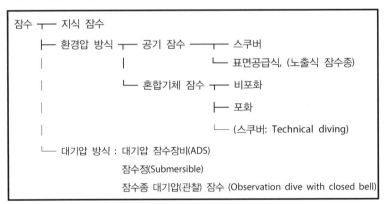

수중고고학은 수중 환경으로 직접 잠수하여 연구하고, 조사·탐사, 유물 인양, 발굴조사 등을 하면서, 오래 동안 공기 잠수의 한계수심 내에서 이루어져 왔다. 최근 들어 기술의 발달로 이 보다 깊은 곳으로 영역을 넓혀가고는 있지만, 아직도 공기 잠수에 의존하는 경우가 대부분이다.

공기 잠수는 장비와 운용에 따라 스쿠버와 표면공급식(Surface supplied, Surface demand)으로 구분 될 수 있다. 스쿠버는 활동성, 간편성, 경제성 등의 이유로 널리 사용되고 있다. 하지만, 환경이나 작업 조건에 따라서는 각별한 주의를 기울여야 한다. 표면공급식은 수면 위(船上)에 있는 책임자(Supervisor)나 보조원(Tender)의 관리·통제 아래, 수중의 잠수사에게 호흡할 공기를 호스로 통하여 공급하여 주는 방식이다. 따라서, 호흡할 공기를 거의 제한 없이 지속적으로 공급함은 물론, 공기 공급 호스 외에 통화선과 수심측정 호스 등으로 구성된 움빌리칼(Umbilical)을 통하여, 유선 통화가 가능하고 잠수사의 수중 체류 수심을 알 수 있는 등, 수면 위에서 잠수 조정반을 통하여 잠수사를 관리할 수 있기 때문에 안전하고 효율적이다. 표면공급식 장비로는 중량 헬멧, 훅카, 경량 헬멧과 밴드마스크가 있다. 중량 헬멧은 무게와 불편함으로 인하여 경량 헬멧과 밴드마스크로 거의 대체되는 추세임은 앞서 설명하였다.

훅카는 주로 얕은 곳에서 자주 이용되고 있으나, 유선 통화나 수심 측정이 불가능할 경우가 많고, 스쿠버용 수경을 주로 사용한다. 스쿠버와 마찬가지로 운용에 각별한 주의를 기울여야 하되, 사용을 자제해야한다.

비록 산업잠수 분야의 경우이지만, 경량 헬멧과 밴드마스크가 기본적으로 사용하는 장비이다. 이는 효율성과 안전성을 고려한 것으로, 수중고고학 분야에도 적극 권장되어야 할 것이다. 물론 외국의 경우, 최근에 들어서 이를 사용하는 경우가 많아졌다. 하지만 우리 나라에서는 아직도 스쿠버와 훅카에 주로 의존하는 바, 시정되어야 하며, 경우에 따라 노출식 잠수종의 이용도 고려되어야 할 것이다. 최근 3년(2003~2005)에 걸친 메리로즈호{*Mary Rose*, 본문 Ⅳ. 1. 2), 김도현 2012, p.56 참조} 재 탐사 작업에서 표면공급식 잠수장비 와 노출식 잠수종을 사용하였고, ROV도 투입하였다. 이는 메리로 즈호를 인양한 뒤 20여 년이 지난 때였다. 이 같이 수중 발굴조사는 장기간의 시간과 많은 예산이 소요되며, 무엇보다 중요한 것은 이에 대한 인식과 수중 문화유산의 가치를 제대로 깨닫는 것이다.

혼합기체 잠수 - 특히 포화잠수(앞의 책, pp. 38~39 참조)는, 수중고고학 연구에 경제적인 이유 등으로 거의 사용하지 못하고 있는 추세이다. 하지만 이러한 잠수가 필요한 수심에서 반드시 연구나 발굴조사가 이루어져야 할 가치가 인정될 경우, 이미 실용화되어 있음을 염두에 두어야 한다.

발굴조사 현장의 자연 환경이나 특성 등을 고려하여 적합한 잠수 기술을 효율적으로 운용함은 매우 중요하며, 1990년 발틱해에서 발견되어 1991년 조사를 시작한 16세기의 난파·침몰선에 대한 발굴조사(Kravel Project, 앞의 책 pp. 56~58 참조)는 스쿠버, 표면공급식, 노출식 잠수종 등의 장비를 사용하였음은 물론, 혼합기체잠수도 운용하였다. 물론 포화잠수를 이용한 사례도 있다. ADS나 잠수정, 심지어 소형 핵 잠수함(앞의 책, pp. 56~59 참조)까지도 심해고고학 연구에 이용되어져 오고 있다.

3) 수중 조사·탐사 (김도현 2012, pp. 61~113 참조)

고고학 발굴은 경우에 따라 파괴적인(현장을 훼손하는) 행위라고 도 볼 수 있다. 하지만, 고고학자들은 이러한 발굴을 통하여 얻은 정보들로써 해석을 하고, 복원, 보존을 하려고 하기 때문에, 단순히 경제적 이익과 호기심만으로 발굴하는 자들과는 근본적인 차이가 있다. 따라서 수중고고학 발굴은 현장 훼손을 최소화하면서 복원, 보존이 이루어져야 하며, 조사·탐사[71] 때부터 이미 이러한 점들이 고려되어야한다.

수중고고학 조사·탐사는 육상과 비교하여, 장기간에 걸쳐 많은 경비가 소요되고, 사람이 직접 수행하는 것보다 장비·기기에 의존 하는 경우가 많다. 이러한 장비들은 물이라는 매질의 특성 때문에 음파를 주로 이용한다 (SONAR system).[72] 또한 바다에서의 기초 (일반)적인 측량(측위)은, 선박 등 연속적으로 이동하거나(위치가 변 하거나), 움직이는 곳에서 이루어지므로, 조사 궤적 및 위치의 측정 (측위: position location and fixing, measuring)은 실시간으로 최소한

---

71) Babits and Tilburg 1998, p.357.
   'We distinguish between a survey and a search. A search is conducted for a particular site or object; a survey is a systematic determination of specific cultural remains within a area.'

72) 매질과 환경의 특성 때문에 널리 사용되는 소나 시스템(SONAR: SOund NAvigation and Ranging system)은, 수중음향학(underwater acoustics)에 기초를 두고 있다. 즉, 19세기 경에 균일 매질에서의 소리 속도는 일정하고, 수중에서의 소리 전파는 공기 중에서보다 더 빠르고 멀리 전파 됨(1500 m/s)을 알게 되었다. 수중음향 시스템에 있어서 파장과 진동수는 매우 중요하다. 고주파 음향의 경우 에너지는 해수에 의해 급격하게 감소되지만, 저주파 음향 에너지는 훨씬 작은 비율로 감소한다. 예를 들어, 50 Hz의 음파는 수천 km까지 전달되지만, 보통 음향측심기에서 사용되는 100 kHz의 음파는 단지 1~2 km를 진행할 뿐이다. 이 같이 주파수와 거리의 관계는 많은 의미 를 내포하고 있다. 만약 측면주사음탐기 사용자가 원거리로 음파를 보내고 받기를 원한다면 저주 파 음원을 사용해야 한다. 그러나 불행하게도 저주파수의 음파는 긴 펄스 폭과 시간 (pulse width & length)을 갖기 때문에 해상도가 낮다. 반대로 정교한 분해능을 원한다면 고주파를 사용하는 것이 좋지만, 짧은 파장의 음파는 먼 거리를 진행할 수도 없고, 결과적으로 사용 범위가 제한적이 다. 따라서 소나 이용자들은 유효 거리와 해상도 사이의 상호 관계를 고려하여, 목적에 가장 적합 한 주파수를 찾아야만 한다.

의 오차로 확인 기록되어야 한다. 이를 위한 장비와 기법의 기본은 육상 측량과 대동소이하고, 간단하고도 고전적인 삼각측량에서부터 위성측위시스템(GPS, DGPS 포함)[73]까지 사용된다. 이러한 장비와 기법은, 간단한 측심·거리 측정 도구나 육분의(六分儀, Sextant)를 주로 사용하던 19세기 중엽 이후 큰 발전이 없었다. 2차 세계대전을 겪으며 수중 기술·공학 분야 (음향, 전기, 전자 등)의 발달과 더불어, 수중 조사·탐사 장비 개발과 1980년대 GPS의 실용화를 거치면서 많은 발전이 이루어져 왔다. 더욱이 1970년대 해양유전업계의 급속한 발전과 성장에 따라 관련 분야의 기술 개발이 촉진되고, 수중고고학 분야에도 적용되고[74] 있다.

수중 조사·탐사 방법을 잠수사가 수중에서 직접 수행하는 방법

---

73) GPS(Global Positioning System)를 '위성항법장치'로 번역하고 있으나, 이는 항해 개념에서인 것으로 사료되어 본 논문에서는 영문 약자 GPS로 표기한다. 오차를 줄일 수 있는 DGPS(Differential GPS, 정밀 위성측위체계)로 발전되었으며, 우리나라의 거의 전 해역에서 비교적 간단하게 이를 이용할 수 있다.
해양수산부.
'위성항법장치: 미국정부가 구축중인 항법지원 시스템으로서, 인공위성(NAVSTAR GPS위성)을 이용하여 1일 24시간 세계측지계(WGS84)상의 3차원 위치측정과 신속한 관측자료의 처리를 통하여 높은 정확도의 위치정보를 산출할 수 있는 전천후 측위 장비'.
Dear and Kemp 2006, pp. 243~244.
'US-government-owned satellite navigation system. Receivers on board constantly calculate a vessel's position based on signals received from at least three of the 24 satellites orbiting at about 20,000 km above the earth.⋯ When the first GPS satellites were launched in 1978, it was initially a military system, but a degraded version was made available for civilian use in 1984 and during the 1990s GPS became widely available for many civilian purposes including navigation at sea and marine archaeology.⋯.'
Green 2004, p.23.
'⋯. The introduction of the GPS in the 1980s was the start of this revolution. However, in the early days of GPS, with Selective Availability (SA, 인위적 오차) on, position could only be obtained to an accuracy of ±50m. However, on May 1, 2000, NASA turned SA off and GPS was then able to give a position accurate to a few meters.'

74) 김도현 1999, pp. 5~6.
Green 2004, pp. 23~24.
'⋯. Most of the techniques described are used in other fields, particularly the offshore oil industry. Although the equipment and resources that are generally used by maritime archaeologists are very modest in comparison.'

과, 장비 등을 이용한 간접적인 방법으로 나누고(**표 2-2**),[75] 주로 사용하는 간접적 기법들(Remote sensing techniques)과 장비에 대하여 간략히 알아본다.

방법과 장비의 선택은 목적, 대상, 주변 환경 등에 따라 결정 - 구분 또는 조합하여 운용 - 되겠지만, 필요에 의하여 적합한 방법들이 함께 운용되는 경우가 대부분이다. 즉, 목표물까지의 거리(수심) 측정은 음향측심기(echo sounder)가 가장 간단하고 대표적이다. 수중 목표물(해저지형을 포함하여)의 영상 취득은 측면주사음탐기(Side scan sonar, 2차원적)와 다중빔음탐기(MBES: multi-beam echo sounder, 3차원적)[76]를 사용한다. 해저면, 지반, 퇴적층 등의 파악에는 지층탐사기(Sub-bottom profiler, 지층의 단면)를 사용하되, 묻혀 있는 물체의 탐색에는 자력계(Magnetometer), 금속탐지기(Metal detector), 탐침봉, 시추기 등을 사용할 수 있다. 하지만 무엇보다도 중요한 것은, 주변 환경이나 대상물에 따라 어떠한 장비로 어떻게 조사·탐사할 것인지에 대한 계획 수립과 적합한 엔지니어링이다.

이러한 장비들을 운용하는 조사·탐사선들은 매우 다양하며, 적합한 선택이 중요하다. 또한 조사선과 탐사 대상의 위치 파악(Position fixing and location)은 기본적으로 함께 이루어져야 한다.

---

75) Dean et al. 1995, p.128; pp. 108~214.; Green 2004, pp. 23~164.; Tripathi 2005, p.4; pp. 12~13.

76) Multi-beam sonar, Multi-beam bathymetric sonar.
"다중빔음향측심기"(한국해양연구원 2003; 국립해양문화재연구소)로도 번역·표기한다. 연구자는 Side scan sonar의 번역·표기, 장비의 용도, 결과물 등을 고려하여 "다중빔음(향)탐(사)기"로 번역·표기한다.

표 2-2 조사·탐사 방법·기법과 장비/도구.

방법·기법		장비와 도구	비고 (목적과 용도 등)
위치 결정·측정 (Position Fixing and Location)	광학적 (Optical)	트랜싯(Transits) 나침반(Compass bearings) 육분의(Sextant) 경위의(經緯儀, Theodolite)	고고학적 잔존물(터)의 위치 조사·탐사선의 궤적
	전자적 (Electronic)	극초단파 육상 기지국 (Microwave shore stations) 전자거리측정기(EDMs) 레이더(Radar) 위성 측위 시스템 (GPS, DGPS)	
직접 또는 육안조사 방법 (Direct or Visual Methods)	육안 (Visual)	잠수사 직접 Diver(-reliant) 탐색 잠수사의 줄(swim-line, free-line)을 이용한 원형 또는 잭스테이 (jackstay : corridor) 탐색. 그리드를 이용하거나, 드물게는 소형선에 매달려 가면서 탐색하기도 한다.	대부분 잠수사의 육안 관찰에 의존하지만, 금속탐지기 등과 같은 기기 사용과 병행하기도 한다. (Dean et al. 1995, p.128). 사진기와 비디오 시스템.
		간접 Non diver(-reliant) 탐색 ROV와 잠수정(Submersible) 항공 촬영	사진기와 비디오 시스템. (still and video cameras).
	감각·감촉	탐침봉 (Probe - touch sense)	감각이나 느낌에 의존.
간접적 기법 (Remote Sensing Techniques)	전자적 (Electronic)	자력계 (Magnetometer)	대형 철제품과 구조물 (large ferrous objects and structure)
		금속탐지기 (Metal detector)	비철금속(non-ferrous metals) 포함. 매우 가까운 거리에서 확인 가능.
	음향, 음파 (Acoustic)	음향측심기(Echo sounder) 스캐닝 소나(Scanning sonar) **측면주사음탐기(Side scan sonar) 다중빔음탐기(Multi-beam sonar, MBES)**	해저면
		지층탐사기(Sub-bottom profiler)	해저면 아래와 매장물.
	광학적 (Optical)	라이다(LIDAR: Light Detection & Ranging)	광범위한 천해 구역 (최근, MBES와 함께).
기타 (Others)		고문서 등 자료 수집 (Archives & etc.) 현지 탐문 (Local knowledges)	
현장 조사, 기록		현장 사정에 따라	수중 발굴조사, 기록 시.

① 음향측심기

해양 조사에서 오래 동안 광범위하게 사용되고 있는 장비이다. 특정 주파수의 음파를 조사선에서 해저 면에 방사하여 조사선의 수신기로 되돌아오는데 걸린 시간을 측정하여 해저 면까지의 거리를 계산한다. 사용하는 음파(주로 3~400 kHz)는 원추형으로 방사되며(3~15°), 각이 작을수록 측정 분해 능력이 증가한다. 선박의 움직임에 의한 영향을 많이 받는다. 기록은 음파가 지나간 곳들의 점들(궤적)이 연결된 선으로 나타난다.

② 측면주사음탐기

비교적 넓은 해저 조사에 경제적이고 효율적으로 사용할 수 있다. 조사선이 수중으로 발음체(Towfish)를 예인하여 초음파로 해저를 조사하며, 해저 면의 평면(2차원) 영상 자료를 제공한다.

그 구성은 수중 예인체(Towfish: ROV에도 부착 가능)와 수상의 주제어 컴퓨터(Deck unit: control system 및 자료취득 software 등), 그리고 이들을 연결하여 견인·통신하는 케이블(Tether cable)로 이루어진다. 수중 예인체는 초음파를 송·수신하며, 선박의 진행 방향으로는 0.5°정도의 빔 폭으로, 양 측면으로는 약 55°정도의 넓은 빔을 형성하여 음파를 발사하고, 해저 면으로부터 후방 산란되거나 반사되어 돌아오는 음파를 시간 순으로 주제어 컴퓨터로 전송하는 역할을 한다. 주제어 컴퓨터는 이같이 수신된 신호를 분석하고 다듬어 영상화(2차원적으로)하는 역할을 한다.

측면주사 음탐 자료(기록)를 적절히 해석하려면, 음탐 현상에 대한 이해가 필수적이다. 음탐 출력 자료가 해저 면과 그 위의 물체들을 묘사해내는 과정에는 많은 변수들이 작용한다. 자연 조건 즉 바람, 파도, 그리고 온도와 염분도 변화에 기인하는 밀도 변화 등과 시스템에 대한 작업자의 숙련도와 자료 취득 과정 등이 자료의 질에 영향을 미친다. 예인 선박의 진로, 속도, 예인체의 고도, 주사역 및 파장 선택은 직접적으로 음탐 자료의 질을 좌우한다.

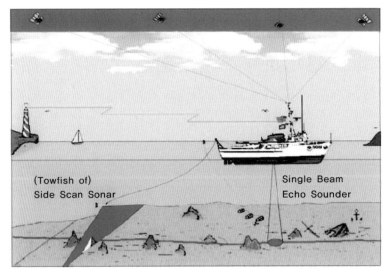

그림 2-51 음향측심기와 측면주사음탐기 비교 (NOAA 2006).
DGPS를 이용하여 선박의 위치를 실시간으로 파악.

③ 다중빔음향탐사기

다중빔음향탐사기는 1970년대에 음향측심기(Single beam echosounder)의 기능 개량을 위하여 개발되었다. 현재는 단순한 수심 측정 기능을 넘어서, 해저 지형, 구조물, 물체 등의 입체적 해석을 가능케 한다. 연구자가 '다중빔음향측심기' 대신 '다중빔음향탐사기'로 표기코자하는 이유도 여기에 있다 {앞의 주 75) 참조}.

측면주사음탐기보다 고가이나 입체적(3차원)인 자료 획득이 가능하고, 한 번의 송수신으로 현(선박의 양 옆) 방향으로 약 100~200 개 빔(개개의 빔 폭은 2~3°로 매우 좁다)을 동시에 취득할 수 있다. 현 방향으로 좁고, 선박의 수직방향으로는 부채꼴 모양의 빔 띠를 형성한다{**그림 2-54 c**), 수심의 약 2~4배 음탐}. 수심에 따라 주파수를 12kHz 내외(5~50kHz: 심해)로부터 최근의 기술 개발로 200~300kHz(천해)까지 사용한다(marum.de).

음파 송·수신기는 측면주사음탐기와는 달리 조사선에 부착 또는 고정되어 있다. 따라서 정밀도가 높은 방위센서(Gyro)와 선박의 움직임(미세 변화, Heave, Pitch, Roll) 보정을 위한 움직임 감지기 (Motion sensor)가 필수적이다{**그림 2-52 a**)}.[77]

조사 해역을 일정 폭으로 나란한 궤적{**그림 2-52 d**)}을 유지하며 중첩되게 조사해야한다. 즉 누락되는 조사 구간이 없어야 한다. 경우에 따라 처음 조사 궤적에 직각 방향으로 추가 조사를 하여 200% 이상의 해역을 조사하기도 한다. 측면주사음탐기와 지층탐사기 등 음파를 이용하는 조사는 마찬가지이며, 이는 탐사·탐색의 기본적 운용 기법이다.

---

77) NOAA.
'Multibeam sonars are generally attached to a vessel, rather than being towed like a side scan. Therefore, the coverage area on the seafloor is dependent on the depth of the water, typically two(2) to four(4) times the water depth.'

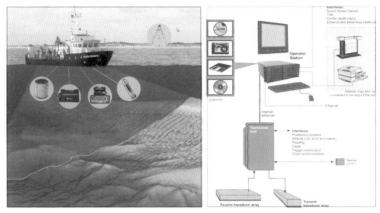

a) 해양조사선 탑재 다중빔음탐기 구성.   b) 다중빔음탐기 구성 체계도.

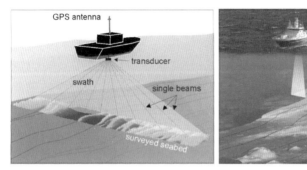

c) 해저조사 모식도 (marum.de)   d) RV *Tangaroa* (niwa.co.nz).

그림 2-52 다중빔음탐기의 구성과 운용 (coastalwiki.org; kongsberg.com).

  a) 밝게 표시된 수중 부채꼴의 빔 띠(Beam swath)로 해저 지형을 조사한다.
    흰색 원 안의 구성품들 (왼쪽부터) - 자이로 컴퍼스(Gyro compass), Motion senor, 선박의
    GPS-RTK(Real Time Kinematic), 음향 송·수신기(Sound profiler), 육상 RTK 기지국.
  b) Kongsberg사의 EM 122 시스템 - 288개까지의 빔을 사용할 수 있다.
  d) 평행한 궤적으로 해저 조사중인 해양조사선. 해저에 표시된 옅은 검은색 선이 조사 폭의 중심
    선이다.

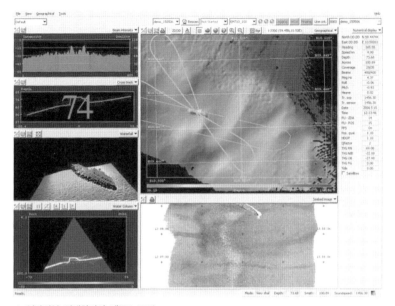

a) 일반적인 전체화면의 예(EM 710).

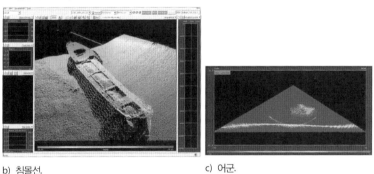

b) 침몰선.

c) 어군.

그림 2-53 다중빔음탐기 취득 자료 예 (kongsberg.com).

a) 색상 경사 영상　　b) 음파 후방산란 영상　c) 산란 보정 영상　　d) 입도 구분 영상
(Color-ramped image)　(Backscatter image)　(Sun-Illuminated image)　(Texture classes)

그림 2-54　다중빔음탐기 취득 자료의 영상 처리 (NOAA).

　취득한 자료를 사용자의 목적에 따라 다양한 영상 처리를 할 수 있다.

　a) 수심에 따라 색깔로 구분하여, 해저 면의 높낮이를 쉽게 식별할 수 있다.

　b) 해저 형상에 따른 음파의 후방산란(Backscatter) 차이를 이용하였다.

　　해저 형상이 거친 부분에서는 후방산란이 심하여 희고 밝게 나타나고, 완만한 곳은 후방산란이
　　약함에 따라 어두워진다.

　c) 왼쪽 b) 영상의 산란 효과를 보정한 것으로 지형(수심 차이) 파악이 용이하다.

　d) 퇴적물의 입도(자)에 따라 음파의 후방산란 효과가 달라진다. 이를 이용하여 퇴적물의 종류(큰
　　돌, 조약돌, 자갈, 모래, 뻘 등)를 색상으로 구분할 수 있다.

a) & b) 페르시아만, 수심 50미터 (Reson, mdl. SeaBat 8125).

 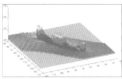 

c) 목선, 수심 18미터 (8125). d) 수심 24미터 침몰선(9001). e) 3D 침몰선과 해저 형상(8101).

그림 2-55　다중빔음탐기의 다양한 침몰선 영상 (Reson).

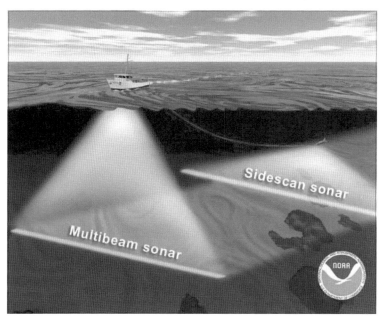

a) 다중빔음탐기의 음향 송·수신기는 선박에 부착 또는 고정되어 있고, 측면주사음탐기는
   예인체(오른쪽)에 있다.

b) 측면주사음탐기.   c) 다중빔음탐기.

그림 2-56   측면주사음탐기와 다중빔음탐기의 영상 비교 (NOAA).

b) & c) 침몰선 *Herbert D. Maxwell*, 1910년 아나폴리스 동쪽에 침몰한 4개의 돛대를 가진 범
선(4-masted schooner, 1905년 건조) 의 영상들. NOAA 해양조사선(*S/V Bay Hydrographer*)의
다양한 소나 장비 성능시험 및 시연에서 취득한 자료이다.

④ 라이다(LIDAR)[78]

레이저(laser)를 이용한 광학적 간접기법이다. 다른 기법들에 비하여 최근에 개발되었다. 짧은 시간 내에 광범위한 천해 구역을 조사할 수 있다. 다중빔음탐기 등의 취득 자료와 함께 분석 합성하여 유용한 3D 결과물을 도출할 수도 있다 (**그림 2-58**). 다양한 소프트웨어의 개발이 이루어지고 있다. 앞으로 수중고고학 연구에도 활용될 수 있을 것이다.

a) 라이다 탐사 모식도.   b) 라이다와 음탐의 2초 간 조사 가능 비교도. (fugro-uae.com).

그림 2-57 라이다(LIDAR) 탐사.

초당 30,000점(~15cm의 정확도, pugetsoundlidar.ess.washington.edu)~100,000점(Fugro Pelagos 2007)의 자료를 취득·분석할 수 있다.

---

78) ngis.go.kr

'지형의 고도자료 획득 방법에는 현지측량, 사진측량, 간섭레이더, LiDAR(light detection and ranging)등의 방식이 사용되고 있다. 현지측량과 사진측량등은 시간과 비용이 과다하게 소요되고 비접근 지역의 고도 자료를 획득하기가 어렵다는 단점이 있다. LiDAR는 고도자료 획득에 있어서 현지측량이나 사진측량의 대안으로 기술적인 측면이 다소 복잡하지만 새롭게 부각되는 기술이다. LiDAR는 상대적으로 짧은 파장의 레이저를 송신하여 반사되어 돌아오는 레이저의 크기를 측정하는 능동 원격탐사이다. LiDAR 특성은 식물과 지표면에서 반사되어 오는 레이저를 함께 기록함으로써 식물의 높이와 지표면의 정확한 고도를 측정할 수 있다.…… 1990년대 중반부터 레이저 스캐너(laser scanner)가 상품으로 개발되기 시작하면서 다양한 상용제품이 등장하였고, LiDAR 측량이 가능하게 됨.…… LiDAR 센서는 크게 ground-base, 항공, 위성 레이저 센서들로 나눌 수 있고……'

c) NASA의 아사티그섬(Assateague Island) 주변에 대한 라이다 운용과 항공촬영 모식도. 산호초, 해안가 식물 군락과 저서생물 서식처, 모래 해안 등의 조사에 사용하였다.
모든 조사에서 조사 항공기(선박)와 자료 취득 대상물의 정확한 위치 파악을 위하여 DGPS 등을 사용함에 유의해야 한다.

c) NASA의 라이다 천해 조사 (usqs.gov).　　d) 라이다와 항공촬영 (geomaps.co.tz)

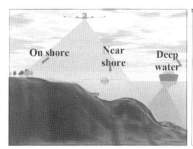

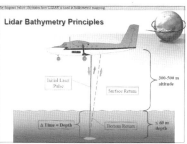

e) 연안과 해저 지형 조사 모식도.　　f) 라이다 수심 측량 원리. (Culpepper 2007, google).

e) 항공기 라이다로 해안선을 중심으로, 육상과 천해부(수심 500m 이내) 형상을 동시에 조사하고, 천해부는 소형선에 라이다를 달아 조사한다. 심해부(1,000m)는 음파를 이용하여 자료를 취득하고, 세 가지 모든 자료들을 합성하여 총체적이면서 정확한 결과물을 얻는다. (Culpepper 2007, google).

f) 수면과 해저면에 반사되어 오는 시차로 수심을 앎으로써, 해저 형상을 파악한다.

그림 2-57 계속 (라이다 탐사).

그림 2-58 레이저(LIDAR)와 다중빔음탐기 조사 합성 예 (mosaicgeo.com).

⑤ 지층탐사기

해저면 아래의 지질학적인 구조와 조직 및 경도가 다른 이상 물
체에 대한 정보를 연속적으로 제공하는 장비로서, 음향 에너지에 의

한 펄스가 발산되어, 음향 간섭 물체와 부딪쳐 반사되고, 수신기에
의해 탐지된다. 여러 가지 간섭 신호들은 퇴적물들의 지질학적인 성
질을 알려주며, 다양한 지질학적 특성을 가진 퇴적물들로부터 반사
된 음향 신호의 속도를 측정하여 반사된 시간을 측정함으로써, 해저
면 아래의 지질학적 경계 면의 깊이는 물론 이상 물체의 존재 여부
를 알 수 있다.

수중음향학에 기초한 조사·탐사 기법의 원리는 오래 동안 변함
이 없지만, 장비와 소프트웨어 개발은 꾸준히 이루어져 왔다. 지층
탐사기는 퇴적물 아래에 묻혀 있는 유물과 침몰선, 유구, 유적 등의
조사·탐사에 유용하게 사용된다. 특히 얕은 퇴적층을 상세히 알 수
있고, 주변 환경에 적합한 기법의 개발과 적(운)용이 중요하다.

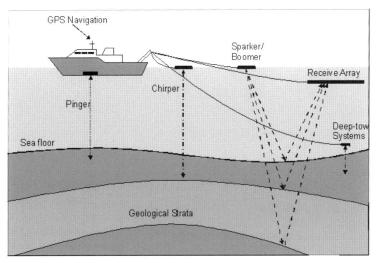

지층탐사기(Pinger, Chirper, Boomer, Sparker) 운용 모식도.

그림 2-59 다양한 지층탐사기 (Penrose J.D. et al. 2005).
　기종, 음원과 주파수에 따라 투과 심도, 해상도(식별 범위)가 달라진다.

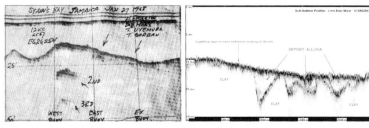

a) 자메이카(Jamaica) 콜럼버스의 배, "2nd". b) 나일강 어귀 헤라클레이온(Herakleion) 근처.
(Goddio and Clauss 2006).

그림 2-60 지층탐사기 기록 (Marx 1975).

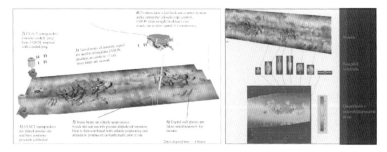

a) & b) ROV에 부착된 소나 장비와 모자이크 촬영을 이용한 심해 난파선 탐사.

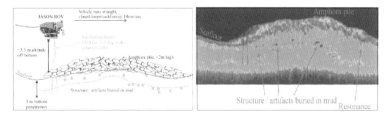

c) 심해저 조사 모식도.   d) 전형적인 심해 지층탐사 기록.

그림 2-61 MIT의 심해고고학 지층탐사 (Foley and Mindell 2002; Ballard et al. 2002).

⑥ 기타 (Electronic techniques: magnetometer, metal detector and
   probe for subsurface search)

침몰선 등을 포함하여, 많은 수중의 유적들은 세월이 흘러감에 따
라, 퇴적물로 덮이게 되는 경우가 많으며, 이들의 원형 훼손을 최소
화하면서, 필요한 발굴 범위를 정하고, 유물들의 분포 등을 파악한
다. 해저면 아래의 퇴적층에 대한 조사는 필수적이며, 비교적 광범
위한 해역은 지층탐사기 등을 이용할 수 있다. 하지만 국부적으로
실질적인 발굴조사에는, 자력계나 금속탐지기가 유용하게 사용될
수 있고, 물리적인(비록 원시적이라고 수도 있지만) 방법으로 탐침
이나 시추를 응용할 수도 있을 것이다. 해저면 아래에 묻혀 직접적
으로 확인할 수 없는 경우에는, 주변 환경이나 상황들을 고려하여
적합한 방법들을 함께 사용하여 최선의 결과를 얻어야할 것이다.

a. 자력계 (Magnetometer)

1960년대 이후 여러 수중고고학 현장에서 사용되어져 왔으며, 경
우에 따라 매우 효율적인 탐사 방법 중의 하나로서, 해저 면과 퇴적
층 내의 금속성(특히 철 성분, ferrous metal) 물체의 존재 유무를 확
인하기 위하여 자력계를 이용하여 지자기 값을 측정한다.[79]

---

[79] 유해수 외 2004, p.111.
   "지자기탐사; 자력탐사의 기본 원리는 지표에서 자기장을 측정하여 탐사자가 필요한 성분만을 분
   리하여 해석함으로써 자기장의 원인을 파악한다. 침몰선 탐사와 같은 수면 밑에 강한 자성을 띠고
   있는 물체가 존재할 시에는 주변의 자기환경과 구별되는 신호가 감지되므로 자력 탐사가 강자성
   물체의 존재 유무 및 위치 확인에 좋은 탐사 방법으로 활용된다."
   Green 2004, p.62; pp. 159~164.
   "The use of the magnetometer for locating archaeological shipwreck sites was developed by
   Professor E.T. Hall at the Research Laboratory for Archaeology, Oxford, England. In this
   pioneering work, he showed that a marine proton magnetometer could be used to locate
   shipwrecks (hall, 1966). …"
   Frey 1972, pp. 172~175.

지자기는 일반적으로 하루 단위로 뚜렷한 주기를 갖는 시간적 변화를 보이지만, 간혹 이와 관계없이 매우 큰 폭의 불규칙한 변화를 나타낸다. 이 같은 지자기의 시간적 변화는 지층에 존재하는 자성체에 의한 자기이상효과를 교란시키기 때문에 정확히 측정하여 소거·보정해야 한다. 조사된 지자기 값은 지구 자체 자기장(Earth's magnetic field; magnetosphere)의 영향을 포함하고 있기 때문에, 국제지자기참조공식(IGRF: International Geomagnetic Reference Formula)을 이용하여 제거하고, 이 값을 다시 조사지역의 지자기 또는 동일 시각의 경기도 이천 전파관측소 측정 육상지자기 자료를 활용하거나, 조사지역의 육상 기준점에서 직접 관측한 값을 이용하여 보정해야 한다.

b. 금속탐지기 (Metal detector)

전자기 유도를 이용하여 묻혀있는 금속 (비철금속 포함)을 탐지한다. 안테나 코일을 통하여 강한 자장 펄스(Pulse)를 일으키고, 이 펄스가 금속성 물체에 닿으면, 자장이 유도되어 2차 자장이 발생된다. 이러한 2차 자장을 코일 안테나가 감지하는 것이다. 탐지 가능 깊이는 송수신 안테나 코일의 크기에 따라 달라진다. 일반적으로 해저면 아래 0~2.5미터 정도이다.

c. 탐침과 시추 (Probe and coring)

간단한 금속 막대를 사용하여 해저 퇴적층을 일정 간격으로 찔러봄으로써, 묻혀 있는 이상 물체의 존재, 범위 등을 파악할 수 있다. 거북한 표현일지라도 도굴꾼의 연장을 연상할 수가 있겠다. 경우에 따라서는 시추기(봉) - 크기, 무게, 형태 등이 다양하겠지만 - 를 사용할 수도 있다.

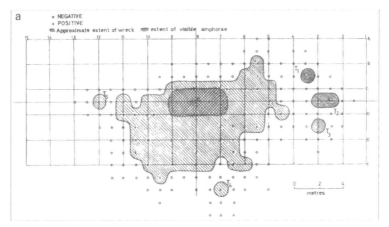

a) 키레니아 탐침 조사도 (Green 2004).

a) 수중 탐침 조사 (Barker 1967).   b) 암스테르담호 탐침 조사 (Marsden 1974).

그림 2-62 탐침 조사.

조사 구역 전체를 체계적으로 탐침한다.

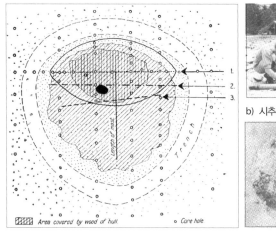

Area covered by wood of hull. ○ Core hole.

a) 매장 난파선 구역도 (Woods and Lythgoe 1971).

b) 시추봉(Coring tube) 준비.

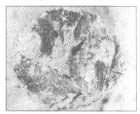

c) 나무가 확인되는 시추봉 단면.

그림 2–63 시추 조사 (Woods and Lythgoe 1971; Muckelroy 1980).

a) 시추 결과를 사전 분석하여, 에어리프로 조사 설정 구역 주변을 파내어 트렌치(Trench)를 만든다. 1. 용골 축 방향; 2. 표층의 돛대를 기준으로 본 용골 방향선; 3. 퇴적물 둔덕 중심선. (From Deep-Water Archaeology by Frederic Dumas, reproduced by permission of Messrs, Routledge & Kegan Paul, Woods and Lythgoe 1971).

시추 후, 발굴조사는 향후의 복원을 위하여 필요한 현장 정보를 실측, 기록하면서, 체계적으로 수행해야 한다 {F. Dumas (1962, p.18)}. 이 같은 시추 조사를 통하여 전체 윤곽을 파악하고, 조심스레 발굴조사를 할 수 있다.

지금까지 행하여 온 시추 조사는 경우에 따라 잔존 유물이나 선적품 등, 현장을 훼손할 수도 있다. 따라서 자력계나 금속탐지기 사용이 바람직 할 경우도 있다.

이상과 같이 수중고고학을 위한 수중 조사·탐사 장비와 기법, 그리고 용도(결과물)들에 대하여, 간접적 방법들(Remote sensing techniques) 위주로 알아보았다. 이러한 결과물(result) - 자료(data)와 기록(record)에 대한 분석, 판독과 해석은 많은 경험과 지식이 필요하다.

자료 취득의 간접적 방법과 잠수사에 의한 직접적 조사를 통하여 해석한 사례를 소개한다. 1797년 아일랜드 근해{Bantry Bay, Ireland,

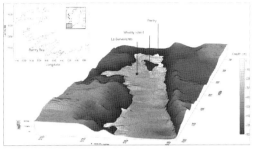

a) 라쉬베이앙뜨호 위치도(중앙 검은 점).

b) 라쉬베이앙뜨호 난파(변화) 진행 흐름도 - 먹클로이(1978)와 워드 등(1999) 참고.
아래: 현재 상태의 잠수 조사 평면도(J. Raven 작성)와 소나 영상.

그림 2-64   라쉬베이앙뜨호 (La Surveillante, Quinn et al. 2002).

그림 2-66 a)}에 침몰한 라쉬베이앙뜨호(*La Surveillante*)[80]는 1980
년, 1990년, 1997년에 확인 조사되었다. 1998~2000년 이에 대한
지구물리학적 탐사[81]와 잠수사에 의한 조사가 이루어졌으며, 그 해
석을 먹클로이의 흐름도 등(**그림 2-2**와 **2-3**)과 관련지어 작성하였다
{**그림 2-64 b)**}.

4. 수중고고학의 전망

1) 관련 기술 발전과 해난구조의 응용

수중고고학 조사·탐사 기술은 앞서 본 바와 같이, 꾸준히 발전되
어 왔고 적용이나 운용 폭도 점점 확대되고 있다. 발굴조사는 공학,
전자·전기 분야의 뒷받침이 따라야하고, 해난구조 기술의 적용은
큰 도움이 될 수 있다. 바사호와 메리로즈호 인양은 물론, 2000년에
인양한 미국의 헌리호(*H.L. Hunley*),[82] 2007년에 인양한 중국의 남
해 1호[83] 등은 해난구조 기술을 제대로 적용한 사례였다.

---

80) Quinn et al. 2002, pp. 413~414.
　'······ a 32 gun frigate, was built at Lorient in 1778 along the lines of La Belle Poule. She
　measured 43.55m×11.21m×5.68m, with three masts and two main decks, the lower being the
　gun deck (Boudroit, 1993).······
　The wreck of *La Surveillante* lies in an average water depth of 34 m, providing difficult diving
　conditions for the archaeologist, ensuring limited effective diving times. Additionally, a 10m
　layer of suspended sediment above the seafloor ensures limited diver visibility.'

81) Digital echo-sounder, side-scan sonar, chirp sub-bottom profiler and overhauser-effect magnetometer.

82) 미국 남북 전쟁 중 침몰한 남군의 잠수함(길이: 약 12m)으로, 수중전(水中戰, underwater warfare)
　의 장점과 위험성을 깨닫게 하였고, 최초로 잠수함이 군함을 격침시켰다. 1863년 7월 진수되어,
　1864년 2월 17일 찰스턴항(Charleston harbor)에서 휴사토닉호(USS *Housatonic*, 1800톤급 범선으
　로 증기기관을 갖춤)를 침몰시킨 뒤, 곧 바로 8명의 승조원 전원과 함께 가라앉았다. 136년이 지
　난 2000년 8월 8일 인양되었다. 2004년 4월 17일, DNA 확인을 거친 승조원 8명의 유해는 찰스
　턴의 매그노우리어 묘지(Magnolia Cemetry)에 안장되었다.

(가)물막이(Cofferdam)[84] 또한 오래 전부터 해난구조에 사용되어져 왔다. 덴마크 로스킬레 협만(Roskilde Fjord) 스쿨델레브(Skuldelev) 바이킹 난파선 5척,[85] 1980년대 중·후반의 미국 요크타운(Yorktown) 18세기 교역선 조사; 1990년대 중·후반의 미국 마타고르다(Matagorda)만 17세기 벨호(*La Belle*) 발굴조사 등(본문 Ⅳ. 2.)은 그 대표적인 예이다.

2) 심해고고학(Deep sea archaeology)의 도입

1980년대 중반까지만 하더라도, 수중고고학 연구는 수심 약 50~60미터 이내에서 이루어진 경우가 대부분이었다. 이는 공기잠수의 한계와 경제적, 기술적 문제 등에 기인하였다고 본다. 다시 말하여, 지구 바다 전체의 97%를 제외한 곳에서, 제한적으로 이루어졌다는 것이다. 근래에 들어 해양 관련 장비와 기술의 발달로 심해까지도 연구 영역을 넓히고 있다. 물론 수중 문화 유산에 대한 가치와 중요성을 인식하는 정부, 관련 기구나 단체 등의 후원과 투자도 뒤따랐다. 근래에 침몰한 타이타닉호(1912년 침몰, 수심 약 3,800미터, **그림 2-47, 2-65**)와 독일 전함 비스마르크호(Bismarck, 1941년 침몰, 수심 약 4,600미터, **그림 2-66**)를 비롯하여, 로마시대 고선 이시스호(수심 900~1,000미터, **그림 2-48**)에 대한 발라드(R. D. Ballar

---

83) "남해 1호(Nanhai No.1; South China Sea No.1)"는 남송 시대(1127~1279년)에 중국 남부 해안 - 양장(陽江, Yangiang)시의 해릉도(海陵島, Hailing Island)로부터 20마일 떨어진 곳, 수심 30m에 침몰한 중국의 대형 상선이다.

84) 한컴 사전.
　　[토목](일시적으로 물을 막는) 방죽; 잠함(潛函); [조선·선박 코퍼댐] ≪흘수선(吃水線) 밑 수리용의 울≫.

85) 1959년 조사가 시작되었고, 1962년 대규모 발굴조사를 하였다. 본문 Ⅳ. 2.

그림 2-65 타이타닉호 (NGS).

처음이자 마지막인 항해를 위하여 영국 사우샘프턴(Southampton)항 화이트스타 선석(White Star Dock)을 떠나는 타이타닉호.

다시 빛을 보게 된 타이타닉호 선수 (그림 안 왼쪽 위).

1941년 4월 14일 자정 무렵 침몰하여 1,522명이 희생되었다.

1985년 9월 1일 처음으로 위치가 확인되었다.

d)[86] 일행의 탐사가 그 좋은 예이다. 1980년 수심 292미터에 침몰하고, 우즈홀 해양연구소(WHOI, DSL)[87]가 1994년에 발견한 더비셔호(*Derbyshire*, 영국의 철광 운반선)에 대한 조사는, 수중고고학보다는 해난구조 측면에서 추진되었지만, 기법이 전형적이고 또 다른 중요한 의미를 가진다.

---

86) Robert D. Ballard, Ph.D., President of the Institute for Exploration in Mystic, Connecticut and the former Director of the Center for Marine Exploration at Woods Hole, Massachusetts.

87) WHOI: Woods Hole Oceanographic Institution,
DSL: Deep Submergence Laboratory.

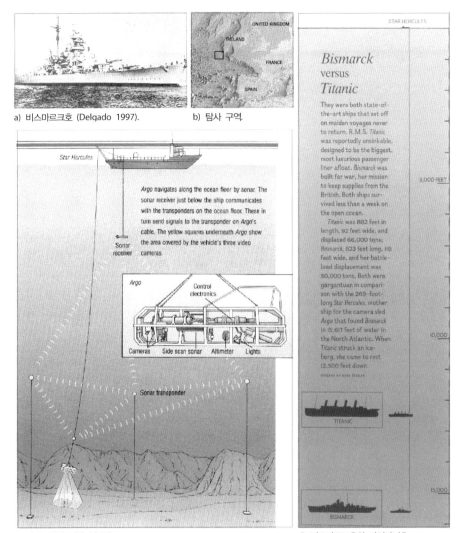

a) 비스마르크호 (Delgado 1997).

b) 탐사 구역.

Bismarck versus Titanic

They were both state-of-the-art ships that set off on maiden voyages never to return. R.M.S. *Titanic* was reportedly unsinkable, designed to be the biggest, most luxurious passenger liner afloat. *Bismarck* was built for war, her mission to keep supplies from the British. Both ships survived less than a week on the open ocean.

Titanic was 882 feet in length, 92 feet wide, and displaced 66,000 tons; *Bismarck*, 823 feet long, 118 feet wide, and her battle-load displacement was 50,000 tons. Both were gargantuan in comparison with the 269-foot-long *Star Hercules*, mother ship for the camera sled *Argo* that found *Bismarck* in 15,617 feet of water in the North Atlantic. When *Titanic* struck an iceberg, she came to rest 12,500 feet down.

Argo navigates along the ocean floor by sonar. The sonar receiver just below the ship communicates with the transponders on the ocean floor. These in turn send signals to the transponder on *Argo*'s cable. The yellow squares underneath *Argo* show the area covered by the vehicle's three video cameras.

c) 수중 위치 파악 시스템

d) 비스마르크호와 타이타닉호.

그림 2-66 비스마르크호 탐사 (Ballard 1989).

    a) (Blohm & Voss Shipyard, Hamburg, Ballard 1989; US Naval Institute Photo Library / James C. Fahey Collection, Delgado 1997).

    b) 1989년 탐사 구역: 약 520 km^2
        1989년 봄부터 탐색하여 6월 8일 위치를 확인하였다. 수심이 깊고 해저가 평탄치 않으며, 전투 중 불규칙하게 운항하여 최종 침몰 위치를 정확하게 알 수 없었기 때문에, 찾는데 많은 어려움이 따랐다.

물론 이보다 앞서, 해양학자나 이·공학자(기술자)들[88]이 심해저 탐사를 위한 장비들을 개발하면서, 심해저 고고학 분야에 이바지하여 왔다.

1970년대에 들어서 이미 지중해와 흑해 심해저에 가라앉은 많은 고 선박들의 가치를 알았으며, 얕은 곳의 난파선들과는 달리, 깊고 어두우면서 고요한 심해의 산소 함량(용존산소량)과 수온이 낮은 환경에서는, 목재나 유기 물질의 보존 상태가 상대적으로 양호한 것이다. 최근 발라드 등(Ryan and Pitman 1998, M. Siddall 등)에 의하여 흑해에 대한 탐사와 연구가 있었으며, 흑해의 갑작스런 수면 상승 가설('Sudden Infill' hypothesis)은 지질학자, 고생물학자, 해양학자와 고고학자들 간의 오랜 논쟁거리이다. 또한 발라드 등은 심해에서 침몰선과 유물을 발견하였다. (**그림 2-67**).

[88) Willard Bascom, a Professional oceanographer and engineer, Director of the Coastal Water Research Project, a laboratory engaged in studying the ecology of Southern California waters; Dr. Harold E. Edgerton, Professor of Electrical Measurements at the Massachusetts Institute of Technology, pioneer of deep-sea lights and cameras, father of high-speed photography.

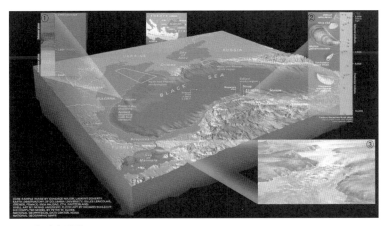

a) 오래 전의 범람.

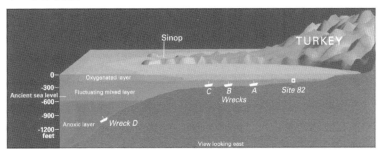

b) 수중 발견 위치.

c) & d) Wreck D., 수심 1,050 피트.   e) Wreck B의 암포라, 수심 330 feet.

그림 2-67   흑해 탐사 (Ballard 2001, NGS).

제 3 장

한국 수중고고학 발굴조사 사례 분석

이 장에서는 우리나라 수중고고학 탐사·발굴조사 사례들을 연대 순으로 알아보며, 사례 별로 분석·요약하고자 한다. 우리나라는 대개의 경우, 관 주도로 발굴조사가 이루어져 오고 있는 실정이므로, 관련 발굴조사 기관의 보고서를 주로 참고하였다. 연구 목적을 위하여 선체를 위주로 하였으며, 출수[89] 유물은 사례의 성격과 특성을 이해하는데 도움이 되는 부분만 요약하였다. 보고서 내용은 필요 부분만 매우 제한적으로 인용하며 고찰하였다, 그림(사진) 또한 그러하되 이해를 돕기 위하여 재배치(편집)하기도 하였다.

우리나라 처음의 가시적인 수중고고학 연구는, 1973년부터 시작된 이 충무공 해전유물 탐사로 볼 수 있다. 이어서 1976년부터 실시된 신안해저유물의 발굴인양작업 및 선체 복원, 최근의 태안 해역 - 태안선, 마도 1·2·3호선 등, 현재까지 200여 건의 수중 탐사(지표조사), 발굴조사가 활발히 이루어져 오고 있다. 지표조사기관과 국립해양문화재연구소에 의해 이루어진 탐사는 **표 3-1**과 같다.

또한 수중문화재는 현재까지 253건(해역)이 신고 되었으며, 일반

---

89) 국립해양문화재연구소 2011c, p.4.
   '수중발굴조사의 특성을 잘 드러내기 위해 기존의 '출토' 대신 '출수(出水)'라는 용어를 사용했다.'

인의 신고물은 총 4,488점(국립해양유물전시관 2004a)[90]이며, 해역
은 서남해안에 집중되어 있다 (**그림 3-1**).

표 3-1 2002~2010까지 우리나라 수중문화재 조사현황 (양순석 2013).

연 번	조사지역	지표조사	연구소조사	유구발견(지표/연구소)
1	인천·경기도	19	5	0 / 3
2	충청남도	10	23	0 / 17
3	전라북도	3	11	0 / 8
4	전라남도	32	25	2 / 8
5	경상남도	52	2	1 / 1
6	경상북도	3	0	0 / 0
7	강 원 도	1	0	0 / 0
	계	120	66	3 / 37

◆ 수중지표조사(2002~2010) 120건 중 3건, 2% 유구확인
◆ 신고해역탐사(1998~2012) 66건 중 37건, 56% 유구확인

※ **발굴조사 제외.**

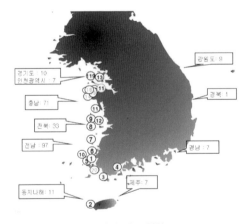

신고해역	신고해역
전라남도	97
전라북도	33
충청남도	71
인천, 경기도	17
경상남도	7
경상북도	1
강원도	9
제주도	7
기 타	11
계	253

그림 3-1 한국 수중문화재 신고 현황 (양순석 2013).

90) 문화재연감 2011.
'1971년 이후 2010년까지 총 240건 5,495점의 수중유물이 신고 되었다. 지역별로는 전라남·북
도, 충청남도 지역이 다수를 차지하고 있으며, 이외에 동중국해, 강원도, 경기도, 제주도 지역에서
도 유물신고가 접수되고 있다.'

지금까지 공식적인 우리나라의 현황을 알아보았다. 이들 중 분석 연구할 사례들은 다음과 같다 (표 3-2, 그림 3-2).

1971년에 발견된 반구대 암각화는 주기적으로 침수되고, 고래와 배 등 관련 벽화가 있다. 암각화 연구는 물론이지만 당대의 지형, 내용물 등을 고려하여 해양고고학적 시각에서의 재조명, 연구가 당연히 필요한 것이다. 비봉리 유적의 나무배 두 척은 최고(最古, 신석기 초기로 추정)의 배이며, 현재 보존처리 중이나 이에 대한 보고서는 아직 발간되지 않았다. 안압지는 물을 다 퍼내고 발굴조사를 하였다. 목선과 관련 유물이 출토되었고, 수구시설(水溝施設)이 발견되었다. 최근의 울진 죽변리 유적 신석기시대 배 등과, 김해시의 가야시대 배 일부 등의 출토 보도도 있었다. 이 모두가 현재의 육지에서 발굴조사 되었지만, 내용물과 특성, 과거 지형 등이 수중고고학 또는 해양·해사 고고학 분야와 관련되고, 연관 지을 수도 있다. 보는 시각과 연구 방향에 따라, 새로운 해석과 결과를 도출할 수도 있는 것이다. 아울러 수중고고학은 여러 관련 분야의 학문과 함께 연구되어져야 함을 다시 한 번 더 강조하고 싶다.

고려 한선(10척)은 발굴조사된 선체 중 가장 많은 부분을 차지하며 매우 중요하다. 외국배로는 신안선(중국 元代), 진도군 벽파리 통나무배가 있다. 벽파리 통나무배도 중국선으로 보는 경우가 지배적이며, 문화재연감(2011)에서도 그러하다. 년대도 보고 년도와 연구자에 따라 다소 차이가 있으나, 앞의 책과 곽유석(2012)을 비교하여 후자의 것을 따랐다.

이 충무공 해전유물 탐사는 우리나라 최초의 계획적 탐사이다. 여러 발굴조사들에서 관련 유물(주로 도자기류)들이 인양되었다. 돈스코이호의 탐사는 침몰 환경과 탐사 기법에 유의해야 한다.

표 3-2 주요 수중 탐사, 발굴·조사 (문화재청, 국립해양문화재연구소 등의 자료 참고).

번호	연 도	장소 (연대)	발굴·조사 기관	비 고
1	1971 발견	울주 반구대 암각화 (신석기~)		국보, 고래, 배.
2	1973~2003 2003~ 2007~2009 2010/2011	칠천수로 등 - 이 충무공 해전유물 -	문화재관리국. 해군 등. 경상남도. 국립해양문화재연구소	탐사, 발굴조사 병행. 남해안, 진해만 (소규모).
3	1975~1976	안압지 목선 (12세기 말)	문화재관리국	발굴 및 선체 복원
4	1976~1984 1994~2004	신안군 신안선 (14세기)	문화재관리국, 해군 해난구조대.	발굴 및 선체 복원. (중국).
5	1980/83/96	제주도 신창리	제주대 박물관	발굴
6	1981~1987	태안반도 해역	문화재청 조사단	조사, 발굴
7	1983~1984 1995	완도군 어두리 완도선 (12세기 초·중, 도자기 편년)	문화재관리국, 해군 해난구조대.	발굴 및 선체 복원
8	1991~1992	진도군 벽파리 통나무배 (13~14세기)	국립문화재연구소, 목포보존처리장.	발굴 및 선체 인양. (외국/중국).
9	1995	목포시 달리도 한선 (13세기, 방사성탄소)	국립해양유물전시관, 문화재청.	선체 인양, 보존처리 중.
10	1995~1996	무안군 도리포	국립해양유물전시관.	문화재청, 해군
11	1999~2003	돈스코이호(Donskoi)	한국해양연구원	대기업 지원
12	2000	고흥군 시산도	국립해양유물전시관	
13	2001	신안군 암태면 당사도	국립해양유물전시관	
14	2002~2003	군산시 비안도	국립해양유물전시관	해군 해난구조대.
15	2003~2004	군산시 십이동파도선 (11세기 후~12세기 초)	국립해양유물전시관	발굴 및 선체 인양, 보존처리 중.
16	2004	영산강 나주선 (고려 전기)	남도문화재연구원, 동신대 박물관	초대형.

번호	연 도	장소 (연대)	발굴·조사 기관	비 고
17	2004~2005	보령시 원산도	국립해양유물전시관	수중발굴조사
18	2004~2005	창녕 비봉리유적 나무배 1, 2호 (약 8,000년 전으로 추정)	국립김해박물관	육상발굴, 보존처리 중, 최종보고 예정.
19	2005	신안군 안좌도 한선 - 안좌선 (14세기 후기, 상감청자 편년)	국립해양유물전시관	발굴 및 선체 인양. 가장 크고 발달.
20	2005~2009	군산 야미도	국립해양유물전시관	2005 도굴범 자백.
21	2006	안산시 대부도선 (13세기, 도자기 편년)	국립해양유물전시관	선체 발굴, 보존처리 중.
22	2007~2008	태안군 대섬 태안선 (12세기, 도자기 편년)	국립해양문화재연구소	목간 최초, 1131
23	2008~2010	태안군 마도 1호선 (13세기 초)	국립해양문화재연구소	목간, 간지 등, 1208
24	2009~2010	태안 마도해역 탐사	국립해양문화재연구소	탐사조사.
25	2009~2011	충남, 전남·북, 경기, 경남 등.	국립해양문화재연구소	수중탐사 20여 곳
26	2010	원안 해수욕장	국립해양문화재연구소	발굴조사
27	2009~2010	태안군 마도 2호선 (13세기 초)	국립해양문화재연구소	목간, 죽간 간지
28	2009~2011	태안군 마도 3호선	국립해양문화재연구소	인양 예정 (2015)
29	2012~	진도군 오류리 수중발굴 조사	국립해양문화재연구소	고려청자 도굴. 총통

■■ 고려시대 선박 (한선, 10척). 번호는 발견, 발굴조사 시기 등을 고려하여 부여하였다.
반구대 암각화는 당대의 지형, 동반 표현물과 유산(적)으로서의 중요성 등을 고려하여 포함시켰다.
최근 울산 죽변리와 김해에서 발견된 신석기·가야시대 배와 부속 유물은 보고서가 없어 제외함.

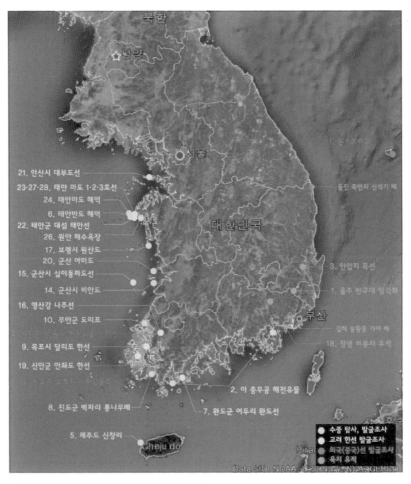

그림 3-2 수중 탐사 및 발굴조사 해·지역도.
번호는 앞의 **표 3-2**와 동일함.

1. 선사~통일신라시대

1) 울주 반구대 암각화 (허권 외 2012)

울주 대곡리 반구대 암각화(국보 제285호, 1995년 6월)는 1971년 문명대·이융조·김정배가 발견하였다. 국내 암각화 중에서 선사인의 생활상을 엿볼 수 있는 뛰어난 유산이다. 대부분 해양 및 육지 동물로 이루어져 있고, 내용이 어로·수렵 장면을 사실적으로 보여준다. 1965년 대곡천 하류에 완공된 사연댐 때문에 매년 침수와 노출이 반복되어, 훼손이 심화되어 가고 있는 상태이며, 대안을 마련 중이다. 세계문화유산 등재신청 계획 중이다.

반구대 암각화 발견은 한국 암각화 연구의 활성화에 결정적 역할을 하였다. 활발한 연구가 수행되었고, 많은 연구 성과가 도출되었다. 하지만 아직도 상당한 부분 의견의 일치를 못 보고 있다. 특히 신석기시대로 편년해야 한다는 견해가 지지를 받고 있다. 층위 상 해양 동물이 먼저 새겨지고, 그 위에 육지동물이 새겨진 점은 일반적으로 인정되고 있다.

발견조사 이후, 두 차례의 학술조사와 함께 도면제작 작업이 있었다. 하지만 가장 큰 규모의 다양한 표현물로 구성된 유적에 대한 종합적이고 체계적인 조사보고서는 없다. 최근 조사(허권 외 2012)에 의하면 표현물은 약 237점으로 확인되었으며, 육지성 표현물이 약 56%이고, 해양성 표현물이 44% 정도 된다. 이를 바탕으로 표현물의 주제를 분석하여, 초기에는 해수사냥이 이루어지다가 나중에는 해수사냥에서 산수사냥으로 전환되는 생활 변화가 반영된 유적이라고 하거나, 암각화 제작 목적이 수렵, 어로의 성공과 사냥 동물들의 풍요와 위무를 위한 수렵예술로 규정되기도 하였다. 그리고 전반적 시각의 흐름은 아무래도 신앙과 기원 대상의 유적으로서 풍요를 기원하는 제의 장소로 보고자 하였다.

암각화는 불규칙하게 튀어 나와 있는 단애의 하단부 약 400×800cm 정도의 수직 암벽에 있다. 북향으로 일조량은 얼마 되지 않는다.

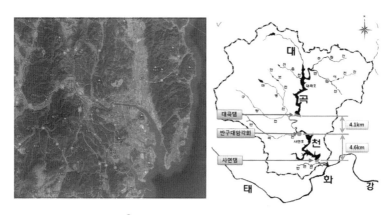

그림 3-3 반구대의 위치(⚲)와 대곡천 유역도 (Google; 허권 외 2012).

a) 물이 많이 올라 온 모습 (blog.naver.com/kji206).
　✓ : **그림 3-5**의 A.

b) 사람 위가 **그림 3-5**의 A와 B 경계.
물이 빠진 모습 (blog.daum.net/qlade1).

그림 3-4 반구대 전경 (google.co.kr).
　반구대 암각화는 긴 시간 하나의 장소를 선택하였고, 몇 차례의 서로 다른 유형의 암각화 제작이 이루어져 온 곳이다. 연구자들은 이 곳을 여러 문화 단계가 층위적(5층)으로 겹쳐져 성립된 것으로 보고있다. 해양 동물이 하층에, 육지 동물이 상층에 새겨져 있다. 고고학적 관점에서 볼 때, 선어로(先漁撈) 후수렵(後狩獵) 등 자연 경제에 의존하였던 시대의 유물이다.

c) □ **그림 3-5**의 A (hompy.onmam.com).

그림 3-4 계속 (반구대 전경).

표 3-3 반구대 암각화의 표현물 (이하우 2011, 수정 사용 / 허권 외 2012).

구분	육지성 표현물							해양성 표현물						양성체(兩性體)			기타										총계
	호랑이	개·늑대·여우	사슴류	멧돼지	들소?	미상	소계	고래	상어	물고기	듀공	미상	소계	거북이	가마우지	소계	도구	배	그물	작살	사람	인면	울타리·수살	덫기타	미상	소계	
면새김	·	8	26	3	1	15	53	39	2	7	2	·	50	5	4	9	2	3	·	·	15	·	·	2	1	23	135
선새김	22	·	10	4	1	7	44	23	·	2	·	12	37	·	·	·	1	3	2	1	·	2	1	4	7	21	102
계	22	8	36	7	2	22	97	62	2	9	2	12	87	5	4	9	3	6	2	1	15	2	1	6	8	44	237
%	9.3	3.4	15.2	3.	.8	9.3	40.9	26.2	.8	3.8	.8	5.1	36.7	2.1	1.7	3.8	1.3	2.5	.8	.4	6.3	.8	.4	2.5	3.4	18.6	

분류된 표현물은 대부분 동물로 구성되며, 그 사이에 사람이나 배, 그물, 수살, 부구와 같은 도구로 추정되는 것도 있다. 표현물 수는 연구자 사이에 차이가 있는데, 그것은 조사 방법의 차이나 표현물 형상 인식 차이에 따라 다르다. 형상을 알아볼 수 있는 것은 237점 여가 확인되었다. 육지성 동물은 97점 정도이고, 고래를 비롯한 해양성 동물은 92점이다. 이와 함께 사람과 인면, 배, 작살, 수살을 비롯하여 가마우지나 형태에 대한 인식이 곤란한 동물류가 포함되는 48점이 나머지이다. 형상 판독은 사진 또는 3D 스캔 자료와 같은 보조 자료의 활용이 있었다.

그림 3-5 반구대 암각화의 분포 (허권 외 2012).

편의상 주 암각화가 있는 A를 중심으로, 좌우로 B, C, D로 구분하였다.

a) 주암면 A면의 세분화. 가장 중심이 되는 곳으로, 총 190여 점의 표현물이 집중되어 있다.

그림 3-6 반구대 암각화의 각 부분 면 (이하우 / 허권 외 2012).

b) 당초 고래라든지 어로작업을
담은 많은 수의 표현물이 있
었을 것으로 보이지만, 그간
의 풍화, 침수로 인한 박락
으로 대부분 사라지고, 지금
은 일부분 15점 정도 남아
있다.

b) B면. A면에서 'ㄱ'자로 꺾여 있는 부분이다.

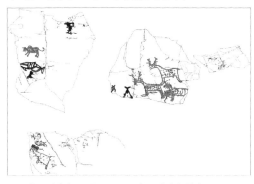

c) 왼쪽 상단에는 그리 크지 않
은 편평한 바위에 선새김의
호랑이 한 마리와 뒤집혀진
고래 한 마리, 한 척의 배와
또 그 아래로 물에 상반신이
잠긴 고래의 꼬리부분이 새
겨져 있다. 이들은 한 화면
을 구성하는 그룹이지만, 서
로 짜임새 있는 구성이 아니
라, 별개로 제작된 그림이
좁은 바위의 한 쪽에 새겨지
면서 하나의 그룹으로 보이
게 된 것이다.

c) C면. A면에서 오른쪽으로 2m정도 떨어져 있다.

d)~f) D면. B면 왼쪽에서 'ㄴ'자로 꺾여진 곳 단애에 있다.

첫 머리 하단에 여러 점의 표현물(왼쪽 그림 A)이 있다. 이 곳은 바위의 표피가 벗겨져 나가고
남은 부분에서 d)와 같이 호랑이로 보이는 선 새김의 호랑이로 보이는 동물 등이 있다. 좌측편으
로 고래의 몸체 일부분이 있다. 다시 왼쪽으로 중간 그림(B), 좀 더 떨어진 곳에 호랑이로 보이는
오른쪽 그림(C)이 있다.

그림 3-6 계속 (반구대 암각화의 각 부분 면).

해양성 표현물 중에서 고래는 매우 중요하다. 나아가 고래 종에 대한 분류 작업은 반구대 암각화의 독자성을 나타낼 수 있는 중요한 부분이 될 수 있다. 고래의 종에 대한 연구는 그렇게 활발하지는 않았지만, 인류학과 해양생태학 연구자들의 독자적 입장에서 분류를 시도한 경우가 있었던 만큼, 표현상에 대한 고려가 거의 없었다고 보인다. 따라서 해양생태학, 회화학(繪畵學), 암각화학 연구자들의 학제 간 연구가 이루어져야 될 것이다. 분석에 따르면 반구대 암각화에서 모두 7종의 고래를 발견할 수 있다.

세계의 암각화에서, 서로 일정하지 않은 수로 조사된 고래는 유적의 상이함만큼이나 나타나는 표현물도 차이가 크다. 전체 유적에서 고래 표현은 그것이 고래라는 것을 한 눈에 알아볼 수 있는 형태적 특성이 있다. 하지만 고래라는 포유류가 어류와는 다른 특징만 나타나 있을 뿐, 그 외의 자세한 생태적 묘사는 별로 나타난 것이 없는 실정이다.

고래 표현물을 수적인 측면에서 봤을 때, 세계 암각화에서 반구대 암각화는 고래가 그 표현 소재로서 차지하는 비중이 가장 높은 고래 중심 암각화 유적이라는 점은 틀림없다. 조형적 측면은 차지하고 조사된 62마리라는 숫자는, 전체 표현물에서 약 26.2%에 해당한다. 이는 세계 암각화 대다수 표현물이 육지성 동물로 일관하는 데 비해, 해양성 동물이 중심이 되는, 그것도 고래가 가장 많이 조사된 유적이면서, 동시에 그 비중이 제일 높은 유적임이 확인되었다 (허권 외 2012, p.134~135).

이렇듯 과거의 지리적 위치와 지형적 특성, 표현물의 내용 등을 고려할 때, 물론 관련 학제 간 연구에 대하여 앞서 언급하였지만, 단순한 암각화 연구에 그칠 것이 아니라, 해양고고학적 측면에서의 연구도 필요하다. 나아가 동남부의 관련 신석기시대 유적·유구에 대한 유기적, 총체적인 연구도 우선적으로 이루어져야 할 것이다.

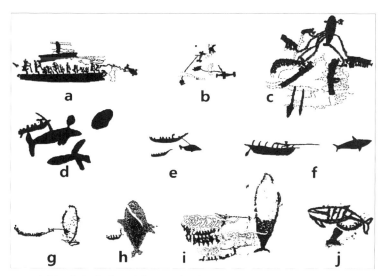

a~c 잘라부르가, d~f 뻬그뜨이멜, g~j 반구대.

그림 3-7 고래잡이배 (허권 외 2012).

고래와 함께 구성된 배는 대부분 고래잡이배를 묘사한 것이다. 배는 선수와 선미가 양쪽으로 들려져 있는 외양선의 형태를 하고 있는 것도 있고, 선수에 동물 머리가 있는 우미악과 같은 것도 있다. 노(櫓)도 보인다.

그 배가 고래와 끈이나 막대기 같은 것으로 서로 이어져있다. 지금도 인도네시아 라마렐라의 고래잡이를 보면, 작살을 든 사람, 즉 작살잡이는 배의 선수에 서서 고래를 관찰하기도 하고,

발견된 고래를 사냥할 때는, 배 선수에서 뛰어내리며 작살을 고래에 박아 넣는 방법으로 고래를 잡는다. 똑같은 장면이 암각화에서 발견되는데, 특히 b, d, e, f, i와 동일하다. 이와 같은 것은 잘라부르가와 뻬그뜨이멜, 반구대에서 공히 조사되었다.

고래사냥과 관련하여 그림과 같이 나타나는 면모는, 매우 이른 시기부터 고래잡이가 이루어졌다는 것을 알게 함과 동시에, 인류의 여명기에 지구촌 곳곳에서 비슷비슷한 방식으로 전통적 고래사냥이 이루어졌다는 사실을 증명해 준다.

2) 창녕 비봉리 유적 (국립김해박물관 2008)

창녕 비봉리 유적(사적 제 486호, 2007년 8월)은 신석기시대 저

습지 유적이다. 2004년 봄, 태풍의 피해를 막기 위한 양·배수장을 건설하던 중, 패총과 유물들(나무배 2척 포함)이 드러나면서 알려지게 되었다. 2004년 6월 30일부터 8월 4일까지(실 작업일 27일간) 시굴조사를 하였으며, 이를 바탕으로 2004년 11월 30일부터 2005년 8월 23일까지 발굴조사를 하였다. 시굴조사에서 신석기시대 야외노지, 저장공, 패총 등을 확인하였고, 발굴조사에서 저장공, 다섯 개에 해당하는 패총 등의 유구를 비롯하여 중요한 유물들이 출토되었다. 특히 지표에서 6m 이상을 내려간 제 5패층(비봉리 유적의 가장 아래층으로서 신석기시대의 無期層으로 추정) 아래에서 발견된 나무배(1호), 편물, 활석, 검형목기 등은 지금까지 우리나라에서 처음 또는 가장 오래된 것이다. 저습지여서 토기, 석기뿐만 아니라 동·식물 유체 등, 자연유물들의 보존상태가 매우 양호하였다. 또한 육천년 전 경에는 이곳에까지 바닷물이 들어왔던 것으로 밝혀졌다.

신석기 시대로 편년되는 나무배는 반구대 암각화의 신석기 시대까지 올라가는 편년 추정에 참고 되기도 하였으며, 비봉리 패총이나 황성동, 목도, 궁산 패총과 같은 곳에서 발견된 물소 뼈로써, 반구대 암각화에 나타난 바다소의 존재 가능성과 연관 지은 견해(허권 외 2012, p.147)도 있다.

비봉리 유적, 근처와 동삼동의 패총들, 반구대 암각화 등, 당시대를 전후한 우리나라 남동부 해안 - 바닷물의 영향이 미친 곳을 중심으로, 빙하기 이후의 기후, 해수면 변동과 생활상을 함께 - 지형학, 고고학, 생태학적 - 연구하는 것도 중요할 것이다.

특히 조사지역에서 가장 연대가 오래된 것은, 제 Ⅱpit 서벽 부근 해발고도 -3m 부근에서 발견된, 나무배의 시료에서 얻은 6,800년 BP이다. 이 배의 위치가 당시의 해수면을 지시하지는 않는다. 사용할 수 없게 된 배를 바다 아래로 폐기하는 등 당시의 위치 이동을 추정할 따름이다. 당시 주변과 울산 세죽 해안에 대한 충적세(沖積世, Holocene) 중기 해수면 변동에 대한 연구도 있었다. (국립김해박물관 2008, pp. 425～435).

Ⓐ 비봉리 유적. Ⓑ 울주 반구대 암각화. 오른쪽 아래 사진 (2010년, m.doopedia.co.kr).
　주변 패총 a : 금포리 모래들 패총, 금포리 흰산 패총, 수산리 동촌 패총, 귀명리 패총,
　　　　　　　 양동리 패총, 양동리 흰산 패총.
　주변 패총 b : 합산 패총, 용산리 패총.

그림 3-8 비봉리 유적과 울주 반구대 암각화.

조사된 유구는 소토유구 일곱(7) 기, 야외노지 여섯(6) 기, 저장공 열일곱(17) 기, 소형수혈 두(2) 기, 추정 주거지 두(2) 기와 다섯(5) 개의 패층 및 부석층이 확인되었다.

출토유물은 508점 - 토기 290점, 석기 177점, 골각기 22점, 목기 17점, 편물 1점, 청동제숟가락 1점이 보고되었다. 남해안 신석기시대 편년의 조기에서 전기에 이르는 유물이 대부분이며, 신석기시대

중기 및 후기, 청동기시대 후기에 해당하는 유물이 소량 출토되었다. 이들 중 우리나라의 가장 오래된 나무배에 대하여만 언급한다. 나무배는 두(2) 척으로, 한 척(1호)은 Ⅱpit 45층(제 5패층 아래)에서 출토되었고, 또 한 척(2호)은 Ⅳpit와 Ⅵpit 사이에 설정한 트렌치에서 단면이 확인되었다. 두 척 모두 주변에서 유구의 흔적은 확인되지 않았다. 보존처리 중이며 추가 보고가 있을 것이다.

1호 배는 동서 방향으로 놓여 져 있었으며, 강 쪽인 남쪽으로 약간 기울어져 출토되었다. 잔존 최대 길이 310.0cm, 최대 폭 62.0cm, 두께 2.0~5.0cm이다. 선수・선미부를 확실히 알 수는 없으나, 좁아지고 있는 동쪽 부분이 선수부로 추정된다. 선미 일부는 훼손되어다 남아 있지 않으며, 일부분은 선체 방향으로 파손되어 약간씩 겹쳐져 있다. 단면은 U字 狀으로 통나무를 파내어 만든 소위 환목주(丸木舟)이다. 전체가 균일하게 가공되어져 있으나, 선수부가 약간 더 두껍다. 추정 선미부의 상태를 감안하면, 원래의 선체는 4.0m를 넘을 것으로 보여 대단히 세장한 편이다. 배의 재료는 수령 200년의 소나무로 밝혀졌으나, 추보 시에 정식으로 보고될 예정이다.

2호 배는 기준 토층에서 상당히 떨어져 위치하고 있어, 출토된 토층을 명확히 판단할 수 없다. 다만, 출토된 토층의 특징과 해발 높이로 보아, 제 1층 패층 및 주거지와 비슷한 시기에 폐기된 것으로 추정된다. 배의 측면 일부만 남아 있어 전체 규모는 알 수 없다. 수령이 많은 소나무 속을 파내고(단면은 U字狀, 丸木舟 형태), 비교적 얇게 조정하여 만들었다. 내・외부에 폭 2.0cm 이상의 석부에 의한 가공 흔적이 나타난다. 외면이 내면보다 표면 잔존 상태가 양호하며 초흔이 있다. 내면은 심하게 박리 되었다. 잔존 길이 64.0cm, 너비 22.0cm, 두께 1.2~1.7cm이다.

a) 2005년 9월 5일 현장설명회 (동→서).　　　　b) 1호 배 노출 상태 (서→동).

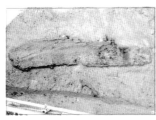

c) 1호 배 노출 상태.　　　　　　　　d) 1호 배 출토 상태.

군데군데에 제작 시, 불에 태워 가공의 효율성을 높인 것으로 보이는 초흔(焦痕, 불에 그을려 가공한 흔적, 특히 오른쪽)이 보이기도 한다. 이 것은 통나무를 그을려 석기로 깎기 쉽게 함은 물론 배가 완성된 후의 병충해를 방지하는 효과도 있을 것으로 보인다.

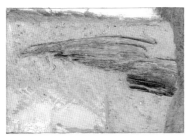

e) Ⅳpit 2호 배 노출 상태.　　　　　f) 2호 배 출토 상태.

그림 3-9 나무배 (국립김해박물관 2008).

a) 노(櫓) - 제 4pit 2패층에서 출토.

b) 국립중앙박물관 전시(unionpress.co.kr)

그림 3-10 노 (국립김해박물관 2008).

 a) 전체 길이 181㎝이며, 자루(66㎝)와 물갈퀴(115㎝)가 거의 온전한 형태로 남아있다. 자루와
  물갈퀴는 너비가 각각 최대 4.5㎝와 9㎝이며, 양쪽 끝 부분이 모두 뾰족하다. 2010년 발굴되
  었다. (yonhapnews.co.kr)

 b) 노는 실물을 전시하고 있으며, 선체는 보존처리 중이고 모조품을 전시한다.

3) 울진 죽변과 김해 봉황동 – 신석기·가야시대 배

2009~2012년, 울진군 죽변리 죽변등대 구릉 일원에서 발굴조사된 신석기시대 배와 동반 유물, 김해 봉황동유적 남단 연립주택 공사장의 가야시대 배와 동반 유물에 대한 후속 연구(보고)서 등은 아직 없기 때문에, 간략히 보도자료 등과 후자의 약보고서를 참고하여 소개한다.

① 울진군 죽변리 죽변등대 구릉 일원

2009년 10(4)월~2010년 5월에 이 지역의 도시계획도로 부지 내에서, (재)삼한문화재연구원이 문화유적 발굴조사를 실시하였다. 유구로는 신석기시대 문화층 5개 층과 유물 포함층 1개 층, 구상유구(溝狀遺構, 둥그런 구덩이를 파서 집을 지은 흔적) 1기, 수혈유구(竪穴遺構, 길게 도랑을 파고 기둥을 세워 집을 지은 흔적) 2기 등과 함께 조선시대 유구 3기 등 총 12기가 조사되었다.

또한 발형토기(鉢形土器)·옹형토기(甕形土器)·배·원판형 토제판(土製板)·이형토기(異形土器) 등 토기류 580점과 석부(石斧)·결합식 낚시축부·낚시추·작살·석창(石槍)·석도(石刀)·찰절구(擦切具, 납작한 직사각형의 긴 면에 날이 있는 도구)·보습·지석(砥石, 숫돌)·고석(敲石, 공이) 등 석기류 407점, 낚시바늘·창 등 골각기(骨角器) 3점, 목재 10점 등 유물 1,000여 점과 토기편 400여 박스가 출토됐다. 특히 7500년 전 울진 땅에서 살았던 신석기인의 미소를 띤 얼굴 형상을 갖춘 인물 토기 4점은 출토 당시에 관련 학계의 특별한 관심을 모았다.

연구원은 "최근 보고서 작업 중, 보존처리가 완료된 목재유물 가운데, 목선(木船)의 박편(舶片)과 노(櫓)로 추정되는 유물이 확인됐다".고 밝혔다. 창녕 비봉리 나무배는 통나무를 가운데에 불로 태워서 자귀 등으로 굴지한 환목선(丸木船)임에 반해 죽변리 목선은 녹나무로 만든

판재상 목선편(板材狀木船片)인 것으로 알려졌다. 방사선 탄소연대 측정 결과 7,700년 전에 만들어진 것으로 나타났다. 목재 노는 물속에 잠기는 갈퀴 부분이 넓은 사다리꼴로 손잡이 부분은 직사각형 단면이며, 목재종류는 상수리나무이다.

또한 연구원은 "추정 목선 박편과 노는 4문화층에서 출토됐다. 이 층은 현 표토에서 약 180cm 직하에 형성된 사질층으로 자비용 토기(煮渚用 土器, 집안에서 취사에 사용하던 토기)와 각종 자연목과 인공목이 섞여 출토됐는데, 유물은 바닥에 안착된 상태로 확인됐다. 목선편은 노출 시 편평한 판재로 확인됐고, 부식이 심하여 사질토와 같이 수습하여 형태를 가늠할 수 없었다. 그러나 보존 처리 과정에서 절단면과 내측으로 약간 내경하는 형태가 확인되어 선박의 부재로 추정했다. 노도 같은 층위에서 조사됐고, 출토 당시 부식은 심했지만 노와 같은 형태를 유지하고 있었다."고 밝혔다.

연구원은 현재 유물에 대한 관계 전문가의 의견을 조회중이지만, 유적 내에서 대부분이 파손된 형태로 출토되었지만 결합식(結合式) 낚시(釣針) 축부(軸部, 몸체) 등의 유물 등과 동해안의 지형적인 여건 등을 감안할 때 목선을 이용한 어로행위를 쉽게 짐작할 수 있다고 덧붙였다.

그림 3-11 울진 죽변 발굴조사 지역도.

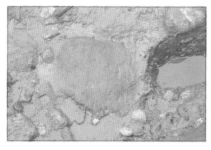

a) & b) 목선 조각. 잔존 길이 64cm, 너비 50cm, 두께 2.3cm. 편평한 판재 형태.
가장자리 쪽이 바깥으로 들려서 올라가 있고, 목재는 조직이 치밀하고 단단한 녹나무이다.
2009년에 발굴된 이 유물은 곡선 모양으로 깎여 통나무배의 한 부분으로 추정됐다.
또 옆에 노로 보이는 긴 나무와 닻으로 추정되는 돌도 함께 출토됐다.

c) 목재 노 출토 상태.

d) 목재 노 보존처리 후 상태. 노 잔존 길이 170cm, 최대폭 18cm, 두께 2.1cm.

그림 3-12 울진군 죽변리 배 조각과 동반 유물 (삼한매장문화재연구원).

e) 결합식 낚시 축부.　　　　　　　　　　　　　　f) 골제 낚싯바늘.

g)~j) 죽변리 유적에서 출토된 신석기 시대 인물상 4점 (국립대구박물관, cultureline.kr).

신석기 시대 조기~전기에 해당하는 7500년 전, 울진 지역에 거주하던 신석기인들의 얼굴 체형과 예술성의 일면을 엿볼 수 있는 귀중한 자료로 평가받고 있다. 일명 '7500년 전 울진인(蔚珍人)의 미소'를 포함한, 얼굴 형상의 토제판과 토기 손잡이 등 4점은, 출토 당시 학계의 비상한 관심을 집중시켰다. 그 중 눈, 코, 입 등 사람 얼굴 형상이 구체적이고 뚜렷한, 직경 14cm, 두께 3.5cm 크기의 원형 토기는 학계에서 특히 높게 평가받았다.

그림 3-12　계속 (울진군 죽변리 배 조각과 동반 유물).

② 김해 봉황동 발굴조사 (동양문물연구원 2012)

2012년 2∼6월, (재)동양문물연구원은 김해 봉황동 119-1 및 22-6 일원 주택신축부지 문화재 발굴조사를 하였다. 조사대상지역은 금관가야의 중심지로 알려져 있는 김해 봉황대유적(사적 제2호)의 남서쪽 사면 말단부에 해당한다.

충위는 표토층 밑으로 크게 조선시대 문화층, 고려시대 문화층, 사질토로 구성된 범람층, 삼국시대 문화층, 해성층 순으로 퇴적되어 있다. 전반적 충위는 수평에 가까운 퇴적양상을 보이고 있다. 삼국시대 충위는 범람층 바로 아래에서 확인되며, 삼국시대 당시 조사대상지와 인접한 봉황대 구릉 주변은, 담수와 해수가 만나는 내만의 환경이었을 것으로 추정된다. 그리고 삼국시대 패총에서 확인된, 초석건물지 및 노지로 추정되는 수혈유구로 판단해볼 때, 유적이 형성될 당시에는, 고김해만의 영향이 쇠퇴한 시점이었을 것으로 판단된다.

고려시대 문화층의 바로 아래층에는 사질층이 퇴적되어있다. 이는 해반천의 범람으로 인해 생성된 퇴적층으로 판단되며, 이 범람층 아래에서 패각층이 확인된다. 패각층은 혼토패각층이며 패각층에서 확인되는 유물들은 경질토기편 및 연질토기편 등의 삼국시대 유물이다. 패각은 대부분이 굴, 백합 등의 내만성 패류이다. 이 층의 유구는 고상건물지 2동, 목책열, 노지로 추정되는 수혈 1기 등이 확인되었다.

이 패각층으로 이루어진 삼국시대 문화층 아래로, 흑갈색 점토층이 퇴적되어 있으며, 그 아래로 패각층이 형성되어 있다. 이 층위는 해발약 0.1∼0.3m상에 위치하고 있으며, C구역에서 수혈 1기 및 목재들이 확인되었다. 유구 내부의 유물로는 목재, 수골, 토기 및 노로 추정되는 목재 1점이 확인되었다. 노로 추정되는 목재는 북동-남서 방향으로 놓인 상태로 출토되었으며, 길이 약 1.4m, 손잡이 부분 두께 약 3.5㎝, 노 깃 부분 너비 약 10㎝, 두께 약 0.5㎝이다 . 그리고 같은 층위의 가장 북쪽인 A구역에서 대형목재 1점이 확인되었다. 전체 길이 약 360㎝, 폭 40~65㎝, 두께 5~7㎝ 가량이다. 평면 형태는 반원을 반으로 가른듯한 호상을 띄고 있으며, 결구를 위한 용도로 생각되는 홈이 있었다. 이러한 홈은 직사각형에 가까운 형태와, 원형에 가까운 형태를 띠는 것이다. 그리고 목재를 여러 벌 덧대어 만들었는지, 혹은 하나로 만들었는지는 불분명하나, 표면에서 길이 방향으로 길게 이어진 미세한 흔적이 있었다. 이 목재의 용도에 대한 자문을 구한 결과, 고선박의 부재에 해당할 가능성이 높은 것으로 생각되었으며, 구체적으로는 선체의 격벽 부분으로 추정되었다. 이외에는 주변에서 선박의 잔해로 생각되는 목재는 확인되지 않았다.

확인된 유적의 성격은 봉황대 구릉 남서쪽 끝자락, 과거 해안지대 인접 지역에 위치한 고상건물지를 중심으로 하는 생활유적으로 판단되었다.

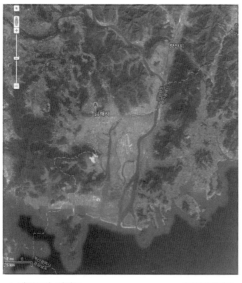

a) 발굴조사 지역도.　　　　　b)유구배치도.

그림 3-13　김해 봉황동 발굴조사 (동양문물연구원 2012).

c) 중심 토층도.

그림 3-13 계속 (김해 봉황동 발굴조사).

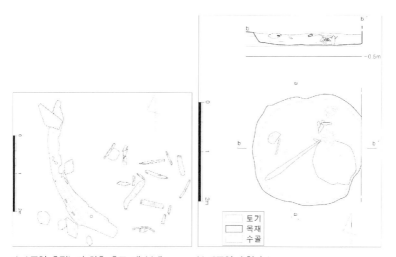

a) A구역 추정노지 하층 출토 배 부재.　　b) C구역 수혈과 노.

그림 3-14 목선 부재와 노 (동양문물연구원 2012).

　　잔존 전체 길이 약 360㎝, 폭 40~65㎝, 두께 5~7㎝ 가량이다. 선박 부재를 토대로 할 때, 배 전체적인 규모는 대략 길이가 30m이며, 폭은 10m 이상 되어, 당시로서는 대형 선박이었을 것으로 추정한다.
　　노와 닻으로 추정되는 돌도 함께 출토됐다.

c) A구역 저습지 출토 추정목선부재 (서→동).

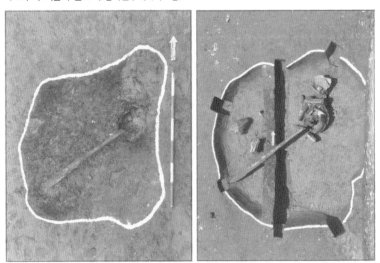

d) & e) 노가 출토된 삼국시대 문화층 2층 수혈 유구 1차(왼쪽), 3차(오른쪽) 노출.

그림 3-14 계속 (목선 부재와 노).

이번 선박 부재 발굴은 신석기시대 비봉리 유적에서 배가 발견된 이후, 국내 두 번째로 오래된 배로 추정된다 (4~5세기 가야시대). 김해시는 "최근 진영 여래리 일원에서 배 모양 토기를 비롯한 여러 토기는 출토됐지만, 가야시대의 선박이 일부라도 실물로 확인된 것은 이번이 처음"이라고 밝혔다.

4) 안압지 목선 (문화재관리국 1978)

안압지(雁鴨池)는 문무왕(文武王) 14년(674년) 3국통일기념사업의 하나로, 중국 무산십이봉(巫山十二峰)을 본떠 축조된 것으로 전하여 지고 있는 경주의 사적지이다(경주 동궁과 월지: 사적 제18호, 1963년 1월).

경주종합개발계획의 일환으로 1974년 11월부터 연못의 준설과 주변의 정화사업이 추진되었다. 우선 연못 내에 매몰된 토사제거부터 실시되었다. 그러나 토사제거가 바닥 층으로 내려가면 갈수록 와전류(瓦塼類)의 유물이 다량으로 출토되었고, 호안에서는 석축(石築) 일부가 노출되어, 토사제거작업은 물론 조사업무 역시 계속 수행하기 어려웠다. 이에 준설 및 주변정화공사를 중지하고, 학술조사를 위한 발굴계획을 수립하기로 결정하였다.

1975년 3월부터 발굴조사가 이루어졌으며, 4월 16일, 서쪽 호안 중심부 연못 바닥 층에서, 배 한 척이 전복된 상태로 발견되었다. 안압지는 신라궁(新羅宮)의 하나인 동궁(東宮)이 자리하였던 곳으로, 발굴조사를 통해 신라궁원(新羅宮苑) 및 건물 규모와 위치 등을 밝히는데 필요한 자료를 얻고자 하였다. 발굴 결과 원지(苑池)의 옛 모습을 거의 그대로 찾아낼 수 있었고, 못 안에서는 당시의 목선(木船, 연못 동안 임해정으로부터 20m 서쪽 기점에 호안석축 밑 수중 지하 바닥층에서, 동서로 현복(顯覆)된 상태로 선두를 동, 선미를 서쪽으로 향하고 있었음)을 비롯하여 건축부재(部材), 생활 용구 등 많은 유물이 출토되어 신라사 연구에 귀중한 자료를 얻게 되었다.

a) 경주 동궁과 월지 전경(동-서, 복원 후). b) 발굴조사 광경 (국립경주문화재연구소).

그림 3-15 안압지 (국립경주박물관).

　발굴조사는 연못에 대한 조사와 연못 주변 건물지(建物址) 조사로
나누어 실시되었다. 연못에 대한 발굴조사는 1975년 3월 24일~
1976년 3월 25일 동안 만 1년 간 속계 되었으며, 주변 건물지 발굴
조사는 1976년 5월 10일~12월 30일 동안 실시되었다. 호안석축이
발굴 완료되자 발굴 전의 연못 형태는 완전히 찾아 볼 수 없었으며,
새로운 형태와 규모의 연못이 출현하였다. 이어 연못 남쪽에 위치한
대도(大島)의 발굴이 착수되었다. 대도 역시 연못의 호안석축이 매
몰되어 있었던 것과 같이 완전히 호안석축이 매몰되어 있었다. 대도
발굴이 끝나자 다시 연못 북쪽에 있는 중도(中島)의 발굴을 시작하
였으며, 이어서 연못 중앙 위치에 있는 소도(小島)를 조사하였다. 많
은 유물이 출토된 구역의 확장 발굴조사가 실시되었으며, 구역별 토
층조사, 둑의 제거작업, 실측조사가 행하여졌다. 특히 둑의 제거작
업 중, 연못의 동남 모서리에서 입수(入水) 시설이 발견된 것은 큰
수확이었으며, 동안 R11區에서 발견된 불상 역시 큰 성과라 할 수
있었다. (金正基, 문화재관리국 1978).

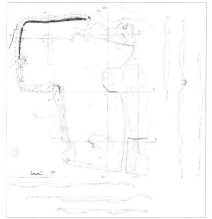

a) 발굴 전 평면도.

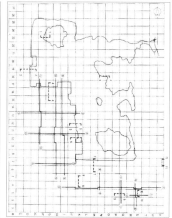

b) 토층 및 건물지 단면과 구획도.

그림 3-16 발굴조사 계획도 (문화재관리국 1978).

목선 완형품(完形品) 1점, 부재(部材) 3점이 출토되었고, 완형품은 고증조사기간을 거친 다음(1976년 12월), 해체하여 경화처리 및 보존처리를 하였다. 이의 출토는 당시 국내초유의 예이고, 그 원형고증 및 보존에 많은 논의가 있었다. 선체(水浸木材)의 보존처리와 복원 및 전시는, 오랜 세월에 걸쳐, 관련 학자와 전문인들이 인내를 갖고 수행하는 과정임을 강조하고 싶다. 당시(1977년) 신안 앞 바다에 매몰되어 있는 송원대무역선에 관하여 관계 학자간에 활발한 논의가 있는 점을 고려한다면, 이 보다 연대가 앞서고 있는 만큼, 내륙용 소형의 것이지만, 고증을 철저히 하여 둘 필요가 있다고 보았다. 수종(樹種)은 소나무이고 틘소연대는 1950년도를 기준으로 766년 진 즉, 12세기(1,184년)로 측정되었다. 원래 목선이 지저면(池底面)에 매몰되어 주변 토양성분으로 오염된 바 있고, 출토 후 주변 물에 담궈서 보습(保濕)하였던 만큼, 현대탄소에 의한 오염이 심하여, 연대가 근대로 측정된 것으로 판단되지만, 축조 당시의 연대(문무왕 14년, 674년)에 비교한다면, 상당한 거리가 있는 4~5세기 후세에 속하고 있다. 목선 형태는 4편의 부재로 조립되어 있으며, 표면에 장식부착 또는 도색된 흔적이 없기에, 유연용(遊宴用)이라기보다는 물품운반용 도선류(渡船類)에 속하는 것이 아닌가 하는 조잡한 외관을 보여 주고 있다. 경화처리 종료 후 조립 복원시켜 고증연구를 계속할 필요가 있다고 사료되었다. 경화 표면도 건축부재, 소형 목각구에 비교한다면 거칠고 목질(木質)에 있어서도 목리(木理)가 치밀치 못한 일반 소나무이다.

노재(櫓材)가 3점 출토되었으며 손잡이가 있고, 그 형태는 근래 도선장에서 흔히 볼 수 있는 나룻배 노와 유사하다. 수종은 소나무가 아닌 활엽수 경질목(硬質木)으로 관찰되었다.

이상 관찰 결과를 종합한다면, 이들 선체 및 선구는 신라-고려-조선시대를 걸치는 사이에, 안압지에서 사용되어 온 일반선 또는 물품운반선용으로 보이나, 그 당시로서는 정확한 연대와 용도를 고증할 길이 없었다. 그러나 차종(此種) 고대 선구류의 출토는 국내에서는 초유의 쾌사이니만큼, 관계전문가들에 의한 지속적인 연구조사결과에 많은 기대를 걸고자 하였다.

이 나무배는 좌우 현부와 선저부가 각각 별개의 나무로서, 곧 세 개의 나무가 이어져 배가 이루어졌다. 좌우 현부는 통나무를 파서 배 모양을 형성하고 가운데에 선저부를 세로 질렀다. 그리고 선수·선미쪽에 비녀장 모습으로 가로 나무를 건네어 좌우 현부와 선저부를 이었다. 이 선형은 통나무배(刳舟)에서 구조선(構造船)으로 넘어가는 초기단계의 반구조선(半構造船)으로 볼 수 있으며, 전형적인 독목주식(獨木舟式) 반구조선이다 (김재근 2002/1994). 선체는 길며 선미에서 선수로 향하여 좁아지고 거의 평평한 선저를 이루고 있다. 실측 결과는, 길이: 590cm / 선미·선수 너비: 120cm·60cm / 높이: 35 cm / 선내부 길이: 545cm / 선내부 최대 너비: 85cm / 저판 두께: 13.5~18.5cm이었다.

a) 출토 상태.

b) 완전 노출 상태.

c) 후미 세부.

d) & e) 실측도.

e) 구조 (평·단면도).

그림 3-17 나무배 (木船, N18區, 문화재관리국 1978).

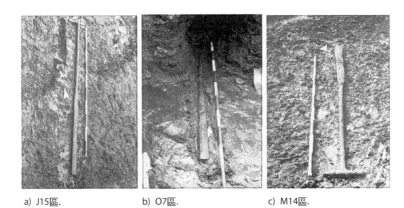

a) J15區.　　　　　b) O7區.　　　　　c) M14區.

그림 3-18　노의 출토 상태 (문화재관리국 1978).

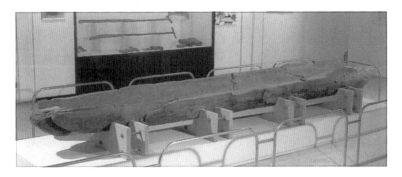

그림 3-19　전시 중인 안압지 출토선 (국립경주박물관).

　　특수한 수구시설(水溝施設)의 발견은 큰 수확으로 평가되어 요약하였다.

　　연못 동남 우각(隅角)부분과 중도 동쪽 호안석축에, 입수구(入水口)와 배수구(排水口)를 만들어 못 안의 물 공급과 배수의 기능을 하도록 특수시설을 하였다. 수입구(水入口)는 남쪽 호안이 동쪽 호안과 연결되는 지점에 설치되어 있다. 물은 북천(北川)의 물을 황룡사 앞 계곡을 따라 끌어들인 것 같고, 김시습(1435~1493)이 쓴 시문(鑿池爲海長

魚螺引水龍喉勢岌峩)에서 보이는 바, 물을 끌어들이던 큰 용머리가 수구에 연결되어 용의 입으로 물을 토하게 되며, 수조같은 곳에서 두 번 거른 후, 맑은 물이 폭 60cm 수로를 따라 못으로 들어가게 되어 있다. 수입구는 길이 2m, 폭 125cm 정도의 큰 자연 판석(板石)을 넘어, 1m 높이에서 수직으로 떨어지는 폭포를 만들었는데, 이 폭포를 이루는 수직 받침돌도 한 덩이 자연석으로 처리하였다.

입수구와 배수구의 거리는 193m로 동남방향에서 지수(池水)가 유입되어 북쪽으로 유출시키게 계획되었다. 입수시설은 지면의 석구(石溝)를 통하여 물이 들어오게 하였고, 배수시설은 지중에 설치된 석구를 통해 못 밖으로 물이 빠져나가도록 하였다. 지면 입수구 바닥과 지중 배수구 바닥 높이 차는 약 0.5m이며, 연못 안의 수량은 만수(滿水) 때의 수위를 지저에서 1.6m로 계산하여 약 22,253㎥이다 (4ton 적재량 트럭 약 5,560대분). 입수구를 통해 유입된 물은 못으로 떨어져 대도 서쪽과 북쪽 방향으로 양분된다. 만수가 되면 배수구를 통해 만수위 이상의 물은 유출되었던 것 같다. 배수구 부분에는 수량을 임의 조절할 수 있었던 장치가 있었으리라 생각되었다.

a) 동남우(隅) 입수구(路) 및 자연석 노출.   b) 동남우 입수구 위쪽 석제수조 노출상태.

그림 3-20 입수 시설 (문화재관리국 1978).
확인된 입수구 총장은 호안석축으로부터 73m에 달하며, 모두 서로 다른 여섯 형태로 되었다. 비록 짧은 간격이지만, 여섯 가지 시설로 변화를 주면서 물을 못으로 유도한 사실은, 당시의 조경학적 수준을 유감없이 대변한 것이라 평가 할 수 있을 것이다.

a) 배수시설이 있었던 북동쪽 연못가   b) (younghwan12.tistory.com/3834).
　(국립경주문화재연구소).

출수구(出水溝)는 못 전역의 물을 외부로 배수시켰던 장치로서, 중도 동편의 북안호안석축으로부터 시작되어 동으로 물이 흘러나가게 하다가, 다시 북으로 방향이 바뀌도록 만들어졌다. 출수구로부터 폭 1m 내외의 장대석(長臺石)으로 쌓은 석구가 동으로 10m 정도 계속되고, 그 끝 지점에서 목재 수구가 3.35m 동북방향으로 놓였고, 다시 폭 50cm의 장대석 석구가 북쪽 방향으로 계속되었다. 이 같이 배수시설은 3단계로 설치되었는데, 발굴조사 전까지는 매몰토에 의해 전혀 알려지지 않았었다.

a)~c) 북안 J25, K25區 출수구 노출상태.

d)~f) 북안 L25區 목재 출수구 물마개 노출상태.

그림 3-21　배수 시설 (문화재관리국 1978).

2. 고려시대 한선

현재까지 발굴조사 된 고려시대 한선(韓船)은 완도군 어두리 완도선, 목포 달리도배, 군산시 십이동파도선 (해저유적), 영산강 나주선, 신안군 안좌도선, 안산시 대부도선, 태안군 대섬 태안선, 태안군 마도 1, 2, 3호선으로 모두 10척이다. 한선에는 고려청자, 목간 등을 비롯한 많은 유물들이 출수되어, 편년은 물론 이들의 생산지, 사용지, 교역로(조운로) 등을 연구할 수 있는 중요한 자료이다. 다수의 한선들을 함께 비교, 연구함으로써 조선기술, 발달사 규명에도 많은 발전을 기약한다. 따라서 각 선박들의 사례를, 발간된 보고서들[91] 위주로, 본 연구와 관련된 부분을 정리, 고찰하였다.

1) 완도군 어두리 완도선 (문화재관리국 1985b)

① 개요

전라남도 완도군 약산면 어두리 바다에서 키조개를 잡던 어부들이, 약 900년 전의 것으로 보이는 몇 점의 그릇을 건져 올려, 세상에 알려지게 되었으며(1977년 1월에 고려청자 7점 인양 및 신고), 유물이 매장된 곳은 어두(지)섬 사이에 암초가 형성되어서 밀물 때는 물속에 잠기지만, 썰물 때에도 윗 부분만 약간 드러나기 때문에 항해하기에 매우 위험한 곳으로 알려져 있다. 수심은 약 15m 내외이며, 물의 흐름은 2~3노트로 혼탁한 물 때문에 수중조사에 많은

---

91) 보고서에 수록된 수중 사진들 중에는, 수중 시야가 좋지 않아, 또는 의도적으로 광각(어안) 렌즈를 사용한 경우가 더러 있다. 이러한 경우 실제 모습과는 달리 - 휘어져 보인다. 따라서 되도록 크기를 비교할(알) 수 있도록 촬영하고, 사용한 렌즈의 재원과 특성 등을 표시함이 바람직하다. 특수효과를 위한 경우는 더욱 더 그러하다.

어려움을 겪었다. 개펄 속에 묻힌 그릇은 비교적 보존상태가 좋았지만, 배는 심하게 훼손되어 이물과 고물은 썩어 없어진 채 배 밑과 일부 삼판만이 남아 있었다. 완도선{최대길이(最大船長): 약 9m, 최대너비(最大船幅): 약 3.5m, 형심·중앙부(型深·中央部): 약 1.7m, 적재중량(積載重量): 약 10ton}에는 도자기를 비롯해 30,701점의 유물이 실려 있었다(표 3-4). 그 내용을 보면 청자 30,645점, 잡유 26점, 토제유물 2점, 철제유물 18점, 목제유물 9점, 석제유물 1점 등이다. 청자는 녹청자류로서 지방 관청과 사찰 등에서 쓰일 그릇이었던 것으로 보이며, 녹청자 연구에 소중한 자료로 평가받고 있다.

완도 해저 발굴의 또 다른 큰 성과는, 고려시대 배를 처음으로 건진 것이라 할 수 있다. 완도선 발굴조사는 1983년 12월에 실시된 제1차 조사와 1984년 3~5월까지 70일간 2차에 걸쳐서 실시되었다. 선체는 인양되어 약 12년 동안의 보존처리과정을 거쳤고, 복원은 1995년 3월 시작하여 11월에 완료하였다.

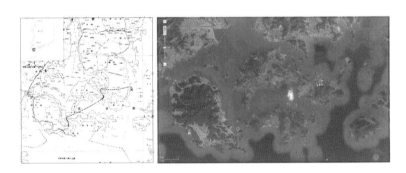

그림 3-22 완도 해저유물 발굴조사 해역 (문화재관리국 1985).
완도읍에서 동북방 8.7km에 위치한 조약도(助藥島)의 동쪽 끝에 있는, 어두리(漁頭里) 부락 앞 300m 해상의 무인도인 어두지섬의 동북 돌출부에서 72m 떨어진 곳. 발굴지점 북쪽 100여m 부근에는 어두지섬에 연결된 암초가 바다 쪽으로 뻗어 나와 있다.

그림 3-22 계속 (완도 해저유물 발굴조사 해역).

어두지섬 가까운 곳은 자갈, 모래와 패각(貝殼)이 섞여 있고, 중심부위부터는 뻘이 60∼70cm까지 퇴적되어, 약 50∼60cm 융기된 구릉을 형성, 직경 약 10m 원형 넓이로 분포되어 있었고, 유물은 이 뻘 층에 매장되어 있었다. 섬 가까운 곳에 부유식 김 양식장, 먼 곳에는 미역 양식장이 매우 넓게 뻗어있었다. 유물 매장지 바로 위에도 김발이 쳐있어, 발굴조사를 위하여 이들 일부를 철거하였다.

② 발굴조사 및 유물 인양

정방형 구획틀(그리드, grid)을 설치하여 구간별로 수행하였다. 철제앵글(angle)을 사용치 아니하고, 철주(鐵柱, 길이: 1.2m)와 로프(rope)를 이용하여 간이 그리드를 설치하였다.

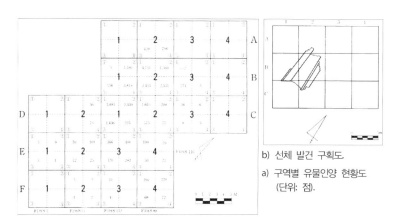

b) 신체 밀건 구획도.

a) 구역별 유물인양 현황도 (단위: 점).

그림 3-23 해저 현황도 (문화재관리국 1985).

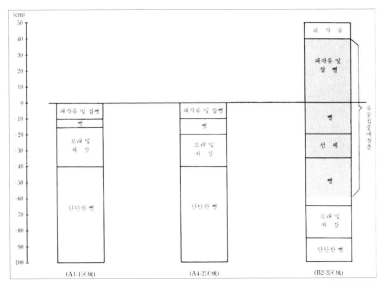

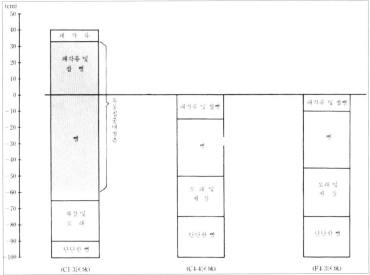

c) 유물 매장 해저지형도.

그림 3-24 유물 매장 해저지형도 (문화재관리국 1985).

a) 작업선.

b) 도자기류 인양.

c) 선편 인양.

d) 출수 유물.

e) 잠수사들.

그림 3–25 발굴 현장 (문화재관리국 1985).

a) & c) 훅카(Hookah)를 주로 사용하였다. 우리의 수중발굴조사는 오래 동안 주로 훅카에 의존하여 왔다. 물론 편이성과 경제적 이유일 수도 있지만, 이의 사용은 엄격히 제한되어야 한다.

③ 발굴 유물 (- 도자기를 위주로)

출토 유물은 녹청자가 주류를 이루고 있다. 종류는 대접, 접시, 완(碗), 잔(盞) 등이 대부분이며, 청자광구병(廣口瓶)과 매병(梅瓶), 장고(長鼓)와 유병(油瓶), 항아리(壺, 곤), 발(鉢) 등도 발견되었다.

문양은 철회기법(鐵繪技法)의 매병과 장고 외에는 거의 무늬가 없으며, 드물게 음각과 양각의 연판문(蓮瓣文)이 있다. 많은 양의 일괄(一括)유물이라는 점과, 그동안 발견되었던 대부분의 도자기들이 고려고분 출토의 명기적(名器的) 성격을 띤 유물인데 비해, 대접, 접시로 대표되는 그 당시 생활용 도자기였다는 점은, 고려시대 도자사 연구에 매우 중요한 것이다. 철회청자 특히 매병을 비롯한 명품이라 할 수 있는 청자가 소량이나마 발견된 것도 중요한 성과이며, 청자철회모란당초문장고(靑磁鐵繪牡丹唐草文長鼓)의 발견은 그 희귀성(稀貴性)으로 보아도 가치가 큰 것이다.

또한 1983년 봄 해남군 산이면 진산리 일대에서 30~40기에 달하는 대규모의 청자요지군이 처음으로 발견 조사되었으며, 완도해저출토 도자기들이 이 곳에서 제작되었다고 보고 있다. 그 제작 시기는 11세기 중·후반경 문종년간(文宗年間: 1047~1082, 윤용이)으로 추정하고 있다.

④ 완도 해저 도자기와 해남 진산리 가마

청자를 굽던 가마터는 바닷길로 운송하기 편리한 서남해안 일대에 많이 퍼져 있었다. 그 중 고려시대 청자 제작의 중심지는 전남의 강진군 대구면과 해남군 진산리 일대, 이 밖에 고흥군 두원면 운대리, 함평군 손불면 양재리, 영광군 염산면 오동리 등으로, 전남지방은 고려시대 청자의 본산지라고 할 수 있다. 전남지방에서 만들어진 고려청자 중에는 녹청자라고 불리는 청자가 있는데, 그릇을 만든 흙은 거칠고 녹청색·회청색 등을 띤 유리막이 얇게 씌워진 특징을 지닌다. 대표적인 유물로는 해남 진산리 가마터에서 발굴된 유물과 완도 해저 유물을 들 수 있다. 또한 이 두 곳에서 발굴된 유물들은 그 내용과 특징이 일치하고 있어서, 한 가마에서 구워진 것으로 추정한다. (**그림** 3-26, 국립해양유물전시관 2003/1995).

그림 3-26 완도 해저 도자기(좌)와 진산리 가마터 도자기(우).

⑤ 선체 인양 및 복원

완도선은 한선(韓船)의 시원적(始源的) 형태를 갖춘 우리나라 고유의 한선 구조법 발달의 기점에 놓여있는 배로서, 우리 선박사상 매우 중요한 위치를 차지한다.[92] 또한 구조방식이 재래의 전통적 한선 구조와 기본적으로 동일하다고 본다. 처음으로 발굴된 고려선인만큼, 간략하게나마 언급한다.

윤용이는 3만 여 점에 달하는 막대한 수량의 청자를 조사한 결과로써, 제작년대를 고려 11세기 중·후반경의 문종년간(文宗年間: 1047~1082)으로 발굴조사보고서에 보고하였으며, 김재근(1994)도 이를 받아 들였다고 하였다. 하지만, 당시까지의 추정 년대임을 인지해야 할 것이다. 이후 연구에서 도자기 편년에 따라 12세기 초·중으로 추정되었다. 배를 짓는데 사용된 재목은 주로 소나무와 상수리나무인 것으로 밝혀졌으며, 그 외에도 남해안 지역의 특산 나무(비자나무, 굴피나무)도 포함되어 있어서, 이 배가 남해안 지방에서 만들어졌다고 보고 있다 (박상진).

1984년 2차 발굴조사에서 선체의 잔존여부에 대한 관심이 매우 컸으며, 유물 인양작업이 그리드 중앙으로 옮겨가던 중, 3월 26일 C1-2, B1-4 구역이 걸치는 곳에서 선체편(片)으로 보이는 목재가 인양되고, 계속 조사 끝에 선체를 확인하였다.

---

92) 김재근, 당시 서울대학교 공과대학 조선공학과 교수로서 선체에 대한 세부조사를 현장 지휘함. 지도위원.

 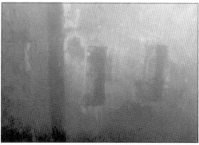

a) & b) 선체 발견.

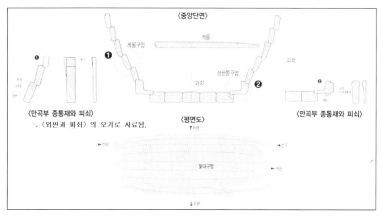

c) 구조.

그림 3-27 완도선 선체와 구조 (국립해양유물전시관 2003/1995).

두터운 밑판(底板) 5재를 평평하게 맞대어 붙였으며, 턱붙이 방법으로 이어 조립한 삼판과 좌·우 삼판을 잡아주는 게롱(加龍)으로 붙들고 있다. 배 밑과 삼판은 각각 가쇠(長槊)와 피쇠(皮槊)로 연결되었다. 이런 만듦새는 전형적인 우리 배(韓船)의 모습을 보여주고 있다.

완도선은 가로 단면이 '�凵'의 모습을 한 평저형(平底型) 선박이다.

이물과 고물 : 완도선의 앞·뒷 부분은 썩어 없어져 확실한 생김새를 알 수 없다. 그러나 우리 배의 만듦새와 완도선의 남은 형태로 미루어, 이물은 곧고 넓으며, 고물은 비교적 좁고 배 꼬리 쪽으로 길게 뻗은 모습을 가졌을 것으로 보인다.

선재(船材) 보호 : 우리 배는 전통적으로 선재를 보호하기 위해 불과 연기로 그을리는 '연훈법(煙燻法)'을 사용하였다. 이미 완도선 시절에도 이 방법이 쓰여 졌다.

a) 저판의 조립 평면도 (김재근 1994).

배밑(底板) - 완도선은 5재의 두터운 목재를 나란히 연결해 배 밑을 만들었다. 그 생김새는 배 앞쪽과 뒤쪽 부분을 치켜세워 마치 활 모양처럼 되어 있다. 배밑의 조립은 밑판 목재의 옆구리에 구멍을 내고 가쇠라 부르는 긴 나무못으로 고정하였다.

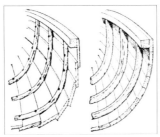

b) 외판의 고착방식.

외판을 붙이는 방식은, 판자를 서로 맞대어 결착하는 카벨 carvel, a) 우 이음방식과 판자를 서로 겹쳐 붙이는 클링커 clinker, a) 좌 이음방식이 있다. 한선의 고착 방식은 그 중간의 방식으로, 엄밀히 말하여 턱붙이 클링커 이음 rabbetted clinker joint, b) 이다. 이는 오직 한선의 구조에서만 나타나는 아주 독특한 외판고착방식이다. 그리고 완도선에서도 나타나 있는 것으로서, 한국에서는 오래 전부터 쓰여져 왔던 방식이다.

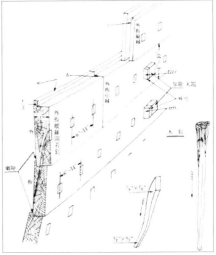

c) 외판의 고착방법과 목정(木釘, 피쇠).

그림 3-28 저판과 외판의 고착방식 (김재근 1994; 문화재관리국 1985).

뱃전을 이루는 삼판(外板)은 모두 5단으로 이루어졌으며, 아랫 삼과 윗 삼의 연결은 턱붙이 겹이음(rabbetted clinker joint) 방식으로 이음하고, 피쇠로 고정하였다. 배밑과 삼판의 연결은 소위 '만곡종통재(彎曲縱通材)'를 택하고 있는데, 이를 통해 통나무배의 전통이 아직 이 배에 남아 있음을 알 수 있다.

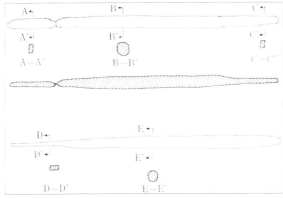

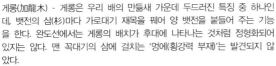

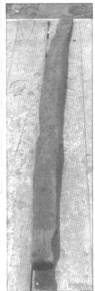

게룡(加龍木) - 게룡은 우리 배의 만듦새 가운데 두드러진 특징 중 하나인데, 뱃전의 삼(杉)마다 가로대기 재목을 꿰어 양 뱃전을 붙들어 주는 기능을 한다. 완도선에서는 게룡의 배치가 후대에 나타나는 것처럼 정형화되어 있지는 않다. 맨 꼭대기의 삼에 걸치는 '멍에(횡강력 부재)'는 발견되지 않았다.

그림 3-29 게룡 (加龍木, 문화재관리국 1985).

추진과 조종 - 배밑의 중앙에는 돛대를 세웠던 돛대구멍이 관찰되며, 돛배를 이용해 항해했음을 알 수 있다. 이 밖에 닻, 키 등의 장비는 발견되지 않았다.

b) 중앙 저판상의 돛대구멍(마스트 뿌리 홈).

a) 저판의 일부 (K판과 A판). c) 중앙 저판(K판).

그림 3-30 저판과 돛대구멍 (마스트 뿌리 홈, 문화재관리국 1985).

완도선 복원은 실측을 기초로 한 도면상 복원과 이에 따른 축소모형선을 제작하였으며 이 모형선은 실물 원형복원의 기본 참고 자료로 활용하였다. 복원 방식은 모형자료를 활용하여 각도(기울기, 휨)에 맞추어 구조물(프레임)을 지주 보강하여 조립하였으며, 또한 훼손, 유실 되어버린 장삭, 피삭을 신재(新材) 제재목으로 대체하여 기본적인 선형(船型)을 구성하였다. 저판과 외판, 외판과 외판의 단계적 조립을 위하여 파손부위를 가공이 용이한 재료로 보강하였다. 선형 유지 보강하는 방법으로 복원하였다. 복원 한 결과 각도는 선수 쪽 10° 정도이고 선미 쪽 20°로 선미 쪽의 경사각이 높음을 알 수 있었다.

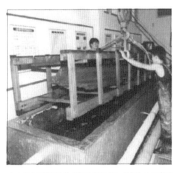 

a) 보존처리중의 변형 방지를 위한 고정틀.　　b) 복원중인 전면과 바닥부.

그림 3-31 완도선 보존처리와 복원.

육상의 저습지 또는 담수나 해수 등 수중에 장기간 매장된 상태에서, 목재의 실질이 분해되어 유실되고, 대신 과량의 수분이 이를 대신한 상태의 목재를 수침목재라 한다. 수침목재는 목재의 주요성분인 셀룰로오스 등은 이미 유실되고, 붕괴된 목재의 조직을 물이 지탱해 주고 있는 상태이므로, 비록 외관이 견고해 보이지만 일단 외기에 노출되어 목재가 함유하고 있는 수분이 증발하면, 수축과 균열이 발생하여 원형을 알아보기 어려울 정도까지 파손, 변형하게 된다. 따라서 수침목재유물에 관한 보존처리의 과제는 '치수안정화'와 '경화처리'의 두 가지로 요약할 수 있다. 수침목재유물의 보존처리법은 크게 3가지로 분류된다. 즉 고형화 물질에 의한 수분의 치환법(수지함침법), 유기용매류에 의한 불안정한 수분의 치환법, 동결건조에 의한 수분의 승화 제거법(동결건조법)이 그것이다.

완도선은 소나무, 참나무, 느티나무 등을 사용하였으며 주요 부재인 소나무재의 경우 최대함수율이 700%에 달할 정도로 매우 취약한 상태였다. 1992~1994년에 PEG(Polyethylene glycol) 수지 함침법으로 보존처리를 완료하였다. (www.hansollog.com)

a) 2006 (ⓒ 김태성 기자, jeonlado.com).　　b) 2009 (doopedia.co.kr).

그림 3-31　계속 (완도선 보존처리와 복원).

2) 목포 달리도배 (국립해양유물전시관 1999)

달리도는 목포시에서 서쪽으로 약 6.5km 떨어져 위치하고, 매몰
선은 1989년 6월경, 섬 북서쪽에 위치한 속칭 '지픈골'이라고 불리
우는 조그만 만이 형성된 골짜기 개펄 해변에서 낙지잡이를 하던
마을 주민들에 의해, 노출된 매몰선체 및 유물 일부가 발견되면서
알려지게 되었다. 이곳은 평평한 해안퇴적층이 비교적 넓게 발달된
곳이었으나, 1981년 영산강 하구둑의 축조 이후부터는, 섬 주위 바
닷물의 흐름이 변하기 시작하여, 해안퇴적물이 씻겨나가는 현상이
발생하였다고 한다. 이 같은 해안 지형 변화로 개펄 속에 묻혀있던
매몰선이 노출되기 시작하였다는 것이다 (현지 주민들에 의하면,
1980년대 이전에는 매몰 선박의 존재에 대하여 아무도 알지 못하였
다고 함). 그 후 같은 마을 주민들에 의해 매몰선 주변에서 접시와

청동숟가락 등 다량의 도자기 파편이 수습 신고 되어, 이에 중요성을 인식한 목포시에서는 당시 문화재관리국과 협의하여 발굴조사를 실시하기로 결정하고, 국립해양유물전시관에서 1995년 6월 8일부터 7월 29일까지 51일간 수행하였다. 발굴된 선체는 방사성탄소연대 측정 결과 13~14세기경으로 추정되었으며, 1984년 해저에서 발굴된 완도선(고려배)과 더불어 옛 배의 발달 과정과 구조 연구에 매우 중요한 자료로 평가되었다. 완도선보다 발전된 방식으로 지어졌으며, 선체의 잔존 규모는 길이 10.5m, 너비 2.72m, 깊이 0.8m이고, 복원 규모는 길이 12m, 너비 3.6m, 깊이 1.6m로 추정되었다. 매몰선 주변에는 많은 도자편들이 흩어져 있었지만, 선체내부에는 어떠한 적화물도 남아 있지 않았다.

1995년 4월 25~26일 2일간 예비조사를 하여 발굴 방법과 필요 장비 등을 검토한 후, 선체 보호 등을 이유로 우기에 맞춰 발굴하기로 하고, 2~3개월에 걸쳐 사전 준비 작업을 실시하였다.

현장이 해안 개펄층에 위치하여 간조 시에만 조사 작업을 수행하였으며, 당연히 시간적 제약이 따랐다. 또한 무른 개펄로 형성되어 있어, 선체로의 접근을 용이하게 하고 발굴 장비의 운반을 위하여, 해태 양식장용 말목과 철제 타공판을 이용하여, 해안선으로부터 조사지역까지 진입로를 개설하였다. 발굴도중 바닷물의 흐름에 따라, 노출되어 유실될 수 있는 부재편(部材片)들의 수집을 위하여, 조사지역 북편(바다방향)에 그물망 30m를 설치하였다. 또한 촬영·기록을 위한 3단 비계를 동쪽에 시설하였다.

조사구역은 선체를 중심으로 540㎡로 설정하였고, 선체가 매몰된 84㎡를 중점조사 지역으로 구획하였다. 중점조사 지역은 1×1m 그리드를 설치하였고, 매몰 선체를 중심으로 12×4.5m 범위에, 각재

(角材)와 두꺼운 합판을 이용하여 이중으로 흙막이벽(가물막이, Cofferdam)을 둘렀다. 이는 현장 여건에 따라 노출된 선체로부터 1∼1.5m 정도의 거리를 두고 시설하였다.

선체는 선수(이물)와 선미(고물)의 일부가 좌현의 선재(船材)와 함께 노출되어 있었으며, 선수를 남서서 방향으로 두고, 우현쪽으로 18°정도 기울어진 채 매몰되어 있었다. 매몰 선체의 단면 확인과 제토를 위하여 노출된 선수, 선미를 기준으로 중앙 및 앞, 뒤 3개소에 시굴트렌치를 설정하여 선체의 잔존 상황 및 안정성을 확인한 후, 각 시굴트렌치를 기준으로 제토하여 선체 내부를 전면 노출시켰다. 한편 조석 변화로 인한 선체의 유실이나 훼손, 장시간 노출로 인한 선체 표면의 건조 및 변형에 주의하여 수행하였다. 조사 대상물이 구축(構築)된 시설 유구(施設 遺構)가 아니고, 선체의 매몰 위치가 무른 개펄흙으로 교란(攪亂)되어 있는 등의 여건을 고려하여 현장에서 선체의 수습(收拾) 및 보존에 주안점을 두었다. 선체에 대한 상세 조사는 인양 후 안전한 여건에서 실시하였다.

발굴된 매몰선은 안전한 인양과 운송을 위하여 부분별로 분리하여 우레탄 폼(Uretan foam)으로 포장하였다. 포장된 선체는 대형크레인[93])으로 인양하여 바지(barge)선에 옮겨진 후, 국립해양유물전시관으로 운송되었으며, 보존처리를 위해 대형 옥외탈염장에 수침(水浸) 보관하였다.

---

93) 해난구조, 항만공사, 교량공사 등에서 주로 사용되며, 업계에서는 '해상크레인', '크레인 바지' 등으로 불리고, 영어로는 'Stiff-leg crane barge', 'A-frame (crane) barge' 등이다. '대형'이라는 용어는 다소 전문성이 결여된 듯하다.

a) 매몰선 위치도.

b) 발굴조사 전경.

c) 발굴현장 전경.

그림 3-32 달리도배 현장 (국립해양유물전시관 1999).

가물막이 공법을 적용하였기는 하지만, 썰물 때는 완전히 물에 잠기고, 구조적으로도 방수에 취약하다. 즉, 설치된 가물막이는 전형적이라기보다, 현장 신란·훼손 등을 줄이고, 용이한 발굴조사를 위한 목적이었다. 따라서, 본문 Ⅳ. 2.의 외국 사례들과 비교, 고찰한다.

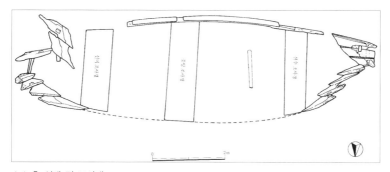

a) 노출 선체 및 조사갱.

b) 물막이벽과 배수로 작업 (선미 쪽에서).

c) 발굴 후 선체 모습 (선수 쪽에서).

그림 3-33 발굴조사 (국립해양유물전시관 1999).

　이 배는 국립해양유물전시관이 1994년 개관 이후 처음으로 발굴한 것이다.

a) 선체 인양.

b) 운송을 위하여 바지선에 탑재.

그림 3-34 인양 및 해상 운송 준비 (국립해양유물전시관 1999).

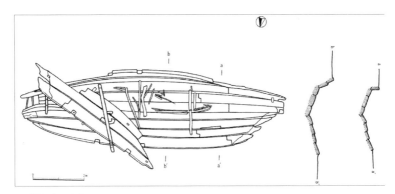

a) 매몰 평·단면도.

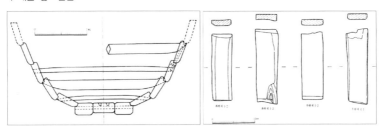

b) 중앙 단면도.

c) 나무못(피삭).

그림 3-35 발굴 선체 및 구조 (국립해양유물전시관 1999).

완도선과 달리도선은 구조선(構造船)으로 분류되는 우리나라 배이다. 달리도선은 별로 크지 않은 전형적인 평저선형(平底船型) 한선(韓船)구조의 배가 분명하며, 크기와 연대가 비슷한 완도선(11세기 중·후반경)과 유사한 특징과 형태를 지니고 있긴 하지만, 세부 구조적인 면에서 보다 발전된 모습을 보이고 있다. 즉, 완도선에서는 반(反)구조선의 흔적인 만곡종통재의 구조를 지니고 있지만, 달리도선에서는 생략되고 외판과 저판이 직결되는 구조로 발달하였음을 볼 수 있다. 또한 완도선에서는 가룡(加龍, 일반적으로 한선에 있어서 좌우의 외판을 잡아주고 지탱해 주는 횡강력 부재)의 존재가 모호하였지만, 달리도선에는 뚜렷이 나타나는 등 우리나라 선박발달사에서 등장하는 반구조선 중 최종 단계의 것으로 본다 (김재근 1999). 따라서 가룡목 설치의 정형성(定型性)과 부재(部材)의 형태, 고착(固着)방법 등에 있어서 보다 발달된 구조선의 면모를 엿볼 수 있다고 할 수 있겠다.

각종 고착은 나무못으로 하였으며, 철못은 전혀 사용치 않았다. 쇠붙이를 즐겨 쓰지 않고 배를 짓는 한선의 특징을 그대로 나타내고 있다. 선체의 고착에 사용된 나무못은 저판재를 연결하는 장삭(長槊), 외판을 붙이는데 사용되는 피삭(皮槊) 그리고 장삭, 피삭 및 B형 가룡 등의 고정 핀(Pin)으로 사용된 '산지' 등이 있다.

저판재는 3재(材)의 저판재 측면에 각각 10cm×4~4cm의 장삭 구멍을 내고, 저판의 폭에 따라, 길이 53.5~115cm 사각 단면의 장삭으로 11구간에 걸쳐 삽입함으로써 고착하였다.

달리도선은 보존처리 과정을 거쳐 2012년 하반기부터 국립해양
문화재연구소 전시실에 복원하여 전시중이다. 실물 복원 전, 설계와
모형제작 작업이 선행되었으며, 곽유석(2012)은 2009년 한 해 동안,
앞 연구소의 해양유물연구과 고선박 복원팀과 함께 수행하였다. 기
존 자료와 CAD 도면을 바탕으로 3D 작업을 병행하였으며, 1/10
축소 모형으로 복원하여 실물을 복원 전시하고 있다. 이러한 노력은
전통조선이라는 해양문화유산의 복원 차원에서 의미 있는 작업이었
음은 물론, 우리나라 수중고고학의 한 단계 도약을 가져왔다고 본
다. 이러한 과정과 결과는 그의 책(2012)에 잘 기술되어 있으나, 일
부를 소개한다.

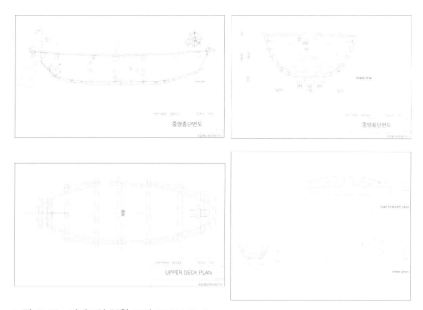

그림 3-36 달리도선 복원 도면 (곽유석 2012).

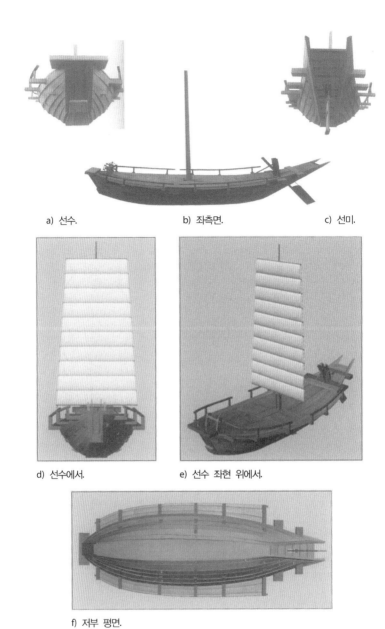

a) 선수.　　　　　b) 좌측면.　　　　　c) 선미.

d) 선수에서.　　　　　e) 선수 좌현 위에서.

f) 저부 평면.

그림 3-37　달리도선 복원 3D 이미지 (곽유석 2012).

3) 십이동파도선 (국립해양유물전시관 2005)

① 개요

군산 십이동파도 해저유적의 발굴조사(2003~2006년)는, 전북 군산시 옥도면 탄도리, 고군산군도의 북서쪽 26km 지점에 위치한 '십이동파도 안풍' 근해에서, 2003년 9월 조개잡이를 하던 어부에 의한 다량의 고려청자 발견 신고로 이루어졌다. 이에 유물매장 상태확인과 향후 정밀 수중발굴조사의 필요성을 판단하기 위해 긴급탐사를 하였다. 탐사 결과 유물이 조사지점을 중심으로 동서방향 길이 10m, 폭 7m 범위 내에 유물이 집중 매장되어 있었으며, 매몰된 선체 편을 발견하였다 (E 126°13′843″, N 35°59′491″). 이 지역은 낚시와 잠수사의 키조개 채취 등으로, 유물 매장처의 훼손과 도굴이 우려되어, 임시 사적 지정을 하고 매장유물에 대한 수중발굴조사를 하였다. 십이동파도는 군산항에서 서쪽으로 약 30㎞ 떨어져 있고, 고군산열도의 여러 섬 중에서 서쪽 끝에 위치하는 말도에서 26㎞ 정도 떨어져 있는 섬이다. 섬이 12개의 무인도로 이루어져 있어 십이동파도라 불리며, 일종의 군도(群島)형태로 구성되어 있다. 북서쪽에는 어청도가 있고, 남동쪽에는 3,000여 점의 도자기가 인양되었던 비안도와 고군산도가 위치한다. 십이동파도를 비롯한 고군산군도 해역은 1970년 대 이래, 해저유물의 발견 신고가 20여건을 상회할 정도로 많은 해저유물이 매장된 해역이기도 하다.

발굴 해역은 십이동파도의 섬들 중 장자도 북동쪽 약 200m 떨어진 곳이다. 섬들로 감싸여져 '안풍'이라 하며, 파도가 약하고 조류의 흐름도 빠르지 않은 곳이다. 수중 시계도 2~4m로 수중촬영과 그리드 (2m×2m) 설치 등, 수중발굴의 기본적 교육의 장으로 이용될 수 있을 만큼 좋은 환경이었다. 수심은 12~18m로 조석에 따라 달라지며, 유속 (저층류)은 1노트(knot) 미만이다. 하지만 먼 바다라는 취약성 때문에 북서·북동풍이 불면, 파도로 인한 위험에 노출되는 약점이 있었다. 특히 겨울철로 접어들었던 1차 조사(2003. 10. 21.~11. 19.)때, 북서풍이 부는 계절적 요인으로 인하여, 조사를 하는데 많은 어려움이 수반되었다. 해저 상태는 모래와 개흙, 잔자갈이 섞여 있고 단단한 편이었다.

발굴 결과, 선체편 14점, 고려청자 8,000여 점, 선원들의 생활 용기로 추정되는 철제 솥, 청동수저와 돌닻장, 밧줄(닻줄) 등이 나왔고, 선체편은 저판과 만곡부종통재 2단이 남아 있었다. 특히 도자기를 포장했던 짚과 갈대, 막대기 등으로 도자기 선적 방법을 알 수 있었다. 도자기들은 선체내부에 가지런히 포개져 배의 공간구조에 맞추어 적재되었으며, 파손 방지를 위해 도자기 사이에 나무쐐기를 이용하여 한 다발씩 묶음을 하였다. 즉, 짚 또는 갈대를 저판 바닥에 깐 다음, 종류별로 일정하게 종횡(縱橫)으로 선적하였다. 청자와 청자 사이에는 짚이나 갈대를 완충재로 사용하였으며, 갈대와 짚 사이에는 소나무로 만든 쐐기를 고정시켜, 흔들림 없이 안전하게 운반되도록 하였다. 그리고 쐐기와 쐐기는 새끼줄로 단단하게 묶어 포장하였다. 도자의 적재 방법은 완도선 발굴에서 일부 확인되었으나, 이곳에서 처음으로 완벽하게 확인되었다. 이는 고려시대 선박의 적재방법을 알려주는 중요한 자료로 중국선인 신안선과는 차이가 있어, 한·중 선박의 적재방법에 차이가 있음을 밝혀주는 중요 자료이다.

발굴조사 기법 상 특이할 점은 최초로 전 과정을 수중 촬영하였고, 이는 유물 분석과 이해에 많은 도움을 주었다 (곽유석 2012, pp. 67~68). 특히 KBS의 방영 자료는 3D 프로그램을 활용하였고, 한국해양연구원(現 한국해양과학기술원, 2012년 7월 1일 이후)의 다중빔음탐기 조사와 3D 분석, 경로와 난파·침몰, 단계별 훼손(파손) 과정에 대한 추정도 수행되었다.

그림 3-38 발굴 해역과 동원 기중기선, 운반선 (80톤급, 국립해양유물전시관 2005).

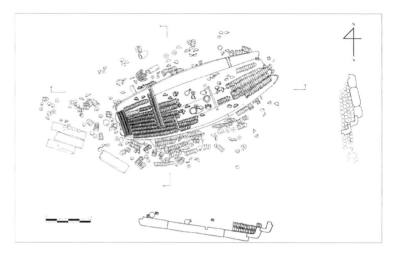

그림 3-39 십이동파도 해저유적 유물 노출 상태 (국립해양유물전시관 2005).

a) 청자소접시 매장(선적) 상태 .   b) 선적상태(포장 새끼, 목재 결구, KBS).   c) 도자 포장 복원.

d)~f) 포장 및 완충용 자재 (나무 쐐기, 짚, 갈대).

그림 3-40 도자기 선적 방법 (국립해양유물전시관 2005; KBS).

② 선체

십이동파도선은 선수를 동서로 향하고 좌현으로 15°정도 기울어진 채 매몰되어 있었다. 1984년 완도선과 1995년 목포 달리도선 발굴에 이어 조사된 고려시대 선박이다. 선체는 편평한 저판과 'L'자형 부재인 만곡부재를 갖추고 있는 평저형구조로 완도선과 유사하다. 그러나 선체의 대부분이 유실되고, 개흙에 묻혀 있던 저판과 만곡부종통재 일부만 남아 있어, 정확한 구조는 파악할 수 없었다. 즉, 선체의 상부는 대부분 유실되고 저판과 만곡부, 선수부, 외판 등 일부만 인양되었다. 이외에도 닻줄을 감는 호롱 받침대와 닻장으로 추정되는 석재가 출토되어 선박의 구조와 규모를 어느 정도 짐작케 한다.

인양된 선체편을 실측하여 조립도를 작성한 결과, 저판은 3열의 편평한 단면구조로 결구되어 있으며, 외판과 저판을 연결하는 만곡종통재는 2단으로 결구되어 있었다. 전통 한선 구조에서만 확인되는 만곡부는 완도선과 십이동파도선이 동일한데, 종통재를 1단 더 연장하여 2단으로 결구한 선박은 십이동파도선에서 처음 확인되었다. 만곡부종통재는 저판과 외판을 연결해 주는 일종의 연결부재로 볼 수 있는데, 통나무 속을 파내어 'L'자형으로 가공한 부재이다. 이 선체편은 평면에서 보면 안쪽으로, 측면에서 보면 위쪽과 내측으로 휘어진 3차원적인 복잡한 형상을 이루고 있다. 선체의 결합은 쇠못을 사용한 흔적은 찾아 볼 수 없으며, 장쇠와 피쇠 등 길고 짧은 나무못을 결구부의 크기에 맞게 만들어 결합하였다. 또한 선체의 좌우 외판을 지지하며, 내부 칸을 구분하는 횡강력재인 가룡목이 인양되었으나, 멍에형 가룡은 확인되지 않았다.

선체 잔존규모는 길이 7여m, 너비 2.5m인데, 저판과 각 부재의

크기 등으로 볼 때 전장 14~15m, 선폭 약 5.5m, 선심 약 2.5m 규
모로 추정된다.

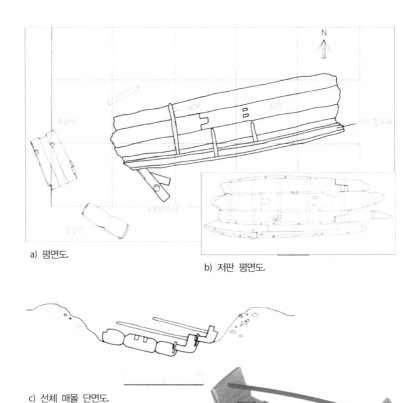

a) 평면도.

b) 저판 평면도.

c) 선체 매몰 단면도.

d) 중앙 단면 (곽유석 2012).

그림 3-41 십이동파도선의 평면도와 단면도 (국립해양유물전시관 2005).

a) 만곡부종통재(2단)와 가룡목 노출.　　　b) 선체 노출과 도자기 적재 상태 (왼쪽 아래).

그림 3-42　선체 노출 상태 (국립해양유물전시관 2005).

선체는 훼손이 심한 상태였지만, 만곡종통재(彎曲縱通材, 선체의 저판과 외판을 연결하는 부재)와 횡강재인 가룡목(加龍木, 선체 칸막이 역할 ?)이 결구된 채 확인되었다.

선체 구조는 중앙에 평탄한 저판을 깔고, 좌우 양현에 만곡종통재를 결합한 전형적인 평저형의 한선(韓船)이다.

a) 선체 인양 받침대.

b) 이물비우(선수재) 인양.

선수재로 추정되는 부재는 가로: 110cm, 세로: 165cm, 두께: 11cm로 3매의 판재를 세로로 평직하게 결구하였는데, 이는 한선의 선수 구조를 밝히는 중요한 자료이다.

c) 이물비우 인양 (KBS).

그림 3-43　선체 인양 (국립해양유물전시관 2005).

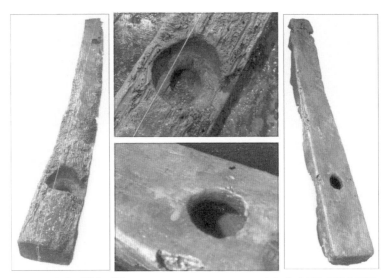

a) & b) 호롱통 받침대 (내측).　　　　　　　　c) & d) 호롱통 받침대 (외측).

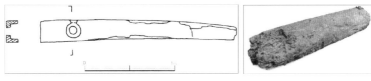

e) 호롱통 받침대.

f) & g) 원통형 부재 : 길이 85cm, 뚜께 19cm.

측면에 나무못으로 보이는 6×3.6cm의 사각 목재가
종(從)으로 관통되어 있어 호롱통 축으로 추정된다.

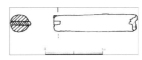

그림 3-44 호롱통 받침대와 원통형 부재 (국립해양유물전시관 2005).

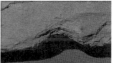

a)~c) 석제 닻장 (닻 부속구, 국립해양유물전시관, KBS).

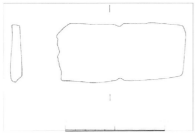

d) 길이 127~137cm, 너비 49~57, 두께 8cm.
선체 남서쪽에서 사암질 닻장이 출토되었다.
이는 최초로 확인된 고려시대 닻장이다.
중앙부(63~66cm 부분)에 나무 닻과 결구시키기
위해 밧줄을 감았던 'V'자형의 홈이 있다(c).

e) 닻 구성 가상도 (KBS).

f) 밧줄(닻줄로 추정)의 수중 노출 상태.

g) 수습 인양된 닻줄.

h) 밧줄(칡줄, 국립해양유물전시관 2004a) :
　　닻을 고정하는 밧줄로 형태는 완전하지 않지만, 상당량이 출토되었다. 칡넝쿨
　　로 제작된 고려시대 닻줄로 매우 중요한 자료이다.

그림 3-45　석제 닻장과 밧줄 (국립해양유물전시관 2005).

③ 유물

십이동파도 유물은 신고유물 622점을 포함하여 모두 8,743점으로 청자대접, 청자접시, 청자완, 청자유병, 청자뚜껑, 청자반구병, 청자소호 등이 있다. 유색(釉色)에서는 일부 흑색(黑色)이 확인되는데, 이는 흑유가 아니며 번조과정의 요변(窯變)에 의해 형성된 것으로 추정된다 (흑유는 철분이 3~6%인데, 십이동파도 청자의 철분 함량은 국립해양유물전시관 보존분석팀의 분석 결과 0.5~3%로 확인되었다.).

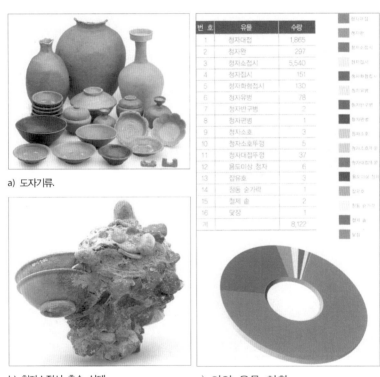

번 호	유물	수량
1	청자대접	1,865
2	청자완	297
3	청자소접시	5,540
4	청자접시	151
5	청자화형접시	130
6	청자유병	78
7	청자반구병	2
8	청자편병	1
9	청자소호	3
10	청자소호뚜껑	5
11	청자대접뚜껑	37
12	용도미상 청자	6
13	집유호	3
14	청동 숟가락	1
15	철제 솥	2
16	뭇장	1
계		8,122

a) 도자기류.

b) 청자소접시 출수 상태.

c) 인양 유물 현황.

그림 3-46 출수 유물 (국립해양유물전시관 2005).

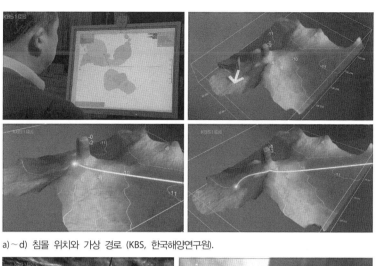

a)~d) 침몰 위치와 가상 경로 (KBS, 한국해양연구원).

e) 풍랑으로 표류.　　　　　f) 암초에 난파.

g) 침몰 후 상부 파손 뒤 선체 일부 남음.　　h) 해저면 윗부분 파손 진행.

i) 해저면 윗부분 파손 뒤 매물 시작.　　j) 매물 뒤 퇴적물 쌓임.

그림 3-47 십이동파도선 난파·침몰 및 수중 파손 단계별 상상도 (KBS).

a) 수중 노출된 선저, 만곡종통재, 가룡목 등. b) 선체 단면 복원 (그림 안).

c)~h), KBS.

그림 3-48 십이동파도선 단계별 복원 가상도 (국립해양유물전시관 2005; KBS).

4) 영산강 나주선

2004년 봄, 나주시 윤제술씨의 신고로, 남도문화재연구원과 동신대 박물관이 동년 5월에 나주대교와 영산대교 사이의 영산강 유역 약 10km 구간을 긴급 조사하여, 최초 선편이 발견된 지점에서 상류 쪽 5백m와 1km 지점에서 추가로 선편들을 찾아내었다. 모두 일곱(7)재 의 선편 - 만곡부종통재 2점(좌·우현 고물부), 저판부재 2점, 외판재 1점, 나무못(피삭) 1점, 기타 1점이 나왔다. 만곡부종통재의 존재로 고 려 전기 선박으로 추정되었다.

좌현 고물부재의 잔존 길이는 5.66m, 폭 25~45cm, 두께 10~ 12cm로 완도선의 부재보다 2.5배가량 길고, 높이는 3.3배 더 높은 큰 선체편이다. 우현 고물부재는 길이 5.60m, 폭 10~35cm, 두께 15cm 이었다. 저판재들의 잔존 길이는 9.2m, 폭 60cm, 두께 25cm와 길이 2.1m, 폭 50cm, 두께 25cm이었다. 9.2m의 저판재는 이물 우현 첫 번 째 저판재로서 달리도선과 비교하여 약 4.5배 크다. 외판의 잔존 길이 는 2.02m, 폭 22cm, 두께 16cm이며, 피삭은 길이 51cm, 폭 10cm, 두 께 4cm이다.

여러 부재들을 감안하여 추정해 볼 때, 나주선의 규모는 - 길이 최 소 32m, 최대 42m로 추정되는 초대형급이다. 선재는 우리나라 전통 선박들에 주로 쓰이는 소나무, 느티나무, 상수리나무 등이다.

나주선편이 발견된 곳은 영산강 중류에 해당하고, 쌓여 있는 충적 지(充積地)를 볼 때, 나주선이 내왕할 시기에는 지금보다 6배 이상 넓 은 범위의 수역으로 판단되고, 특히 나주목의 관문인 둥구나루터가 바로 옆에 위치한다. 나주선의 발견은 당시 영산강이 망망한 큰 강이 었다는 반증(反證)일 수도 있다. 이렇게 큰 배의 당시 용도는, 고려시 대 문헌 자료에서 태조 왕건의 대선(大船)과 병선(兵船), 동여진족을 대비한 과선(戈船), 조운선으로 곡물을 1천 석 이상 싣고 다닌다는 초마선(哨馬船)과 여원(麗元)연합군의 일본 원정선 등을 들 수 있다.

발굴 지점 주변은 내륙과 강, 바다로 연결되는 수운(水運) 교통의 요지로 예부터 유명했다. 고려 태조 왕건이 나주 세력과 손잡고, 후백제 세력과 수전(水戰)을 벌인 곳이기도 하며, 고려시대 조창인 해릉창이 있었던 곳이었다. 또한 영산포 지역은 조선시대, 근대 서남해 지역의 해산물이 내륙으로 공급되던 통로이기도 하였다. 수운 교통이 활발하였던 그 당시 영산강을 오르내리는 배는 수없이 많았을 것이다. 그래서 한편으로 나주선의 역사적 배경을, 왕건과 관련 깊은 병선으로 짐작하기도 하고, 개경(開京)을 내왕하는 조운선이나 군수용 운반선으로 보기도 한다.

나주선은 조운선의 일종인 초대형 초마선으로 추정, '왕건호'로 2011년에 재현하였다. 이를 통해 고대선박의 역사적, 학술적 가치를 규명함은 물론, 영산강을 상징하는 주역으로 관광 증진에도 이바지할 것으로 기대하였다. 또한 친수 공간의 확보와 왕건호 통행을 위하여, 죽산보를 배가 다닐 수 있도록 하였다. 하지만 2012년 초 왕건호는 부분 침수의 피해를 입었다.

나주시는 2008년 영공방에 추정복원 설계 용역을 의뢰해 컴퓨터 3차원 분석과 전문가들의 고증과 자문을 통해서 추정복원도를 작성하였다. 용역결과 나주선은 고려시대 곡물과 화물을 영산강을 통해 실어 나르던 조운선인 초마선으로 추정됐다. 고려시대 영산강에는 조창인 해릉창이, 고려말 조선초에는 영산창이 있어, 전라도의 13개 고을의 세곡을 조운선으로 경창에 운반했다. 복원 나주선은 길이 29.9m, 너비 9.9m, 높이 3.16m의 크기에 95톤에 이르며, 승선인원은 96명으로 목포의 중소조선연구원에서 2009년 실시설계를 완료하고, 청해진 선박연구소에 제작을 의뢰, 2011년에 완공했다.

그간 바다에서 발굴조사된 고려선에 비해 매우 큰 선박으로 추정됨에도 불구하고, 추가 연구 결과물이나 자료를 입수할 수 없음은 매우 안타까운 일이다. 더욱이 전시 행정에 그쳐서는 더더욱 아니 될 것이다.

a) 나주선 발굴지점 (곽유석 2012).

b) & c) (google).

b) 최초 발견 선편 - 이물 우현 저판재.

c) 고물 만곡부재와 외판.

d) 만곡부종통재.

e) 저판.

그림 3-49 나주선 (곽유석 2012; ysriver21/blog.naver; google).

a) 나주선 추정 일반배치도(측면도).   b) 나주시청의 나주선 추정 복원 모형.

c) 죽산보 조감도 (4rivers.go.kr).   d) 죽산보

그림 3-50 나주선 복원 (new.hbsi.kr).

5) 신안군 안좌(도)선 (국립해양유물전시관 2006)

① 개요

2005년 2월 9일, 김성두가 문화재청 동산문화재과에 전남 신안군 안좌면 금산리 갓섬 앞 바다에, 고선박(古船舶)이 매몰되어 있다는 제보와 함께 주변에서 도자기편 7점을 수습하여 신고하였다. 이에 국립해양유물전시관과 신안군은 5월 중순, 조금 시기의 선체 확인과 주변 해역에 대한 환경, 현황 등을 조사하고, 이를 토대로 본 조사계획을 수립하였다.

우리나라 서해안의 갯벌에 묻혀 있던 고선박에 대한 발굴은, 진도 벽파리 통나무배, 목포 달리도선의 두 사례가 있었다. 안좌선의 조사 환경은 달리도선의 환경과 조건에서 매우 비슷하여, 많은 도움이 되었다.

5월의 긴급탐사는 갓섬 등대 앞(126°10′205″E, 34°45′108″N)으로, 선체가 매몰된 주변을 중심으로 선체 규모 파악 및 향후 세부 발굴을 위한 것이었다. 선체는 바닷물에 잠김과 노출이 반복되는 갯벌에 매몰되어 있어, 노출 부분은 심한 손상을 받고 있었다. 특히 선체 매몰 해역이 목포에서 도서지역(홍도, 흑산도, 가거도 등)으로 가는 항로와 인접하여, 선박이 지날 때마다 일어나는 파도에 노출 선체가 영향을 받고 있었고, 3년 전부터 갯벌이 침식되면서 노출되기 시작하였다고 한다.

조사결과, 매몰선은 선수를 동북쪽으로 향하고, 약 30°가량 우측으로 기울어진 상태였다. 선체편들은 선수와 선미부가 더 많이 노출되었고, 노출 상태로 우현 외판 7단과 선체 내부 중앙에 대형 멍에 형가룡이 확인되었다. 선체 내부에서는 배에서 사용했던 것으로 보이는 밧줄과 선미좌현 안쪽 가장자리에 5∼10cm 두께의 원통목편들이 한 곳에서 조사되었다. 잔존 선체 규모는 약실측 결과 잔존 길이 14.7m, 폭 4.53m, 깊이 1.4m, 선수폭 0.96m, 선미폭 1m로 파악되었다. 추정 복원 초기 주요 제원은 全長(Length over all) 약 17m, 船幅(Breadth) 6.6m, 船深(Depth) 2.3m(저판 하면에서 최상단 외판까지의 깊이)로 제법 규모를 갖춘 배이다.

발굴은 2005. 08. 05.∼09. 14.(기간 중 40일) 동안, 선체와 동반·주변 유물을 조사하고, 선체내부의 출토유물을 중심으로 선상생활 파악에 조사의 중점을 두었다. 현장은 썰물 때 선체가 드러나고, 밀물 때 선체가 3∼4m 정도 잠기는 곳으로 조사에 많은 어려움이 있었다. 따라서 조사실시 전, 진입로와 보호벽이 필요하여, 목재 말목과 철재 타공판 등으로 진입로와 북동 방향 12m의 보호벽을 만들었다. 혹시 발생할지 모를 선체의 망실에 대비하여, 보호벽 바깥쪽으로 목재 말목과 그물로 그물망을 북동 방향 길이 50m로 설치하고, 북서 방향에 카메라 타워를 3단으로 설치하였다.

매몰 선체를 중심으로 매몰 방향과 같게 동서 15m, 남북 7m 범위로 조사구역을 설정하여, 1m 간격으로 그리드를 설치하고, 노출 선체를 실측하였다. 그 후 제토작업을 선체 바닥까지 하면서, 노출된 유물과 선체에 대한 상태 기록과 실측을 반복하면서 유물을 수습하였다. 또한 선체 주변에 매몰된 일부 편들도 함께 수습하였다. 제토작업은 물분무기와 소도구(삽, 호미 등)를 이용하였다. 선체는 실측 후 각 부재별로 번호를 부여한 다음, 장삭이나 피삭을 빼내거나 절단 후 부재별로 해체하여 목재 받침틀에 고정시켜 인양하였다. 인양 선체는 바지선에 임시 보관한 뒤, 운반선으로 옮겨 탈염장에 수침 보관하였다.

조사 결과, 선체는 3개의 저판재를 결구한 평저형이며, 우현 쪽으로 기울어져 매몰되었기에 우현 외판 7단과 좌현 외판 2단이 남아 있었다. 이 외에 닻줄로 추정되는 밧줄과 주변에 산재한 선체편, 원통목, 돌판(취사용 단열재), 도자기 등을 인양하였고, 선체 후미에서 방수(수밀) 재료도 수습, 채취하였다. 선체내부(선수·선미 저판부분)에서 편년의 근거가 되는 청자상감국화문잔과 청자소접시 등이 출토되었다.

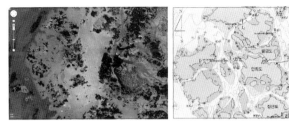

a) 주변 위성 사진 (maps.google.com).   b) 발굴지역 해역도.

e) 밀물 때의 발굴현장.

c) 발굴지점 위성사진.

d) 전경사진 (안좌도 앞 갓섬).   f) 썰물 때의 발굴현장 전경.

그림 3–51 안좌선 발굴 현장 (국립해양유물전시관 2006).

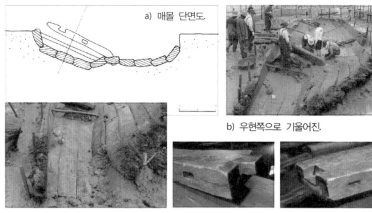

a) 매몰 단면도.

b) 우현쪽으로 기울어진.

c) 노출된 중앙 저판 및 외판.　　　d) 중앙 저판재 연결부 ('凸'와 '凹').

d) 중앙저판재를 구성하는 부재는 'ㄴ' 반턱 위에 '凹凸'의 복합된 '턱걸이 장부이음'의 결구 형태를 취하고 있으나, 좌·우 저판은 단순한 'ㄴ'형의 턱이음 방식으로 이음되어 있다 - 반홈턱쏠(반턱).

e) 돛대 고정용 대형멍에(멍에형 가룡) 수습.　　f) 돛대 받침(구멍) 및 원통목.

선체 중간부분에서 돛대자리와 가룡, 멍에 등의 구조를 확인하였다. 지금까지 조사된 한선에서, 돛대자리는 중앙 저판의 편평하게 가공한 표면에 돛대 구멍이 두 개 있는 것이 일반적이지만, 안좌도 한선은 돛대를 더 견고하게 고정해주기 위해 중앙 저판 돛대자리 부분을 길이 117cm, 높이 7cm, 폭 38cm 정도 높고 두껍게 만들었다 e). 우측 돛대받침 구멍은 길이 35cm, 너비 14cm, 깊이 11cm이며, 좌측 돛대받침 구멍은 길이 35cm, 너비 12cm, 깊이 12cm이다. 또한 돛대자리가 설치된 구간에는 좌·우 2단 외판에 직사각형의 대형멍에(약 32cm)를 설치하여 돛대를 안전하게 고정시킨 것으로 보인다 f).

그림 3-52　발굴조사 (국립해양유물전시관 2006).

　　조사는 선체 매몰 지역을 중심지로 설정하고, 그리드 설치 후 노출 선체에 대한 정밀 실측을 하였다. DGPS(Differential Global Positioning System ; 위성위치측정기)를 이용하여, 선체를 중심으로 선체 주변에 대한 측량을 실시하였다.

h) 선수부 좌우현 외판 1단
   삼각형 고정 형식.

g) 선미 부분 노출 상태.

i) 고물비우 삽입 홈.

j) 선수재(이물비우) 삽입 홈.

그림 3-52 계속 (발굴조사).

g) & h) 선미 부분의 고물비우 1편이 외판 1단에 고정되어 있었다. 고물비우를 우현 외판으로 관통시켜 외판 바깥쪽에서 쐐기 형식으로 고물비우에 구멍을 뚫어 십자(+) 형식으로 고정시켰다. 좌현 외판 1단은 'ㄷ'자형 홈을 만들어 끼워서 맞추는 구조이다.

i) & j) 선수는 3재의 저판에 '凹'자형 홈을 판 후, 이물비우를 결구시키는 구조였다. 이물비우가 종이나 횡으로 결구된 흔적은 없었으며, 십이동파도선의 경우에 종으로 결구시켰으므로, 동일한 방법으로 제작되었을 가능성을 추정할 수 있다. 선수 저판의 '凹'자형 이물비우 고정 앞 부분으로 30cm 정도 튀어나와 있는 특이한 구조를 갖추고 있어서, 이전에 발굴된 십이동파도선과 한선 연구의 비교 자료가 되었다. 선수 부분 좌·우현 외판 1단의 경우 지금까지의 전통 한선에서 보이지 않았던 특이한 구조가 확인되었다. 좌·우현 외판 1단의 약 1.5cm 위치에서 역삼각형 형태를 이루며, 약간 옆으로 도드라진 형식을 갖추고 있었다. 용도는 정확히 밝힐 수 없지만, 좌우 대칭을 이루고 있는 것으로 보아, 선체 구조의 보강재나 닻줄을 감는 호롱 받침대 고정 등의 중요한 역할을 하였을 것으로 추정된다.

a) 선체 보관 상자 및 정리 과정.   b) 포장 선체 적재.

c) 선체 운반.

그림 3-53   선체 정리와 운반 (국립해양유물전시관 2006).

　　선체 인양은 여러 가지 방법을 고려하였지만, 내부 제토 과정에서 밀물과 썰물의 작용에 의한 선체 離隔 현상이 발생하여 해체 후 인양하였다.

표 3-4 안좌선 발굴 선체편 및 부속구 (국립해양유물전시관 2006).

구 분	내 용	수량	비 고
저판	중앙 저판 (2편) 우측 저판 (2편) 좌측 저판 (2편)	6편	총 6판으로 길이 300~850cm, 두께 20~30cm, 너비 30~50cm 정도이며, 선수, 선미, 외판과 연결하였던 흔적이 잘 남아있었다. 이전에 발굴된 한선들은 대형 중앙 저판재를 연결하기 위하여 판재를 '凹凸' 형태로 완전히 따내어 연결시킨 방법인데 비하여, 반홈턱솔(반턱) 이음(윗부분만 '凹凸' 형태로 이음)의 연결 구조를 보인다. 또한 저판의 연결은 여러개의 장삭을 이용하여 견고하게 결구하였다. 이 같은 특징은 전통 한선의 제작 기술을 밝히는 중요한 자료이다.
우현 외판	우현 외판 1단 (4편) 우현 외판 2단 (4편) 우현 외판 3단 (4편) 우현 외판 4단 (4편) 우현 외판 5단 (4편) 우현 외판 6단 (3편) 우현 외판 7단 (2편)	25편	선체의 외판은 좌현 1~2단과 우현 1~7단이 잔존한 상태이다. 외판은 3~4개의 판재를 상면외측에 'L'자 형태의 턱을 따고 상단에 외판을 붙이는 홈붙이겹이음 방식을 취하고 있다. 외판끼리는 '『』' 형태(반턱이음)의 턱이음으로 연결하였다.
좌현 외판	좌현 외판 1단 (4편) 좌현 외판 2단 (1편)	5편	크기는 길이 200~500cm, 두께 30~50cm, 　　　너비 15~20cm이다.
선미(고물) 하반	선미 하반 (1편) (고물비우)	1편	선미재(고물비우)는 외판과 저판에 비하여 비교적 얇은 판재를 선체의 외판 내면에 사선형으로 가공된 '凹'자형의 홈에 끼워졌고, 잔존하는 1단 고물 상부에는 외판을 뚫어 연결한 장삭으로 고정되어 있다. 이는 이전에 조사된 선체에서는 외판 내면에 '凹'자형의 홈에만 끼웠던 형태와는 차이가 있는 구조방식이다. 길이 74cm, 너비 42cm, 두께 5cm 정도이다. 선수판재는 남아있지 않았으며, 저판으로 연결부분에 대한 추론이 가능할 것이다.
중간 멍에	중간 멍에 (1편)	1편	멍에로 추정되는 편은, 대형 돛대를 선체에 단단하게 고정하기 위해 설치된 것으로 보인다. 멍에는 지금까지 처음 조사된 것으로 선체의 구조를 밝히는 중요한 자료로 보인다. 크기는 일정하지 않으며, 돛대받침 부분은 길이 200cm, 두께 32cm, 너비 32cm 정도로 대형이고, 돛대를 고정시키기 위해 나무못을 박았던 구멍이 2개 있다.
키추정 편	키추정 편 (1편)	1편	가룡(계룡)은 매끄럽게 가공되었으며, 크기는 일정치 않지만 좌·우 외판이 대칭을 이루면서 6군데에 일정한 간격으로 결구되어 있었다.
기타	장삭, 가룡, 피삭, 쐐기 외		기타 선미 부속구인 키편(추정)과 노잎편이, 선체에서 남서방향 20~50m 정도 떨어져 발견되었다.
계			선체 39편 외

안좌선의 횡단면 구조는 3열의 밑판을 긴 나무못(長栿)으로 결합하여 평탄한 배밑(船底板)을 만들고, 좌·우 양현에 외판재(衫板)를 홈붙이 클링커식 이음(rabetted clinker-built)으로 붙여 올려, 나무못(皮栿)으로 고정하여 뱃전을 이룬다. 좌·우현의 외판재는 각각 가룡목(加龍木)을 꿰거나 걸어서 배가 오므라들지 않도록 하며, 격벽과 같은 구실을 하는 횡강력 부재로서 배 내부의 艙을 구획한다. 또한 계룡에는 대들보와 같은 역할을 하는 멍에형 가룡(**그림 3-52** e)이 있으며, 이러한 가룡은 돛대를 지지해주는 구실도 함께 한다. 이러한 형식으로 볼 때, 전형적인 平底船型의 傳統 韓船임을 알 수 있다.

잔존 저판의 중앙 너비는 1.63m로써 달리도선의 1.15m보다 넓고, 상부 폭도 달리도선보다 넓다. 이는 건조 계획 단계부터 배의 규모를 크게 하여 건조하였던 것으로 해석할 수 있다.

중앙단면 상에서 구조적 기능이 유사한 달리도선과 첨예 정도{상부 폭(100) : 하부 폭}를 비교하면, 100:23과 100:35로 달리도선보다 첨예하다. 또한 안좌선은, 외판과 저판 사이에 있는 만곡부종통재(彎曲部從通材)라는 일종의 보조재를 사용한 완도선, 십이동파도선과는 달리, 저판 측면에 턱을 파고 곧바로 외판을 직결하는 방식으로, 저판에서 결구되는 외판 이음 방식이 달리도선과 같음을 알 수 있다. 횡강도 부재의 구조는 가룡목과 일종의 '멍에형 가룡'을 혼합한 매우 독특한 방식을 취하고 있어, 이른 시기의 완도선이나 십이동파도 한선과는 차이점을 보이고 있다. 하지만 멍에형 가룡 설치 형식과 외판의 이음 형식 등이 달리도선과 비슷하다.

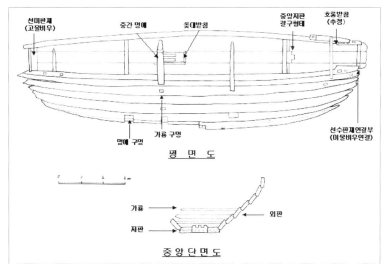

a) 안좌선의 평면도 및 중앙 단면도 (문화재청 보도자료 2005).

b) 안좌선 중앙 단면 추정 복원도.　　c) 달리도선 중앙 단면 (곽유석 2012).

그림 3-54　안좌선의 구조 (국립해양유물전시관 2006).

a) 저판 연결 방법.　　b) 반홈턱솔(반턱) 이음.　　c) 외판 이음 방법.

그림 3-55　판재 연결 방법 (국립해양유물전시관 2006).

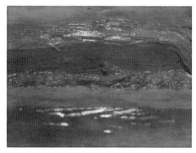

a) 채취 전 수밀재.

수밀재 분석방법: 안좌선의 수밀재를 해리(解離, 세포 분리)하여 표피와 섬유 등을 관찰하였다. 표피는 돌기물이 돌출되어 있었으며, 헤어(hair, 잎·줄기표면에 난 털)도 관찰되었다. 규소체(silica body, 초본류 세포 일종)는 오리자(oryza) 모양이었으며, 코르크세포(cork cell, 초본류 세포 일종)와 함께 번갈아 가며 배열되어 있는 것이 관찰되었다. 기공은 1열로 이어져 있었고 기공을 이루는 두개의 세포인 공변세포(孔邊細胞, guard cell)는 아령모양이며, 섬유는 끝이 뾰족하고 후벽(厚壁)이었다. 특히 현재의 벼 세포와 비교한 결과, 벼의 가장 큰 특징인 규소체의 오리자 모양이라는 것과 기공과 섬유의 모양 등의 조직이 일치하여 벼라는 분석결과를 얻었다.

b) 수밀재 노출 상태.   c) 새끼줄 충진.

그림 3-56 수밀 충진재 (국립해양유물전시관 2006).

선미 쪽에서 고물 판재 고착 및 저판과 외판 결착 부분에, 가늘게 엮은 얇은 새끼줄을 충진한 것이 확인되었다. 목선 건조 시 수밀을 위하여, 저판이나 외판이 결착되는 부분에, 질기고 부드러운 나무껍질을 밀착 부분의 틈 사이에 충진하여, 물이 들어오는 것을 막는 방법인데, 이러한 방법은 지금까지 우리나라에서 인양한 고선박들 중 처음으로 확인되었다.

발굴 선체의 보존처리를 위한 세척·탈염처리 중, 선박의 수밀재(水密材)를 수습·분석하여, 고대 한선의 수밀방법을 최초로 찾아냈다. 한선의 수밀재는 흔히 박실 또는 뱃밥으로 부르는데, 이 박실과 뱃밥은 순우리말로 사전적 의미는 "물이 새지 아니하도록 하려고, 배에 댄 널빤지에 난 틈을 메우는 물건"이라는 뜻이다. 수밀재는 외판과 외판연결 부위의 내부에서 수습하였다.

해양유물전시관이 발굴한 완도선(12세기,1984), 달리도선(13세기, 1995)과 십이동파도선(11～12세기, 2004)에서는 수밀재가 발견되지 않았지만, 중국 무역선인 신안선(14세기)에서 삼(麻), 동유(桐油), 석회로 만든 수밀재가 발견되었고, 현재까지도 이 같은 방법이 사용되고 있다. 수습한 수밀재를 분석한 결과, 벼속(屬)의 벼로 밝혀짐으로서 고려시대 한선에 사용된 수밀재의 재료를 확인할 수 있었다.

볏짚은 오래 전부터 생활소품이나 여러 용도로 선조들이 즐겨 사용하던 초본재료 중 하나이다. 이번 확인된 한선 수밀재가 주변에서 구하기 쉬운 볏짚이라는 사실을 통해 선조들의 지혜를 알 수 있었다. 또한 한선의 수밀방법을 확인하게 된 점은 고선박의 제작기술을 구명(究明)하는 중요한 자료의 하나일 것이다.

a) 석회질 접착제.　　　　　　　　　　b) 먹줄 흔적.

그림 3-57　석회질 접착제와 먹줄 흔적 (국립해양유물전시관 2006).

　　선박의 구조적 측면에서, 13세기 경으로 파악되고 있는 달리도선과 유사한 형태를 취하고 있으나, 달리도선보다 진보된 모습을 보이고 있다. 이는 선수부에 설치된 삼각 형태의 외판 부재 가공 방식과 돛대 자리의 보강 기술, 수밀을 위하여 부재 간 결착 면에 충진재를 삽입한 흔적, 외판 이음에 석회 성분의 접착제를 사용한 점, 장삭 구멍을 뚫기 전 목재 면에 먹줄로 표시한 흔적 등이 나타나 있는 것은, 이전에 발굴된 선박들에서는 확인되지 않았던 예들이다.

표 3-5　인양 유물 (국립해양유물전시관 2006).

신고 유물	인 양 유 물
도자기편 7점 (2005. 2. 9)	- 선체 및 부속구 : 저판 6편, 외판 30편, 고물 1편, 멍에 1편, 키추정 1편, 장삭외　　　　**소계 : 39편 외** - 도자기 : 청자상감국화문잔 1점, 청자접시 1점, 외 도자편　　　　**소계 :　2점 외** - 숫돌 1점　　　　**소계 :　1점** - 옹기편, 밧줄, 목재편, 돌판, 원통목 등 일괄 　　　　**총계 :　선체 39편, 도자기 2점, 숫돌 1점 외**

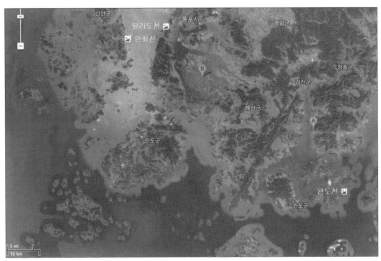

청자 요지 : 강진군 대구면 사당리 (Ⓐ) 와 해남군 진산리 (Ⓑ).　⚓ : 발굴 고려 한선들.

그림 3-58　전남 청자 요지와 주변의 발굴 고려 한선들 (국립해양유물전시관 2006).

6) 안산 대부도선 (국립해양유물전시관 2008)

2003년 10월, 경기도 안산시 대부도 서북방 2km 지점 갯벌에서, 조개를 채취하던 마을 주민들이 선체 잔해로 보이는 목재 편들을 발견하고, 안산시 소재 국립해양연구원에 제보하였다. 이를 국립해양유물관에 알려주어, 2006년 9월 9일 긴급조사가 이루어졌다. 그 결과, 잔존 선체의 특징이 완도선과는 달리, 만곡종통재가 없는 더 발달된 상태였다. 이는 그동안 공백 상태로 남아 있던 고려 중기의 전통 한선 발달 단계를 연구할 수 있는 귀중한 자료로 판단되었다. 갯벌에 묻혀 있지 않은 선체 부분은 해충의 침식이 빠르게 진행되므로, 2006년 12월 4~13일 열흘 간, 경기도 안산시 단원구 대부도 서북 해안 약 2km (126°31′50.8″E, 37°16′01.4″N)에 걸쳐, 발굴조사를 신속하게 진행하였다.

발굴 해역인 대부도 서북쪽 해안은 완만한 경사를 이루고, 퇴적층이 비교적 넓게 발달되어 있으며, 속칭 '사갯개'라고 부르는 곳이다. 모래가 많이 섞인 딱딱한 층을 이루고 있어, 인접 마을에서는 경운기를 운행하여 조개를 채취하기도 한다. 어로 작업은 주로 낙지, 조개, 굴 등을 채취하였다. 시화호 방조제 간척과 영흥도 화력발전소를 잇는 송전탑이 선재도와 대부도를 가로질러 세워지면서 어업 허가는 모두 취소되고 어로 행위는 이루어지지 않고 있었다. 주변 수변 구역으로는 어장이 형성되어 있었으며, 굴 양식을 위한 것으로 보이는 돌덩어리들이 갯벌 위에 흩어져 있었다. 조수 간만의 차가 크며, 약 9~11m의 조차가 있다. 저서 생물의 채취와 갯벌 체험 등으로, 일반인의 출입이 용이하였다.

대부도의 가장 특징적인 해안 지형은 간석지이다. 대부도의 북쪽은 군자만 일대로 넓은 간석지가 펼쳐져 있고, 남쪽에도 화성군 제부도에 이르는 해역에 간석지가 넓게 형성되어 있다. 그러나 시화 방조제의 건설로, 대부도 북동부의 시화 간석지는 육화되어, 원래의 간석지 기능을 상실하였다. 간석지에는 조수가 흐르는 갯골이 형성되어 있는데, 대부도 주변은 간석지의 규모가 큰 편이고, 갯골 또한 규모가 크다.

대부도 서쪽에 있는 선재도와 영흥도 사이에는 영흥수로가 형성되어 있으며, 동쪽에는 군자만과 제부도 사이를 흐르는 마산수로가 형성되어 있다. 이 수로들은 주변보다 수심이 깊어, 오래 전부터 뱃길로 이용되어 왔다. 그러나 현재 마산수로가 막히면서, 새로운 환경 변화가 예상되고 있다. 즉 현재의 시화호 부분으로 유입되어야 하는 조류가 영흥수로로 집중되어, 과거보다 조류가 강해져서 퇴적 환경이 변하게 될 것이다. 벌써부터 이러한 환경 변화의 증거들은 나타나고 있다. 대부도에 속하지는 않지만, 영흥도 부근의 간석지에는 현재 자갈이 집적되고 있으며, 대부도 남쪽 메추리섬 부근에도 사질 해안 위에 자갈이 퇴적되고 있다.

우리나라 서해안 도서는 동쪽보다 서쪽에서의 에너지 환경이 더 크게 나타나는 것이 일반적인데, 대부도 또한 서쪽이 해양에 노출되어 있어, 파랑과 바람의 영향을 크게 받는다. 따라서 대부도 서안에는 사질 해안과 암석 해안이 많이 나타난다.

바람의 영향을 특히 많이 받는 해안사구는, 방아머리 부분과 대부도 남동 메추리섬을 중심으로 남북 양편으로 나타나는데, 규모는 그리 크지 않지만, 대부분 밭이나 다른 용도로 이용하고 있어 원형을 찾기 힘들다.

조석 간만의 차에 의하여, 통로가 만조 시에 물에 잠기고, 간조 시 노출되는 섬을 육계도(陸繫島)라고 하는데, 메추리섬과 방아머리가 이런 지형에 속한다. 이 외에도 제방을 축조해 이러한 섬들을 연륙화 시킨 흔적들이 많이 남아있다.

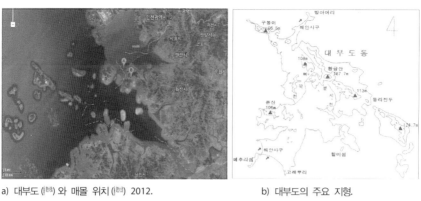

a) 대부도 (⬛) 와 매몰 위치 (⬛) 2012.　　　　　　　b) 대부도의 주요 지형.

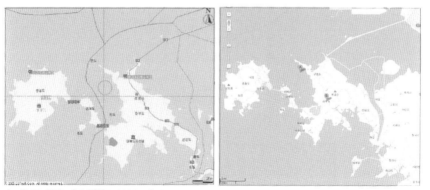

c) 대부도 한선 매몰 위치 위성 사진 2006.　　d) 2012.

e) 대부도 한선 매몰 위치도 2006.　　f) 2012.

그림 3-59 대부도선 발굴조사 위치도와 주변 해역 변화.

제보자와 동행한 현지 조사 결과, 잔존 선체는 선수를 북서로 향하고, 좌현으로 약 20°정도 기울어져 매몰되어 있었다. 길이 6.62m, 폭 1.40m, 저판 두께 0.24m이며, 저판재 3열과 좌현 외판 1단이 남아 있었으나, 선체편의 부식이 심한 상태였다. 중앙 저판에 돛대 구멍인 사각 구멍 2개가 있으며, 한선 구조의 중앙 저판 연결부 특징을 나타내는 장부턱 이음 방식은 확인되지 않았다. 다만 평이음 접합과 반턱 이음 형태가 좌현 저판부에서 확인되었으며, 저판재 조립은 장삭(長槊)을 이용하여 결착하였음을 확인하였다. 남아 있는 장삭 구멍과 외판을 고정한 피삭 구멍에 나무못이 박혀있음을 확인하였다.

선체 잔존량이 적어 선체의 전반적인 규모는 알 수 없지만, 외판 접합 방식 및 부재들의 가공 방식 등으로 보아, 14세기 전후로 추정되는 달리도선, 안좌선과 동일한 구조를 갖춘 선형으로 추정된다. 확인된 중앙 저판과 돛대 구멍의 위치로 볼 때 5열의 저판재를 갖추고, 선체의 잔존량과 외판의 만곡 상태를 볼 때 소형선으로 추정된다. 하지만, 중앙 저판의 연결부가 확인되지 않고 단일재로 발견된 점으로 보아, 지금까지 발견된 한선들보다 규모가 훨씬 커질 가능성도 배제할 수 없었다. 매몰 선체 이음 부분을 해체하면서, 선체 잔해는 모두 7편으로 확인되었다. 선내에는 선체 구조물뿐만 아니라 유물도 전혀 남아있지 않았다. 선체 주변에서 옹기편이 확인되었으며, 현지 주민들에 의해 청자로 보이는 도자기 파편들이 수습되었으나 확인하지 못하였다.

집중조사는 선체 매장처(동서 10m, 남북 5m)의 사전 조사 후, 제토 작업을 실시하였다. 제토가 완료된 선체는 실측·영상기록 후 선체 및 주변 유물을 수습하였다.

광역 조사는 선체 매장처의 주변 반경 200m 갯벌을 중심으로 흩어져 있는 자기편 등의 유물을 수습하였다. 선체의 잔편은 발견되지 않았다.

a) 현장 만조 시 상태.

b) 선체 주변 해역.　　　　　c) 선체 노출 상태 (국립해양연구원).

그림 3-60　현지 사전조사 (국립해양유물전시관 2008).

a) 선체 발굴 구획 설정.　　　　　b) 선저 트렌치.

c) 실측 후 제토.　　　　　d) 선체 분리.

그림 3-61　발굴조사 (국립해양유물전시관 2008).

　　선체 매장처를 중심으로 동서 7m, 남북 6m 크기의 조사 구역을 설정하고, 그리드를 1m (1m × 1m) 간격으로 설치한 후, 노출 선체에 대한 정밀 실측을 하였다. DGPS를 이용하여, 선체 매몰 위치를 확인, 조사 기준점으로 하였다.

　　선체 저부 갯벌 층 2곳에 시굴 트렌치를 만들어, 층위별 정밀 조사 및 노출 유물을 수습하고, 선체를 중심으로 물막이 공사 후, 선체 노출을 위하여 바닷물을 배출하였다. 선체는 나무못을 빼내거나 절단 후 부재별로 분리하였다.

e) 선체 포장 및 운송.   f) 선체 인양 및 운송.

선체는 부직포를 이용하여 포장한 다음, 수분이 증발하지 않도록 비닐 커버를 덧씌워 포장한 후, 목제 받침틀에 안전하게 고정하여 운반하였다. 해상 운송시 작은 선체편은 인양하여 선박에 적재하고, 무거운 선체는 스티로폼 부표를 이용하여, 수면에 부상시켜 예인하였다. 육지 도착 후 차량으로 운송하고, 탈염처리장에 침적하여 보존처리 하였다.

그림 3-62 선체 이송 (국립해양유물전시관 2008).

표 3-6 대부도선 선체편 수량 (국립해양유물전시관 2008).

구 분	내 용	수량	비 고
저판	중앙 저판 (1편) 우측 저판 (4편)	5편	3열 저판재 중 중앙 판재로 보이는 곳에 돛대 구멍 2개가 남아 있으며 (각각 가로 25cm, 세로 7cm, 깊이 7cm), 선수 쪽으로 치우쳐 설치되었다. 저판열의 이음은 맞댄 이음과 'L'자 형태의 (반턱) 연결 이음이 나타나 있으나, 한선에서 흔히 보이는 중앙 판재의 '凹凸' (장부 이음) 형태 이음 방식은 찾아 볼 수 없다. 중앙 저판재 잔존 길이가 5m를 넘지만, 훼손이 심하였다. 중앙 저판을 기준으로 2열의 좌저판이 유실된 것으로 보아, 전체 저판은 모두 5개의 저판을 연결한 5열 구조로 판단된다. 중앙 저판의 경우, 크기는 길이 489cm, 폭 41cm, 두께 25cm 정도이다.
우현 외판	우현 외판 1단 (2편)	2편	2재의 판재를 이용하여 반턱맞춤식으로 연결하였다. 상면외측에 'L'자 형태의 턱을 따고 상단 외판을 받아 붙이는 홈붙이겹이음 방식을 취하고 있다. 부후와 유실이 심하다. 저판과의 결착은 피삭을 사용하였다. 중간 지점에 멍에형 가룡 시설 자리가 남아 있으며, 전부와 후부에 가룡 구멍이 잔존하나, 부재들은 모두 유실되었다. 크기는 길이 303cm, 폭 31cm, 두께 29cm와 길이 242cm, 폭 32cm, 두께 21cm이다.
기타	장삭, 피삭, 쐐기 등 일괄	일괄	
계			7편 일괄

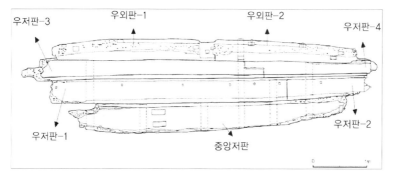

그림 3-63 대부도선 평면도 (국립해양유물전시관 2008).

　대부도선을 대상으로 2006년 초, 한국해양연구원과 모 업체 공동으로 '수중매장 목선 문화재의 음파특성 분석을 통한 탐사기법 개발'을 제안하였으나, 채택되지 못하고 서둘러 발굴 인양하였다. 제안 당시의 대부도선 주변 환경은 언급한 과제를 수행하기에 적합하였기에, 새삼 아쉬움이 남는다. 2013년(~2016년)부터 추진 중인 「수중문화재 탐사기법 개발 연구사업」에 좋은 참고 자료가 될 수도 있기에 더더욱 그러하다.

　고고학적 발굴 인양이 수행되면 원형을 다시 찾을 수 없으므로, 근자에 들어서 최대한 현장 보존을 하면서 조사, 연구, 보존 및 전시를 추구하려는 외국의 일부 경향에 공감을 갖기도 한다. 물론 선택은 여러 요인·여건들과 환경 조건 등이 고려되어야 할 것이다.

7) 태안 대섬 태안선 (국립해양문화재연구소 2009)

① 개요

2007년 5월부터 2008년 6월까지 103일 동안, 충남 태안군 근흥

면 정죽리 대섬 앞 바다에서 이뤄진 수중발굴로, 23,000여 점의 유
물이 인양되었다. 이는 2007년 5월 18일 안흥항 근처 대섬 앞 바다
에서, 주꾸미를 잡던 어부가 소라 통발에 청자를 잡고 올라오는 주
꾸미를 발견함으로써 시작되었다.

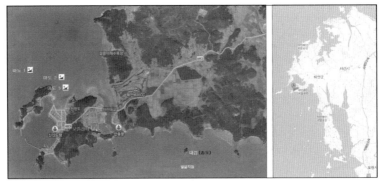

a) 대섬 해역 위성사진.　　　● 태안선 발굴지점.　　　　　　b) 위치도.

그림 3-64　태안선 발굴 위치도.

2011. 06. 28. 국립문화재연구소 태안 보존센터(📍)의 준공식이 있었다. 태안 인근해역에서는
2007년 태안선 발굴을 시작으로, 2009년 마도 1호선, 2010년 마도 2호선까지 고려시대 선박 3
척(마도 3호선 제외. 2005년 인양 예정.), 도자기 2만 9천여 점, 침몰선의 비밀을 알려주는 목간
등이 인양됐다. 태안 보존센터가 건립됨으로써 '수중문화재의 보고'인 태안 해역에서 발굴한 유물
의 신속하고 안전한 보존처리가 이루어질 것이다. (국립해양문화재연구소 2009)
근처에서 연이어 발굴조사된 마도 1, 2, 3호선들의 위치도 함께 표시하였다.

예로부터 태안 앞 바다는, 항해하는 선박의 조난사고가 많아 운하
를 굴착하는 등, 자연재해를 극복하려는 많은 노력 - 안면도 운하,
굴포 운하, 의항 운하 등이 있었다. 이와 같이 태안 앞 바다는 조운
선, 청자운반선, 국제무역선, 조공선 등이 통과하는 중요한 항로였
을 뿐만 아니라, 해난 사고가 빈번하게 일어난 험조처였다. 지금도
태안 앞 바다 일대는 막대한 수중문화재가 잠자고 있는데, 이것은
이러한 역사 지리적 배경을 반영하는 결과이기도 하다.

② 고려시대의 조운 체계

조운(漕運)은 배로 물건을 실어 나르는 것을 말하는데, 일반적으로 세곡(稅穀) 운반이 큰 비중을 차지한다. 조운 해로는 우리나라 서해안에서 발견·신고된 234곳의 수중문화재 해로와 대부분 일치한다. 이를 통해, 서해안의 연안 항로를 중심으로, 조운과 도자기 운반이 이루어졌음을 알 수 있다. 고려시대 각 군현에서 거둬들인 조세는 일정 장소에 보관한 후, 수도인 개경으로 운송하였다.

그림 3-65 고려시대의 조운로 (이병희 2003).

고려 초에는 포(浦)를 중심으로 조운(漕運)을 운영하였는데, 성종, 현종 때 지방 행정 제도를 정비해 조창(漕倉)을 설치 운영하였다.

조창은 전국에 13개가 있었는데, 경상도 2개, 전라도 6개, 충청도 3개, 강원도 1개, 황해도에 1개가 있었다. 위치별로 보면 연해안에 11개, 강변에 2개이다. 조창에는 감독 관리인 판관(判官)이 주재해, 세곡을 거둬들이고 보내는 일을 맡았다. 13개 조창은 저마다 가까운 고을에서 거둔 세곡을 보관했다가, 이듬해 2월부터 보내기 시작해 가까운 조창은 4월까지, 먼 곳은 5월까지 조운을 마쳐야했다. (앞의 책 2003, pp.138-139).

각 조창에서는 조선(漕船)을 배치해 수송을 담당했다. 조운제는 몽고의 침입으로 어려움을 겪었다. 일차적으로 전조(田租)를 제대로 걷을 수 없었고, 따라서 조운 기능이 약해질 수밖에 없었다. 공민왕대 이후 왜구가 걷잡을 수 없이 많아지면서 조운선이 약탈당하는 일이 잦아졌는데, 이는 조운제에 치명적 타격을 주었고, 나아가 국가 재정을 곤궁하게 했다. 이에 육로를 통한 운송 방법을 고안하였으나 실패하였다.

③ 안흥량과 굴포 운하

충청 이남지역에서 거둔 곡식을 왕도로 운송하기 위해서는 반드시 태안 앞바다의 안흥량(安興梁)을 통과해야 했다. 안흥량은 태안 앞바다 마도, 가의도, 관수각 일대의 해역으로 이 해역에서 해난사고가 많은 이유는 서해로 돌출된 지형에 의한 안개, 풍랑, 암초, 복잡한 해저 지형에 의한 급조류 등이 주 요인이다. 태안 앞바다는 이러한 요인을 고루 갖춘 '難行梁'이었다. 이러한 난행을 피하고 삼남지역에서 개경까지 안전한 조운을 위해서는 대책이 필요하였다. 이같이 안흥량 일대에서 침몰에 의한 조운선의 피해를 막기 위한 대책이 이른바 '안흥량 대책'이었으며, 고려왕조에서부터 조선왕조까지 운하(運河) 굴착에 집착하였다. (국립해양문화재연구소 2010).

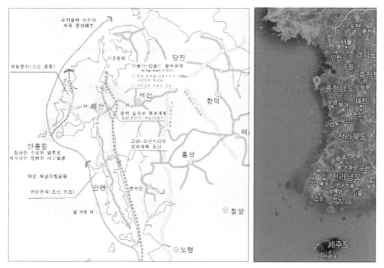

a) 운하 굴착에 따른 동선 변화 (오석민·한상욱, 2009).   b) 대섬 태안선 발굴 위치.

그림 3-66 굴포운하와 태안선 발굴 위치.

현재까지 알려진 바에 따르면, 우리나라에서 본격적인 운하의 굴착은 태한반도를 횡단하는 속칭 '굴포운하(掘浦運河)'가 처음이다. 그 대상지가 현재의 서산시와 태안군 경계 지점이었다 (어송리-인평리). 그곳은 천수만(淺水灣)과 가로림만(加露林灣) 사이로 폭이 매우 좁았다. 지금은 천수만 간척지 공사로 인하여 지형 변화가 심하나, 원래 그 폭은 불과 10리 미만이었으며, 늪지를 포함하더라도 20여 리에 불과하였다. (오석민·한상욱, 2009).

④ 발굴조사 (1차 위주)

태안선은 탐진(강진)에서 청자를 가득 싣고 개경으로 향하던 중, 태안 앞 바다에서 풍랑을 만나 좌초된 12세기 고려시대 선박이다. 발굴된 선박에서는 약 23,000여 점의 각종 유물 - 선체 6편, 닻장 2점, 호롱편 5점, 청자 2만여 점, 목간 34점, 도기 11점, 철제솥 2점, 청동완 2점, 취사용 돌판, 땔감, 기와편 1점, 포장재 등이 출수되었다.

표 3-7　태안 대섬 발굴조사 기간 (국립해양문화재연구소 2009).

구 분	기 간	비 고
긴급 탐사	2007. 05. 30.~31. (2일)	발견 신고 해역, 발견 제보자 동행
1차 발굴조사	2007. 07. 04.~26. (기간 중 21일)	노출 유물 수습, 선체 잔존 여부 확인. 그리드 설치 : 두께 50mm의 강관(철제 파이프) 각 1m씩 정사각형으로 만들고, 유물 매장처 중심으로, 동서 12m, 남북 8m (A1~H12, 96칸).
2차 발굴조사	2007. 08. 05.~10. 24. (기간 중 50일)	유물의 인양과 선체의 구조 확인. 제토 및 인양을 하고, 모든 과정을 촬 영하여 영상자료를 확보하였다. 유물의 실측은 수중시계, 발굴조사기간 등을 고려하여 영상자료를 보면서 실측하는 방법을 택하였다.
장비 탐사	2008. 03. 06.~07. (2일)	측면주사음파탐지기의 수중조사 능력 비교·검토
3차 발굴조사	2008. 04. 27.~06. 01. (기간 중 30일)	선체 인양 및 광역조사

그림 3-67　태안선 이동박물관 홍보물.

대중에게 전시하고 알림은 고고학에서 매우 중요하다. 이러한 행사는 매우 바람직하며, 배경 사진을 구성한 노력이 돋보인다. 단, 다이버 이마 부분의 표시는 재고되어야 할 것 같다. 스포츠·레저 잠수에서 사용되었던 것이기 때문이다.

긴급탐사는 2007년 5월 30일부터 31일까지 발견자 김용철(58세) 씨의 도움을 받아 유물의 매장여부를 확인하기 위한 목적으로 실시 하였다. 발견 위치는 작업을 했던 발견자가 정확하게 알고 있다. 때 문에 추가 유물의 매장여부 확인을 위한 긴급탐사 시, 발견자와 함 께 현장을 조사하였다. 긴급탐사 결과, 더 많은 유물이 매장되어 있 을 것이라고 최종판단을 내렸으나, 유속이 너무 빨라 더 이상의 조 사를 수행하기 어려워 일단 철수하였다.

발굴해역은 북으로 대섬이 위치하고 있으며 대섬 방향으로 수심 이 낮아지며, 남으로는 수심이 깊어진다. 육지 쪽에 국방과학연구소 종합시험단이 위치하고 있어, 군사보호지역으로 분류되어 어로작업 이 통제되었던 해역이었다. 특히 다른 해역에 비하여, 시계가 맑고 전복 등 해산물이 풍부하여 주변의 바위나 여(暗礁)에서는 해녀들의 잠수 어로작업이 이루어지고 있었다. 침몰선이 위치한 지역의 해저 면은 평탄하며, 사토와 갯벌이 혼합되어 매우 단단하게 이루어져 있 으므로 잠수사가 쉽게 걸어 다니면서 작업을 할 수 있는 지역이다. 발굴해역 북으로는 근흥면이 북풍을 막아주나, 남풍이 불면 바람을 막아주는 섬들이 없어 파고가 높고 기상이 험하다

초기에 태안 대섬 수중발굴 조사는 대량의 유물이 매장되었을 것 으로 추정하고 발굴조사를 실시했던 것은 아니었다. 처음 발굴 기간 은 수중에 노출된 유물을 수습하기 위해 1개월 정도로 조사할 계획 이었으나, 신고지역 주변을 조사하는 과정에서 대량의 유물이 선적 된 상태를 발견하고 정밀 발굴조사로 전환하여 연차발굴을 실시하 게 되었다. 발굴조사는 에어리프트를 가동하기 위해 공기압축기를 실은 인양선과 바지선(10×6m)을 현장에 상주시켰다.

조사해역의 조류방향은 밀물 때에 동에서 서로 안흥항 쪽으로 흐

르고, 썰물 때는 서에서 남으로 안면도 방향으로 흐르며, 조석간만의 차는 6m 내외(조금시기 : 고조 14m, 저조 8m)로 컸으나, 조류 속도는 조사를 하는 조금 시기에, 1노트 내외로 크지 않았다. 수중 시계는 대체로 2~4m 정도였다. 조금 시기를 전·후한 10일 동안 전일 조사를 한 경우도 있었다.

넓은 해저 면에 걸쳐 유물이 노출되어 분포하고 있어, 최초 발견 지점을 중심으로 동서 200m, 남북 100m의 조사구역을 설정하였다. 조사중심에 부표를 설치하고 원형탐사와 조류 방향에 따라 지그재그로 조사하는 방법으로 유물의 매장 여부를 조사하였다.

조사 3일째, 수중에 다량의 청자와 함께 운반선이 매장되어 있다는 사실이 조사자에 의해 보고되었다. 잔존 선체는 갯벌에 매몰되어 규모를 알기는 어려웠으나, 동쪽과 서쪽 양 끝단에 일부가 드러나 있었다. 유물의 매장 규모는 동서 7.7m, 남북 7.3m로, 청자가 적재된 상태로 노출되어 있었다. 육안으로 파악하기에도 3층 이상의 청자 적재층이 있었고, 표면에 노출된 층만에서도 2천여 점 이상이 확인되었다.

선적 청자와 운반선이 발견됨으로써, 유물 집중 매장처를 중심으로 매장유물을 안전하게 수습하고 기록하기 위해 그리드 설치, 제토, 상태기록, 촬영, 유물수습 등, 조사 과정별로 세부적인 조사방안을 수립하여 추가 발굴을 추진하게 되었다.

일부 유물은 저인망 어로작업에 의해 노출 부분이 손상을 입었으며, 난파되면서 흩어져 다소 교란되어 있었으나, 선적(船積) 상태를 고스란히 간직한 채 매장되어 있었다. 따라서 선적상태를 유지하면서 유물의 제토나 매장상태를 기록하기 위해 수중에 발굴수습용 철제 그리드를 설치하게 되었다. 그리드는 철제파이프를 이용, 12×8m 크기로 집중 매장처를 포함한 구역에 설치하고, 다시 로프를 이용하여 1×1m 간격의 세부구역으로 나누어, 구역번호(동서방향 1~12, 남북방향 A~H, 96칸)를 부여하였다. 그 위에 유물과 접촉하지 않게, 유물층보다 50cm 정도 높이에, 폭 60cm 길이 8m 정도의 작업공간 받침틀을 설치하고, 그 위에 타공판을 올려, 제토와 사진촬영 등 조사를 실시하였다. 하지만 조사를 진행할수록 철제파이프로 만든 받침이, 타공판의 무게와 조사자의 하중으로 인해, 중앙에서 휘어지는 현상이 발생되었다. 또한 무른 갯벌에 고정한 그리드도 지지력이 약했으며, 구간별로 조사한 다음 이동할 경우, 수중에서 재차 분해·설치하는데 따른 소요 시간이 많아, 조사의 효율성이 떨어졌다. 이에 받침틀을 제거하고, 조사자(잠수사)가 자체 중성부력으로, 유물에 접촉되지 않도록 조심하여 조사를 실시하였다.

이후 유물은 구역별로 에어리프트(air lift)를 이용 층별로 제토작업을 실시하였다. 다른 해역보다 비교적 시계(평균 2m 내외)가 확보되어 수중실측을 시도하였으나, 대량으로 매장된 도자기를 하나하나 수중에서 실측할 경우, 1시간에 사방 1m²도 실측하기 어려워, 수중영상 자료로 실측을 대신하였다. 수중 영상 실측은 제토 후 유물이 노출된 상태에서, 20×20cm 크기의 격자를 놓고 구역별로 사진과 동영상을 촬영·기록하였다.

선체는 동서 양쪽으로 일부가 노출되어, 조사 초기부터 선체의 존재 여부를 확인할 수 있었다. 정확한 선체 규모는 선체 위에 층층이 선적된 도자기를 모두 수습한 후에 알 수 있었다. 규모는 동서 약 8.2m였고, 남북으로 4단의 외판재가 1.5m 정도 잔존하고 있었으며,

다른 부재는 발견하지 못하였다. 특히 잔존 선체의 외판 상·하단의 이음 부분에 박실(수밀재)의 일부가 남아 있어, 성분 분석을 위하여 수습하였다.

2007년 발굴조사 기간에는, 선적된 청자를 모두 수습하고 잔존 선체의 규모를 파악하였으나, 동절기로 접어들면서 조사지역의 기온과 해수의 온도가 급격히 낮아져 더 이상의 수중조사가 어려웠다. 이에 잔존 선체는 실측 후 부상하지 않게, 모래 포대를 노출 선체 위에 쌓고, 그 위를 다시 그물로 덮어 철제 그리드에 단단하게 고정시켰다.

3차 발굴조사에 앞서, 2008년 3월 6일부터 2일간 대섬 인근 발굴 해역에 대한 현장 장비 탐사를 실시하였다. 탐사 목적은 측면주사음파탐지기를 사용하여, 이상체 잔존 여부와 2007년 발굴조사 작업 중 설치한 그리드 상태의 확인이었다. 특히, 본 탐사에서는 국내 관련 회사들에서 자체 개발한 프로그램과 장비를 사용하였고, 전자해도 위에 맵핑(Mapping)을 하여 쉽게 알 수 있도록 기기를 설정하였다. 기기탐사는 2종류의 장비로 동일한 조건(해양환경)에서 수행되었다.

2008년 4월 27일부터 6월 1일까지 30일간 매몰된 선체 인양과 주변에 매장된 유물을 발굴하는데 중점을 두었다. 선체 인양을 위해 80톤급 크레인이 장착된 인양전용 선박과 바지선을 현장에 상주시켜 조사를 실시했다. 발굴조사는 동서방향으로 95° 완전히 기운 채 매몰되어, 외판의 일부(4단, 8.2×1.5m)만 남아 있는 잔존 선체에 대해, 2007년 설치한 그물과 모래주머니를 제거하고 위에 쌓인 갯벌을 제토하여 선체를 노출시켰다. 노출된 선체는 수중에서 6개편으로 해체하여 인양하였다.

선체인양 후, 그리드 주변 외곽으로 유물의 잔존여부를 확인하기 위하여, 워터제트(water jet)로 제토 조사한 결과, 그리드를 중심으로 30m 이내에 청자들이 교란되어 매장되어 있었다.

광역조사는 2009년 발굴계획을 작성하기 위하여 실시하였다. 그리드 외곽 30m 범위를 벗어난 부분에 대하여, 유물 매장 여부를 주로 파악하였다. 유물의 분포가 많은 곳을 수중에서 부표를 올려 핸드 위성위치측정기로 매장 위치를 기록하고 분포 지도를 만들어 본 결과, 북동쪽으로 유물이 분포되어 있음을 알 수 있었다.

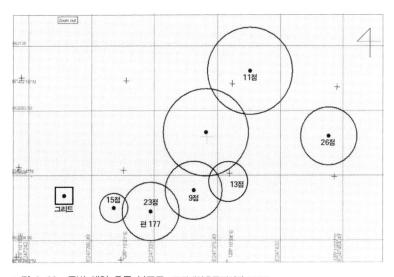

그림 3–68 주변 해역 유물 분포도 (국립해양유물전시관 2008).

a) 수중 비디오 카메라 (스쿠버).

b) 수중 교신 장비 (풀페이스 마스크).

c) 에어리프트(Ø 3 ", 6") 제토 (훅카).

그림 3-69 수중 조사 장비 (국립해양유물전시관 2008).

⑤ 조사 과정 (2차 발굴조사)

구역 설정은 1차 조사에서 설치한 그리드(96칸)를 중심으로 하였고, 촬영·제토를 하면서 퇴적 상태를 확인하였다. 제토는 에어리프트, 물분사기(Water jet), 호미 등을 이용하였다.

조사 지역은 사진촬영과 DGPS로 정확한 조사 위치를 기록하였다. 사진촬영은 지상과 수중 촬영을 병행하였으며, 수중은 그리드별로 실측을 위한 자료 사진의 촬영에 주안점을 두었다.

조사 결과, 해저층에 패각류와 도자기 편이 함께 매몰되어 있었다. 갯벌의 제토로 유물매장 상태가 일정한 간격으로 분포되었음을 확인하였으며, 선체는 외판 4단이 잔존하였고, 도자기는 외판 위에 5층의 단을 이루어 쌓여 있음을 확인하였다.

제토는 그리드 A1을 시작으로 H12까지 1~5층까지 96칸을 차례대로 진행하였다. 유물이 노출되지 않은 부분은, 선체 보호를 위하여 제토를 실시하지 않았다.

5개 층의 유물은 발굴 중 수중사진 촬영 및 비디오 촬영을 실시하고, 육상 인양된 유물은 촬영 후 자료화하였다. 선체의 인양은 2008년도 3차 발굴조사에서 실시하기로 하였다.

태안 대섬에서 발굴 인양된 선박은 도자기 운반선으로 확인되었다. 태안선에서 인양된 유물은 도자기가 주류를 이루며, 선상에서 사용하였던 젓갈용 도기, 청동완, 닻돌 등이 발견되었다. 도자기는 기형별로 겹겹이 층을 이루어 5층으로 선체에 적재되어 매장되어 있었다. 선체는 동↔서 방향으로 외판이 뉘어진 상태에서 동↔서, 남↔북, 상↔하 방향으로 적재한 도자기와 함께 매몰되어 있었다.

조사 기간 중, 측면주사음탐기의 시험탐사[94]가 있었다. 탐사는 동일한 조건(해양환경)에서, 2종류로 했다. 그 결과 두 장비 모두 그리드의 위치를 확인 할 수 있었다. 이 같은 시험탐사는 향후 기록 분석에 매우 중요하다.

---

94) 각 장비는 운용에 따라, 그 결과가 달라질 수 있다. 시중의 두 업체 간 비교는 생략하였다. 단지 연구 발전을 위한 시도의 중요성에 의의를 두어야할 것이다.

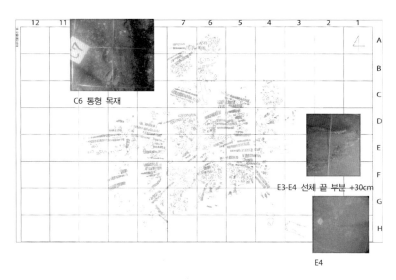

C6 통형 목재

E3-E4 선체 끝 부분 +30cm

E4

H4

H3 멍에형 가룡목 추정 구조물.

그림 3-70 1층 유물 매장 상태 (국립해양유물전시관 2008 편집 사용).

E3구역과 E4구역에 선체편이 일부 노출되었으며, 땔감으로 사용했을 것으로 추정되는 목재편이 A6, C6, D7구역 등에서 발견되었다.

인양된 유물은 총 4,523점(파편 제외)이며, 여러 방향으로 적재가 되어 있었으나, 동서 방향으로 매몰된 유물들이 가장 많았다.

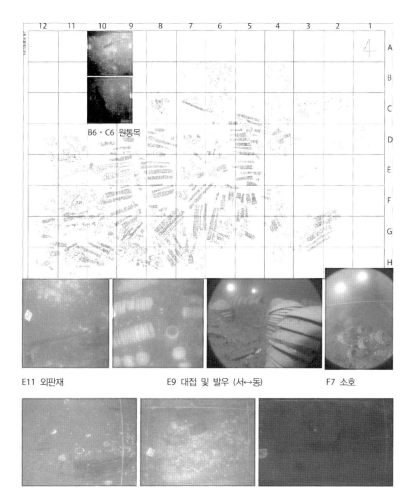

E11 외판재   E9 대접 및 발우 (서↔동)   F7 소호

F12   F11 외판 4단 (ref. E11 외판재)   H4 멍에형 가룡 구조물로 추정

그림 3-71 2층 유물 매장 상태 (국립해양유물전시관 2008 편집 사용).

E11·F11구역에서도 선체편이 일부 노출되었으며, 2층에서도 땔감으로 사용했을 것으로 추정되는 목재편이 일부 발견되었다. 다양한 유물이 인양되었다. 특히, H9구역에서 철화문잔 세트가 인양되었으며, E9·E10구역에서 발우 세트가 다수 발견되었다. 또한 F7구역에서는 소호 세트가 다량 출토되어 대접, 접시 등의 유물뿐만 아니라, 소호 같은 특이한 기형의 유물 적재 방법 또한 알아볼 수 있는 기회를 제공해 주었다. 2층에서 인양된 유물은 총 6,436점(파편 제외)이다.

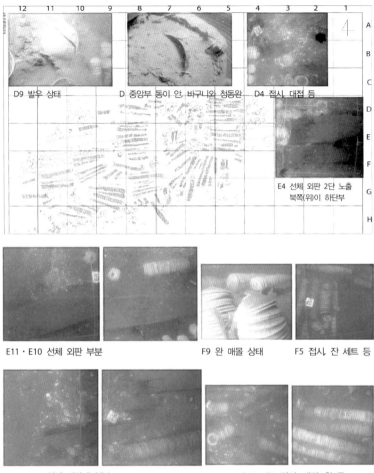

그림 3-72 3층 유물 매장 상태 (국립해양유물전시관 2008 편집 사용).

E4구역을 비롯해 E9·E10·E11, F11·F12에서도 선체편을 일부 확인할 수 있었다.

다양한 유물이 인양되었다. 특히, E6구역에서는 1차 조사 시 인양하였던 참외모양주자가 또 한 점 출토되었다. H9구역에서는 사자향로뚜껑이 발견되었다.

3층에서 인양된 유물은 총 7,329점(파편 제외)이며, 2층보다 산포 범위가 더 좁지만 유물의 출토 양은 천 점 가량이 더 많은데, 이는 좁은 구역에 유물들이 밀집해서 분포하기 때문으로 보인다.

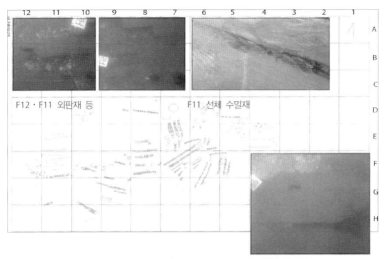

그림 3-73 4층 유물 매장 상태 (국립해양유물전시관 2008 편집 사용).

E, F구역 일부에서 선체편이 확인되었고, 전체적으로 유물 출토량이 많이 줄어들었다. 유물들은 다른 층들과 마찬가지로, 대접, 접시, 소접시, 완이 주를 이루고 있으며, 잔, 유병, 소호 등, 다양한 유물이 인양되었다. 특히, E7구역에서 합이 18세트 인양되었다.

4층에서 인양된 유물은 총 2,079점(파편 제외)이며, 동서, 남북 방향을 비롯한 여러 방향으로의 유물 적재 모습을 확인할 수 있었다. 유물들은 E, F구역에 집중적으로 매장되어 있었다.

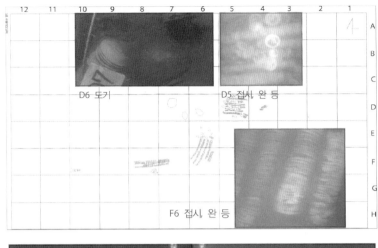

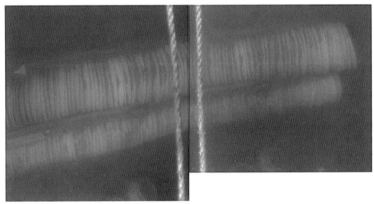

F8 · F7 접시, 소접시 등

그림 3-74 5층 유물 매장 상태 (국립해양유물전시관 2008 편집 사용).

여러 구역에서 선체편이 상당부분 노출되었으며, 항아리, 물동이 등의 도기류와 솥이 출토되었다. 유물들은 다른 층과 마찬가지로 대접, 접시, 소접시, 완이 주를 이루고 있으며, 호, 잔, 발우, 유병 등의 유물이 소수 출토되었다.

5층 유물 바로 밑에는 선체편이 확인되었다.

5층 인양 유물은 총 1,306점(파편 제외)이며, 일부 구역에서만 발견되었다.

b) 청자접시 및 원통형 포장재.

a) 유물 적재 모습.　　　　　　　　　　c) 도자기 포장용 줄.

그림 3-75 수중 발굴 유물과 적재 방법 (국립해양유물전시관 2008).

적재 도자기 사이에서, 포장용 목재가 발견되는 것으로 보아, 십이동파도선, 완도선과 동일한 적재 방법으로, 완충재(짚)와 포장용 목재를 이용하여 줄(갈대 등)로 묶어 포장한 상태였다. 그 중의 일부 유물(소호, 청자접시 등)은 수피도 벗겨내지 않은, 가는 원통형 포장재를 사용하였고, 유병은 포장용 목재를 가운데 두고, 구연부가 마주보게 하여 목 부분에 끈을 연결하여 적재하였다. 또한 양질의 참외모양주자의 경우, 항(缸)속에 짚으로 완충한 후 적재하여, 기형에 따라 포장방법을 달리하였음을 알 수 있었고, 이는 운반 과정에서 깨지는 것을 방지하려는 노력이었다. 청자 발우는 크기별로 포장을 하지 않고 세트를 기준으로 포장하였으며, 그 사이에는 완충재를 첨가하여 유물의 파손을 방지하였다. 그 밖의 중요한 유물도 짚으로 도자기와 도자기 사이를 완충하여 적재한 것으로 보아, 기형에 따라 포장 방법을 다르게 하였음을 확인하였다.

그리고 선원들이 사용한 것으로 추정되는 철제솥, 청동완, 도기 등이 발견되었는데, D6구역 1층에서는, 염장을 하여 식생활에 활용하였던 생선뼈(젓갈)와 도기가 발굴되었다. 그리고 도기질 동이 안에 바구니와 청동완 2점이 매몰된 경우도 발견되었다. 일부 도기(호)에서는 구연부에 초본류(갈대)를 사용하여, 선박 이동 중 진동으로 움직이지 않도록 끈으로 묶은 흔적을 볼 수 있었다.

d) 도기 구연부. e) 도기 목줄.

f) 청자유병 포장 상태. g) 참외모양주자와 항 발굴 상태.

그림 3-75 계속 (수중 발굴 유물과 적재 방법).

전체 층에서 F5·F6구역은 대체적으로 남↔북 방향으로 유물이 적재되어 있는데, 이러한 유물의 형태는 선체의 매몰상태를 고려할 때, 여러 단위의 유물을 세워서 적재한 것으로 보인다. 그러나 이는 선박이 침몰 당시 충격을 받아 적재 화물이 흩어졌거나, 항해 도중 흔들림 등으로 인한 적재 화물의 변화 가능성 등을 염두에 두어야 하기 때문에, 적재의 방법을 단적으로 판단할 수는 없을 것이다.

전체적인 매몰 상황을 살펴보면, 5·6·7구역에서는 화목(火木)으로 사용하였던 가공하지 않은 통형 목재가 있었으며, 선상에서 사용하였던 도기 등도 있었다. 위의 구역이 다른 구역보다 도자기 방향이 심하게 뒤틀린 것은, 선박이 침몰하면서 선박에서 숙식을 했던 빈 여유 공간 부분으로, 선적물이 집중적으로 쏠렸기 때문으로 보인다. 군산 십이동파도선에서 보이는 것과 동일한 현상이다. 선미와 선수 쪽에 주로 화물을 선적하고, 철제 솥 등이 발굴된 중간 부분은, 숙식·생활 공간으로 사용했던 것으로 보인다.

a) 목간 고정줄.

인양 과정 중에 묵서 흔적이 남아 있는 목간을 수습하였다. 목간은 포장용 목재와 같은 방향으로 매몰된 경우는 드물며, 새끼줄·짚·포장용 목재 사이에 매달렸던 흔적이 목간 상단의 형태에서 확인되었다.

b) 탐진명 목간.

그림 3-76 목간 노출 상태 (국립해양유물전시관 2008).

수중에서 고려시대 목간이 발견된 것은 최초이며, 목간이 물표 역할을 하였음을 알 수 있었다.

목간 중 하나는 앞면에 '耽津○在京隊正仁守'가 적혀있었고, 뒷면에는 '卽(式)載船進'이 묵서되고, 다른 목간은 '○安永戶付沙器一喪'가 적혀있었고, 목간 뒷면에는 수결이 있었다. 이외에 '崔大卿宅上' 등의 묵서 내용으로 도자기의 생산지뿐만 아니라 출항지·거래관계·운송책임자·선박 적재 단위 등도 확인하였다.

목간에서 보여주는 것처럼, 위치별로 화주가 다르다는 사실을 보여준다. 유물은 기형별로 적재하지 않고, 화물의 주인별로 위치와 공간을 지정하여 적재하였던 것으로 생각된다. A형(탐진), B형(안영호) 목간은 동쪽에 위치하고 있으며, C형(최대경)은 중간→서쪽에 치우쳐 발굴되었다. 또한 발우 같은 중요한 선적품도, 적재 장소가 2층 E9·E10, 3층 D5, D9구역 등에 매장되어 있어, 선적물의 기형별로 적재되었다기보다, 화주별로 적재한 것으로 보인다.

위의 선적 상태에서 보여주는 것처럼, 화주의 선적물은 도자기의 안전성 및 적재량을 고려하고, 위치에 적합하게 화물을 적재하였던 것으로 보인다. 도자기의 적재 방법은 아래층과 위층의 도자기가 서로 반대(저부가 서↔동) 방향을 향한 것으로 보이며, 대접과 대접 사이에는, 소접시와 같은 소형의 유물을 적재한 것으로 보인다.

⑥ 선체 인양 (3차 발굴조사)

3차 조사는 선체인양과 선체 아래 부분의 유물 인양에 중점을 두고 실시하였으며, 2008년 4월 27일부터 6월 1일까지 진행되었다.

2007년 조사 시 설치하였던 그물과, 선체의 이동을 방지하기 위해 설치한 모래주머니를 먼저 제거하였고, 선체 보호를 위하여 2007년에 제거하지 않은 갯펄층을 에어리프트(3인치) 및 워터제트 장비를 이용하여 선체를 노출시켰다. 외판부는 총 4단(8.2×1.5m)으로 잠수사가 고유번호를 부착했다. 선체는 얇고 길어 전면 인양 시 파손의 우려가 있어, 선체 이음 부분을 수중 분리 후 인양하였다. 선체 인양은 예인선의 크레인을 이용하고, 분리된 선체는 사전 제작한 프레임 위에 목재를 덧붙인 인양대를 이용하였다.

선체는 총 6편으로 외판재만이 남아있었다. 수중에서 해체하였으며, 각 선체는 장기간 바다에서 수침 상태로 존재하여 경도가 저하된바, 판재마다 수중에서 하부 보강 지지재를 덧대었으며, 보강 지지재 부착 후 에어백(Air lift bag)을 사용하여 수면위로 부상시켰다. 각 판재마다 고유번호를 부착하고, 손으로 외판끼리 연결하였던 나무못 부분을 해체하였다. 해체된 선체는 인양대로 이동하여 에어백을 부착하였으며, 고무바인더로 선체를 고정하였다. 에어백에 잠수사가 공기를 주입하고, 선체를 잠수사와 함께 서서히 상승시켰으며, 이러한 과정을 반복하여 선체를 인양하였다.

부양된 선체편은 크레인으로 바지선에 옮겼다. 인양된 선체는 목재 합판으로 받침대를 만들고, 선체의 건조를 방지하기 위하여, 비닐, 부직포, 에어비닐을 이용하여 포장하였다. 선체의 건조를 최소화하기 위하여, 선체 인양 당일 안흥 내항으로 바로 선체를 운반하려고 하였으나, 내항의 수심이 낮아 예인선(해진호)이 내항 입구까지만 운송을 하고, 고무보트를 이용하여 내항으로 이동한 후 태안 탈염장까지 운반하였다.

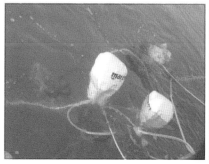

a) 에어백에 의한 선체 인양. b) 크레인 인양.

c) 선체 이송. d) 탈염장 도착.

그림 3-77 선체 인양 (국립해양유물전시관 2008).

선체는 외판 좌우현재 중, 일부(4단, 6편)만 잔존, 발굴되었으며, 가룡 연결 흔적, 피삭 및 피삭공 등이 남아있었다. 외판 4단의 규모는 총 길이 8.21m, 폭 1.5m이지만, 외판재 양쪽에 존재하는 반턱이음 연결부 등을 감안하면, 선박의 전체 규모는 총 길이 20m 내외의 대형 선박이었을 것이다.

좌우 외판 연결 방식은, 이전의 완도선 등 고려선박들에서 나타나는 외판의 연결방식인 반턱이음방식(└┐)과 동일하며, 잔존 상태로 보아 3~5개 부재를 연결하여 1단을 제작한 것으로 보인다. 특히 외판 1단(외판재 중 가장 아래) 좌측, 2, 3단 우측, 4단 좌측 끝 부분은 유공충의 손상 흔적이 없고, ㄴ 연결 부분의 한쪽 끝이 남아 있는 것으로 보아, 연속된 연결부재가 있었던 것으로 추정된다.

외판 1단의 결구방식은 이제까지의 전통 한선 외판 고정 방식과 같이, 나무못을 사용하여 상단의 외판에서 수직으로 관통, 하단의 외판 중간까지 연결한 다음, 하단의 외판에서 나무못이 빠지지 않도록 산지로 고정한 방식을 취했으나, 외판 2, 3, 4단은 상단외판 하단 부분에서 하단외판 상단 부분으로 45°의 각도로 관통하여 산지로 결구하는 새로운 방식을 보이고 있다. 이러한 결구방식은 이제까지 발굴된 고려선박들 중 처음 보이는 양식이며, 1단은 안좌선이나 달리도선에서 보이는 결구 방식과 같이 외판 상단면에서 수직으로 하단면까지 관통하여 연결하는 구조를 가지고 있으나, 2, 3, 4단은 신안선의 결구 방식과 같은 것으로 보아, 태안선의 외판 결구 방식은, 이러한 두 방식을 혼용한 형태로 보인다.

상하 외판의 결합은 기존 출토된 전통 한선들에서와 같이, 상하부재를 홈박이붙이 크링커 방식으로 연결하였다. 또 하나의 큰 특징은 외판의 길이가 다른 고려선박들의 외판 길이보다 길면서 두께가 얇다는 것이다. 안좌선 등 지금까지 출토된 고려시대 한선들의 경우, 외판 길이가 5~6m정도이며, 두께는 10~20cm이다. 태안선 2단의 경우, 출토된 외판 길이만 8.21m이며, 두께는 7cm 내외이다. 이제까지의 고려 선박들의 길이와 두께를 비교하여 보면, 대체적으로 길이와 두께는 비례하며 두꺼워진 것을 볼 수 있으나, 태안선에서는 이와 반대되는 선체의 특징을 볼 수 있다. 또한 출토된 외판재만으로는 좌·우현 구분 판단이 어려우며, 선수와 선미의 방향 추정도 어렵다.

a) 인양된 선체 외판.

b) 태안선 매몰도.

c) 외판 결구 방식.

d) 외판 1-1 (가장 하단 좌측) 반턱이음부.

e) 외판 1-1 가룡홈.

f) 외판 4-1 크링커 홈.

g) 외판 2-1 피삭 및 가룡구.

그림 3-78 태안선 선체 (국립해양유물전시관 2008).

선체 인양 후, 그리드 내부 및 외부 3m까지 에어 리프트(Air Lift)로 제토하였고, 그리드 외부 30m까지는 워터제트(Water Jet)를 이용하여 유물의 분포를 확인 조사하였다. 자기류 및 기타유물 인양은, 2007년 설치했던 그리드(A1~H12)를 중심으로 진행되었다. 청자유물이 H10~H12 지역 및 동 지역 외곽에, 광범위하게 집중 분포되어 있는 사실을 확인하고, 그리드 H지역 외곽까지 발굴 구역을 확장하여, 편의상 그리드 외곽 지역의 명칭을 I, J, K로 명명 조사하였다. 또한 조사 지역은 사진촬영과 함께 DGPS로 정확한 조사 위치를 기록하였고, 유물 발견 지점에서는 수중 촬영하여 기록화 하였다. H2·H3 구역에서는 닻돌이 발견되어, 에어백을 사용하여 수면 부양 후, 크레인을 사용하여 인양하였다. 그리드 외부에서 유물 집중 매장처 발견 시는, 임시로 추가 조사구역을 정하여 매장 상태를 조사하였다. 조사과정 중, 도자기 밑에서 사람의 인골이 발굴되었는데 어깨뼈, 척추, 팔뼈 일부가 확인되었다. 매몰 상태는 머리 부분이 북쪽을 향하고 있었으며, 팔 부분이 동서 방향으로 매몰되어 있는 상태였다. 그러한 모든 과정은 수중카메라와 수중캠코더를 이용하여 매장 상태를 기록하였다.

그리드 외곽 30m 범위를 벗어난 부분에 대한 광역 조사를 실시하였다.

선체 부속구로는 닻장 2점, 호롱편 5편이 출토되었다. 닻장은 선체 남동쪽에서 출토되었으며, 크기는 90×34×14cm, 123×49×23cm이다. 닻장의 표면은 거칠게 장방형으로 가공하였으며, 닻장 중앙부 및 측면에 나무 닻과 결구시켰던 밧줄 홈 자국이 남아있다. 호롱편은 닻장을 해저로 내리거나 갑판으로 끌어올릴 때 사용하는 물레형 인양 도구로서, 길이는 편당 60cm 내외이다.

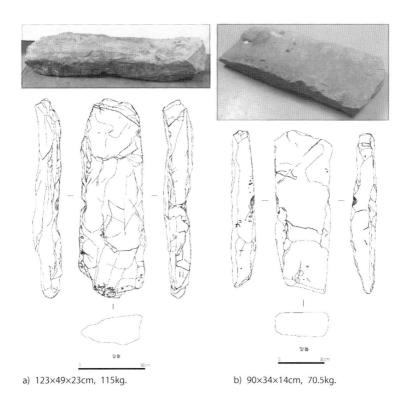

a) 123×49×23cm, 115kg. b) 90×34×14cm, 70.5kg.

그림 3-79 닻돌 (국립해양유물전시관 2008).

선체 남동쪽에서 화강암질의 닻돌이 출토되었다. 이는 십이동파도 발굴에 이어 두 번째 출토된 닻돌로 선박사 연구에 중요한 자료이다. 거칠게 (마름모꼴) 장방형으로 가공하였으며, 약간의 패각류가 붙어있었다. 닻돌 중앙부 측면에는 나무 닻과 결구시키기 위해 밧줄을 감았던 홈 자국이 남아 있다.

a) 선체 부속구편은 물레 모양의 회전형 인양 도구인 호롱(碇輪)으로 추정된다. 십이동파 도선에서 호롱을 받쳐주는 지주대 하나가 출토된 바 있으나, 호롱 회전체의 구조물이 출토된 것은 이번이 처음이다. 총 5점의 호롱편이 출토되었으며, 표면 색깔은 갈색이고 수종은 상수리나무이다. 장축의 길이는 69cm 내외, 폭은 6.5cm 내외이나 5편 모두 마모가 심한 편이다.

a) 호롱 부재.

b)~e) 2종류의 칡으로 만든 새끼줄이 출토되었다. 칡넝쿨을 부드럽게 가공 후 꼬아서 만들었으며, 두께는 7cm, 4cm이다. 닻을 묶거나 정박용 도구로 사용하였던 것으로 보인다.

b)~e) 칡줄.

그림 3-80 선체 부속구 (국립해양유물전시관 2008).

⑦ 발굴 유물

발굴된 유물은 선체를 포함하여 모두 23,815점에 달한다. 도자기는 23,771점으로, 청자, 백자, 도기로 분류된다. 청자는 23,757점, 백자 3점, 도기 11점이다. 기종은 대접 5,656점, 접시 14,285점(백자접시 1점 포함), 완 3,078점, 발우 167점, 합 43점(뚜껑 21점, 합신 21점, 백자합신 1점 포함), 잔 282점(뚜껑 172점, 잔 109점, 백자잔 1점 포함), 유병 42점, 소호 133점(뚜껑 64점, 소호 69점), 주자 4점(뚜껑 2점, 주자 2점), 향로 4점(뚜껑 2점, 향로 2점), 항 1점, 벼루 1점, 소형 받침대 63점으로 나누어진다. 도기의 기종은 시루편, 병, 호, 동이로 나누며 전체 11점이 확인되었다.

목간 34점이 발굴되었는데, 명문의 판독에 따라 많은 정보를 제공하였다. 선체와 함께 호롱, 닻돌 등 선체 부속구 일부도 수습되었다. 청동완, 솥 등 선상 생활용품과 난파 당시 선적된 화물인 청자더미에 깔려 죽은 사람의 인골도 수습되었다. 도자기의 총량은 23,771점이다. 이 중 22점은 발굴 현장에서 도굴된 것을 압수하여 포함시켰다. 총량의 숫자는 완형과 특이한 형태의 것을 포함한 수량이며, 이외에도 복원이 되지 않은 수천 점에 달할 것으로 예견되는 파편 수십 상자가 있다. 완도선 발굴이후 가장 많은 수량의 도자기가 인양된 것이다.

도자기의 출항지나 출토지는, 강진 지역에서 조사된 청자들과 그 형태와 특징이 유사하여, 강진 생산품으로 앞서 추정하였는데, 이번에 공반 출토된 목간의 "탐진(耽津)"이라는 명문을 통해서 명확하게 확인되었다. 도자사적으로 중심 제작 시기는 12세기로 판단된다. 또한 청자 제작지는 목간의 기록으로, 고려청자의 대표적 산지인 강진(康津) 지역으로 파악되며, 제작 상태가 양호한 상품으로, 왕실이나 귀족층에서 사용했을 것으로 추정된다. 특히 주목을 끌었던 두꺼비모양 벼루, 사자향로, 참외모양주자, 연판문대접, 발우 등은 12세기 비색청자시대

최절정의 예술성과 시대성을 보여준다.

태안 발굴에서 무엇보다도 중요한 것은 고려시대 목간(木簡)이 출토되었다는 점이다. 이제까지 수중발굴에서 목간이 출토된 것은 신안 발굴 이후 두 번째이며, 우리나라 최초로 수중에서 고려시대 목간이 출토되었다. 총 34점으로서 포장재 사이에 끼워져 출토되었으며, 재질은 소나무 혹은 상수리나무 계열로서, 길게 가공하여 폭은 2~4cm, 두께는 0.5~1.5cm, 길이는 5.4~54cm의 다양한 형태이다. 목간의 내용은 청자 제작 연대, 청자 수취인, 출항지, 도착지, 수결, 거래 관계 등을 포함하고 있다.

선상 생활 용기 중 도기류는 병 2점, 호 5점, 시루 1점 등으로서 선상 취사용기로 사용했던 것으로 보인다. 철제 솥은 총 2점으로서 3족식이며 부식이 심하여 그 형태를 알아보기 힘들다. 선상 취사를 위한 것으로 보이는 청동완, 석제 불판이 출토되었으며, 땔감으로 사용된 것으로 보이는 원통형 목재가 출토되었다.

출토된 도자기 포장재로는 막대형(단면: 직사각형) 포장재, 원통형 포장재(단면: 원형), 짚 등으로서 막대형 포장재는 대접, 접시 등을 포장할 때 덧대었던 재료로 보이며, 원통형 포장재는 소호 등을 포장할 때 덧대었던 것으로 보이나, 원통형과 막대형 포장 재료를 혼합하여 포장했던 흔적도 보인다. 도자기 사이의 공간에는 어김없이 짚을 완충재로 사용하였으며, 포장 단위별 선적 공간에도 짚을 완충재로 사용하였다.

이같이 태안 대섬 해저유물 발굴은, 12세기 고려시대의 생활상을 총체적으로 보여줄 수 있는 중요한 역사적 자료이다. 발굴 규모나 내용으로 보아, 수중고고학 발전의 커다란 전기를 마련하였고, 출토 유물 연구는 고려시대 도자사, 선박사, 생활사 연구에 도움을 줄 것으로 기대된다.

표 3-8 조사 기간별 발굴 유물 현황 (국립해양유물전시관 2008).

긴급탐사	1차	2차	3차	압수 유물	합계
9점	747점	21.944점	1.049점	22점	23.771점

표 3-9 발굴 유물 현황 (국립해양유물전시관 2008).

연번	기형	수량	연번	기형	수량
1	청자대접	5.656점	16	백자합신	1점
2	청자접시	14.285점	17	백자접시	1점
3	청자완	3.078점	18	백자잔	1점
4	청자발우	167점	19	동이	1점
5	청자합	21조(42점)	20	시루	1점
6	청자잔뚜껑	61점	21	도기	9점
7	청자잔	110조(220점)	22	청동완	2점
8	청자유병	42점	23	목간	34점
9	청자유개소호	64조(128점)	24	철제솥	2점
10	청자소호	5점	25	선체	1점
11	소형 받침대	63점	26	인골	1점
12	청자참외모양주자	2조(4점)	27	닻돌	2점
13	청자사자향로	2조(4점)	28	호롱구조물	1점
14	청자항	1점	29	청동항아리	1점
15	청자두꺼비모양벼루	1점	총합계		23.815점

8) 태안 마도 1호선 수중발굴조사 (국립해양문화재연구소 2010)

태안 마도(태안군 근흥면) 인근 수중문화재 탐사는, 1980년대부터 마도 앞 바다에서 양식업을 하던 어민들의 어구에 걸려 올라온 유물들이 꾸준히 발견·신고 되어, 당시 문화재관리국(現, 문화재청)과 해군이 공동으로, 마도 앞 바다 수중문화재 탐사를 실시했으나, 가시적인 성과를 거두지 못했다.

바다 밑 갯벌 속에 묻혀 있던 유물이 외부로 노출되는 계기는, 대부분 지형의 변화 때문이다. 태안 마도 앞 바다 수중발굴은, 1990년대에 마도와 신진도가 연륙화 되면서 시행된 제방 공사로, 바다 물길이 바뀌게 되어 해저 지형의 변화가 일어났고, 마도 앞 바다는 이 시기 해저 지형의 변화 때문에, 갯벌에 묻혔던 유물이 서서히 모습을 드러낸 것으로 보인다.

그 후 2007년에 2만점 이상의 도자기를 선적한 채, 항해 중 침몰한 도자기 운반선인 태안 대섬의 '태안선' 인양이 큰 관심을 불러일으키며, 태안 일대의 수중문화재 신고건수가 늘어나게 되었다. 그 중 대표적인 곳이 태안 마도 해역으로,[95] 2007년 어로작업 중 3차례에 걸쳐 올라온 청자 대접 등 유물 24점을 마도 주민 심선택씨 외 1명이 신고한 것이, 마도 일대를 다시 한 번 조사하게 되는 계기가 되었다.

2008년 5월 13~14일 양일간의 긴급탐사를 시작으로,[96] 국립해양문화재연구소는 2009년부터, 꾸준히 난행량(難行梁, 물살이 급하고 통

---

95) 국립해양문화재연구소 2010, p.2.
'…마도 해역은 '난파선의 공동묘지'이자 '바다 속 경주'라고 부를만합니다.'

96) 이때의 긴급탐사 중, 신고자들은 Ⅰ지구(마도 북쪽)뿐만 아니라, Ⅱ지구쪽(마도 동북쪽)에서도 유물이 발견된 적이 있음을 제보했다. 이에 2009년 3월 10일과 3월 16~24일, 마도 Ⅱ지구에 대한 탐사를 했다. 4월 27일부터 Ⅰ·Ⅱ지구에 대한 광역탐사가 시작되었고, 그 과정에서 Ⅰ지구에서는 마도 1호선이 발견(5월 1일)되었으며, Ⅱ지구에서는 마도 3호선(9월 12일)이 잇따라 발견되었다. 또한 7월부터 9월 말까지 A, B 두 구역에 대한 시굴이 완료되었고, 9월 23일부터 C구역에 대한 시굴이 시작되어, 10월 13일 C구역 동남편 모서리의 a'-1 트렌치 하부에서, 선체 일부로 추정되는 목재가 노출되면서, 마도 2호선이 처음으로 확인되었다.

행하기 어려운 여울목 - 마도 앞 바다 일대 안흥량 해역)을 비롯한 마도 해역에 대한 탐사조사를 실시하여 왔다. 이를 바탕으로 2009년 마도 1호선(2009년 5월 1일 발견), 2010년 마도 2호선(2009년 10월 13일 최초 발견 및 확인)에 이어, 2011년에는 마도 3호선(2009년 9월 12일 발견) 수중발굴조사가 이루어졌다. 마도 3호선은 2009년 마도 Ⅱ지구 광역탐사 중 선체가 발견되었고, 본격적으로 2011년 5~10월에 발굴조사를 진행했다. 마도3호선은 선수와 선미, 돛대 등 선체 구조가 거의 완형으로 남아 있다. 실려 있던 화물은 모두 발굴하고, 선체는 수중에 남겨둔 상태. 2015년 발굴 예정이다.

마도 1, 2, 3호선들의 선체 발굴조사와는 별개로, 마도 해역에 대한 수중발굴조사와 함께 탐사조사를 병행한 결과 많은 유물들을 발굴하였다. 아직도 마도 인근 해역의 탐사조사는 진행 중이며, 장기 계획을 가지고 꾸준히 조사를 이어갈 것이다. (국립해양문화재연구소 2011).

표 3-10 마도 1호선 발굴조사 기간 (국립해양문화재연구소 2010).

구 분	기 간	비 고
1구역 광역 긴급탐사	2008. 05. 13.~14. (2일)	제보 중심 좌표: N 36°41′35″, E 126°07′63″ 탐사 구역: 200×200m, 유물 발견 3지점 확인.
1구역 광역 수중 발굴조사	2008. 07. 07.~12. (6일간)	추가 1곳 확인. 산포 유물 집중 발굴 인양. 청자대접 등 515점 인양 (긴급탐사 포함). 사적으로 가지정.
마도 1호선 수중 발굴조사	2009. 04. 27.~11. 15.	집중 발굴조사. 고려시대 죽찰 출수는 우리나라 최초. 선박 1척, 곡물, 도자기, 죽제품, 목간, 죽찰 등 인양. 목간과 죽찰 69점 수습.
장비 탐사	2009. 11. 05.~06.	다중빔음향측심기(2008년 12월 도입) 운용. 4구역.
마도 1호선 수중 발굴조사	2010. 05. 08.~06. 09.	마무리 발굴조사

마도 1구역 발굴조사는, 마도 1호선 발굴과 마도 1호선과는 별개로 진행된 마도 1구역 광역조사를 총칭한다. 마도 1구역 광역조사는 2008년 총 12일간 진행되었다.
마도 1호선 조사는 2009~2010년까지 2년 간 총 139일간 진행되었다. 2008년 마도1구역 광역발굴과 2009~2010년 진행된 마도 1호선 발굴은 전혀 성격이 다른 별개의 발굴이다.

① 개요

그간의 수중발굴은 청자를 운반하던 선박 인양이 대부분이었지만, 마도 1호선은 고려시대 곡물을 운반하던 배이며, 조운선일 가능성도 없지 않다. 마도 1호선의 중요 발굴 성과를 요약하면 다음과 같다.

첫째, 다량으로 출토된 목간과 죽찰이다. 목간 판독 결과 마도 1호선의 역사적 성격이 분명하게 드러났다. 즉, 전라도의 나주, 해남, 장흥 등지에서 거둔 곡물과 먹거리를 개경으로 운반하다, 1208년 봄 안흥량에서 난파되었다. 또한 목간에는 배에 실린 화물의 발송지, 발송자, 수취인, 화물종류와 수량까지 상세하게 적혀있어, 고려시대 수취 체제의 전모를 파악할 수 있는, 중요한 기초 자료를 확보하게 된 것이다.

둘째, 마도 1호선에는 벼와 쌀, 콩, 조, 메밀 등의 곡물은 물론, 메주와 여러 가지 젓갈도 실려 있어, 고려시대 사람들의 식생활문화를 살펴볼 수 있게 되었다. 젓갈을 담았던 도기도 30점 가량 된다.

셋째, 실려 있던 청자상감표주박모양주전자와 승반 등, 300여 점의 청자는 제작 시기가 확실해, 고려청자 편년 연구의 기준 자료가 될 것이다.

이외에도, 그간의 발굴조사에서는 전혀 나온 적이 없는 석탄이 50kg 정도 인양되었다. 배에서 사용하기에는 너무 많은 양이어서, 공물(貢物)로 바치려던 것으로 추정한다. 또한 70여 점의 닻돌이 인양되었다.

탐사지역은 충남 태안군 근흥면 마도 서방 300m 근해로서, 신고
지점 주변에는 지역주민들이 설치한 양식장 등, 어로를 위한 그물이
다수 설치되어 있었으며, 해저에는 암초가 다수 존재해있었고, 조류
가 빨라 정조 시간 외에는 작업이 불가능하였다. 만조 시 최고수심
21m, 간조 시 최저수심 15m이며, 해저면은 모래와 갯벌이 섞인 단
단한 지반을 형성하고 있었다.

2008년 태안 마도 수중 발굴조사는, 수중 지형 변화에 의하여 드
러난 자기들이며, 출토된 고려청자는 앵무새와 연꽃무늬가 새겨진
대접, 접시, 잔 등 실생활 용기가 대부분이다.

2009년 4월 27일부터 11월 15일까지 마도 I구역에 대한 수중발
굴조사를 실시하였다. 그 결과 고려시대 선박 1척과 곡물, 도자기,
죽제품, 목간, 죽찰 등을 인양하였다. 특히, 화물 운송표로 쓰인 목
간과 죽찰 69점이 수습되었다. 고려시대 죽찰이 출토된 것은 우리
나라 최초였다. 발굴된 목간과 죽찰에는 정묘, 무진 등의 간지와 날
짜가 적혀 있어, 유물의 연대를 파악할 수 있게 되었다. 물표의 내
용으로 보아 화물의 발신지는 장흥, 해남, 나주 지역이었는데, 발신
자의 직위와 성명을 구체적으로 적은 것도 있었다. 수신자는 개경에
있는 관료로서 관직명이 뚜렷이 적혀 있었다. 목간과 죽찰에는 지방
에서 개경으로 보내는 벼, 조, 메밀, 콩, 메주와 같은 곡물류와 고등
어, 게, 젓갈 등 해산물 품목이 적혀있었는데, 출토된 물품이 목간과
죽찰 기록과 대부분 일치한다. 이 중 주목되는 유물은 "대장군 김순
영 댁에 벼 6섬을 올린다"라는 내용이 적힌 죽찰(竹札) 6점이다 (**그
림 3-81**).

2009년 마도 1호선 발굴조사에서는 곡물류 이외에도 대접, 접시,
잔 등 상품의 고려청자도 출토되었는데, 특히 청자 상감 표주박모양

주전자는 승반 및 투각 받침대가 한 묶음으로 출토되어 주목된다. 또한 대나무 공예품, 석탄 등의 특별 공물로 보이는 물품도 실려 있어, 고려시대 지배층의 식생활에서부터, 문헌자료로는 알 수 없었던 일상용품까지, 다양한 유물을 확보할 수 있었던 것은 큰 성과였다.

2010년 5월 9일부터 6월 10일까지 진행된 수중조사는, 2009년 마도 1호선 발굴에 대한 마무리 발굴조사로서, 그리드 내·외곽에서 닻줄 등의 유기물, 4점의 죽찰, 청자 대접 등 12점의 유물을 수습 인양하고 '마도 1호선'에 대한 발굴조사를 모두 마무리하였다.

태안 마도 앞 바다 수중발굴은, 2008년에는 마도 앞 바다 일대 산포 유물의 집중적 발굴 인양, 2009년에는 새로이 발견된 '마도 1호선' 선체 및 선적유물에 대한 집중 발굴조사, 2010년은 최종 마무리 조사였다.

② 마도 1호선의 시대적 배경

마도 1호선은 고려후기 1196년 등극한 최충헌 무신집권의 통치 기반이 공고화 되어가던 무렵인 1207~1208년경, 全羅道의 수령현(遂寧縣), 죽산현(竹山縣), 회진현(會津縣)에서 공물(貢物)을 싣고 개경으로 향하던 중, 1208년 봄 마도 앞 바다에서 침몰된 공물(貢物) 운반선이다. 수신인은 별장(別將) 권극평(權克平), 동정(同正) 송수오(宋壽梧), 대장군(大將軍) 김순영(金純永) 등으로 무신정권기의 관료들 이름이 정확히 표기되어 있으며, 발신인은 지방 향리(長)로서, 구체적 성명 '宋椿' 등을 적은 목간도 출토되었다.

또한 발굴된 목간과 죽찰에 정묘(丁卯) 10월, 12월 28일, 무진(戊辰) 정월, 2월 19일 등의 간지와 날짜가 적혀 있는데, 화물 선적 일자로 보인다. 따라서 무진년 2월 19일 이후 출항한 것으로 보인다. 그 중 대장군 김순영은 역사적 인물로서, 『고려사』와 『고려사절요』에 1199년 장군으로 승진한 사실이 적혀 있고, 1242년에 만들어진 「김중구묘지명(金仲龜墓誌銘)」에서, 신종(神宗, 1198~1203) 대에 '將軍'을 지낸 것이 확인된다. 김순영은 집권자인 최충헌 밑에서 1199년 이후 大將軍으로 승진한 것으로 추정되며, 그가 장군에 오른 1199년 이후의 정묘, 무진년은 각각 1207년과 1208년에 해당한다. 이로써 '마도 1호선'은 1208년 출항하였던 것으로 판단할 수 있다.

이같이 '마도 1호선'은 최충헌 집권기 무인들의 경제적 기반을 위한 수취 체제의 한 단면을 보여주는 생생한 자료가 담긴 난파선이다. 최씨 정권의 최고 집정부 기능을 한 곳은 교정도감(敎定都監)이었다. 이는 내외 중요 국사를 관장하고, 조세를 징수하며 관리를 감찰하는 등, 무신정권의 중추적 정청으로서 막강한 권력을 행사하였다. 무인들이 친위세력을 운영하고 정권을 유지하기 위해서는, 국가에서 필요로 하는 정규적 세금인 전조(田租) 이외에도, 각 지방에 배타적 수취권을 갖는 등, 자체적 경제적 기반이 필요하였을 것이며, 이를 배경으로 무신들의 권력 기구를 유지할 수 있었다. '마도 1호선'은 이 같은 시대적 흐름 속에서, 무인정권 경제적 실상의 한 단면을 확인할 수 있는 운반선으로 볼 수 있을 것이다.

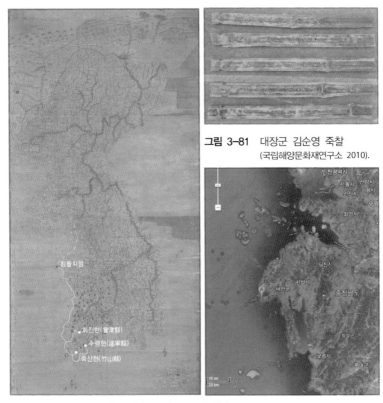

그림 3-81 대장군 김순영 죽찰
(국립해양문화재연구소 2010).

침몰지점

회진현(會津縣)
수령현(遂寧縣)
죽산현(竹山縣)

a) 마도 1호선 이동 및 침몰 지점. b) 마도 1호선 위치도.

그림 3-82 마도 1호선 이동 및 침몰 지점 (국립해양문화재연구소 2010).

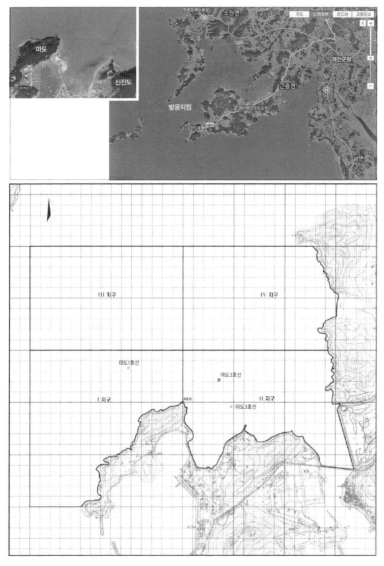

그림 3-83 마도 해역 발굴지점 및 구획도 (국립해양문화재연구소 2010).

a) 바지선 현장으로 예인.

b) 연구소 전용 탐사선 씨뮤즈호.

c) 발굴 현장 항공 촬영.

d) 수중 장비 착용.　　e) 잠수사 입수 준비 (Full-face mask와 훗카).　f) 발굴 인양 준비.

g) 수중 그리드 설치 자재.

h) 수중 그리드 설치 상태.

i) 결박재와 에어리프트 흡입구 (왼쪽 위).　　j) 제토물 배출.

그림 3-84　수중 발굴조사 현장 (국립해양문화재연구소 2010).

③ 긴급탐사

2008년 5월 13~14일 양일 간 긴급탐사를 실시하였다. 신고 해역을 중심으로, 마도 서쪽 300m 지점을 중심좌표(N 36°41′35″, E 126°27′63″)로 하고, 이를 기준으로, 200m×200m 탐사 지역을 설정하였다. 이후 씨뮤즈호(수중발굴전용선박)를 이용하여, 북서 ↔ 남동 방향으로 탐색줄을 100m 길이로 설치하고, 탐색줄 양끝에 부표를 설치하였다. 1차 탐사는 탐색줄을 따라 2명의 잠수사가 써클라인을 형성하며, 육안 및 탐침봉으로 지하 갯벌을 조사하였다. 써클라인을 중심으로 10m 줄을 가지고 지그재그 방식으로 조사를 실시하고, 다시 기준선을 이동하며 50m까지 이동하면서 탐색을 실시하였다. 2차 탐사는 동서방향으로 탐색줄을 100m 직선으로 설치하고 양끝에 부표를 설치하였다. 잠수사 2명이 짝을 이루어 50m 반경 내에 지그재그 방식으로 탐침봉을 이용하여 유물의 유무를 확인하였다.

광역 탐사결과 3개 지점에서 유물을 확인하였는데 편의상 A, B, C 지점이라고 하였다. 모든 지점은 3열을 이루며 유물이 존재했고, 유물 중 대표 기종을 선정하여 수습하였다. A지점은 일반적으로 한 기형의 유물만을 포장하는 방식이 아니라, 직구형접시와 소접시가 함께 포장되어 있었다. B지점은 대접과 접시가 노출되어 있었으며, C지점 유물은 교란되어 있었다. 유실 등 안전상의 문제가 있어 조기에 수중 촬영을 마치고 수습하였다.

유물 확인 지점에서, 추가 매몰 유물 확인을 위하여, 워터제트 및 탐침봉을 이용하여 조사를 실시하였으나, 유물은 존재하지 않았으며, 추후 발굴조사를 감안해, 해저환경조사를 위한 조류 및 탁도 측정을 하였다. 그 결과는 다음 **표 3-11**과 같다.

표 3-11 조류, 방향, 온도 (2008. 05. 13. 10:57, 국립해양문화재연구소 2010).

조류	18.58	22.49	21.02	19.07	21.02	20.04	22.06
방향	242	247.98	235.57	246.12	239.09	243.31	250.69
온도	10.47	10.42	10.42	10.32	10.32	10.23	10.24

④ 2008년 수중 발굴 과정

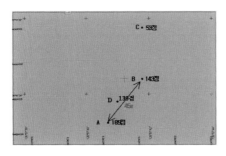

그림 3-85   2008년 수중 발굴 위치도
(국립해양문화재연구소 2010).

2008년 7월 7일부터 12일까지, 긴급탐사 시 확인된 유물의 인양과 추가매장 지역 확인을 위하여, 수중 발굴조사를 실시하였다.

발굴조사 지역에는 미역 양식을 위한 로프가 바둑판 모양으로 있었으며, 시야가 확보되지 않아 광역탐사를 실시하기 매우 힘든 상황이었다. DGPS를 이용하여, 긴급탐사 시 확인된 A, B 지점을 중심으로 기준라인을 설치하였다. 잠수사 2인 1조가 라인을 따라 지그재그 방식 이동을 하면서, 탐침 및 육안 확인 조사를 하였다. 추가로 D지점이 확인되어, 수중 촬영과 매장 상태 및 적재 방법 등을 기록하였다.

발굴 해역은 마도 동쪽에 위치하고 있으며, A↔B 지점의 거리는 약 45m이며 주변 집중 조사 때 새로운 유물 3꾸러미(D지점)를 발견하였다. 유물의 매장 및 적재상태 등을 기록·촬영하고 주변 지역에 대한 집중 조사를 하였으나, 추가 유물은 확인되지 않았다. 유물 확인 지점 식별을 위해 부표를 띄웠으며, 고무보트를 이용하여 DGPS로 좌표점을 확인하였다.

⑤ 2009년 수중 발굴 과정

2009년 마도 해역 수중 발굴조사는 2개 구역{Ⅰ구역(마도 1호선), Ⅱ구역}에서 동시에 진행하였으나, 발굴 방법과 발굴 유물의 특성 등이 다를 뿐만 아니라, 유적간의 거리 또한 900m 가량 떨어져 있어서 같은 성격의 유적으로 판단할 수 없다.

발굴조사는 씨뮤즈호를 이용하여, 2008년도 발굴지역에 대한 광역탐사로 시작되었다. 광역탐사는 유물이 확인된 지역을 중심으로, 북쪽에서 북동쪽으로 이동하면서 실시하였으며, 그 과정에서 외부에 노출된 선체편과 도자기가 해저에서 확인되었다. 노출된 유물은 청자대접, 청자접시, 청자잔으로 2008년도에 동 해역에서 발굴한 유물과 동일하나, 청자잔은 크기가 작으며 문양이 없었다. 선체의 매몰 상태는 정확히 파악할 수 없으나, 저판과 외판이 존재하며 300° ↔ 120°(북서↔남동) 방향으로 매몰되어있는 것으로 보였다. 선체 저판의 폭은 약 50cm, 두께는 20cm 정도로 파악되었다.

선체의 규모 파악을 위하여 트렌치조사를 먼저 실시하기로 결정하고, 우선 노출 유물과 산포된 유물 확인을 위해, 선체주변을 중심으로 광역조사를 실시하였으나, 노출된 유물은 확인되지 않았다. 선체가 발견된 지역을 마도Ⅰ구역(마도 1호선)으로 명명하고, 먼저 트렌치 조사를 실시하기 위해, 십자라인을 남↔북, 동↔서 방향으로 30m씩 설치했다. 진공흡입펌프를 이용한 트렌치 조사를 위해, 바지선과 예인선을 선체를 기준으로 서쪽에 정박했다. 노출된 유물은 훼손을 방지하기 위해, 위치 파악과 수중 촬영을 마치고 먼저 인양했다. 트렌치 조사는 유물이 노출되면 일단 중단하고, 그 일대를 수색하는 방식으로 실시하였으며, 그 과정에서 볍씨, 원통목, 청자접시 등을 확인했으나, 선체는 선수와 선미 부분을 정확히 확인할 수는 없었다. 그리드를 설치하기 위해서는, 선체의 규모 파악이 필수적이나, 선체 폭은 내부에 적재되어 있는 유물 때문에 확인할 수 없었다. 따라서 최대한 넓게 설치하기로 결정하고, 20×20m 크기로 그리드를 설치한 후, 라벨은 바깥쪽의 3m를 제외하고 설치하였다.

마도 1호선 구역은 유물과 선체 인양에 중점을 두어 발굴을 실시하고, Ⅱ구역은 광범위하게 해저면에 산포된 유물을 수습하고, 집중 매장처 확인을 위한 트렌치 조사를 실시했다.

마도 1호선 발굴조사는 매장 선체의 규모파악 및 인양을 위한 20× 20m 그리드 설치 후, 1×1m 세부 구획별 발굴조사를 실시하였다. 진공흡입펌프와 에어리프트, 워터제트(Water jet) 등을 이용하여, 선체 내부 약 20cm를 전면 제토한 결과, 다량의 원통목과 청자대접 등이 노출되어 수중 촬영을 했다. 노출된 원통목 수거를 위해 선수 또는 선미로 추정되는 구역부터 전면 제토를 하고, 이후 사진 촬영하였다. 동시에 조류에 의하여 훼손될 수 있는 볍씨, 조, 죽찰, 목간 등은 사각통 등을 이용하여 수습하고, 선체 내부에 산포되어 있던 원통목은 사진촬영 및 실측을 한 후, 그리드 남쪽 부분에 그물망을 설치하여 보관했다.

선체 내부 남동쪽을 제토하는 과정에서 석탄이 다량 확인되었는데, 일정하게 한 구역에서만 출토되는 것이 아니라, 남동쪽 부분에 전체적으로 흐트러져서 출토되었다. 크기는 20cm 이상의 것과 수 센티미터의 크기까지 다양하다. 석탄과 함께 솔방울 또한 석탄과 같이 흐트러져 있는 것을 확인할 수 있었다.

선수재 구조물 인양은, 선체 인양 전 단계에서 이루어졌다. 선체 남쪽 부분에 위치하였던 부재로, 전체적으로 부식이 심한 편이었다. 특히 장삭이 관통되어 있는 부분은, 부식이 심해서 통째 인양을 하는 것은 불가능할 것으로 판단하였다. 그래서 장삭이 관통되어 있는 곳은, 톱으로 절단한 후 인양키로 하였다. 하지만 부식이 워낙 심해서인지, 톱으로 장삭 부분을 절단하던 도중, 장삭이 관통되는 부분이 부러지고 말았다. 부러진 각 부재들은 모두 인양 받침대와 리프팅백을 이용해 인양을 완료했다. 이 구조물은 총 7단으로 이루어져 있으며, 크기는 가로 230cm, 세로 280cm, 두께 20cm이다. 7개의 부재는 2개의 장삭을 이용해 한꺼번에 고정을 시켰으며, 한쪽 측면은 다른 곳에 끼울 수 있게끔, 예리한 형태로 가공되어 있다. 총 6개의 관통구멍이 있으며, 반대쪽 면 양쪽 끝 부재는 톱니바퀴 형식으로 홈이 만들어져 있다. 이 같은 형태의 부재는 십이동파도 발굴에서, 선수재 구조물과 매우 유사한 형태를 이루고 있다.

2007년과 2008년에 실시되었던 대섬 발굴에 이어, 두 번째로 수중에서 고려시대 목간이 발견되었다. 그 뿐만 아니라 죽찰까지 함께 발굴되었다. 목간과 죽찰이 발굴된 구역은 일정한 곳에 집중된 것이 아니라, 선체의 내외부 여러 곳에 산포되어 있었으며, 다른 유물들과 함께 매몰되어 있었다. 묵서에 담겨진 내용은 판독결과에 의하면 특정 물건을 어느 누군가에게 보낸다는 것이 대부분이다.

6월 5일에 최초로 목간, 죽찰편이 3점 발견된 이후, 2009년 발굴의 막바지까지 지속적으로 목간과 죽찰이 계속 인양되었다. 최초로 목간과 죽찰 편이 발견되었을 때는, 선체의 정확한 윤곽이 잡혀있지 않은 상태였기 때문에, 그리드 좌표가 존재하지 않는다. 후에 이들의 발견된 곳이 선체 내부였음을 알게 되었다. 7월부터 본격적으로 목간과 죽찰이 인양되기 시작하였는데, 매몰 위치가 다양하여 제토 작업 진행에 매우 신중을 기했다. 또한 크기가 작고 약해서 일단 슬러지 흡입펌프에 빨려들게 되면, 그 형체를 알아볼 수 없을 정도로 파손이 되어 버리므로, 제토 작업은 선체를 인양하고 난 후에도 항상 주의를 기울였다.

목간·죽찰이 일단 수중에서 발견되면, 붓을 이용하여 세밀하게 제토를 진행하였으며, 일정 부분 노출이 완료되면, 곧바로 수중촬영을 하였다. 이후 원통형의 긴 케이스를 이용하여 조심스럽게 인양했다. 목간·죽찰 발굴을 진행하는데 더욱더 신경을 썼던 이유는, 목간·죽찰이 출토된 인근에서는, 항상 유물이 함께 발굴되었기 때문이다. 특히 볍씨와 같은 경우, 볏섬들 사이에 죽찰이 들어있기도 하였다. 이는 태안 대섬의 경우에서도 확인할 수가 있었는데, 도자기류의 유물이 적재된 곳 옆에, 매듭을 이용하여 목간이 연결되어 있었다. 이것으로 목간이나 죽찰이 당시의 화물표 역할을 하였다는 점을, 이번 마도1호선 발굴을 통해 다시 한 번 확인할 수 있다.

선체 내외부에 매몰되어 있던 유물을 모두 수습하고, 선체를 인양하고 난 후에도, 그 선체편의 밑 부분에서 죽찰이 인양되었는데, 여기서 인양된 죽찰(대장군 김순영, **그림 3-81**)이 마도 1호선의 성격을 규명하는데 결정적인 역할을 하게 되었다.

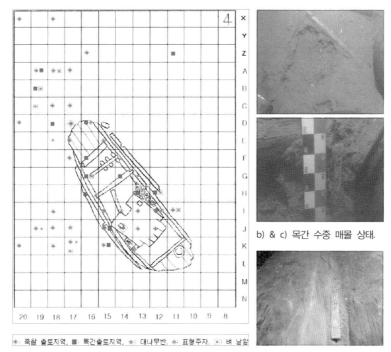

b) & c) 목간 수중 매몰 상태.

a) 죽찰, 목간 등 매장위치.

d) 선체편 사이의 죽찰.

●: 죽찰 출토지역, ■: 목간출토지역, ★: 대나무반, ✦: 표형주자, ▢: 벼 낱알

e) & f) 인양된 목간.

그림 3-86 죽찰, 목간 등 (국립해양문화재연구소 2010).

인양된 죽찰과 목간들은 선박의 편년에 결정적인 자료를 제공함으로써, 선박사에 있어서 큰 기여를 하였다. 이같이 죽찰이 제공한 정보는 선박뿐만 아니라, 다른 공반 유물들의 편년에도 큰 역할을 하였다.

2009년 발굴한 마도1호선에서는 총 69점의 목간이 발굴되었다. 이중 15점은 나무로, 54점은 대나무로 만든 것이다. 이후 2010년 선체 발굴 인양 지역에 대한 조사를 진행하면서, 대나무 화물표 4점을 추가로 발굴하여 마도 1호선 목간은 총 73점에 이른다. 이 글에서는 나무로 만들어진 것은 목간으로, 대나무로 만들어진 것은 죽찰이라고 구별하였고, 통칭할 때는 목간이라고 하였다.

⑥ 선체 인양

선체 인양은 선체 발굴뿐만 아니라, 선체 아래 부분의 유물 인양에도 중점을 두고 실시하였다. 선체의 상태를 먼저 조사하였다.

인양을 위한 수중 작업은 다음과 같이 이루어졌다. 발굴 과정 중 설치한 모래주머니를 먼저 제거하였고. 선체 위치를 확인하기 위해, 수중에서 라벨 작업을 실시한 다음, 선체의 외곽 부분을 진공흡입펌프(3인치)로 제토하면서 선체를 노출시켰다. 선체는 북서-남동으로 향하고, 거의 기울어짐 없이 매몰되어 있었다. 외판부는 동쪽에 총3단 서쪽이 2단으로, 선체 촬영 후 선체에 고유 번호를 부여하였다. 선체는 상단 외판 부분만, 나무못 부분 등이 파손되어 결구상태가 좋지 않은 상태였으며, 그 아래 부분은 대부분 완전하게 결구되어있었다. 그러나 이 선체를 통째로 인양하기에는 파손의 우려가 있어, 선체 연결 부분을 수중에서 분리시킨 후, 인양하기로 결정하였다. 선체의 인양은 예인선에 장착된 크레인을 이용하기로 하고, 해저에서 분리된 선체는 우리 연구소에서 제작한 스텐인리스 지지대 위에 목재를 덧붙인 인양대를 이용하기로 하였다.

선체는 총 39편으로 외판재(15편), 저판재(24편)가 남아있었다. 선체의 훼손을 최소화하기 위해, 외판 및 저판의 결속구인 나무못과 장삭 등을, 톱으로 절단하기로 하였다. 잠수사가 머리 부분에 CCTV와 통신장비를 착용하고 육안으로 확인하면서 작업을 진행하였다. 이러한 발굴 조사 전반에 대한 내용은, 비디오 및 사진 촬영을 하여 기록·관리하였다. 선체는 수중에서 해체하였으며, 각 선체는 장기간 바다에서 수침상태로 있어 경도가 저하된 바, 각 부재마다 수중에서 하부 보강재를 덧대었다. 해체된 선체는 인양대로 이동하여 넓은 고무줄로 인양대에 선체를 고정하고 리프팅백을 부착했다. 리프팅백에 잠수사 호흡용 공기를 주입하여, 선체를 잠수사와 함께 서서히 상승시켰으며,

이러한 과정을 반복하여 인양 완료하였다.

　수면 위로 부양된 선체편은 크레인으로 바지선에 인양하여 안전하게 포장하였다. 인양된 선체는 각재와 합판으로 받침대를 만들고, 선체의 건조를 방지하기 위하여, 비닐, 부직포, 에어비닐을 이용하여 포장했다. 선체의 건조를 최소화하기 위하여, 선체가 인양된 날 즉시 안흥 내항으로 바지선과 예인선을 이동하여 선체를 운반하려고 했으나, 내항의 수심이 낮아 예인선이 내항 입구까지만 이동을 하고, 고무보트로 내항까지 이동하여 태안 탈염장에 선체를 보관 조치하였다.

　선체 잔존 길이 10.8m, 너비 3.7m로 꽤 많은 부분이 남아 있다. 하지만 선체의 상부와 선미재, 갑판재 등의 구조물은 확인할 수 없었으며, 닻돌 또한 발견되지 않았다.

　외판의 좌우 부재 연결 방식은, 기존 고려선박에서 보이는 연결 방식인 반턱이음방식을 이용하였으며, 외판의 상하 부재 연결 역시 한선의 일반적인 연결방식인 홈붙이 클링커 이음방식을 사용하였다. 저판과 외판의 나무못들은 모두 산지를 이용하여 고정시키고 있었다.

　시기적으로 보았을 때, 만곡종통재를 가지고 있는 십이동파도선(11세기 후반~12세기 초반)과 완도선(12세기 초·중반)보다는 진보된 형태이며, 만곡종통재가 사라진 대부도선(12세기~13세기), 달리도선(13~14세기), 안좌선(14세기 후반)보다는 뒤처진 형태로 볼 수 있을 것이다.

　중앙 저판을 제외한 거의 대부분의 저판이 원통형의 단면을 띠고 있으며, 외판은 대부분이 반원형의 단면을 띠고 있다. 이러한 단면의 형태는 배의 전체적인 모습이 상당히 견고하게 느껴지게 한다. 뿐만 아니라, 저판에 원통목들을 배치하여, 선체의 횡강력을 더욱 유지하려 했던 노력을 엿볼 수 있었으며, 저판 사이에서 박실의 흔적 또한 확인할 수 있었다.

전체적인 구조는 수중발굴 사상 최초의 7열의 저판을 가진 평저형 선박이며, 중앙 저판의 연결은 턱걸이 장부이음방식을 사용하여, 기존에 사용되었던 장부이음방식보다 발전된 모습이다. 외판의 연결 방식은 기존의 고선박들에서 공통적으로 보이는 홈붙이 클링커 이음방식을 사용하고 있다. 마도 1호선에서 주목할 점은 바로 7열의 저판을 가졌다는 점이다. 하지만 선박의 구조를 세부적으로 확인한 결과 마도1호선은 무조건 저판이 7열이라고 보기에는 어려운 점이 있다. 일단 가장 좌·우측의 저판은 가운데 5열의 저판들보다는 위치가 상대적으로 높으며, 특히 선수와 선미 쪽에서는 더욱 심하게 위로 치솟아 있다. 저판들끼리 고정시키는 나무못인 장삭의 마감되는 모습이 측면에서 확인된다. 이 부재들은 클링커 홈이 없이 바로 외판이 연결되는 구조이다. 뿐만 아니라, 이 부재들끼리 횡강력을 유지시키는 역할을 하는 가룡목이 연결 되고 있다. 이러한 특이한 형태는 저판으로만 볼 수는 없으며, 일반적인 만곡종통재로 보기에도 어려운 점이 있다. 따라서 이 부재들은 현재 단계에서는 저판으로 간주하되, 종통재가 완전히 사라지기 전 과도기적인 형태의 종통재로 보는 것이 좋을 것이다.

마도 1호선은 지금까지 인양되었던 고선박들과는 달리, 선박이 사용되어진 시기가 비교적 정확하게 규명되었다. 그것은 공반 출토된 죽찰들을 통해서 알 수 있었다. 일반적으로 발굴된 고선박은, 배의 구조, 제작 기술 및 특성과 함께 출토되는 유물의 분석 등을 통해 연대를 상정하게 되는데, 아직 우리 한선 연구에 있어서, 선체 구조나 제작 기술에 의해 제작 시기를 결정할 만한 연구가 많이 진행되어지지 못한 상태이다. 이는 고선박에 관한 연구자가 많지 않을 뿐만 아니라, 연구를 위한 자료 역시 턱없이 부족하기 때문이다. 그래서 마도 1호선이 발굴되기 이전까지는, 지금까지 발굴된 6척의 고선박들의 구조 분석을 통해 개략적인 연대를 파악하거나, 공반 출토된 유물, 특히 도자기 등의 연구를 통해 선박의 연대를 추정할 수밖에 없었다.

a) 크레인 이용 선체 인양.

b) 선체 인양 후.

c) 선체 악실측.

d) 선체 운반.

e) 선체 탈염장 이동.

f) 선체 탈염장 배치.

그림 3-87 선체 인양과 이송 (국립해양문화재연구소 2010).

마도 1호선은 13세기 초반 고려시대 선박이다. 선체는 북서-남동쪽으로 향하고 있었으며, 거의 기울어짐 없이 매몰되어 있었다. 저판은 총 7열이고, 좌현 외판은 2단, 우현 외판은 3단을 이루고 있다. 선체편은 총 40편(선체미상 포함)이 확인되었으며, 가룡목 2점, 선체 내부구조물 13편, 그리고 선수재가 출토되었다. 십이동파도선 발굴 이후, 또 다시 인양된 것이며, 선체 발굴의 큰 성과 중 하나이다. 이는 당시 선박들의 선수 부분 복원에 중요한 자료가 될 것이다.

a) & b) 잔존 선체.

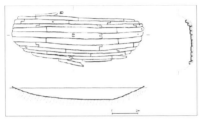

c) 매몰 단면.   d) 평면도.

그림 3-88 선체 (국립해양문화재연구소 2010).

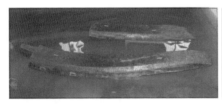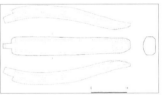

a) & b) 중앙 저판 1 (선수부).

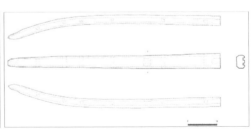

c) & d) 중앙 저판 2 (선미부).

그림 3-89 저판재 (국립해양문화재연구소 2010).

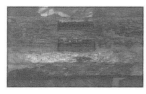

e) 돛대 구멍 세부.   f) & g) 중앙 저판 1 이음부.

그림 3-89 계속 (저판재).

저판의 연결 방식은, 가운데 3열의 저판을 하나의 장삭으로 고정시킨 후, 좌우 1열의 저판을 또 다른 장삭을 이용하여 연결시키고, 또 하나의 저판을 같은 방법으로 연결시키는 방법을 사용하였다. 중앙 저판끼리의 연결은 턱걸이 장부이음 방식을 사용하였다.

a), b), f) & g) 중앙 저판 2材 중 선수부에 해당하는 부재로, 크기는 최대 길이 359cm, 최대 폭 51cm, 최대 두께 36cm다. 선수 쪽으로 가면서 폭이 약간 좁아지며, 경사가 급해진다. 측면에서 보면 4곳의 장삭 구멍이 확인되며, 모두 관통되어있다. 선수 쪽부터 약 60cm 가량 부식되어있고, 전체적으로는 부식이 심하지 않은 편이다. 중앙 저판 2와는 턱걸이 장부이음 형태로 연결된다. 단면은 상부 양 모서리는 깎여있는 형태이고, 바닥면은 완만한 곡선 형태다. 이음부에 회로 추정되는 하얀색 물질이 보이며, 양 측면에서 수밀 역할을 했던 것으로 보이는 유기물이 확인된다. 바닥 면은 불로 그슬린 흔적이 보인다.

c) & d) 중앙 저판 2材 중 선미부에 해당하는 부재이며, 크기는 최대길이 729cm, 최대폭 49cm, 최대두께 32cm로 인양된 선체편 중 길이가 가장 길다. 선미 쪽으로 가면서 폭이 좁아지며, 경사가 급해지고 있다. 측면에서 보면 모두 6곳의 장삭 구멍이 확인되며, 모두 관통되어있다. 선미 쪽부터 약 40cm 가량 부식되어있고, 전체적으로는 부식이 거의 없는 편이다. 중앙저판 1과 턱걸이장부이음 형태로 연결된다. 평면상에서 2개의 돛대 구멍이 확인되며, 돛대 구멍의 크기는 길이 15cm, 폭 8cm, 깊이 7cm 가량이다. 단면 형태는 네 모서리가 깎인 抹角方形의 모습이다. 이음부에 회로 추정되는 하얀색 물질이 보이며, 양 측면에 수밀 역할을 했던 것으로 보이는 유기물이 확인된다. 바닥 면은 불로 그슬린 흔적이 확인된다.

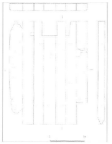

a) & b) 선수재

그림 3-90 선수재 (국립해양문화재연구소 2010).

c) 저판 연결 부분 가공 흔적.   d) 톱니바퀴 형태의 홈.

그림 3-90 계속 (선수재)

> 최대길이 289cm, 최대폭 225cm, 최대두께 20cm이다. 총 7개의 부재가 긴 나무못으로 한꺼번에
> 연결되어있다. 전체적으로 부재가 상당히 약한 상태이며, 특히 양쪽 끝의 두 부재는 심하게 부식
> 되었다. 가운데 다섯 부재는 저판에 연결시킬 수 있게끔, 한쪽이 뾰족한 형태로 가공되어 있으며,
> 인양 과정에서 나무못 관통 부분이 부러졌다. 양쪽 끝의 두 부재는, 반대쪽 면에 외판을 결구했을
> 것으로 생각되는, 톱니바퀴 형태의 홈이 가공되어 있다. 이렇듯 저판에 연결시켰던 부분이 거의
> 완벽하게 남아있었다.
>
> 이와 비슷한 형태의 구조물이 십이동파도에서도 인양된 적이 있었는데, 당시에는 3개의 부재가
> 나무못으로 연결된 형태였다.

선수재 외에도, 선체 내부 구조물이 다량 발견되었는데, 가룡목의
역할을 했던 부재들이 기존의 형태와는 다른 모습으로 다수 확인되
었고, 정확한 용도를 알 수 없는 구조물들도 인양되어, 선체 구조물
에 대한 많은 자료를 제공해 주었다.

마도 1호선에서 확인된 평저형의 횡단면 구조, 홈붙이 클링커이
음 방식을 채용한 외판 구조, 평평한 선수의 형태, 가룡목을 사용하
여 횡강력을 유지한 점 등의 구조적 특징은, 우리나라 13세기 초반
고선박의 형태를 확실하게 보여주고 있다.

따라서 마도 1호선의 발굴은 한선 연구에 있어서, 그동안 발굴된
자료와 함께 고선박의 구조와 고려선의 편년 연구에 중요한 자료를
제공한다. 특히 12세기 전까지의 만곡종통재 사용 시기와 만곡종통
재를 사용하지 않은 시기의 과도기 선상에서, 고선박의 발달 단계를

설정하는데 큰 역할을 할 것으로 기대된다.

⑦ 2010년 수중발굴 과정

2010년의 발굴조사는 2009년까지 선체 인양을 완료한 마도 1호선의 추가 유물 매장 여부를 파악하기 위해 실시하였다. 우선 2009년 조사를 마치고 철거하지 않은 그리드 외곽 파이프를 찾아, 다시 정확한 위치를 설정하고, 그 지점을 중심으로 그리드를 설치하였다. 조사의 중심좌표를 설정한 후, 기존 그리드(20×20m)를 중심으로 3m 간격의 그리드(21×15m)를 재 설치했으며, 각각 번호(A1~A7… E1~E7)를 부여하였다.

조사는 선체를 인양하였던 구역뿐만 아니라, 자기 및 유기물 등의 유물이 집중 매장되었던 곳도 함께 실시하였으며, 그리드를 재 설치한 구역은 전반적으로 제토를 실시하여, 유물의 잔존여부를 확인하였다. 제토는 2009년도 표형주자가 발굴되었던 위치와, 선체가 발굴되었던 지점을 중심으로 실시하였다. 대략 1m 가량의 깊이로 제토를 실시하였다. 선체가 매몰되어 있었던 갯벌 지형의 무른 곳과 단단한 곳이 공존하여, 제토의 진행 속도가 불규칙적이었다.

수중 시야는 상당히 어두운 편으로, 수중라이트가 없이는 작업하기 어려웠으며, 수심은 15m 이상으로, 안전을 위해 보조호흡장비를 사용하였다. 뿐만 아니라 빠른 조류도 원활한 작업을 하는데 방해요소가 되었다.

추가 발굴조사 실시 결과, 마도 1호선이 매몰되었던 구역 밑 부분 지층에서 닻줄 등의 유기물이 발견되었고, 4점의 죽찰을 발굴하였다. 또한 제토 구간 전반에 걸쳐 석탄을 수습했으며, 소량의 자기를 인양하였다.

다중빔음탐기로 발굴해역에 대한 광역조사를 실시하였으나, 이상 물체나 특이 사항 등은 발견되지 않았다. 그리드 내부에 대한 전면 제토 조사는, 선체와 기타 유물들이 매장되었던 구역의 전반적인 제토를 실시한 후 완료하였으며, 더 이상의 유물이 잔존하지 않는 것을 확인하였다.

⑧ 다중빔음탐기 탐사

국립해양문화재연구소에서는 수중문화재조사에 관련된 과학적이고 정확한 해저지형 자료 수집과 탐사를 위해, 2008년 12월에 덴마크 RESON사의 Seabat 7125 모델 다중빔음탐기를 도입하여 현재 사용 중이다.

이상의 장치들이 음파 데이터, 좌표, 보정값 등을 취득하면, Sonar Processor Unit과 PDS2000이라는 소프트웨어를 통해 자료화되고 영상화되어지게 된다. 이처럼 얻어진 데이터와 영상은 수중에 직접 들어가지 않아도 해저상태를 알 수 있고 정확한 위치와 수심 등을 파악할 수가 있다. 영상을 더욱 정확하고 가시화하기 위해 취득된 데이터자료를 Fredermaus라는 소프트웨어를 통해 보정할 수 있다.

이러한 자료는 해저면의 상황뿐만 아니라, 수중의 이상체 존재 여부를 확인할 수 있어서, 수중 구조물 확인이나 난파선 존재 여부 등을 확인할 수 있다. 국립해양문화재연구소에서도 과학적이고 체계적인 수중문화재의 발굴과 조사를 위하여 다중빔음탐기를 사용하고 있다. 수중문화재 조사 전용선박인 씨뮤즈(*Sea Muse*)호에 기기를 장착할 수 있게끔, 배의 저판 일부를 개조하여 센서를 부착하여 사용 중이다.

2009년 태안 마도 발굴 역시 수중조사를 시작했던 마도 Ⅱ구역에서 다수의 유물들이 해저면에 노출된 상태로 확인되었고, 2008년 긴급탐사 시 유물을 수습했던 지점을 중심으로 잠수사가 수중광역 탐사를 벌여, 마도 1호선을 발견할 수 있었다. 따라서 2009년에는 다중빔음탐기를 유물탐사에 직접 사용하지 않고, 발굴 후 해저지형 변화와 수중발굴장 주변의 해저면을 조사하는 방식으로 기기 운용을 하였다. 기기 운용은 11월 5일~6일까지 2일간 실시하였다. 조사 구간은 2009년 발굴조사가 실시된 마도 Ⅰ구역, 마도 Ⅱ구역의 트렌치조사 구간과 조사 구간 남쪽 구간, 2007년과 2008년 발굴이 이루어진 대섬 수중발굴장 주변 총 4구역을 조사하였다.

운용 방법은 씨뮤즈호의 항해를 통해, 경로점(Waypoint)을 잡아 디지털 지도에 표시한 후, 사각형의 폴리곤(Poligon)을 설정하여 탐사 구획을 지정하고, 선박의 탐사 이동 예정 경로를 런라인(Runline) 기능으로 표시한 후, 라인을 따라 움직이며 데이터를 취득하고 조사하였다.

해양 기상은 바람이 불고 파고가 약간 높았으나, 바람을 막아주는 마도 Ⅰ, Ⅱ구역의 지리적 특성상 탐사하기 무리가 없었고, 대섬 수중발굴장 주변 조사는, 바람의 영향을 그대로 받아 발생한 높은 파고로 인해, 항해가 어려웠고 심하게 선체가 흔들려서, 많은 노이즈 (고르지 못한 수신데이터)가 생기고 정확한 데이터를 취득하기 힘들었다. 정밀하고 정확한 조사를 위해서는 기기 운용의 섬세함도 필요하지만, 조사 선박의 적당한 속도, 센서의 진동을 줄이는 항해술도 겸해져야 했다.

마도 Ⅰ구역의 조사 구간은 약 280m×210m이며, 마도 1호선 발굴 구역과 그 주변을 조사하였다. 탐사 중, 마도 1호선과 약 110m 정도 떨어진 곳에서 선체가 발견되었다. 조사 당시 선박의 형태를 보여, 새로운 고선박으로 기대를 갖게 했다. 잠수사 조사 결과, 선박 엔진으로 보이는 금속 구조물 등이 확인되어 침몰된 지 수십 년 된 근대 목선으로 결론지었다.

a) 마도 Ⅱ구역 트렌치 조사 구간.   b) Fredermaus 프로그램으로 보정한 영상.

그림 3-91   트렌치 조사 (국립해양문화재연구소 2010).

b) 마도 Ⅱ지구 트렌치시굴 구간 (하얀색 원 - 마도 2호선이 있던 트렌치)

마도 Ⅱ구역은 두 구간을 조사했고, 위의 **그림 3-91**은 트렌치 조사 구간을 중심으로, 약 200×150m 구간을 조사한 그림이다. 왼쪽의 그림은 PDS2000프로그램으로 취득되어진 순수한 데이터를 통해 얻어진 그림이며, 오른쪽 그림은 Fredermaus 프로그램을 통해 3D 보정한 그림이다. 보정을 통해 더욱 선명하고 깨끗한 자료를 얻을 수 있었다. 오른쪽 아래 부분 트렌치 조사 끝 부분의 비교적 깊고 넓게 제토되어진 곳이, 2010년에 발굴한 마도Ⅱ호선 선체와 유물이 매장되어 있는 곳이다. 다른 트렌치 라인이 폭 1m에 깊이 50cm로 제토된 반면, 유물이 있는 곳은 1~1.5m까지 집중 제토를 하였기에, 육안으로도 깊이의 차이를 알 수 있다. 그림 왼쪽의 짧은 10줄의 트렌치 구간은 5m 간격으로 길이 25m씩 조사된 구간이며, 오른쪽은 빠른 조사를 위해 10m 간격으로 길이 50m를 조사한 구간이다.

대섬 발굴장 주변 약 200×200m 구간을 조사하였으나, 강한 바람과 파도 때문에, 고른 데이터를 얻지 못했다.

마도 인근 해역과 대섬 인근 해역에 대한 다중빔음탐기 조사로, 쉽게 얻기 힘들었던 넓은 구간의 3차원 해저지형도를 실시간으로 얻을 수 있었다. 이 지형도들은 다양한 해저 지형에 대한 정보와 DGPS와의 연계를 통해 정확한 위치 정보를 제공해 주었다. 이러한 기능은 앞으로 육상처럼 정확한 유적이나 유물의 위치 좌표를 기록하도록 도와줄 것이다. 이처럼 기존에 구하기 힘든 자료를 얻을 수도 있지만, 한편으로 수중 탐사에 얼마나 활용이 가능한가에 대해서도 생각해 볼 필요가 있다. 다중빔음탐기의 효율성을 높이기 위해서는, 조사 여건과 흡사한 환경을 만들고 다양한 실험을 통해 자료를 얻어, 발굴조사 특성에 맞는 특화된 이용법을 찾아야할 필요가 있는 것이다. 그렇게 얻어진 자료들을 통하여, 탐사에 필요한 기기의 기능을 숙지하고 발전시켜 나가는 것도, 발굴조사단의 숙제이다.

짧은 일정으로 다양한 자료 취득과 테스트는 못했지만, 앞으로 수중문화재조사에 기인하여 관련된 기능과 사용법을 연구해 나간다면, 틀림없이 효과적으로 사용할 수 있는 기기라는 것엔 이견이 없을 것이다.

⑨ 발굴유물 현황

태안 마도 1호선에서 발굴된 유물은 선체를 포함하여 총 489점이다. 벼, 조, 콩깍지, 메밀 등 다량의 곡류가 발굴되었으나, 유물 수량에는 포함하지 않았다. 선적된 도자기는 대부분 고려청자와, 젓갈 등 지방의 특산물을 포장하기 위한 도기류가 다량 출토된 점이 특징이다. 고려청자에는 표형주자와 승반, 투각 기대 등 일부 상급품이 포함되어있다. 목간·죽찰은 총 73점이 출토되었는데 목간 15점, 죽찰 58점으로 죽찰이 많다. 그 외에도 선상에서 사용했거나 진상용품으로 청동 숟가락, 철제 솥, 숫돌, 나무국자, 대나무반, 대나무 바구니, 석탄, 빗 등이 출토되었다.

마도 1호선 선체 내 유물과는 별개로, 2008년 마도 해역 광역 조사에서 출토된 유물은 모두 청자로서 대접, 접시, 잔, 완 등 515점이다. 이는 마도 1호선과의 관련이 없는 유물임을 밝혀둔다.

표 3-12 2009~10 마도1호선 발굴유물.

유물종류	2009 발굴수량	2010 발굴수량	합계
청자대접	131	2	133
청자접시	110	5	115
청자완	1		1
청자잔	43		43
청자잔모개투병잔	12		12
청자주사이(뚜껑포함)	1		1
청자승반	1		1
청자뚜껑기대	2		2
청자화분	6		6
청자반	1		1
청자합	2		2
청자침병	1		1
청자반구병	3		3
백자잔	2		2
백자잔	1		1
분청사기 대접	1		1
도기류	53	1	54
목간	15		15
죽질	54	4	58
청동숟가락	13		13
빗(나무 복채)	6		6
철제솔	2		2
선체	1		1
대나무 반	9		9
대나무 바구니	2		2
석인암괴	1		1
교시모감복채용	1		1
복채망치	1		1
숫돌	1		1
합계	477	12	489

표 3-13 2008 마도 광역조사 출수유물.

유물종류	간납필사	발굴조사	합계
청자대접	17	88	105
청자접시	24	129	153
청자소접시		41	41
청자완	5	138	143
청자잔	16	29	45
투형잔	1		1
시구형접시	3	24	27
합계	66	449	515

* 2007년의 주민 신고 유물 24점은, 현재 국립부여박물관에서 소장하고 있으므로, 총계에서 제외하였음.

3면이 바다로 둘러싸인 우리나라는, 예로부터 육상 운송보다는 강과 바다를 통한 해(수)상 운송로가 발달하였고, 이런 연유로 연안에는 항해 중 침몰한 선박이나 선적물, 인위적인 구조물 등이 곳곳에 산재하고 있다. 특히 고려나 조선시대의 각 지방에서 생산된 세곡과 특산물은 해상 운송이 기본이었으며, 바다를 통해 예성강이나 한강을 거슬러 수도에 집결되었다. 이 해상운송의 주 길목인 서해 연안은 섬들이 많고, 섬들 사이에는 조류가 빠르고 주변에는 암초들도 많아 항해하는데 어려움이 많았다. 따라서 항해 중 해난사고가 빈번하게 일어날 수밖에 없었고, 그 흔적들은 문헌 자료에도 기록되어 있으며, 난파된 선박 등에 고스란히 남아 있다.

마도 1호선 수중발굴조사 성과는, 이전 수중발굴에서 도자기 중심의 유물이 대량으로 인양되었던 특징과는 달리, 수중에서 최초로 곡식류와 젓갈류 등 다양한 종류의 유물이 수습되었음은 물론, 화물의 발송자와 수신자가 적혀있는 화물표(貨物標)가 인양되었다. 이 기록은 역사서에 실존 인물이 그대로 등장하고 있으며, 배의 출항연월일이 구체적으로 밝혀져 1976년 신안 해저발굴과 2007년 태안 대섬 해저발굴에 이어 커다란 학술적 성과를 기대할 수 있게 되었다.

인양 과정에서, 젓갈류가 담겨있던 항아리는 완형 10여 점을 제외하고 대부분 파편 상태로 수습되었으나, 실험실에서 탈염 처리 후 접합 과정에서 20여 점이나 확인되었다. 이중에 대부분은 약 18ℓ 정도이거나, 작은 경우에는 3~4ℓ의 용량이 대부분이나, 얇으면서 용량을 가름하기 어려울 정도로 큰 대형 항아리도 1점 확인되었다. 이들 유물은 당시의 도자사나 생활사를 규명하는 중요한 실증적인 자료로 판단된다.

태안 마도 발굴에서 무엇보다도 중요한 것은 화물표인 목간(木簡)

과 죽찰(竹札)이 다량으로 출토되었다는 점이다. 이제까지 수중발굴에서 고려시대 목간이 출토된 것은 태안 대섬 발굴 이후 두 번째이며, 수중에서 고려시대 간지명과 역사서에 등장하는 실존인물이 기록된 죽찰이 출토된 예는 우리나라 최초이다. 이들은 주로 선체 내부의 유물이 매장된 구역에서 주로 수습되었으며, 당시의 조세관계의 출항지, 거래관계, 운송 책임자, 적재 단위 등을 밝혀낼 수 있는 중요한 자료로 평가된다. 출발 시기는 가을 추수가 완료된 10월부터 이듬해 2월말까지 선적하여 남풍이 불어오는 초봄을 이용하여 연안항로로 항해하던 중 이곳 마도 연안에서 난파된 것으로 추정할 수 있다.

화물 선적 방법을 고찰하면, 대부분 청자들은 선체 상부에서 수습되었다. 이들이 꾸러미별로 매장된 것으로 볼 때, 기종별 꾸러미로 포장하여 선적한 것으로 추정할 수 있다. 즉 이전 대량으로 수습된 태안 대섬이나 십이동파도의 포장 방법과 동일함을 알 수 있다. 볍씨와 메밀 등 화물은 선체의 저부에서 인양되었다. 벼의 경우는 해저에서 볏짚을 짠 볏섬이 보이는 것과, 목간 기록에 석(石) 단위가 보이는 것으로 보아 볏섬 단위로 포장하여 선적되었음을 엿볼 수 있었다. 조 등 일부 유물은 선체 저부의 목재 틈 등에서 덩어리 상태로 수습되는 것으로 보아, 이 또한 포장하여 운반하다 포장재는 손상되어 낱알로 수습되었다고 본다. 항아리 내부에서 게 껍질이나 생선뼈가 확인되는 것으로 보아, 젓갈류는 지금처럼 용기에 담은 항아리 채로 운반하였음 알 수 있다. 또한 일부 생선뼈가 덩어리 상태로 수습되는 것에서 생선은 건조하여 말린 상태로 운반했음을 알 수 있다.

마도 1호선의 용도는, 각 지방에서 주요 물품을 선적하여 개경의 무인 실력자에게 보내는 공물(貢物) 운반선일 가능성이 매우 높다. 특히 목간판독으로 1208년 봄 난파된 타임캡슐로, 고려시대 조세, 수취, 운송 관계 등 구체적인 역사적 내용을 소상하게 알려주고 있다. 앞으로 추가 묵서 판독과 동반 유물에 대한 상호 연관성을 고찰하면, 보다 큰 학술성과를 얻을 수 있을 것이다.

이번 발굴조사를 통해, 마도 인근 해역은 다양한 시대의 선박과 도자기 등 많은 유물들이 발굴될 수 있는, 난파선의 공동묘지라고 불릴 만큼 중요한 곳으로, 장기 조사 계획을 수립하여 체계적인 수중발굴조사가 필요하다.

※ 태안 마도 해역 탐사 (국립해양문화재연구소 2011b)[97]

국립해양문화재연구소는 2009~2010년, 마도 해역 {안흥량 - 난행량(難行梁) 포함, 314만㎡} 에 대한 탐사 조사를 실시해 고려시대 선박 3척(마도 1, 2, 3호선)을 발견했고, 닻돌 68점, 도자기 670점 등을 발굴했다.

닻돌은 2009년에 29점, 2010년에 39점을 발굴하였다. 길이는 40cm의 소형부터 2m가 넘는 대형에 이르기까지 크기와 형태가 매우 다양하다. 십이동파도선과 태안선 수중발굴조사에서, 각각 1점씩만 발견된 닻돌이 마도 해역에서 집중적으로 발굴된 것은, 조사 해역의 지리적 환경 때문이다. 수심이 얕고 남쪽으로 마도와 신진도가 가로막혀 있어, 봄과 여름철의 남풍을 막아 줘 피항처로 적합했다.

---

97) 국립문화재연구소의 본보고서부터, 수중발굴조사의 특성을 잘 드러내기 위해, 기존의 '출토(出土)' 대신 '출수(出水)'라는 용어를 사용하였다.

동시에 마도 해역은 짙은 안개가 수시로 일어나, 선박의 난파도 잦았던 지역이다.98)

마도 해역 탐사조사 결과, 발굴된 670점의 도자기는 시대와 제작 지역이 매우 다양하다. 한국 고려청자를 비롯해 분청사기와 백자, 도기류가 있고, 이외에도 중국 도자기도 다수 발굴되었다. 중국 도자기는 민청요(閩淸窯), 동안요(同安窯) 등 복건성을 중심으로 한, 양자강 이남 지역에서 만들어진 것이 주를 이룬다. 도자기 중 굽 안바닥 또는 외측 사면 하단, 유약이 발리지 않은 부분 위로 묵서명이 적힌 것이 있어 주목된다. 묵서의 내용은 중국 송·원대 국제 해상 무역 상인을 의미하는 강(綱)자가 성(姓) 또는 수결(手決)과 같이 적혀있다. 고려시대 해상 무역의 실상을 밝힐 수 있는 매우 의미 있는 자료다. 마도 해역에 대한 탐사조사는 계속해서 이루어질 예정으로 더 많은 연구 자료를 확보할 수 있을 것으로 기대된다.

① 개요

2007년 심선택씨의 신고 이후, 2009년까지 3차례에 걸쳐 마도 일대 해역에 대한 긴급탐사를 실시했고, 이후 긴급발굴로 고려청자 515점을 추가로 인양했다. 그리고 신고 지점의 유물 매장 상태 확인을 위해 조사한 마도 북서쪽(I지구)에서 동쪽으로 약 1km 떨어진

---

98) 국립해양문화재연구소 2011c, p.46.
  '충남 앞 바다는 전형적인 리아스식 해안을 이루면서, 해안선의 길이가 1,300km에 이르고, 크고 작은 섬들이 200여 개에 달한다. 서해안 해역의 환경을 보면, 다른 해역에 비하여 연중 조석 간만의 차가 매우 커, 무려 9m에 달하고 수심이 얕으며 조류가 빠르고, 지역에 따라 내륙에서 흘러내리는 육지로부터 유입되는 토사로 인하여 수심의 변동이 심한 편이다. 또한 안개 발생 빈도가 높고 해난사고의 위험이 높다. 복잡한 해안선으로 인해 바람과 파랑의 변화가 심하게 나타나며, 이로 인한 잦은 기상 악화가 구역별로 복잡 다양하게 나타난다.
  태안 마도 2호선 침몰 지역은 우리나라에서 항해하기 어려운 4대 험난처 - 황해 장연 인당수, 강화 손돌목, 태안 난행량, 진도 울돌목 - 중의 한 곳이며…

마도 북서쪽(Ⅱ지구)에서도, 2009년 3월에 48점의 유물을 인양했다. Ⅱ지구의 유물들은 수량이 많고, 종류가 다양하며, 유물의 시기 폭도 1,000년 이상으로 매우 넓다. 또한 중국, 일본 등에서 만들어진 유물들도 확인된다. 이러한 조사 결과들을 토대로, 마도 일대는 다량의 유물이 매장되어 있을 것으로 추정하고, 지점별 수중 환경에 맞추어 조사 범위와 방법을 모색했다.

마도 해역은 마도 북쪽에 있는 수중 여를 기준으로, Ⅰ~Ⅳ지구로 구분했다. 그리고 2009년부터는 기존의 잠수 육안조사에만 의존했던 탐사 방법에서, 보다 다양한 방법을 사용해 수중탐사를 진행하였다. Ⅰ지구는 씨뮤즈호를 이용한 광역탐사를 실시했고, 해저 면에 많은 유물이 산포되어 있었던 Ⅱ지구 북서쪽 구간은, 일정한 간격으로 트렌치를 구획하여 조사하는 시굴조사 방법과 광역탐사를 병행했다.

2009년 탐사 결과, Ⅰ지구에서는 청자꾸러미를 발견했던 3지점을 중심으로 씨뮤즈호를 이용한 광역탐사로 마도 1호선을 발견했고, Ⅱ지구에서는 해저 면에 유물이 집중 산포되어 있던 곳을 중심으로 트렌치 시굴조사를 하던 중, 마도 2호선을 발견했으며, 씨뮤즈호를 통한 광역조사로 마도 3호선을 발견해, 한 해에 3척의 고선박을 발견할 수 있었다. 그밖에도 몇 척의 근·현대 침몰 선박과 다양환 유물들이 확인되었다. Ⅱ지구에서 인양된 다양한 종류와 시기의 유물 591점(마도 2호선 유물 제외)은, 한국은 물론, 중국, 일본의 유물들도 포함되어 있어, 마도 지역의 해상 국제 무역에 관련된 다양한 자료를 제공하는 계기가 되고 있다. 또한 넓은 범위의 마도 수중을, 다양한 방법으로 조사를 시도했다는 것은, 수중문화재 탐사의 다양한 경험을 얻게 되었다는 큰 의미를 갖는다. 특히 유구의 매장 여부가 확실하지 않던 곳을, 유물의 산포 상태를 토대로 트렌치 시굴을 실시해, 마도 2호선을 발견한 것이나, 다중빔음향측심기를 이용해 해저를 조사한 것은, 수중문화재 탐사의 기술 연구에 있어 좋은 경험을 쌓는 기회가 되었다. {앞의 7), ⑧ 멀티빔 장비탐사 참조}.

  ② 광역 탐사

  발굴 조사팀과 별개의 팀을 구성하여, 유물의 매장처를 찾기 위한 광역탐사와 시굴조사를 병행했다. 날씨와 물때에 따라 조사 시간과 일정 등을 계획했으며, 조류가 약한 조금을 전후하여 10일씩 조사했다.

  잠수사 육안탐사와 다중빔음향측심기를 사용한 기기탐사를 병행했다. 잠수사의 원형탐색과 지그재그탐색(Jack Stay)을 하였으며, 해저 면 아래에 존재할지 모르는 유물 확인을 위해, 1m 또는 1.5m 길이의 탐침봉을 이용한 탐침조사도 병행하였다. 잠수 장비는 씨뮤즈호에 장착된 표면공급식호흡장치(Hookah)를 대부분 사용하였고, 수중에 로프나 그물 같은 장애물이 많은 경우, 상황에 따라 공기탱크를 이용하기도 했다.

  2009년 이후 탐사 시에는, 2008년 말에 도입한 다중빔음탐기를 사용하였으며, 현장 상황에 적절하게 육안탐사와 기기탐사를 병행했다.

  사용 선박은 씨뮤즈호, 바지선, 고무보트였다. 탐사 지점의 중복을 피하고, 정확한 위치 확인을 위해 DGPS를 사용했다.

③ 시굴 조사

마도 II지구는 2009년 긴급탐사 시, 지표층에 여러 점의 닻돌, 자기류, 도기류 유물 등이 노출되어 있는 것이 확인되어, 유물의 집중 매장처가 존재할 가능성이 높다고 판단해, 트렌치 시굴조사를 실시했다. 군산 야미도 수중발굴에서 트렌치를 시굴해가며, 유물들의 매장처를 조사한 경우가 있었다. 이는 이미 도굴범의 진술에 의해 존재하는 유구를 찾는 경우였으나, 마도의 경우는 존재 여부가 불확실한 유구를 찾기 위해, 여러 가지 사전 조사에 의해 시굴조사를 실시한 경우여서, 의미가 약간 다르다고 할 수 있다. 이러한 시굴조사로 2009년 조사가 끝나갈 무렵인 10월 말에, 시굴 트렌치의 끝 부분(C-a'1구간)에서 마도 2호선을 발견했다.

시굴조사 역시 바지선을 이동해가며 실시했고, 잠수 장비는 바지선에 설치되어 있는 표면공급식호흡장치(Hookah)[99]를 이용했다. 제토 장비는 2009년 6월까지, 6인치 지름의 호스를 이용한 에어리프트(Airlift)를 사용했고, 그 후에는 군산 야미도 수중발굴에서 사용했던 스크류 펌프(Screw pump, 흡입 펌프)가 부착된 바지선을 사용했다. 스크류 펌프는 부력의 변화가 거의 없고, 안정적인 작업이 가능하다. 또한 상황에 따라 6인치와 3인치 호스를 교체할 수 있어, 발굴 시 효과적으로 사용할 수 있었다.

시굴은 DGPS를 이용해 유물의 산포지 100×200m 구간을 설정하고, 그 내부에 다시 50×25m의 구간 설정 후, 수중 그리드를 설치하고, 10m 간격으로 폭 1m, 깊이 50cm(경우에 따라 1m까지)로 트렌

---

99) Hookah는 표면공급식호흡장치이지만, 국내에서는 일반적으로 유선통화장치를 사용치 아니하며, 수심측정호스도 없다. 이미 언급하였지만, 사용을 자제하였으면 한다. 또한 공기공급호스 자체와 연결부위가 취약한 경우가 대부분이다.

치 시굴조사를 했다. 그러나 마도 2호선이 깊이 1m 이상에서 발견됨에 따라, 2010년 시굴조사에서는 트렌치 깊이를 1m 이상으로 제토했다. 한 구역의 조사가 완료되면, 그리드를 남쪽 방향으로 이동해 가며 조사했다. 그 결과 닻돌, 백자, 청자, 중국 도자기 등이 넓게 산포되어 있음을 확인했다. 그러한 유물들은 매장 상태를 기록 및 촬영 후 인양했다. 조사는 2009년에 50×75m(A~C구역) 범위를, 2010년에는 50×120m(D~H구역) 범위의 시굴조사를 완료했다.

2008년 긴급탐사 중, 마도 Ⅰ지구의 도자기 515점이 출수된 곳에서, 약 1km 떨어진 마도 Ⅱ지구에서도, 다량의 유물들이 해저면에 산포된 채 발견됐다. 이들 중 크기와 형태가 다양한 암석들이 발견되었다. 이들은 주변의 몇몇 자연석들과는 달리 가공 흔적들이 있었으며, 완전 노출 혹은 일부 매몰된 상태로 발견되었고, 일부는 초본으로 만들어진 밧줄과 함께 발견되기도 했다. 이 암석들은 예전 십이동파도와 대섬에서 출수된 적이 있는 것으로, 밧줄을 묶을 수 있는 결구홈이 있고, 가장자리를 가공한 비슷한 특징을 가지고 있어, 목제 닻에 결구하여 사용했던 닻돌임을 쉽게 알 수 있었다. 크기와 형태는 매우 다양하였다.

2009년 5월부터 본격적으로 시작된 마도 Ⅱ 지구 시굴조사 과정에서, 트렌치 내부와 트렌치 사이, 그리고 각 구역에서 인접한 곳에서, 다종 다양한 닻돌들을 확인하였다. 특히 2009~2010년 조사한 구역에서, 닻돌의 출수 빈도가 높았다. 두 해 동안 시굴 구역에서 확인·출수된 닻돌이 모두 60여 점이었던 것에 반해, 그 동쪽과 남쪽에 대한 조사를 진행한 2011년도 시굴에서는 10여 점의 닻돌을 인양했을 뿐이다.

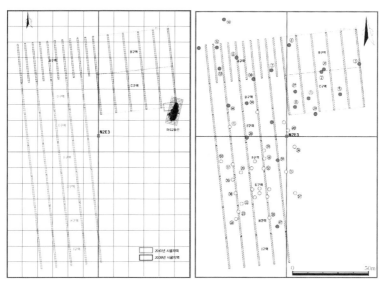

a) 마도 Ⅱ지구 트렌치 시굴 현황도. b) 2009～2010년 닻돌 출수 위치.

그림 3-92 트렌치 시굴 현황도와 닻돌 출수 (국립해양문화재연구소 2011b).

　지금까지 십이동파도선에서 처음 확인되고, 태안선에서 한 점이 발견되었을 뿐인 닻돌이, 마도 Ⅱ 지구 100×150m 가량의 좁은 구역에서만 60점 이상이 확인되었다는 것은, 이 해역의 특수성을 가장 극명하게 보여주는 것이라 할 수 있다. 마도 해역 중, 마도 Ⅱ 지구는 수심이 얕고, 남쪽으로는 마도와 신진도가 가로막고 있는 곳으로, 봄에서 여름철에 불어오는 남풍을 막아준다. 따라서 이 시기에 운항하던 배들에게 이 해역은 더할 나위없는 피항처 역할을 했을 것이며, 많은 수의 닻돌들은 피항했던 배들의 흔적이었던 것으로 생각된다. 침몰선(난파선)의 무덤이라고 할 수 있는 마도 해역에 대한 조사가 앞으로 더 진행된다면, 넓은 범위에서 각 지점별 특성을 파악할 수 있을 것으로 생각된다.

9) 태안 마도 2호선 수중발굴조사 (국립해양문화재연구소 2011c)

① 개요

국립해양문화재연구소는 2010년 5월부터 10월까지 마도2호선에 대한 수중발굴조사를 실시했다. 고려시대 선박 1척과 볍씨 등 각종 곡물류, 고려청자와 도기호, 목간, 각종 동물 뼈, 철제 솥 등 400여 점의 유물을 발굴했다.

마도 2호선은 길이 12.6m, 폭 4.4m, 깊이 1.2m 규모로, 동쪽으로 20°가량 틀어진 상태로 갯벌에 묻혀있었다. 총 41부재로 이루어졌으며, 외돛의 돛대 구멍이 있다. 선체는 3D프로그램을 이용해 구조적 특징을 밝혔다. 저판 선미에서 5열을 관통하는 장삭을 사용했고, 저판과 외판 연결방식이 L자형 턱과 사선 결삭 두 가지 방식을 혼용한 점, 외판의 맞댄이음 연결방식을 사용한 것 등은 마도 2호선만의 특징이다. 선체 수종은 모두 소나무류였다.

마도 1호선과 마찬가지로 고려시대 목간과 죽찰 47점이 발굴되었다. 선박에 실린 화물의 물표로 쓰인 목간에는 발송지와 수취인, 화물의 종류와 수량 등이 자세히 적혀 있다. 목간 내용 분석으로 마도 2호선의 연대와 성격을 밝힐 수 있었다. 수취인 중 이극서(李克.)와 유대경(庾大卿, 庾資諒)을 통해, 마도 2호선이 1200년을 전후한 시기의 선박임을 알 수 있다. 또한 마도 2호선은 현재의 전라북도 고창군 일대인 고창현(高敞縣), 무송현(茂松縣), 장사현(長沙縣)과 고부군(高阜郡)에서 거둬들인 쌀, 콩, 누룩, 메주, 젓갈류 등을 싣고 개경으로 향하던 곡물 운반선이었다.

마도 2호선에서는 고려청자 140점과 호, 시루 등 63점의 도기가 발굴되었다. 실려 있던 청자는 부안에서 생산된 것으로 추정할 수 있다. 양질의 고려청자 꾸러미가 나왔으며, 그 중 뚜껑이 있는 잔은 유색이나 모양이 아름답다. 접시, 발, 잔 등 일반적인 기종이 대부분을 이루고 있으며, 도기는 젓갈류 등을 담았던 것으로 보이는 항아리가 대부분이다. 이 중 가장 관심을 끄는 것은 동형의 최상급 상감과 음각매병 2점으로, 죽찰이 매달려 있는 채로 발굴되었다. 죽찰 판독 결과 매병은 중방의 하급무반이 수취인이었으며, 꿀과 참기름을 담고 있었다. 또한 매병을 당시 사람들은 준(樽)이라고 불렀다는 사실이 드러났다. 매병의 쓰임새와 명칭이 새롭게 밝혀진 매우 의미 있는 유물이다. 또한 대바구니, 청동숟가락, 그릇, 철제 솥 등이 발굴되었는데 모두 뱃사람들의 생활용품으로 추정된다.

발굴조사 지역은 1990년대에 건설된 안흥항과 신진도의 다리건설, 신진도와 마도를 연결하는 방파제 건설, 신진도항 건설 등, 대규모 건설이 이루어지면서 바다 물길이 바뀌게 되었고, 바뀐 물길에 의해 해저 지형의 변화가 일어나게 되었는데, 이때 갯벌에 묻혔던 유물이 서서히 모습을 드러낸 것으로 보인다. 2009년 마도 인근해역에서 실시한 탐사와 시굴조사 과정에서, 마도 1·2·3호선이 발견되었고, 동년 마도 1호선에 대한 조사와 선체 인양을 완료했다.

마도 2호선은 2009년 10월 확인되어 2010년 5월 4일부터 본격적인 조사를 시작, 그 해 10월 20일까지 총 125일간 조사가 이루어졌다. 발굴 위치는 N 36°41′23.9″, E 126°08′20.5″이며, 비교적 양호한 상태의 고려시대 고선박 1척과 화물로서 볍씨 등 각종 곡식류, 청자매병, 통형잔 등 도자류, 화물의 물표인 목간과 죽찰, 각종 동물 뼈, 선상용품으로 철제솥과 청동숟가락, 청동그릇, 대나무젓가락 등 다종·다양한 유물 400여 점이 출수되었다. 그 중에서도 특히 상질(上質)의 청자매병 2점(상감, 음각)은 각각 수신자와 내용물 등을 적은 죽찰이 함께 발견되어 관심이 집중되었다. 그리고 선체 내·외부에서 확인된 다량의 다듬어지지 않은 대·소형 원통목은, 여러 수중발굴(안좌선, 마도 1호선 등)에서 출수된 바 있으나, 그 성격이 명확하지 않았는데, 이번 마도 2호선 조사결과 화물의 선적과 관련된 것이었음을 밝히는 성과를 거두었다.

선박에 실린 화물의 물표로 쓰인 목간은, 앞선 마도 1호선에서와 마찬가지로 마도2호선에서도 다량 출수되었다. 재질에 따라 나무를 깎아서 만든 것(목간)과 대나무로 만든 것(죽찰)의 2종류가 확인되었다. 선박의 출항지를 추정할 수 있는 지역 명으로, 현재의 전라북도 고창군과 정읍시 지역인 고창현(高敞縣), 무송현(茂松縣), 장사현(長沙縣), 고부군(高阜郡)의 지명이 나타나며, 화물 종류는 백미(白米), 중미(中米) 등의 미곡과 콩을 뜻하는 태(太), 두(豆), 매주를 뜻하는 말장(末醬), 이외에도 난해(卵醢; 알젓갈), 정밀(精蜜; 꿀), 진(眞; 참기름)도 있다. 이 중 꿀과 참기름이 적힌 목간은 대나무로 만들어진 죽찰인데, 아름다운 기형의 매병에 매달려 있었다. 매병을 고려시대 사람들은 준(樽)이라고 불렀다는 사실과, 술 뿐 아니라 꿀이나 참기름 등, 귀한 식 재료를 담는 그릇으로 쓰였음을 확인할 수 있는 매우 중요한 유물이다. 목간에는 또한 개경에 있는 관직자 계층이 수신자로 적혀 있다. 특히 '李克█'가 적힌 목간을 통해서 대략적인 시기를 파악할 수 있게 되었다.

② 조사 해역의 해양 환경

외양에서의 조류 유속은 10cm/s를 초과하지 않으며, 평균 2~3cm/s 이다. 얕은 해역의 조류는 강하여 100~150cm/s까지 이르며, 좁은 해협에서는 500cm/s 또는 그 이상에 이르기까지 한다.

근흥면의 평균조차는 299~668cm(평균 484)이고, 만리포에서는 220~501cm의 조차를 나타내고 있다.

밀물은 평균 3.5시간 동안 지속되며, 썰물은 8.5시간이나 지속된다. 조류는 위치에 따라 다르지만, 발굴 해역의 조류는 밀물 때는 북서 방향으로 흐르며, 썰물은 남동 방향으로 흐른다. **표 3-14** 측정 결과에서 보듯이, 태안 마도 서쪽 해역보다도 느리게 흐른다. 마도 2호선 발굴 해역은 마도 방파제와 신진도항이 생기면서 조류의 변화가 많이 일어 났으며, 조류가 약해진 것으로 보인다. 갯벌 아래 50cm 정도의 층에 서 유물이 확인되었고, 그 위에 패각층이 확인되었다. 이는 동 해역이 방조제 및 신항 건설로 인하여, 조류의 방향 및 세기가 바뀌었고 갯벌 이 쌓인 것으로 보인다.

표 3-14 2011년 마도 2호선 선체 발굴조사 지역 조류 측정 결과.

측정일		5/23	5/24	5/25	5/26	5/27	5/28	5/29	6/5	6/6	6/7	평균
8시	속도 [cm/s]	18.58	21.51	12.22	9.29	11.49	11.28	6.36	13.2	14.1	14.67	13.27
	방향 [°]	250	263	246	222	257	257	80.16	271	266	261	
10시	속도 [cm/s]	16.62	15.64	13.20	12.23	12.68	11.33	4.40	6.36	4.96	7.33	10.48
	방향 [°]	269	254	246	259	149	118	233	354	118	247	
13시	속도 [cm/s]	7.82	5.38	6.84	12.22	13.69	11.73	19.07	5.87	2.47	9.78	9.49
	방향 [°]	60	309	262	259	252	247	261	243	40	80.16	
14시	속도 [cm/s]	10.76	4.89	4.89	7.33	12.71	12.08	14.18	4.40		10.12	9.04
	방향 [°]	111	53	306	245	280	220	249	57		172	

발굴지점의 조류방향 및 흐름 등을 측정한 자료 **표 3-14**를 보면, 서해안의 일부 평균 흐름보다 약한 지역이다. 조사 방법은 조류측정 기를 이용하여 하루에 4회 측정했다. 측정 결과 수치조류도(해양조 사원 자료)와 같이 0~20cm/s사이의 조류를 보여주고 있다. 조류의 방향은 수치조류도와는 약간 다른 양상을 보이나, 밀물 때는 북서·북동쪽으로 이동하는 것을 확인할 수 있었으며, 썰물 때는 남서·남

동쪽으로 흐르는 것을 알 수 있었다.

이러한 조류의 흐름 방향이 일정하지 않는 이유는 **그림 3-64**에서 보이는 것처럼 신진도와 마도 사이의 방조제로 물길이 막혀졌고, 안흥과 신진도 사이의 물길과 가의도와 마도 사이의 물길에 중간에 위치하고 있어, 안흥과 신진도 사이의 물 흐름이 적어지면서, 마도와 가의도 사이의 조류의 영향을 강하게 받아 변화한 것으로 보인다.

발굴 현장의 평균 수심은 약 5m이며, 조석에 따라 5m의 편차를 보인다. 마도 1호선이 침몰한 마도 서쪽 해역에 비하여 물의 흐름은 느리다. 마도 2호선 발굴 해역은 안흥항에서 관장목을 지나는 중간 지점으로, 수중 여(암초)가 발달되어 있다. 실제 측정한 데이터에서도, 이 해역은 수심이 낮으며, 북동쪽으로 갈수록 수심이 얕아지는 것을 볼 수 있다.

마도 2호선 발굴 과정 전반에 걸쳐, 다중빔음탐기를 사용하였다. 마도 2호선 발굴 전 다중빔음탐기 자료에서는 고선박의 매몰 상태를 알 수가 없었으며, 수중 시굴조사를 통하여 확인이 가능하였다.

선체 주변 해저 퇴적물은 선박을 중심으로 서쪽은 갯벌, 20cm 밑부분 쪽으로 패각류가 일부 확인되었다. 그러나 입도 분석을 위한 시료 채취부분에서는 확인되지 않았다. 선체내부에서는 시료 채취가 불가능하여, 선체 외부(그리드 끝)에서 PVC파이프를 이용해 1.2m 깊이로 채취했다.

퇴적층의 구분이 명확치 않아서, 임의로 10cm씩 시료를 채취하여 125mesh, 160mesh, 280mesh 3단계로 채질을 한 결과, 채에 걸리는 물질 없이 모두 다 통과하였다. 매쉬(Mesh, 그물망)를 통과한 시료를 관찰한 결과, 모래(Sand), Silt, 패각류는 관찰되지 않았고 갯벌 (Mud)만 관찰되었다.

③ 조사 장비

발굴용 바지선과 이에 탑재된 각종 장비류, 잠수 장비, 발굴 과정의
촬영과 실측 등을 위한 기록 장비, 그리고 발굴 전·후의 해저 지형을
조사하는 음향탐사장비나 좌표 측량, 수중 환경 분석 장비 등이 있다.

a) 바지선 (14×16m).

b) 조사 통제실

c) 배치도.

그림 3-93 발굴용 바지(Barge)선과 탑재장비 (국립해양문화재연구소 2011c).

철제로 기본 틀을 만들고 철제 사이에 스티로폼을 넣어 만든 것으로, 2008년 군산 야미도 발굴조사
때 제작하였다. 스티로폼으로 만든 바지선은 철제로 만든 바지선보다 흘수(吃水)가 낮아, 얕은 수심
에서도 발굴이 가능하며, 수면 위의 높이도 비교적 낮아, 잠수사 입·출수가 편하게 이루어진다.

조사 통제실에서는 잠수사의 통제를 담당하는 곳으로, 수중조사원이 착용한 풀페이스마스크에 설
치된 라이트, 카메라(cctv), 통신장비의 실시간 정보가 수신되어, 수중 상태를 수면 위에서도 실시
간으로 확인하고, 통신이 가능하여 수중 조사원의 발굴조사 지시와 통제를 한다.

d) 제토용 흡입펌프.

e) 출수대.

현재 수중 발굴조사 시 사용하는 주 제토 장비로, 스크루의 회전력을 이용하여 호스를 통해 물과 갯벌 등을 함께 끌어올리는 방식이다. 2008년 군산 야미도 수중 발굴 시 처음으로 도입된 것으로, 기존의 에어리프트에 비해 조정이 쉽고, 정밀한 제토가 가능하여 유물 손상을 최소화 할 수 있으며, 제토의 효율성이 높다. 다만 자갈이나 패각류가 많은 지역에서는 스크루의 손상 위험이 있고, 이물질을 함께 흡입하면서 호스의 막힘 현상이 비교적 자주 발생하며, 장비 제작 비용이 에어리프트에 비해 훨씬 고가이다.

흡입펌프에 의해 수중에서 제거된 갯벌과 바닷물이 함께 나오는 곳으로, 수중조사원이 거름 망에 걸린 작은 유물이나 이상체 등을 확인하는 곳이다.

f) 워터젯(Water-jet).

물을 고압으로 분사하는 장비로, 퇴적된 갯벌 하부의 유물 매장 의심 지역에 대한 갯벌 제거용으로 사용된다. 그러나 강한 수압으로 인한 유물의 파손 위험이 높아 사용에 주의해야 한다.

g) 조류계 및 탁도계.

h) 스쿠버와 고무보트.

그림 3-93 계속 (발굴용 바지선과 탑재장비).

a) Hookah와 수중실측판.   b) & c) 풀페이스마스크(Fullface Mask).

그림 3–94 잠수 장비 (국립해양문화재연구소 2011c).

　　a) 완도선 발굴조사 이후 오래 동안 훅카를 사용하여 왔다. 사진에서 보다시피 유선통화 장치는
　　　없다. 앞서 언급한 바와 같이 되도록 사용을 자제해야 된다.

　　b) & c) 근자에 들어서는 풀페이스마스크에 촬영·조명 장치 등을 부착하여, 효율성과 안전성을
　　　향상시켰다. 사진에서 보듯이 비상공기통(Bail-out bottle)도 착용하였다.

④ 조사 내용

　마도 2호선 확인 지점의 수심은 3.5～7m 정도이다. 조사에는 조사원 2～3명, 민간 잠수사 4명이 상시 투입되었다. 민간 잠수사 2명을 1조로, 각 조가 오전에 70분, 오후에 90분씩 잠수 조사를 수행했다.

　조사원은 확인된 선체와 유물을 기록(사진 및 영상촬영, 실측 등)하고, 민간 잠수팀은 그리드와 선체 내·외부 제토, 선체 분리, 선체와 유물 인양을 담당했다. 잠수는 정해진 시간 없이 필요에 따라 수시로 이루어졌다. 잠수에 투입된 총 인원은 822명이며, 잠수시간은 56,540분(약 942시간)이다.

　침몰 선체 조사는 선체와 선체 내부 제토 및 노출→사진·영상 촬영→실측→유물 인양의 과정을 거친다. 그런데 선체 내·외부 유물들이 모두 같은 면에서 확인되는 것이 아니기 때문에, 일정 수량

의 유물들이 출토되는 면을 전반적으로 제토하여 노출시킨 후, 기록과 유물 수습을 진행하고, 다시 하부에 대한 조사를 반복적으로 진행한다. 마도 2호선은 모두 5차에 걸쳐 제토 및 노출, 기록, 유물 인양의 과정을 거쳤다. 1~3차는 선체와 선체 내부를 노출시키는 과정이며, 4차는 선체만 남은 상태, 마지막 5차는 선체를 인양한 후, 선체 하부 및 주변부에 대한 조사였다. 마도 2호선의 조사 내용은, 순차적으로 진행된 1~5차까지의 각 노출면별 양상을 통해 명확하게 파악될 것이므로, 노출면별 양상을 기술하고, 이에 대한 도면과 사진을 수록하였다.

마도 2호선에 대한 조사는 2010년 5월 4일부터 본격적으로 시작되었으며, 선체 내부에서 다듬어지지 않은 원통목들이 나타나기 시작하여, 일단 상부 원통목이 노출되는 면(1차 노출면)까지 제토를 실시했다. 조사 초기에 먼저 선체 방향과 규모를 파악하기 위한 트렌치 조사를 실시한 결과, 선체는 남북 길이 12m 내외, 동서 너비 5.6m 내외의 규모이며, 방향은 북쪽을 기준으로 동쪽으로 20°(N-E 20°) 가량 기울어진 것으로 확인되었다. 이를 감안하여 8×18m의 그리드를 선체 방향에 맞추어 구획하고, 본격적인 제토 작업을 실시했다. 그리드 내 격자는 사방 1m 크기로 남에서 북으로 A~R행으로, 서에서 동으로 1~8열로 나누어, 각 격자는 A1~R8 그리드로 명명하였다. 지형상 A1 그리드 지점이 가장 높아, 이 그리드 남동 모서리의 해저면을 기준 높이(L.B.M)로 삼았다.

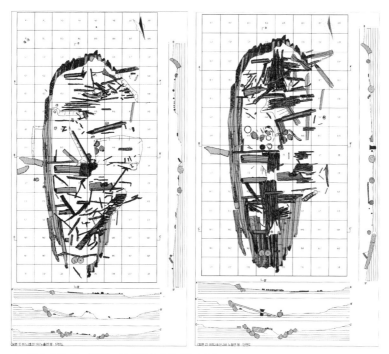

a) 1차 노출면 평 · 단면도. b) 2차 노출면 평 · 단면도.

그림 3–95 1 · 2차 노출면 평 · 단면도 (국립해양문화재연구소 2011c).

a) 1차 노출면에 대한 조사는 6월 4일 완료되었다. 선체는 C ~ O행, 2 ~ 7열 사이에서 노출되고
있어, 이 그리드들을 중심으로 조사가 이루어졌다. C ~ F 구간은 약 30cm 내외에서 다듬어지
지 않은 원통목들이 노출되고 있어, 그 깊이까지 제토하였으며, G ~ H구간은 유물이 나타나지
않아, 60 ~ 70cm까지 제토하였다. 북쪽의 I ~ O 구간은 남쪽과 마찬가지로, 다량의 원통목이
노출되기 시작하는 30 ~ 60cm 깊이까지 하강했다.

b) 6월 5 ~ 25일, 1차 노출면에 비해 대체로 15 ~ 30cm 가량 더 하강하였다.
선체의 남단부는 1차 노출 당시와 큰 차이가 없으나, 북쪽은 외판재와 저판들이 2.5 ~ 3m 가
량 더 노출되었다. 동측 외판 두 단은 노출이 완료되었으며, 중앙저판을 기준으로 동측 저판
제3열도 상당 부분 드러났다. 그리고 서측 외판 4단이 전반적인 형태를 알 수 있을 정도로
노출되었다. 남단부가 선수(船首), 북단부가 선미(船尾)로 추정된다. 또한 가룡이 모두 확인되
었는데, 가룡을 기준으로 선체가 다섯 칸으로 구분되고 있으며, 각 칸별로 유물의 출토 상태
가 다르게 나타나고 있다.

a) E5 청동 그릇.
a)~c) 1차 노출면 수중 상태.

b) I5 광구병 및 철제솥.

c) 라벨 부착 완료된 원통목.
c) 2010. 06. 04.

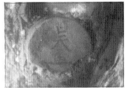

d) E3 묵서명 도기.

e) E5 죽찰.

f) J2 죽찰.

g) H3 그리드 도기대호.

h) K6 그리드 청자대접 꾸러미.

d)~h) 2차 노출면 수중 상태.

그림 3-96 각 노출면 수중 상태 (국립해양문화재연구소 2011c).

2차 노출면까지 주로 확인되었던 원통목을 대부분 걷어내고, 선체 바닥의 유물을 노출시켜 기록·인양한 3차 노출면 조사는, 7월 1일부터 8월 9일까지 진행했다. 선체 전체 모습을 확인할 수 있었고, 유물은 주로 제2칸에서 출토되었다.

선체는 저판 7열, 좌현 외판 2단, 우현 외판 5단까지 확인되었다. 침몰시 우현쪽으로 기울어지면서 우현 외판 5단의 부재는 선체에서 떨어져 나와 있었다. 제2칸을 제외한 나머지 칸에는, 각 2개의 받침목들이 일정한 간격을 두고, 선체와 직교하는 방향으로 배치되어 있다. 이 대형 원통목 제원은 다음과 같다.

구분	제1칸		제3칸		제4칸	
	받침목1	받침목2	받침목3	받침목4	받침목5	받침목6
길이	208	248	280	240	180	157
직경	18	36	42	30	24	20
간격	124		74		132	

〈표〉 대형 원통목 제원표 （단위 : cm）

• 받침목 번호는 남→북

받침목의 길이와 직경은, 중앙부의 3번이 가장 길고 두꺼우며, 선수부와 선미부쪽으로 가면서 작아진다. 중앙부가 가장 깊고 넓으며, 선수, 선미로 가면서 폭과 깊이가 줄어드는 선체의 구조 특징과 정확하게 일치하고 있다. 결국 선체 내 놓여질 위치에 알맞은 굵기의 나무를 선정하여, 좌・우 외판 1단 사이에 놓을 수 있도록 잘라낸 것으로 추정할 수 있다. 이러한 받침목 위로 다듬어지지 않은 원통목을 3겹 이상 겹쳐 배치하였다. 이러한 원통목들의 기능은 그 배치나 정황, 출토된 목・죽찰의 내용으로 보아, 콩이나 쌀과 같은 곡물 운송 시, 물에 젖지 않도록 배 저판에서 이격시키기 위한 것으로 생각된다.

선체 바닥부의 유물은 철제솥 2점을 제외하고, 모두 제2칸에서 출토되고 있다. 유물은 도기와 청자, 철제솥, 대바구니 등으로, 앞서 2차 노출면에서 기술했듯이, 이 칸에는 선상의 취사 및 식생활과 관련된 유물과 화물이 혼재되어 있는 것으로 보인다. 2차 노출 시 원통목들이 확인된 바 있는 F5・6, G5・6 그리드에서 원통목을 걷어내자, 청자매병 2점과 통형잔 2꾸러미, 각종 도기호와 죽찰, 그리고 여러 개가 겹쳐있는 철제솥 등이 출수되었다.

2차 노출면에서 어느 정도 윤곽이 드러났던 H3～H6 그리드 출토품들은, 선상 취사와 식생활과 관련된 유물들이며, 특히 H3 그리드에서는 점토와 기와 파편, 돌로 만든 노지 시설이 확인되었다. 노지는 1.2×1.26m 방형으로, 선체 중심인 돛대 구멍에서 좌현 쪽에 위치한다. 저판부재 바로 위에 점토를 깔고, 그 위로 암기와편을 위주로 한 기와편과 깬돌을 깔았다. 점토는 오랫동안 불을 맞아 소결되었으며, 기와와 돌들도 붉게 변색된 부분이 있다. 돌들은 모두 석영계의 차돌로 깨진 면이 날카로운 할석이다. 이 노지 서편으로 선상 취사와 관련된 유물이 다수 출수되었다.

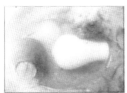  

i) F5 유물 노출 상태.　　j) K 유물 노출 상태.　　k) H5・6 유물 노출 상태.

i)～k) 3차 노출면 수중 상태.

그림 3-96 계속 (각 노출면 수중 상태).

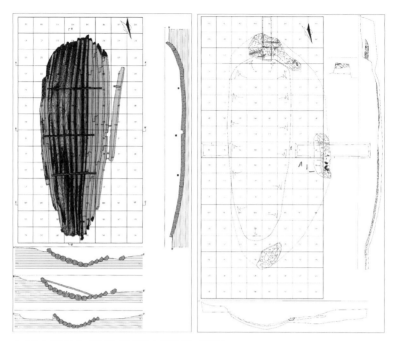

a) 4차 노출면 평·단면도. b) 5차 노출면 평·단면도.

그림 3-97 4·5차 노출면 평·단면도 (국립해양문화재연구소 2011c).

a) 선체 내부 유물을 모두 인양하여, 선체 전모를 노출시킨 상태다. 남아있는 선체의 규모는 길이 12.6m(우측 저판 3열 기준), 최대 폭 4.4m(G행 기준), 잔존 최대 깊이 1.16m이다. 선체는 우현쪽으로 약간 기울어진 상태로 매몰되어 있었고, 좌현 외판은 2단, 우현 외판은 5단까지 남아 있었다. 침몰 당시, 우현쪽으로 기울면서 외판이 약간 벌어진 것으로 보인다. 이 때문에 우현쪽이 갯벌에 매몰된 부분이 많아져서, 외판이 5단까지 남아있을 수 있었다. 우현 외판 5단의 경우 하나의 부재만이 남아있었는데, 외판 4단과는 분리되어 있었고, 가룡목이 부러진 채로 결구된 상태였다. 또한 4단 외판에 멍에형 가룡을 설치하고, 위로 돌출된 부분과의 결구를 위해, 5단 외판 하단부에 홈을 만들었다. 아쉽게도 이 위치에 결구되었던 멍에형 가룡은 발견되지 않았다.

인양된 모든 선체편들은, 바지선 위에서 긴급 보존처리를 위해 젖은 부직포로 전면을 덮고, 다시 그 위에 비닐을 이용하여 포장을 하였다. 정리된 선체편들은 만조 때에 맞추어서 바지선을 이동하여 태안의 탈염장으로 옮겼다.

b) 선체 인양 작업이 모두 완료된 9월 16일부터 10월 20일까지, 선체 하부와 주변에 대한 토층 조사와 잔존해 있는 유물 포함층 제토 작업을 실시했다. 선체 하부를 포함한 주변부에는 단단한 패각층이 분포하는데, 이 층에는 마도 2호선과 관련된 유물들이 포함되어 있다. 앞선 선체 인양을 위해 주변부를 제토하는 과정에서, 이미 패각층의 상당부분이 제거되었으며, 포함된 유물을 수습하였다.

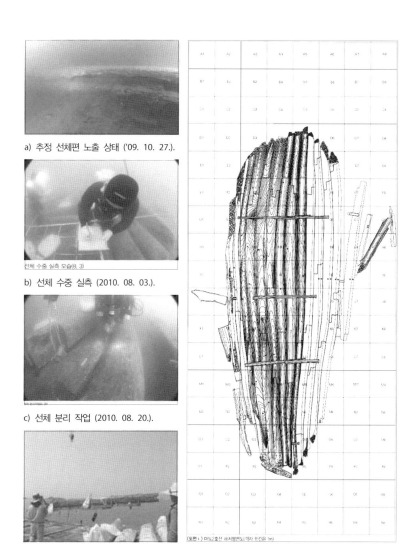

a) 추정 선체편 노출 상태 ('09. 10. 27.).

b) 선체 수중 실측 (2010. 08. 03.).

c) 선체 분리 작업 (2010. 08. 20.).

d) 선체 출수 (2010. 08. 30.).

e) 마도 2호선 해저 평면도 (격자 한 칸은 1m).

그림 3-98 마도 2호선 선체와 해저 평면도 (국립해양문화재연구소 2011c).

마도 2호선은 2009년 마도 1호선을 발굴하던 중, 주변 해역 시굴조사에서 발견되었다. 마도 1호
선에서 동쪽방향으로 약 900m 가량 떨어져, 거리가 비교적 가까운 편이고, 전체적인 선체의 성격
이 유사하여, 마도 1호선과의 연관성도 고려해 볼 수 있으나, 현재까지의 조사 결과만으로는 섣부
르게 판단하기 어렵다.

⑤ 선체

마도 2호선은 13세기경에 침몰된 고려시대 선박으로, 매몰 당시 길이 12.8m, 중심폭 5m 가량의 규모였으며, 50cm 깊이에서 1차, 70cm에서 2차, 100~120cm에서 3차 노출면 확인 및 발굴조사를 실시하였다. 선체는 장축방향이 동쪽으로 20°가량 틀어진 상태(북동-남서)로, 저판과 외판이 매몰되어 있었다. 선박은 침몰 당시 우현 쪽으로 기울어지면서 점차 외판이 벌어진 것으로 보이며, 이로 인해 2단까지만 확인된 좌현에 비해서 우현을 5단까지 확인할 수 있었다.

마도 2호선은 시기적으로, 십이동파도선(11세기 중·후기), 완도선(12세기 초)과 대부도선(12~13세기), 달리도선(13~14세기), 안좌선(14세기 후반)의 사이에 위치하는 선박이다. 즉, 저판과 외판을 연결시켜 주던 만곡종통재가 사라지고, 저판과 외판이 직접 연결되는 직부형이 나타나기 전의 선박으로 볼 수 있는 것이다.

저판 21부재, 외판 20부재로 총 41부재가 남아있었으며, 횡강력 유지의 역할을 하였던 가룡목 5점, 받침목 6점과 닻돌 1점이 각각 인양되었다. 좌우 저판 3열의 경우, 선수와 선미쪽으로 갈수록 위로 치솟는 형태를 이루고 있다. 이는 마도 1호선에서 확인된 양상과 매우 유사하다. 따라서 현재까지의 발굴 성과만으로 미루어 본다면, 마도 2호선 역시 저판을 7열로 간주하되, 좌우 저판 3열을 과도기적인 단계의 저판, 혹은 종통재로 보는 것이 타당할 것이다. 저판의 각 부재들은 최소한의 접합 부분만을 가공하여 제작하였다. 외판의 경우 내부는 평평하게 제작하였으나, 외부는 원목 상태로 제작하여 부재가 두꺼우며, 강도를 고려하여 제작한 것으로 보인다.

마도 2호선의 내부는 마도 1호선과 유사하게 받침목(대형 원통목)이 균일하게 배치되어 있었는데, 이는 횡강력 유지, 화물의 받침, 선체 내부의 구획 설정 등의 용도로 사용하였을 것으로 추정된다.

마도 2호선에서는 아쉽게도 선수와 선미의 구조를 파악할 수 있는 구조물이 발견되지 않았다. 하지만 마도 1호선에 이어서 또 다시 7열의 저판 구조를 갖는 선박을 확인하였으며, 선체 내부에서 발견된 원통목과, 새롭게 발견된 중앙저판의 구조 등을 통해, 고선박 구조 연구에 많은 자료를 제공하였다. 뿐만 아니라 기존의 고선박들과 같이, 부재간의 결착면과 못구멍 사이에서, 석회로 보이는 일종의 접착제를 사용한 흔적이 재차 확인되었다.

마도 2호선에서 확인된 평저형의 횡단면 구조, 홈붙이 클링커 이음방식을 채용한 외판 구조, 가룡목과 원통목을 사용하여 횡강력을 유지한 점 등의 구조적 특징은, 우리나라 13세기 고선박의 형태를 확실하게 대변하고 있다고 볼 수 있다. 따라서 마도 2호선의 발굴은, 한선 연구에 있어서 그동안 발굴된 자료와 함께, 고선박의 구조와 고려시대 선박의 편년연구에 중요한 자료를 제공할 수 있을 것이다. 특히 만곡종통재 사용 시기와 만곡종통재를 사용하지 않은 시기에서, 마도 1호선과 함께 고선박의 발달 단계를 설정하는데 큰 역할을 할 것으로 기대된다.

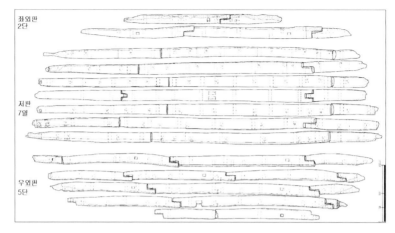

그림 3-99 마도 2호선 평면도 (국립해양문화재연구소 2011c).

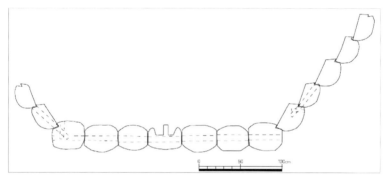

그림 3-100 나무못 결구 모식도 (국립해양문화재연구소 2011c).

⑥ 마도 2호선 잔존 선체 구조 고찰

현재까지 대한민국 인근 해역에서 발굴된 선박은 총 11척이다. 그 중 외국 선박으로 밝혀진 신안선과 진도군 벽파리 통나무배 2척을 제외한 9척 모두 고려시대 선박이다. 9척 중 달리도선, 안좌도선, 대부도선 3척은 썰물이면 드러나는 갯벌에서, 나머지 6척은 수중에서 발굴되었다. 발굴 중인 마도 3호선도 있다. 우리나라는 지금까지 발굴 대상 선체 잔존부를, 수중에서 해체하여 인양하였다. 게다가 주 발견처가 서해이기 때문에, 수중 시야가 좋지 않은 등, 수중 환경의 제약으로 해체 전 선체 구조를 완벽히 기록하는 것은 쉽지 않다. 따라서 발굴 당시의 결합 상태를 재현함으로써, 잔존부의 선체 선형 특징과 결합 방식 등의 세부 구조를 확인 할 수 있다.

육상으로 옮긴 후의 개별 선체 확인도, 선체 한 부재의 크기와 무게 때문에 쉬운 작업은 아니다. 큰 부재는 6~7m 정도에 이르기도 한다. 게다가 부재의 형태는 남아있으나, 목재 조직이 약해져 있는 상태일 경우, 파손되기 쉬우며, 수분이 마르지 않게 유지시켜야 한다. 또한 개별 선체 부재는 만곡이 심한 편이어서, 평면적인 2D 도면으로 인양 전 결합 상태를 재현한다는 것은 거의 불가능하다. 그래서 최근에는 선체 실측과 동시에, 컴퓨터 프로그램을 사용하여 입체적인 3D 도면으로 기록하고 있다. 이를 통하여 발굴 당시 결합 상태 재현은 물론, 개별 선체의 형태나 구조를 쉽게 확인할 수 있다. 마도 2호선도 최근 컴퓨터 프로그램을 이용하여 발굴 전 결합 상태를 재현하였고, 이를 통하여 발굴 당시에는 기록하기 어려웠던 선체의 구조 특징을 확인할 수 있었다.

2D · 3D 프로그램을 사용하여 마도2호선 선체구조를 확인하였던 방법을 소개하고, 기존 발굴된 고려시대 선박구 조를 살펴본 후, 마도 2호선 구조에 대해 알아본다. 2D · 3D 프로그램을 활용한 선체 구조 고찰은 크게 다섯 단계로 이루어진다. (국립해양문화재연구소 2011c, pp.448-467 참조).

첫 번째, 개별 선체를 직접 실측하여 수치를 확인한다.

두 번째, 실측 결과 값을 2D 도면(AUTOCAD)으로 기록한다.

세 번째, 전 단계의 결과 값으로 3D도면(Rhinoceros)으로 기록한다.

네 번째, 개별 선체를 결합하여 발굴 당시의 모습으로 재현한다.

다섯 번째, 다시 2D 도면으로 결합 상태를 기록한다.

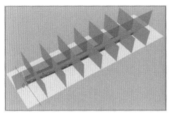 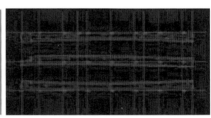

① 기준점 및 실측지점 구상도 　　② 2D 도면 작성 - 형태 완성

③ 3D 도면 작성 - 형태 외곽선 만들기, 형태 만들기, 재질 입히기

④ 부재 결합 3D 도면 작성 - 중앙 저판 결합, 좌·우 저판 결합, 외판 결합

⑤ 부재 결합 2D 도면 작성 - 3D 평면 모습, 외곽 추출선 기준 도면 작성, 불필요 선 제거 완성

그림 3-101 2D · 3D 프로그램 활용 선체 구조 고찰 방법. (최유리, 국립해양문화재연구소).

2D 도면의 경우, 부재의 구조와 크기를 쉽게 인지할 수 있는 장점이 있으나, 휨이 많은 선체 각 부재의 결합 재현에는 어려운 점이 있다. 또 3D 도면의 경우에는 부재의 형태와 휨을 쉽게 인지할 수 있는 장점이 있으나, 보는 방향에 따라 왜곡되기도 하며, 이미지로 인식되어 도면의 기본인 구조체의 규모나 결합부의 구조 등을, 한눈에 인지하기 어려운 점이 있다. 그러므로 두 작업의 병행은 꼭 필요하다.

⑦ 출수 유물

마도 2호선에서 도자기류가 발굴되었지만, 마도 1호선과 마찬가지로 기본적으로 곡물을 운반하던 배로 수량은 그리 많지 않다. 자기류는 총 140점으로 전량 청자이다. 기종은 발·대접·접시·잔·병·호 등 생활 용기가 중심을 이룬다. 이 중 접시와 발이 높은 비율을 보였고, 그 다음으로 잔이 다수다. 대접과 병은 각각 2점과 7점으로 소량 출토되었고, 특수 기종 없이 자기류는 매우 단순한 구성을 보인다. 마도 2호선에서 발견된 청자는 그 성격에 따라 두 그룹으로 대분 된다. 하나는 포장목으로 묶여 있던 자기류이고, 다른 하나는 선상 이곳저곳에서 발견된, 즉 선상이라는 실제 생활공간에서 쓰임이라는 특정 목적 하에 실린 것들이다.

죽찰을 목에 매단 채 발견된 매병(**그림 3-102**) 2점은, 도자기류 중 가장 주목되는 유물로서, 그간 용도를 정확히 알 수 없었던 매병이, 저장과 운반의 역할도 했음이 밝혀졌다. 자기질의 매병은 소비지뿐 아니라, 생산지에서도 발견 개체량이 적고, 시문 비율이 높으며 비교적 양질의 것이 많다. 그래서 용례는 정확하지 않으나, 막연하게 특수한 목적을 위한 기물로 다루어졌을 것으로 생각되어져 왔다. 그러나 금번 조사를 통해, 이들을 '준(樽)'이라 칭했으며, 일상생활 공간에서 쓰였음이 확인되었다. 구연은 반구형이며 목이 짧고 어깨가 풍만하게 벌어져 최대경을 이룬다. 동체는 허리가 잘록하고 하단에서 외반하는 볼륨감 있는 형태이다. 저부는 안굽 형식이며 모래 섞인 내화토빚음 받침으로 번조되었다.

마도 2호선에서 발견된 도기류는 호, 시루, 매병 등 63점이다. 이 중 중심이 되는 기종은 도기호로, 기형에 따라 동체가 세장한 장신호와 배가 부르고 목이 짧은 단경호, 높이 80cm 가량의 대형호로 나뉜다. 기내외면으로 테쌓기한 흔적이 남아 있고, 바닥면은 따로 만들어 부착하였으며, 흑갈색 유약을 시유한 것이 다수이다. 시루와 매병은 흑회색을 띄는 무시유 도기로 1점씩 확인되었다. 도기호의 쓰임새에 대해서는, 같이 발굴된 목간을 통해서, 젓갈류와 같은 액체를 담아 수취인에게 발송하기 위한 용도로 사용한 것이라는 것이 밝혀졌다.

마도 2호선에는 태안선, 마도 1호선과 마찬가지로, 화물의 운송표로 쓰인 목간 47점이 나왔다. 목간에는 화물의 수취인과 발송자, 종류, 수량, 포장 단위가 모두 또는 일부가 적혀 있어, 화물표의 성격이 뚜렷이 드러난다. 마도 2호선의 목간은 대체적으로 홈을 파서 끈을 묶은 후 화물에 매단 형태지만, 일부는 홈이 없는 것도 있다. 홈이 없는 것은 끝을 뾰족하게 다듬었는데, 볏섬이나 초섬 등에 꽂아서 사용한 것으로 추정했다. 목간에는 출항지 또는 실린 화물의 생산지로 추정되는, 고창현(高敞縣), 무송현(戊松縣), 장사현(長沙縣, 현재 전라북도 고창), 고부군(高阜郡, 현 전라북도 정읍)이 적혀 있다. 화물 종류는 백미(白米), 중미(中米) 등의 미곡과, 콩을 뜻하는 태(太), 두(豆), 메주를 뜻하는 말장(末醬)과, 술을 빚는데 넣는 누룩(麴)이 적혀 있다. 이외에도 난해(卵醢; 알젓갈), 정밀(精蜜; 꿀), 진(眞; 참기름)도 있다. 목간을 통해 알 수 있는 중요한 사실 중 하나는 마도 2호선의 연대다. 화물 수취인 중 하나인 이극서는 고종대 추밀원부사(1219년)와 평장사(1220년)를 지낸 인물이다. 그런데 목간에서 이극서의 관직은 낭중(郎中)으로 적혀 있어, 1219년보다는 앞선 시기라는 사실을 알 수 있다.

마도 2호선은 마도 1호선과 마찬가지로 지방에서 나오는 곡물을 개경에 있는 관직자에게 운반하던 곡물 운반선이라고 할 수 있다.

마도 2호선에서는 다량의 곡물류와 동물뼈, 금속, 석제 유물이 출수되었다. 이 중 식물류에 대한 검경과 형태적 특징을 파악하여, 동정을 실시했고, 총 13종을 분류해 낼 수 있었다. 작물류로는 벼, 조, 메밀, 들깨, 콩깍지와 때죽나무로 기록과 대부분 일치한다. 포유류, 조류, 어류 등 180여 점의 동물 유체 등 포유류는 사슴, 돼지, 개, 소, 고라니, 고래의 6종류가 확인되는데, 이 중 사슴과 돼지가 대부분을 차지하고 있다. 어류는 농어, 숭어, 참돔, 상어 등 9종류가 확인되지만 참돔이 대부분이다. 조류로는 닭과 오리가 대부분이다.

이외에도 선상에서 사용한 것으로 추정되는 유물이 다수 발굴되었다. 대나무젓가락과 대바구니, 뱃사람들의 생활 도구 석제 숫돌과 맷돌이 각 한 점씩, 장기알 2점도 발굴되었다. 숫돌은 한 면은 연마되어 반듯하고, 중간부가 잘록해서, 실제 선상에서 사용한 유물로 보인다. 또한 장기알도 출수되었는데, '차(車)'와 '장(將)'이 앞뒷면에 적혀 있는 것 2점이다. 선상에서 뱃사람들이 여가로 장기를 즐겼음을 추정할 수 있다.

a)~d) 청자상감국화모란유로죽문매병.　　　　　　　　　　　　　　　e) 죽찰.

그림 3-102　청자매병과 죽찰 (국립해양문화재연구소 2011c).

참기름이 담겼던 청자매병이다. 문양은 크게 3단으로 구성되어 있는데, 모두 상감기법을 사용하여 나타냈다. 우선 경부에는 여의두문, 저부에는 연판문과 뇌문이 시문되었고, 그 사이의 동체 면에는 국화·모란·대나무·갈대·버드나무·닥꽃을 표현하였다. 각각의 화목은 기면에 골을 파서 6등분 한 후, 능화형의 창(窓)을 두르고 그 안쪽에 시문되었다. 녹청색 유약을 기면 전체에 바른 다음, 바닥접지면의 유를 닦고 모래섞인 황색 내화토빚음을 10군데 받쳐 번조하였다. 빙열과 잡물 없이, 유면이 깨끗한 편이나 저부쪽 유가 말려 태토가 군데군데 드러난다. 죽찰(23번, 重房都將校 吳文富 宅上眞盛樽封, 13.4×1.4cm)을 목에 단 채 인양되었다.

높이 38.9~39.1cm, 입지름 7.1cm, 굽높이(외)(내) 0.3cm, 굽지름 14.2cm, 무게 4.0kg.

10) 태안 마도 3호선 수중발굴조사 (국립해양문화재연구소 2012a)

국립해양문화재연구소는 2011년 5~10월에, 마도 해역에서 고려시대 난파선 마도 3호선 수중발굴조사를 실시했다. 조사 결과 35점의 화물 물표 목간과 도기호, 청자, 청동 용기를 포함해 다수의 곡물류와 동물뼈 등을 발굴했다. 마도 3호선은 선수와 선미, 돛대 등선체 구조가 거의 완형으로 남아 있고, 잔존 부재 또한 가장 많다. 길이는 12m, 폭은 8.5m다. 그동안 수중에서 발견된 난파선은 부재별로 해체해서 인양했으나, 선박 구조가 고스란히 남은 마도 3호선은 통째 인양하기로 결정했고, 이를 위해 실려 있던 화물은 모두 발굴하고, 선체는 수중에 남겨둔 상태다. 향후 서해유물보관동이 완공되는 2015년 발굴할 예정이다.

마도 3호선 역시 이전의 마도 1, 2호선처럼, 화물 물표로 실린 목간의 판독을 통해 역사적 사실이 명확해졌다. 목간 연구 결과 1265~1268년에 침몰한 선박이다. 출발지(발송지)는 전라남도 여수를 포함한 남부 해안이며, 최종 목적지는 당시 고려의 임시 수도였던 강화도였다. 고려시대의 죽찰 20점, 목간 15점이 발굴되었다. 목간의 경우 2007년 대섬 발굴에서 처음으로 확인된 이후 네 번째이고, 죽찰은 2009년 마도 1호선 이후 세 번째로 확인된 것이다. 이러한 목간과 죽찰은 마도 3호선과 화물의 역사적 성격을 규명시켜줄 수 있는 매우 중요한 자료이다.

목간과 죽찰에서 간지는 확인되지 않았다. 하지만 발송지가 呂水縣(현재 전라남도 여수시)이었음을 확인하였고, 수취인은 신윤화{辛允和, 고려사(高麗史)에 1260년 將軍으로 나옴}, 유승제(兪承制, 승제 = 承宣, 兪千遇가 1264~1268년 승선직에 있음), 사심(事審) 김영공(金令公, 金俊) 등의 관인이었다는 것을 알 수 있었다. 즉, 수취인은 김준을 비롯한 고위관직자인데, 특히 김준과 정치적 혈연적으로 긴밀한 관계를 맺고 있던 집단이었다. 또한 마도 1, 2호선에 비해 가장 특징적인 점은 도관(都官), 중방(重房), 삼별초(三別抄) 등 관청이 수취인으로 나타난다는 점이다. 이를 통하여 마도 3호선은 1265~1268년 사이의 선박임이 밝혀졌다. 뿐만 아니라 홍합(마른 것, 젓갈), 전복(생 것, 젓갈), 상어 등 고급 어·패류, 육포, 곡물류 등과 직물(布)을 화물로 싣고 가던 배였음을 확인하였고, 삼별초의 구체적인 조직과 지휘 체계, 지역관할제도를 알 수 있었다. 향후 목간에 대한 연구를 심도 있게 진행하면 김준 집권기 고려시대 정치사, 사회사를 비롯해 삼별초 운영의 구체적인 실태가 드러날 매우 중요한 사료다.

도기류는 다양한 크기로 다수 확인되었으며, 당시 선원들의 생활 상을 추정할 수 있는 중요한 자료를 제공한다. 그간 수중발굴조사로 많은 도자류가 발굴되었고, 주로 자기 그 중에서도 청자 연구에 치중된 면이 있었다. 도기는 파편으로 나오고 형식이나 용례 파악에 어려움이 있었기 때문이다. 하지만 목간을 통해 편년과 용도가 밝혀지고, 많은 완형(비록 파편을 복원한 것이라도, 유실부가 없는 완형이 상당수 있음) 유물을 확보하게 되어 마도3호선 도기호는 향후 고려시대 도기 연구의 기준 자료가 될 것이다.

유물 중 가장 주목되는 것은 도기호다. 선체의 중앙부에 해당하는 제3칸에 집중되어 있었으며, 파편으로 나온 것을 복원한 것과 완형을 합쳐 68점에 이른다. 도기호에는 전복과 홍합 젓갈, 물고기 기름 등을 담아서 운송했는데, 이외에도 식수를 담는 용도로도 쓰였다. 자기에 비해 편년 자료나 완형 유물이 별로 없어, 연구가 진척되지 않았던 고려시대 도기 연구의 획기적인 자료다. 또한 도기호나 선체 곳곳에 남아 있던 유기물질 분석으로, 당시 사람들이 어떤 종류의 어류, 포유류, 곡물, 견과류 등을 먹었는지 알 수 있게 된 것도 큰 성과라 할 수 있다.

마도3호선에서는 총 62점의 금속유물이 출수되었다. 대부분 선원들이 조리 등에 사용한 용기류가 중심을 이루고 있다. 철제솥을 비롯해 청동발, 접시, 수저, 국자 등 식생활과 관련된 유물이 많다. 수저의 경우에도 여러 형식의 숟가락과 함께 청동 숟가락이 출수되었다는 점이 주목된다. 청동유물에서 주목되는 점 중의 하나는 청동용기와 숟가락 등을 수리한 흔적이다. 연미형 숟가락의 경우 윗부분을 절단해서 재사용한 흔적이 뚜렷이 있는가 하면, 청동대접도 구멍이 난 곳을 메꿔 수리한 부위도 있다.

선상에서 사용한 것으로 추정되는 청동 그릇과 숟가락, 젓가락도 다량 발굴되었다. 대접, 접시가 주를 이루는, 그 중 일부에는 수리 흔적이 남아 있어, 당시 청동 제품에 대한 수리 방법도 알 수 있게 되었다. 또한 모서리가 둥근 조약돌에 묵서로 차(車)나 포(包)를 적은 장기알도 나왔다. 선상생활의 무료함을 달래기 위해 사용한 것으로, 고려시대 놀이 문화의 실제 유물이 나와 흥미롭다.

이외에도 마도3호선에서는 많은 동물뼈와 식물 유존체, 직물류 등도 출수되었다. 이에 대한 분석을 진행했고 그 결과가 상세하게 도출되었다. 향후 이 분야 연구에 도움이 될 것으로 기대된다.

① 조사 개요

마도 해역은 마도 북쪽에 있는 수중 여를 기준으로, Ⅰ~Ⅳ지구로 구분했다(앞의 **그림 3-83**). 그리고 2009년부터 진행한 수중탐사에서, Ⅰ지구는 씨뮤즈호를 이용한 광역탐사를 실시했고, 해저 면에 많은 유물이 산포되어 있었던 Ⅱ지구 북서쪽 구간은, 일정한 간격으로 트렌치를 구획하여 조사하는 시굴조사 방법과 광역탐사를 병행했다. 2009년 탐사 결과, Ⅰ지구에서는 청자꾸러미를 발견했던 3지점을 중심으로 씨뮤즈호를 이용한 광역탐사로 마도 1호선을 발견했고, Ⅱ지구에서는 해저면에 유물이 집중 산포되어 있던 곳을 중심으로 트렌치 시굴조사를 하던 중, 마도 2호선을 발견했으며, 씨뮤즈호를 통한 광역조사로 마도 3호선을 발견해, 한 해에 3척의 고선박을 발견할 수 있었다.

출수된 자기는 다른 해저 출수 자기에 비해, 수량이 상대적으로 매우 적고 기종과 문양 역시 비교적 단순한 편이다. 대부분 단독으로 번조하였으며, 번조 받침은 사립이 섞인 내화토빚음받침, 규석받침 등이 확인된다. 유색(釉色)이나 문양도 시문기법에 따라 시문상태가 좋은 것과 좋지 않은 것으로 구분되어, 기형과 시문 기법에 따라 질이 다르게 생산된 것으로 보인다. 총 41점 중에 6점은 3호선의 선체 외곽에서 출수되었다.

마도선 세 척이 발견된 태안 해역 수중발굴조사 경과는 아래와 같다.

- 2007. 07. 마도 근해 어로 작업 중 유물 발견 신고(총 3건, 26점)
- 2007. 10. 03. 마도 근해 1차 긴급탐사
- 2008. 05. 13.~14. 마도 근해 2차 긴급탐사(청자 66점 수습)
- 2008. 07. 07.~12. 마도 해역 1차 수중발굴(청자 449점 인양)
- 2008. 07. 21.~2009. 01. 20. 사적 가지정(6개월 마다 가지정 연장)
- 2009. 03. 16.~24. 추가 긴급탐사(청자대접 등 48점 수습)
- 2009. 04. 27.~11. 15. 마도 해역 2차 수중발굴
                    (고려청자 및 선체 편 등 유물 423점 인양)
- 2010. 05. 04.~10. 20. 마도 2호선 발굴조사
- 2010. 11. 05. 마도 해역 3차 발굴조사 완료
- 2011. 05. 06.~10. 24. 마도 3호선 발굴조사

a) 시굴중인 조사원 (2011.05.11.).　　　　b) 노출된 선체편과 자기편 (2011.05.11.).

그림 3-103　시굴과 선체편 확인 (국립해양문화재연구소 2012a).

a) 도기호와 볍씨 (2011.09.03.).　　　　b) 청동기 수습 (2011.09.23.).

그림 3-104　수중발굴조사 (국립해양문화재연구소 2012a).

a) 돛대 인양 (2011.10.06.).　　　　b) 인양 선재 탈염장 이동.

그림 3-105　선재 인양과 이송 (국립해양문화재연구소 2012a).

② 조사 방법과 장비

마도 3호선의 조사는 2009년 9월 탐사를 통해 매몰 위치 발견한 후, 2011년 정밀발굴을 실시했다.

발굴조사는 크게 네 가지 종류의 장비를 사용하였다. 바지선과 이에 탑재된 해저면 제토 장비, 공기공급장치 등 수중발굴을 위해 필수적인 장비들과 잠수 장비, 유물과 선체 발굴 과정의 촬영, 실측 등을 위한 기록 장비, 마지막으로 발굴 전·후의 해저 지형을 조사하는 음향탐사 장비, 좌표 측량, 수중 환경 분석 장비로 나뉜다 (앞의 발굴조사 장비 참조).

③ 조사 내용

마도 3호선이 매장된 곳은 육지로부터 약 300m 떨어지고, 마도 2호선에서는 남쪽으로 약 300m 떨어져 있어 거리가 비교적 가까운 편이다. 수심은 약 3~6m로 비교적 얕은 편이며, 선체 내부 제토 후에는 최고 9m까지 기록됐다. 잠수조사의 패턴은 마도 2호선 발굴 때와 비슷하게 진행됐다. 4명의 민간 잠수사들은 2명씩 1개 조를 이뤄, 오전, 오후 각각 1회씩 제토 작업과 조사를 실시했으며, 시간은 1회 조사 시 약 90분씩 실시해, 1인당 하루 약 180분의 잠수조사를 하였으되 필요할 때마다 수시로 했다. 총 잠수 시간을 계산해보면, 2009년 마도 3호선 발견 당시 29회에 걸쳐, 약 33시간 잠수조사를 했으며, 2011년 선체에 대한 정밀 발굴조사는 1,030회에 걸쳐 1,349시간의 잠수를 했다.

침몰선 발굴 순서는 규모 파악을 위한 노출 선재 제토 → 그리드 설치 → 선체 내·외부 제토 → 확인 유물 실측 및 사진·영상 촬영

→ 유물 인양의 순서를 거쳐 진행된다. 유물들이 선체 내부 일정 깊이에 집중 매장되어있는 경우나, 선재들이 매몰돼 있다가 노출되는 경우가 있는데, 이런 경우 집중적인 매장층을 노출시키고 기록을 한 뒤 유물을 인양하게 된다. 이런 층들은 기록의 편의를 위해, 상층부부터 하층으로 갈수록 1차 노출면, 2차 노출면, 3차 노출면, 4차 노출면이라 명명했다.

마도 3호선은 총 4차 노출면까지 조사가 진행됐다. 제1차 노출면은 선체의 규모 파악을 위한 선재 노출 후, 중앙부에 시굴갱(Test pit)과 트렌치(Trench)를 시굴했고, 2차 노출면은 해저면에서 선체 상층부에서 무너져 내린 것으로 추정되는 선재들이 있는 곳까지 제토하고 그 선재들을 제거했으며, 3차 노출면은 화물 적재를 위해 설치한 원통목을 제거한 시점까지 3-1차 노출면으로, 그 후를 3-2차 노출면으로 세분하여 제토와 유물 인양을 하였다. 마지막으로 선체 내부의 유물 인양 및 제토 작업을 완료한 후, 선체만 남은 상태(4차 노출면)로 180개의 모래주머니를 제작하여 3톤의 모래로 채워 선체를 고정시켰고, 부직포를 이용해 덮었다. 그 후 선체 주변의 갯벌을 제토해 선체 내부를 모두 채우고 매몰했다.

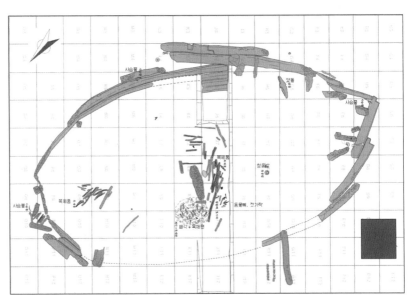

그림 3-106 제1차 노출면 평·단면도 (격자 한 칸 1m, 국립해양문화재연구소 2012a).

제1차 노출면 조사 : 2011. 05. 07.∼25.

그리드 설치 전, 선체의 잔존 규모 파악을 위해, 2009년 조사 내용을 바탕으로 노출된 선체 위에, 320°
방향으로 5mm 로프를 20m 설치하고, 그와 수직으로 20m의 로프를 설치해, 십자형 그리드를 설치했
다. 그리드 라인을 중심으로 각각 제토하며, 선체의 규모를 파악했다. 동반부와 남반부에서 선체편이 지
속적으로 확인됐으며, 특히 동반부에서 외판상단부의 선재들이 확인되고, 서반부에서는 선체편이 확인되
지 않았다. 북반부에서 확인된 선재들의 방향성이 해저층과 수직방향으로 노출돼, 선수 혹은 선미 구조
물로 추측할 수 있었다. 십자 트렌치 시굴 기준선과 선체의 방향이 흡사하다고 판단되어, 320° 방향으
로 20×12m 크기의 그리드를 설치했다.

내부 구획은 사방 1m 크기로, 남에서 북으로 A∼Q행, 동에서 서로 1∼12까지로 나누고, A1∼Q12
그리드로 명명했다. 1차적으로 30cm 제토를 그리드 전체적으로 시작하였다. J 그리드 라인들은 탐색조
사부로 정하고, 퇴적 상태 및 수직적 규모 파악을 위해, 동서방향으로 탐색 트렌치 제토를 했다. 선체의
노출 양상은 D5 그리드부터 우현 외판들이 1∼3단의 규모로 I4∼J4 그리드를 걸쳐 M5, N5 그리드로
휘어지며, 선수재가 있는 P8∼P9 그리드까지 연결되어 있었다. 좌현의 외판은 선수재 주변인 P10∼
P11 그리드에서 3단 규모로 확인되나, I11∼N11 그리드에서는 외판이 확인되지 않았다. 수직적 규모
파악을 위해 J5 구간을 70cm 하강 제토한 결과, 6단의 우현 외판재가 확인됐으나, 좌현외판재의 위치
로 추정되는 J11∼J12 그리드에서는 선재들이 확인되지 않았다.

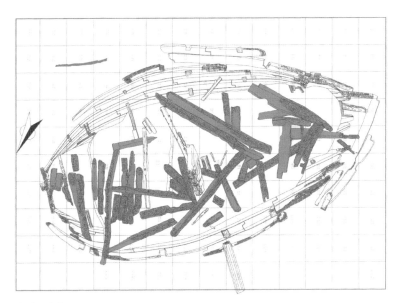

a) 평·단면도.

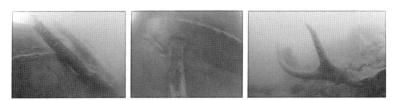

b) O7 그리드 외판과 원통목 측면.   c) N10 그리드 세부(측면).   d) Q9 그리드 사슴뿔.

그림 3-107 제2차 노출면 평·단면도와 노출면 사진 (국립해양문화재연구소 2012a).

제2차 노출면까지 제토, 실측, 촬영 등의 조사 : 2011. 05. 26.~08. 20.

약 3 개월에 걸쳐 진행됐다. 이는 전체 발굴 기간의 절반에 해당한다. 이 노출면에 도달하기까지 약 70여 점의 유물이 출수됐는데, 전체 유물이 300여 점인 것을 생각하면 조사 기간에 비해 많지 않은 양이다. 선적됐던 유물의 상당량이 제2차 노출면을 형성하고 있던, 무너진 선재들의 하부에서 나왔으며, 2차 노출면까지 하강하는 동안 확인된 것들은, 교란된 유물들로 생각할 수 있어, 출수 유물 전체를 마도 3호선의 유물로 생각하기는 힘들다.

제2차 노출면은 선체 내부로 무너져 내린 선재들로 추정되는, 다량의 목재 더미들이 매몰되어있던 층까지다. 선재들의 매몰 위치에 도달하기까지, 선수(船首)나 선미(船尾)에 가까운 곳은 약 70cm, 선체 중앙부에 해당되는 곳은 약 170cm까지 하강 제토를 했다.

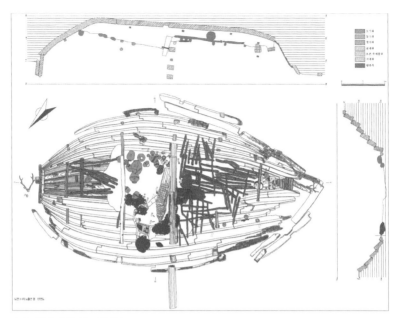

a) 3-1차 노출면 평·단면도.

b) 선체 좌현 외판.　　　c) I7 그리드, 곡물과 원통목.　　　d) I8 그리드, 원통목끼리 묶음.

그림 3-108　3-1차 노출면 평·단면도 (국립해양문화재연구소 2012a).

제3차 노출면 조사: 2011. 08. 21.~10. 05. (무너져있던 선재들을 제거하기 시작한 8월 21일부터 선체내부의 모든 유물들이 수습된 10월 5일까지)

제3차 노출면에서는 선체 내부의 많은 유물들이 확인됐는데, 편의상 노출면을 세분하였다. 화물 적재를 위한 원통목을 걷어내는 시점을 기준으로, 제3-1차 노출면과 제3-2차 노출면으로 나누었다. 또 선박의 횡강력재인 가룡목을 기준으로 6칸으로 구분할 수 있는데, 각 칸별로 유물의 적재 상태가 각각 달랐다. 이같이 가룡목에 의해 구분되는 칸을, 선수방향부터 제1~6칸으로 명명하였다.

3-1차 노출면: 제2차 노출면의 최하단 경계였던 매몰된 선재들을 걷어내면서부터 본격적인 선체내부 조사가 시작된 시기다. 제2차 노출면부터 제3-1차 노출면까지는, 약 100cm를 전후해 하강 제토를 하며 진행됐다.

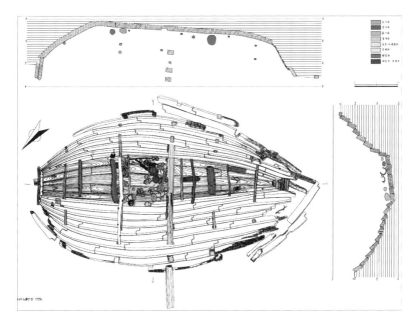

그림 3-109 3-2차 노출면 평·단면도 (국립해양문화재연구소 2012a).

3-2차 노출면 : 적재물의 침수를 막기 위해 설치된 원통목을 모두 걷어낸 층위.

원통목을 제거하자 그 하부에는 횡방향(좌현 외판 ↔ 우현 외판)으로 지름 약 20～30cm 되는 두꺼운 원통형 괴임목이 각각 두개씩 놓여있었다. 이것은 원통목이 받는 하중을 지지하고 수평을 유지하려고 설치한 것이다. 그리고 제4칸의 원통형 괴임목들의 하부에는, 또 다른 괴임목이 수직으로 추가 설치되어 있다.

제3칸의 좌현에서 30cm 가량의 판석형 할석이 확인됐는데, 그을린 자국이 있어 취사를 위한 화덕 자리에 설치됐던 것으로 추측된다. 또 우현에서는 선원들이 사용한 다수의 식기들과 쇠솥이 확인됐다. 이는 제3칸이 선원들이 선내에서 취사를 했거나, 또는 취사용품들을 적재했었던 공간임을 알 수 있다.

돛을 고정하는 구조물도 확인됐는데, 목재가 결합된 형태이며, 돛대를 구멍에 끼워 맞출 수 있게 만들어져 있다. 이것은 중앙 가룡에 'ㄷ'자형으로 고정되어있다.

선체도 저판과 외판은 물론이고, 선수(船首), 선미(船尾), 돛대 구조물까지 모두 확인할 수 있었다. 잔존 선체의 상태가 기존 출수된 선박들에 비해 매우 양호한 편이다. 전체적인 선체의 매몰 양상은 선수가 북쪽 방향으로 치우쳐 있고, 좌현쪽으로 약간 기울어져 있어, 평면에서 보면 우현 외판은 수직에 가깝고, 좌현 외판은 약간의 경사를 가진 형상을 보이고 있다.

선체 내부의 유물 인양 및 제토 작업을 모두 완료한 후, 여건상 선체 인양은 어렵다고 판단되어 추후 인양을 계획하였다. 선체의 안전한 보존을 위해 다시 매몰하였다.

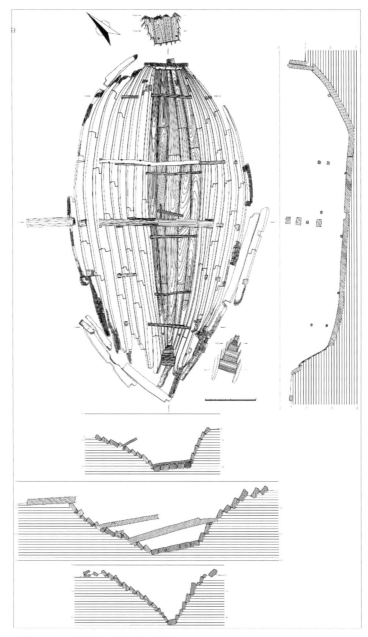

그림 3-110 제4차 노출면 평·단면도 (선체 매몰도, 국립해양문화재연구소 2012a).

제4차 노출면은 선체 내부의 제토를 마치고, 모든 유물과 원통목들을 제거한 층이다. 선체의 길이는 약 12m, 폭은 약 8~8.5m, 선심은 2.5m 가량이다. 좌현(서쪽)으로 약간 기울어진(8~12°가량) 상태로 매몰돼있어, 우현에 비해 좌현의 노출은 뒤늦게 시작됐다. 중앙 저판을 기준으로 장축 방향은 NE-45°이다. 선심은 제2칸의 저판으로 가장 깊은 곳이 2.8m다. 저판은 5열이고 외판은 좌현 10단, 우현 9단이 잔존해 있다. 길이에 비해 폭이 넓어, 평면 형태는 타원형에 가깝다. 선수재는 4단의 판재로 만들어졌고, 폭의 상단은 약 1.7m, 하단은 약 1m이고, 잔존 높이는 약 1m이다. 전체적으로 횡강력을 보강하는 가룡목을 고르게 배치했고, 중앙부에는 30cm 폭의 멍에형 가룡이 설치돼있다.

마도 1, 2호선처럼 만곡종통재가 없는 형태로 비슷하지만, 두 선박의 저판은 7열인데 반해 마도 3호선은 5열이다. 저판은 선수로 향할수록 상부로 치솟는 각도가 커지고, 선미에 가깝게 갈수록 외판 쪽으로 휘어져 올라가며, 외판재와 같이 내면을 각지게 치목하여 외판과 구분이 가지 않는다. 이는 특이한 점으로 선미 쪽으로 갈수록 저판이 중앙 저판을 제외한 좌우 2열의 저판재가 외판화되어, 선미에 이르면 중앙저판만이 남게 된다. 저판재는 각 부재마다 모서리 부분을 깎아내어 수밀재 삽입을 용이하게 하였다. 선수 부분은 선미 부분보다 넓게 제작되어 있다. 중앙 저판에 돛대 구멍 2개가 있으며, 맞댄이음 방식으로 연결됐으나, 이들의 결구 방법은 선체 인양 전이어서, 정확하게는 파악할 수 없었다.

외판은 좌현 10단, 우현 9단까지 확인되었으며, 이는 지금까지 인양되었던 고선박 중, 가장 많은 외판이 확인된 것이다. 외판의 좌우 연결 방식은 대부분 반턱이음 방식이고, 상하단 연결 방식은 홈붙이 클링커이음 방식으로 지금까지 인양되었던 고려시대 선박과 같은 양상을 보이고 있다. 선미부의 좌·우외판 2단은 맞댄이음 방식을 사용했다. 외판재는 부재가 두꺼워 선체 강도가 높은 편이며, 클링커 홈 자리를 제외하고도 평면상 남은 공간이 많아서, 이 부분은 선원들이 계단처럼 활용하며 오르내린 것으로 보인다. 특히 선미쪽으로 가면서 선체의 폭을 좁게 만들기 위해 이 부분은 더 넓어지고 있다.

선체의 중앙부에서는 좌현 쪽으로 기울어진 채로 돛대 구조물이 확인되었다. 항상 중앙 저판에서 돛대 구멍만 확인되다가, 돛대가 직접 발견된 것은 이번이 처음이다. 3열의 부재를 나무못으로 한 꺼번에 연결하였으며, 가운데 부재는 돛대의 역할을 하고, 양옆의 부재들은 돛을 지지해 주는 역할을 했을 것으로 추정된다.

선체는 가룡을 기준으로 하였을 때, 총 6개 칸으로 구획이 가능하다. 제1칸은 선수재와 외판, 저판이 연결되는 부분이며, 출토 유물은 없었다. 제2칸은 원통목들이 선체와 나란한 방향으로 놓여 있어, 곡물이 적재되었던 것으로 생각된다. 제3칸은 선체 중앙부로 선원들의 취사 행위 등 선상 생활이 이루어지는 공간이었으며, 젓갈 등을 담은 도기호들이 이 칸의 북쪽과 우현쪽에 적재되었다. 남쪽 중앙에서는 돛대가 좌현쪽으로 기울어져 확인되었으며, 청동 용기와 청자류 등 선상 생활용품과 도기호, 목간 등이 출토되었다. 그리고 제2칸과 4칸에 적재되었던 곡물들이, 침몰 과정에서 3칸으로 쏟아지면서, 다량의 곡물들도 이 칸에서 출토되었다. 제4칸과 5칸은 다수의 원통목들이 정연하게 노출되었으며, 그 상부에서 보리 등의 곡물들이 확인되어, 주로 곡물을 적재했던 공간으로 보인다. 제6칸은 선미재와 외판, 저판이 연결되는 부분이며, 도기호와 대나무 상자가 출토되었다.

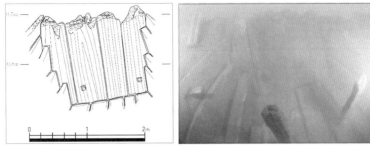

a) 선수재 수중 입면도. b) 선수재 (정면에서 촬영).

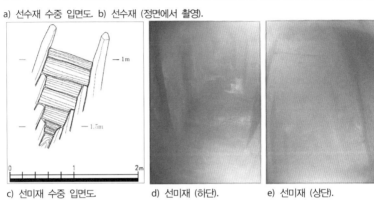

c) 선미재 수중 입면도.   d) 선미재 (하단).   e) 선미재 (상단).

그림 3-111   선수부와 선미부 (국립해양문화재연구소 2012a).

마도 3호선에서는 지금까지 온전한 상태로 발굴되지 않아, 파악하기 어려웠던 선수재와 선미재의 구조를 비교적 정확하게 알 수 있게 해 주었다. 선수재의 경우 총 4열의 부재가 세로로 나란히 결구되어 있다. 양쪽 끝의 선수재는 외판과의 연결을 위해, 톱니바퀴 모양으로 깎아낸 모양을 확인할 수 있었다. 또한 저판과의 연결 상태도 거의 완벽하게 남아있어 선수부의 구조를 복원하는데 큰 역할을 할 것으로 기대된다. 선미재는 가로로 결구되었으며, 7단이 남아 있었다. 선미재는 외판에 경사지게 홈을 만들어 삽입하였다.

마도 3호선에서는 선수재와 선미재가 외판 및 저판과 결구되어 있는 상태를 확인할 수 있었다. 선수재는 각기 크기가 다른 4개의 부재를 세로 방향으로 배치하였으며, 양옆에 외판을 끼울 수 있는 홈을 만들어 외판을 삽입하고, 저판과의 결구는 안좌선에서 확인된 것처럼, 저판에서 선수재와 연결되는 부분에 홈을 만들어 선수재를 결구하는 방법을 사용하였다.

선미재의 경우는 달리도선과 안좌선 등에서 확인된 바 있는데, 그와 비슷한 방식으로 선미부의 외판에 '凹'모양의 홈을 파고, 그 곳에 선미재를 삽입하는 방법을 이용하고 있었다. 다른 고려시대 선박과 마찬가지로, 선미재는 가로 방향으로 제작하여 삽입하였으며, 부재의 두께가 비교적 얇은 편이다.

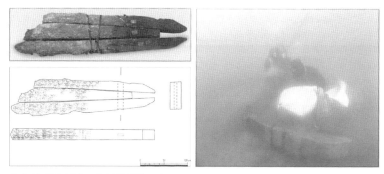

a) & b) 중앙 돛대. c) 돛대 인양 모습.

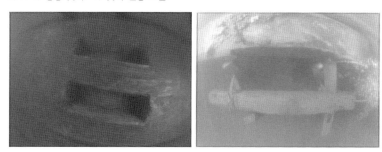

d) 돛대 구멍. e) 돛대 고정 구조물.

f) 돛대 구멍과의 결구 부분. g) 하부 못 구멍. h) 상부 못 구멍.

그림 3-112 돛대 (국립해양문화재연구소 2012a).

선체의 중앙부에서 확인된 돛대로, 수중발굴에서 처음으로 인양된 돛대이다. 돛대 근처에서 돛대를 고정하는 구조물도 함께 확인되었다. 돛대의 최대 길이는 325cm 가량이고, 세 개의 부재를 합한 최대 폭은 78cm 정도이다. 전체적인 구조는 3개의 부재를 상부와 하부에 나무못을 관통시켜 고정하였으며, 아랫 부분을 깎아내어 돛대 구멍에 결구시키게 되어있다. 일부 옹이에서는 회를 바른 흔적이 보이며, 해저에서 노출되었던 부분인 상부는 심하게 부식되어 있다.

④ 출수 유물

앞에서 선체와 관련 부재에 대하여 알아보았다. 향후 인양되면 더 많은 자료를 얻으리라 기대한다. 선체만 남겨 놓은 제4차 노출면까지의 출수 유물은, 보고서 순에 따라 도기, 자기, 목간·죽찰, 금속제, 목제·죽제·초본류, 석제, 직물류, 동물류와 식물류의 순으로 간단히 알아본다.

도기호 45점, 도기병 4점, 접시 1점 등 모두 50점의 도기가 출수되었다. 마도 1호선에서는 호 34점, 병 2점, 접시 15점, 완 2점, 시루가 1점 출수되었고, 2호선에서는 호 21점, 시루 1점이 출수된 바 있다. 1, 2호선에 비해 호의 수량이 많고, 시루가 확인되지 않은 점이 특징적이다. 다른 침몰선 출수품과 마찬가지로 도기병과 접시는 선원들이 사용하던 것으로 보이며, 호의 상당수는 젓갈과 같이 장기보관이 가능한 음식물 등을 담았던 선적품이었을 것으로 추정된다. 나무 뚜껑이 덮힌 채로 나온 것도 있다.

도기의 출수 위치는 제3칸의 북쪽 1단 가룡과 제2칸 남쪽의 받침목 사이의 도기 적재부(18점)와 제3칸 우현부(13점), 그리고 제3칸 중앙 및 좌현쪽 노지 주변(12점), 마지막으로 선미인 제6칸(4점)의 네 지점으로 구분할수 있다. 이 중 도기 적재부와 선미부 출수 도기들은, 적재 위치 상 선상 용품이 아닌 화물이 확실하며, 제3칸 노지 주변 출수품은 선상에서 사용하던 것일 가능성이 높다. 다만 제3칸 우현부 도기들은 도기 적재부에 다 싣지 못한 화물용 도기호와 선상용 도기가 함께 있었던 것으로 추정된다. 지금까지 침몰선에서 출수된 도기들이 화물용과 선상용의 구분이 명확하지 않은 상태로 확인되었던 것과 달리 3호선에서는 도기 적재부와 같이 화물용 도기의 보관을 위한 공간이 별도로 마련되었다는 점에서 차이가 있다.

도기 접시와 병은 출수량이 많지 않아, 별도의 분류가 필요하지 않지만, 45점의 도기호는 크기와 형태에 따른 형식 분류가 가능하다

이와 같은 호의 용량 분포에 의해 구분되는 용량군을, 도기호 분류의 1차적인 기준으로 삼을 수 있다. 왜냐면 도기호의 제작과 사용에 있어서, 가장 먼저 고려되는 것이 그 크기이기 때문이다. a)는 각 용량군별 대표적인 호의 도면과 용량 범위, 수량과 비율을 표시한 것이다. 가장 많은 수량은 차지하는 것은 중형으로 모두 28점, 62%에 이른다. 중형군 도기호는 10리터 내외로, 물건이 담겼을 때 약 15kg 정도로 운반을 위해서도 적절한 무게였기 때문에, 수량이 많은 것으로 생각된다.

a) & b) 출수 도기호.

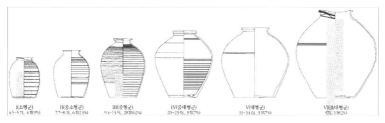

c) 용량군별 도기호.

그림 3-113 출수 도기와 도기호의 분류 (국립해양문화재연구소 2012a).

마도 3호선 발굴조사를 통해 선체 내·외부에서 출수된 자기는 모두 41점이다. 청자는 35점으로 대접, 발, 완, 접시, 잔, 뚜껑이 있고, 그 중 대접과 접시가 가장 많다. 백자는 6점으로 대접, 접시, 잔이 있다. 이 자기들은 마도 3호선에 실린 것도 일부 있으나, 대부분은 직접적 관련성이 적은 것이고, 특히 백자는 교란 유물로 추정된다.

청자의 경우 기형, 시문기법, 번조받침 등으로 보아 11~14세기에 해당하는 것으로 보이며, 백자는 17~18세기에 제작된 것으로 생각된다. 따라서 이번 조사에서 자기는 목간을 통해 1265~1268년으로 추정되는 마도 3호선과 관련 없는 유물도 있음을 알 수 있다

표 3-15 마도 3호선 내·외부 출수 자기 현황 (국립해양문화재연구소 2012a).

재질＼기종	대접	발	접시	완	잔	뚜껑	합계
청자	14	1	12	1	6	1	35
백자	2		3		1		6

총 35점의 목간이 발굴되었다. 이전 수중발굴 고려시대 목간과 마찬가지로, 선박에 실린 화물의 물표로 쓰인 것이다. 나무로 만들어진 목간 15점과 대나무로 만든 죽찰 20점이 나왔다. 하지만 재질의 차이만 있을 뿐, 형태상 특징이나 묵서 내용에 어떠한 차이점도 없어, 통칭해서 목간이라 부른다. 주요 출수 지점은 선체 중간 부분과 고물(선미)부다. 이물(선수)에서는 한 점도 발굴되지 않았다. 화물의 주요 적재 공간에서 물표 목간의 출수 비중이 높다는 것은 당연한 결과다.

총 62점의 금속 유물이 출수되었다. 이들 중 대부분은 실제 선원들이 조리 등에 사용하였던 것으로 보이며, 중국 동전과 정확한 용

도가 불분명한 청동 방울도 확인되었다. 재질별로는 철제 유물이 2점, 청동 유물이 60점이다. 이는 지금까지 확인된 침몰선 내 청동 유물 중 가장 많은 수량이다. 특히 사용 당시 가공을 하였거나 수리를 한 흔적이 확인되는 일부 유물은, 당시의 선상 생활사 복원에 있어서 귀중한 자료로 활용될 전망이다.

종류별로 살펴보면, 철제 솥을 비롯하여 청동 용기류, 수저, 국자 등 식생활과 관련된 유물이 많다. 특히 청동 용기류는 형식에 따라 다시 세분화가 가능할 정도로 다양하며, 수저의 경우에는 여러 형식의 숟가락과 함께 젓가락이 출수되었다는 점이 주목된다.

청동 용기류는 총 43점이며, 이 중에서는 겹쳐진 상태로 함께 출수된 유물도 확인된다. 대부분이 제3칸의 돛대 주변 우현 쪽에서 발견되었으며, 청동 용기와 청자 등 음식기들이 포개진 채로 확인되었다. 청동 용기는 기종별로 대접, 합(뚜껑이 별도로 출수), 접시로 크게 구분되며, 접시는 크기에 따라 세분된다. 굽은 대부분 분리된 채출수되었다. 고정 못의 위치가 정확히 일치하는 경우에 한해 청동 용기와 접합을 하였다. 43점 중 절반 이상이 심하게 파손되어 있었으며, 19점이 비교적 잔존 상태가 양호하였다.

총 138점의 목제 및 죽제 유물과 24점의 초본류 유물이 출수되었다. 출수된 목제 및 죽제 유물에는 빗, 젓가락, 나무 뚜껑, 대바구니, 망태, 갈고리형 목제품, 안교형 목제품, 목제 부속구, 밧줄 및 가공된 씨앗과 대나무 등이 있다. 이중 빗은 대나무로 만들어진 참빗과 비교적 빗살 간 간격이 넓은 나무빗 2종류로, 선원들의 생활 용품이나 진상품으로 추정된다. 말안장에서 사용된 안교의 한쪽 부속품으로 추정되는 안교형 목제품도 출수되었다. 가공된 씨앗과 대나무가 출수되었는데, 이것은 갓끈의 장식물인 죽영(竹纓)으로 추정된다. 또한 대나무 바구니에서는 상어 뼈가 함께 출수되었는데, 아마도 이 바구니는 마른 상어를 포장하여 운반하던 것으로 추정된다. 이와 같은 유물은 지금까지 출수되지 않았던 것으로, 고려시대의 생활사와 음식 문화를 보여주는 귀중한 자료이다.

석제 유물로 닻돌 2점과 총 46개의 돌 장기알이 출수되었다. 선박 정박 시 나무로 만든 닻을 가라앉히고, 닻가지가 땅에 잘 박히도록 역할을 하는 닻돌은, 마도 해역 탐사조사에서 대규모로 발굴된 적이 있으며, 마도 2호선에 이어 마도 3호선에서도 선체 내부에서 출수되었다. 대부분의 한국 닻들은 표면을 거칠게 다듬은 판 모양을 띤다.

한편 모서리가 둥근 자연 돌에, 한자를 쓴 장기알이 출수되었다. 장기돌은 특히 선원들의 생활공간(제3칸) 부근에서 한꺼번에 나와, 선원들이 항해 도중 오락용으로 사용했음을 알 수 있다. 강가나 바닷가에 있는 모서리가 둥근 조약돌을 그대로 이용해, 판판한 면 앞뒤에 같은 글자를 적었다. 현재까지 확인 가능한 묵서는 車, 包, 卒 세 글자다.

우리나라에 장기가 유입된 시기는 고려시대로 상희(象戱)라고 불렀으며, 조선 중기 이후의 문헌에 장기(將棋)라고 나온다. 마도 3호선의 침몰 시기인 1265~1269년에는 선원들까지 즐길 정도로 매우 폭넓게 퍼져 있었음을 알 수 있는 중요한 생활 자료다.

현재 장기는 두 사람이 마주앉아, 한 사람 당 16개의 알[棋]을 가지고, 상대의 왕[將, 楚와 漢]을 제거하면 이기는 놀이다. 고려시대 장기 놀이 방법이 어떠한지는 상세히 알려져 있지 않지만, 시대에 따른 변화상이 많지 않았던 것으로 보이며, 46점이 출수된 것으로 보아 적어도 2벌 이상의 돌 장기알이 있었던 것으로 보인다. 또한

包와 車, 卒의 크기 차이가 다른 현재와 비교해서, 고려시대 장기알은 거의 동일한 크기였다는 점도 알 수 있다. 묵서가 명확히 드러나는 것은 4점이다.

지금까지 출수 유물 중, 도기, 자기, 목간·죽찰, 금속제, 목제·죽제·초본류, 석제를 알아보면서, 처음으로 출수되거나 중요성 등을 고려하여, 선별적으로 요약하였다. 직물류, 동물류와 식물류 출수 유물은, 발굴조사 기관 - 국립해양문화재연구소의 보고서(2012 a)를 참고하길 바라며, 동물류 유물 중, 묵서명 꼬막껍질만 추가한다.

껍질 내부에 한자가 적혀 있는 꼬막 껍질 5점이 출수되었다. 선원들의 생활 공간 또는 도기호가 집중적으로 실려 있던 선체 중간부에서 나왔다. 동일 그리드 내에서 비슷한 날짜에 출수되었으며, 형태상 차이는 없다. 4점은 묵서 내용이 동일하며, 1점만 묵서가 다르다.
길이 35~43mm, 넓이 30~33mm.

묵서명 꼬막껍질의 쓰임새를 파악할 수 있는, 결정적 단서는 바로 오른쪽 목간이다. 비교 사진에서 보이듯이, 묵서명 꼬막껍질과 목간에 쓰인 글자가 같다는 것을 확인할 수 있다. 목간이 물표로 쓰였다고 한다면, 묵서명 패각 역시 같은 기능성이 있다. 꼬막껍질에 적힌 글자는 수취인 또는 화물 종류일 가능성이 크다. 하지만 묵서명 꼬막껍질을 꼭 물표라고 단정지을 수도 없다. 즉 목간을 홈이 있다는 이유로 물표로 파악했지만, 역으로 아닐 가능성도 있기 때문이다. 오히려 3호선 목간은 물표 역할만이 아니라, 묵서명 꼬막껍질과 함께 또 다른 기능을 했을 수도 있다. 매우 흥미롭기는 하지만 의문점 투성이다. 향후 연구를 진척시켜 나갈 필요가 있는 유물이다.

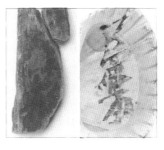

그림 3-114 묵서명 꼬막껍질 (국립해양문화재연구소 2012a).

표 3-16 마도 3호선 출수 유물 목록 (국립해양문화재연구소 2012a).

연번	유물명	연번	유물명	연번	유물명	연번	유물명	연번	유물명
마도3-1	유물명	마도3-46	도기호	마도3-91	백자철화분접시	마도3-140	청동용기 굽	마도3-187	나무뚜껑
마도3-2	도기병편	마도3-47	도기호	마도3-92	백자잔	마도3-141	청동접시	마도3-188	데바구니
마도3-3	도기소병	마도3-48	도기호	마도3-93	묵간	마도3-142	청동접시	마도3-189	데바구니
마도3-4	도기병	마도3-49	도기호	마도3-94	묵간	마도3-143	청동접시	마도3-190	껍대
마도3-5	도기병	마도3-50	도기호	마도3-95	묵간	마도3-144	청동접시	마도3-191	목제품
마도3-6	도기호	마도3-51	원반형와제품	마도3-96	묵간	마도3-145	청동접시	마도3-192	갈고리형 목제품
마도3-7	도기호	마도3-52	청자양각연판문대접	마도3-97	묵간	마도3-146	청동접시	마도3-193	갈고리형 목제품
마도3-8	도기호	마도3-53	청각음각연판문대접	마도3-98	묵간	마도3-147	청동접시	마도3-194	갈고리형 목제품
마도3-9	도기호	마도3-54	청자대접	마도3-99	묵간	마도3-148	청동용기	마도3-195	목제부속구
마도3-10	도기호	마도3-55	청자대접	마도3-100	죽찰	마도3-149	청동숟가락	마도3-196	목제부속구
마도3-11	도기호	마도3-56	청자대접	마도3-101	묵간	마도3-150	청동숟가락	마도3-197	목제부속구
마도3-12	도기호	마도3-57	청자대접	마도3-102	죽찰	마도3-151	청동숟가락	마도3-198	목제부속구
마도3-13	묵서명도기호	마도3-58	청자대접	마도3-103	죽찰	마도3-152	청동숟가락	마도3-199	목제부속구
마도3-14	도기호	마도3-59	청자대접	마도3-104	죽찰	마도3-153	청동숟가락	마도3-200	대나무판
마도3-15	도기편호	마도3-60	청자대접	마도3-105	죽찰	마도3-154	청동숟가락	마도3-201	안교형 목제품
마도3-16	도기편호	마도3-61	청자대접	마도3-106	죽찰	마도3-155	청동숟가락	마도3-202	가공된 씨앗과 대나무
마도3-17	도기편호	마도3-62	청자대접	마도3-107	죽찰	마도3-156	청동숟가락	마도3-203	빗줄
마도3-18	도기호	마도3-63	청자대접	마도3-108	죽찰	마도3-157	청동숟가락	마도3-204	빗줄
마도3-19	도기호	마도3-64	청자대접	마도3-109	죽찰	마도3-158	청동젓가락	마도3-205	빗줄
마도3-20	도기호	마도3-65	청자대접편	마도3-110	죽찰	마도3-159	청동젓가락	마도3-206	돛줄
마도3-21	도기호	마도3-66	청자발	마도3-111	죽찰	마도3-160	청동젓가락	마도3-207	돛줄
마도3-22	도기호	마도3-67	청자접시	마도3-112	죽찰	마도3-161	청동젓가락	마도3-208	돌 장기알
마도3-23	도기호	마도3-68	청자접시	마도3-113	죽찰	마도3-162	청동국자	마도3-209	돌 장기알
마도3-24	도기호	마도3-69	청자접시	마도3-114	죽찰			마도3-210	돌 장기알
마도3-25	도기호	마도3-70	청자접시	마도3-115	묵간	마도3-163	청동방울	마도3-211	돌 장기알
마도3-26	도기호	마도3-71	청자접시	마도3-116	죽찰			마도3-212	직물
마도3-27	도기호	마도3-72	청자음각화문접시	마도3-117	죽찰	마도3-164	동전	마도3-213	편직물
마도3-28	도기호	마도3-73	청자압출양각화문접시	마도3-118	묵간	마도3-165	동전	마도3-214	직물 및 초본류
마도3-29	도기호	마도3-74	청자접시	마도3-119	죽찰	마도3-166	나무빗	마도3-215	목서명 꼬막껍데기
마도3-30	도기호	마도3-75	청자접시	마도3-120	묵간	마도3-167	나무빗	마도3-216	목서명 꼬막껍데기
마도3-31	도기호	마도3-76	청자접시	마도3-121	죽찰	마도3-168	나무빗	마도3-217	목서명 꼬막껍데기
마도3-32	도기호	마도3-77	청자접시	마도3-122	죽찰	마도3-169	나무빗	마도3-218	목서명 꼬막껍데기
마도3-33	도기호	마도3-78	청자접시	마도3-123	죽찰	마도3-170	참빗	마도3-219	목서명 꼬막껍데기
마도3-34	도기호	마도3-79	청자잔	마도3-124	죽찰	마도3-171	참빗		
마도3-35	도기호	마도3-80	청자상감뇌문잔	마도3-125	죽찰	마도3-172	참빗		
마도3-36	도기호	마도3-81	청자상감뇌문잔	마도3-126	죽찰	마도3-173	젓가락		
마도3-37	도기호	마도3-82	청자잔	마도3-127	묵간	마도3-174	대나무 젓가락		
마도3-38	도기호	마도3-83	청자잔	마도3-128	철제솥	마도3-175	대나무 젓가락		
마도3-39	도기호	마도3-84	청자잔	마도3-129	철제솥	마도3-176	대나무 젓가락		
마도3-40	도기호	마도3-85	청자잔	마도3-130	청동대접	마도3-177	나무뚜껑		
마도3-41	도기호	마도3-86	청자뚜껑	마도3-131	청동대접	마도3-178	나무뚜껑		
마도3-42	도기호	마도3-87	백자대접	마도3-132	청동대접	마도3-179	나무뚜껑		
마도3-43	도기호	마도3-88	백자대접	마도3-133	청동대접	마도3-180	나무뚜껑		
마도3-44	도기호	마도3-89	백자접시	마도3-134	청동용기	마도3-181	나무뚜껑		
마도3-45	도기호	마도3-90	백자접시	마도3-135	청동대접	마도3-182	나무뚜껑		
				마도3-136	청동용기	마도3-183	나무뚜껑		
				마도3-137	청동용기 굽	마도3-184	나무뚜껑		
				마도3-138	청동용기 굽	마도3-185	나무뚜껑		
				마도3-139	청동용기 굽	마도3-186	나무뚜껑		

11) 신안군 신안선 (국립해양유물전시관 2006b 등)

1975년 5월 신안군 중도면 방축리 해저에서, 어부의 그물에 청자 매병 등 6점의 유물이 건져 올라와졌다. 문화재관리국 '신안해저발 굴조사단'은 1976년 10월부터 1984년 9월까지 9년 간 모두 10차례 에 걸쳐, 해군 해난구조대의 협조로 발굴조사 하였다(**표 3-17**). 발굴 장소는 목포에서 서북방으로 약 50km 떨어지고, 신안군 임자도에 서 남쪽으로 약 4km 떨어진 곳으로 수심은 약 20m이다. 물살이 빠 르기(1.5~4.5 knot)때문에 수중작업시간의 제약을 받아, 정조 때를 전·후하여 약 40~80분 정도만 작업이 가능하였다 {**그림 3-117 a)**}. 또한 수중시야가 매우 나빠 발굴하는데 많은 어려움이 따랐다. 약 22,000여 점의 유물이 발견되었고, 건져낸 배편은 약 720조각으 로, 이 배편들은 인양되기 시작한 1981년부터 약 20년 동안 보존처 리를 하였으며, 보존 처리된 선체는 1994년부터 시작하여 2002년 12월 복원하였다. 또한 2003~2004년에는 유실된 부분의 형태와 배의 전체규모를 알 수 있도록 선체하중계산과 설계를 거쳐, 스테인 리스 스틸 프레임(Stainless steel frame)을 사용하여 선박의 선형을 복원, 국립해양유물전시관에 전시중이다.

신안선(우리나라에서 인양된 선박은 일반적으로 발굴지역의 이름 을 부여함)은 길이 28.4m, 너비 6.60m로 밝혀졌으며{최대길이(最大 船長) 약 32m, 최대너비(最大船幅) 약 11m, 형심·중앙부(型深·中央 部) 약 3.66→4m, 적재중량(積載重量) 약 160→200ton}, 갑판 이상은 해충(배좀벌레)과 조류 등에 의해 모두 훼손되었다. 갑판 밑 7개의 칸막이(隔璧)로 나뉜 짐칸에서 발견된 많은 유물들은, 당시 해상운 송의 규모를 말해줌은 물론, 경제적 교류의 증거도 제시해준다. 또한 대개가 송·원대 제품이지만, 고려청자, 청동숟가락 등 고려 유물이 몇 점 확인되었고, 나막신, 칼코 등 일본 유물도 20여 점 있어서 당시 동북아 삼국의 교류 상황을 살필 수 있는 중요한 단서를 제공하였다. 또한 원대 14세기 전반을 중심으로 한 유물들이라는 점에서 학술적 가치가 매우 크다고 본다. 특히 이렇게 많은 양의 발굴 도자기는 세계 수중고고학사상 유례가 없었으며, 편년과 생산지 등을 밝힐 수 있다는 점도 중요하다. 또한 선체는 용골(龍骨)을 갖춘 바닥이 뾰족한 첨저형(尖底型)이며, 수밀(水密) 칸막이가 시설되어 당시의 발달된 조선술을 알아볼 수 있는 귀중한 자료가 되고 있다.

신안선은 중국에서 일본으로 향하던 무역선(貿易船)으로 추정된다. 그러나 이 배가 고려를 경유하여 일본으로 항해하였는지에 대한 정확한 증거는 나타나지 않았다. 다만 인양된 유물 중 청동추에 새겨진 '경원로'(慶元路, 현재의 중국 절강성 영파)는 당시의 출항지를 밝히는 근거가 된다. 침몰 연대는 도자기의 양식, 동전, 목패(木牌)

a) (국립해양유물전시관 1995).

b) (국립해양유물전시관 2006c)

그림 3-115 옛 동북아시아 교역로와 현장 전경 (○ 신안선 위치).

등을 바탕으로 추정이 가능하다. 이같이 신안 해저 발굴은 중세 동
북아시아의 사회·경제상, 조선술, 국제 교역사, 공예 미술의 연구
에 기여할 뿐만 아니라, 우리나라 수중고고학의 첫 장을 열게 한 최
초의 수중발굴로서, 한국 발굴사에 큰 탑을 이루었다.

표 3-17 신안선(해저유물) 발굴·보존·복원·전시 경과 (국립해양유물전시관 2004c).

구 분		기 간	일 수	주 요 내 용
유 물 신 고		1975. 05.		어부의 그물에 도자기 걸려 올라옴.
발 굴 9년 11차 (713일)	1차	1976. 10. 26.~11. 02.	8일	유물 잔존여부 확인을 위한 예비조사.
	2차	1976. 11. 09.~12. 01.	24일	유물 매장 확인.
	3차	1977. 06. 27.~07. 31.	35일	철제 그리드를 설치한 본격적인 발굴조사.
	4차	1978. 06. 16.~08. 15.	61일	철제 그리드를 추가 설치한 본격적인 발 굴조사 및 기기탐사 (측면주사음탐기 등). 인두골(人頭骨) 인양.
	5차	1979. 06. 01.~07. 20.	50일	수중 TV 촬영. 선체 내부의 자단목과 동전 확인.
	6차	1980. 06. 05.~08. 04.	61일	선체가 클링커식 이음을 한 중국배로 판명.
	7차	1981. 06. 23.~08. 22.	61일	일본제품 확인.
	8차	1982. 05. 05.~09. 30.	149일	본격적인 선체인양 작업.
	9차	1983. 05. 29.~11. 25.	181일	선체인양 작업 중, 용골에서 보수공 발견.
	10차	1984. 06. 01.~08. 17.	78일	선체인양 후, 잔존유물 확인 작업.
	최종 확인	1984. 09. 13.~09. 17.	5일	선체인양 주변 및 인근 해역 광역조사.
보 존		1981.~1999.		PEG(Polyethylene Glycol) 처리법.
		1982. 10.~1986. 08.		신안선 모형 제작.
복 원		1994.~2002.		전시관 제1전시실에 선체 복원.
		2003.~2004.		선체 선형 스테인리스 스틸 받침대 제작.
전 시		1994.~현재.		국립해양유물전시관 신안선실 (제2전시실).

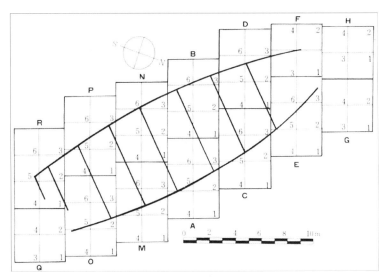

a) 발굴조사 격자(格子, grid, 구획틀, 2×2m)와 침몰선체.

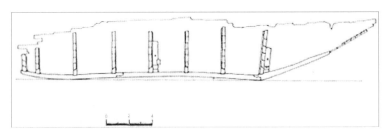

b) 횡단면도 (국립해양유물전시관 2004b)

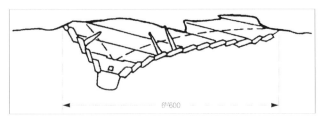

c) 매몰상태 단면도 (국립해양유물전시관 2004c).

그림 3-116 발굴조사 격자와 침몰선체 (문화재관리국 1984).

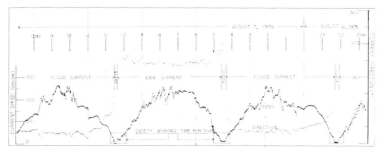

a) 저층의 유속 기록. 빠른 유속은 잠수사의 작업에 많은 지장을 초래한다. 조류가 약해진 제한
된 시간에만 잠수 작업이 가능하였다 (□ Safety working time for diver).

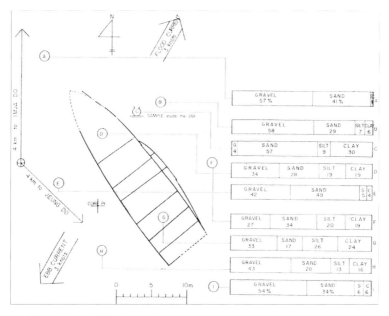

b) 선체 주변의 무기퇴적물 입도 구성.

그림 3-117 현장의 자연 환경 (문화재관리국 1988).

① 발굴 및 인양

1975년 5월에 그물에 걸려 올라온 6점의 인양물은, 9년간에 걸쳐 국가사업으로 진행된 신안해저유물 인양에 대한 단서가 되었다. 이들 6점의 중국도자기는 다음해 1월에 매장문화재로서 신안군청에 제출·신고 되었다. 그러나 문화재관리국에서 해당 해역에 대한 조사와 보존대책을 긴급히 추진하게 된 것은, 그 해 10월에 목포경찰서에 의하여 일단의 도굴 관련자들이 검거되면서였다. 당시 수중유적에 대한 조사 경험이 부족하고, 잠수 및 관련 장비나 인원이 갖추어져 있지 않은 문화재관리국에서 국방부에 요청하여, 해군 51전대 해난구조대 소속 심해잠수사들과 구난함 등의 협조·지원 아래 조사를 착수하면서 시작되었다. 이같이 학술조사와 발굴인양을 목적으로 한 문화 사업에 대규모의 군 장비와 인원이 장기간 동원된 사례는 매우 이례적인 조치로 평가되었다. 해군 자료에 의하면, 동원된 잠수사가 연 9,896명, 연 잠수 체류시간 3,474시간으로서 해난구조대 창설 후 최장기간 투입된 지원 작전이라고 했다. 이는 이미 1973년부터 이 충무공 해전유물탐사를 통하여 문화재관리국과의 협조 체재가 있었기 때문에 가능하였다.

a) 해군 지원함(구난함).

b) 철제 구획틀 설치.

그림 3-118 해군 지원함 (문화재관리국 1988).

a) 잠수사 준비 완료.　　　　b) 발굴 작업 침몰선 위에 위치한 소형 바지(barge).

c) 새로이 투입된 바지.　　　　d) 유물 인양 후의 잠수사 (김도현, 정양모 촬영).

그림 3-119　해군 해난구조대 심해잠수사 (국립해양유물전시관 1995; 2004).

② 선체 인양 및 복원

선체 내부에 대한 발굴과 유물인양은 83년(9차)에 이르러 완료되었으나, 이에 앞서 81년(7차)부터는 선체의 해체·인양 작업이 부분적으로 진행되었다. 82(8차) 6월 이후 선체 인양을 위주로 추진되었다. 선체는 700여 년의 긴 시간 동안, 빠른 물살과 해충(예: 배좀벌레) 등으로부터 많이 훼손된 상태였다. 바다 밑 개펄에 묻혀 있었으며, 우현으로 15°정도 뉘어져 있어 좌현은 거의 그 모습을 잃어버렸다. 선체의 심한 훼손(특히 수주에 노출된 부분)과 위험한 발굴·인양 여건 때문에, 수중에서 부분적으로 절단·해체하여 인양되었다.

용골재는 길이 24m, 너비 67cm, 두께 50cm에 이르는 큰 목재가 사용되어 있었고, 세 부분으로 절단하였으며 마지막 용골재는 1983년 10월 21일 인양되었다.

a) 선체(용골) 인양 (문화재관리국 1988).

b) 인양 선체 (국립해양유물전시관 2004).

c) 실측 및 기록.

d) 세척 및 보존처리.

그림 3-120 선체 인양 및 보존처리 (국립해양유물전시관).

대부분 원형을 상실한 침몰선을 복원한다는 것은 사라진 고대문명에 대한 의문점을 풀 수 있는 중요한 고고학적 자료이다. 이는 선박의 원래 모습을 찾는 중요한 과정으로서, 침몰선을 인양하는 방법, 전시적 개념 등에 따라 그 방법을 달리 할 수 있다. 부서지기 쉬운 침몰선은 인양부터 복원에 이르기까지 많은 단계를 걸치며 기초

검사에서부터 정밀한 임상병리학적인 검사를 거쳐 복원이 되는 것이다. 이러한 복원 작업은, 고선박 복원가를 중심으로 고고학자, 항해기술과 선박구조를 연구하는 학자 등 관련 분야의 전문가들이 참여하는 대규모 사업이다.

복원순서는, 먼저 선저 구조인 용골을 설치하고 늑판, 익판, 격벽 그리고 외판 순으로 진행하였다. 신안선 복원을 위하여 1차적으로 인양 년, 월, 일 그리고 구획별 위치를 기록한 라벨과 실측 번호를 토대로 1/5 모형선을 제작하였으며, 이 모형선은 실물 원형복원의 기본 참고 자료로 활용하였다. 선체편 수는 인양당시 720편이었으나, 그 중 포판재(선체 외판 등을 보호하기 위하여 덧씌운 얇은 판재) 223편을 제외한 구조재 497편이 복원되었다. 신안선은 해저에서 인양되어 약 20년 동안의 보존처리과정을 거쳐, 2004년 선형을 나타내는 프레임 제작을 끝냄으로서 복원 완료하였다.

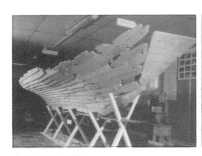

a) 1/5 축소 모형.

b) 1/10 축소 모형.

그림 3-121 모형 제작 (국립해양유물전시관 2004c).

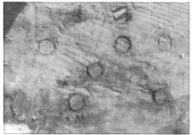

a) & b) 전부(前部) 방형(方形)용골의 후단 결합부에 파져있는 동전 구멍
(문화재관리국 1988; 국립해양유물전시관 2004b).

c) 용골 결구부 (국립해양유물전시관 2004b).　　d) 용골 결합 (국립해양유물전시관 2004c).

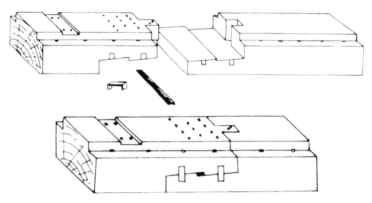

e) & f) 용골 연결부 전개도와 결합 상태도 (국립해양유물전시관 2004c).

그림 3-122 용골과 보수공.

용골이 결구되는 부분에서는, 선박의 무사항해를 기원하는 보수공에서 거울과 동전, 그리고 씨앗
이 연결 부위와 중앙 상면에서 각각 발견되었다. 이러한 행위는 중국의 천주 후저항에서 발굴된
송대 해선과 진도 벽파리 통나무배에도 나타나는 바 있으며, 신안선이 중국선임을 더 명확히 해주
었다.

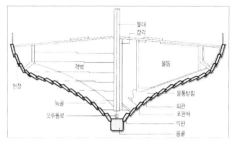

a) 중앙부 복원 단면도.

b)측면도.

c) 신안선 상상 복원도.

그림 3-123 구조 및 복원 도면 (국립해양유물전시관).

용골 [배 밑 구조(船底構造)] - 단면이 'V'자처럼 뾰족한 첨저형(尖底型) 선박으로서, 배 밑에는 대단히 튼튼하고 큰 사각단면의 용골이 놓여진다. 용골(龍骨)은 마치 인체의 척추와 같다고 비유할 수 있다. 용골 위에는 칸막이판적벽과 외판의 밑 부분이 되는 익판이 연결되어 있으며 격벽과 외판을 잡아주는 늑판이 있어 든든한 배 밑 구조를 이룬다.

격벽(칸막이구조) - 칸막이는 인체의 갈빗대와 같은 역할을 한다. 즉, 배의 틀을 이뤄 배의 형태를 결정해 주며 배 전체의 강도에 큰 영향을 미친다. 갈빗대 모습의 늑골을 주로 사용하는 서양 배와는 달리 중국 배는 칸막이 벽이라는 독특한 구조를 가진다. 신안선에는 7개 구간으로 격벽이 설치되어 7격벽 8격창의 구조이다.

익판(龍骨翼板) - 익판은 늑판(肋板)이라고도 하며 선체구조로 볼 때 척추와 갈빗대(격벽)를 잡아주는 기능의 하부 기초가 되는 부재이며, 용골과 외판을 잡아주는 연결 매체이기도 하다.

외판구조(外板構造) - 외판이란 마치 인체의 피부 즉 외피에 해당하는 부분이라 할 수 있다. 신안선의 대표적인 특징은 외판이음은 종연(縱緣)의 접합방식은홈붙이 겹이음(rabbetted clinker joint)과 사모턱이음이며 회연(橫緣) 접합방식은 홈턱솔이음과 반턱이음 방식으로 된 한 겹(單板) 구조라는 점이다.

선수선미구조(船首船尾構造) - 이물과 고물은 각각 평판형 선수와 각형 선미구조로 이뤄졌다. 신안선의 선수는 용골에서부터 뻗어 오른 수주에서 점차 위로 향하며 넓어지는 평판선수재가 붙여진다. 선미는 전통적인 동양식 트렌섬(transome)형 선미구조를 이룬다.

기타구조물 - 돛대받침인 장좌(檣座)가 2곳에서 확인되었다. 4번째 칸막이벽 앞에 놓인 돛대받침은 중앙돛대(本檣)이고, 7번째 칸막이벽 앞의 돛대받침은 앞돛대(前檣)를 세우기 위한 것이다. 신안선은 중앙돛대와 앞돛대 외에도 갑판 위에 세워진 뒷돛대와 함께 셋 이상의 돛대를 지녔을 것으로 추정된다. 4번째와 5번째 칸막이벽 사이에는 식수를 담았던 큰 수조(水槽)가 설치되어 있다.

④ 인양 유물

신안선과 함께 건져진 많은 유물들은 당시 무역상품이었다고 할 수 있다. 유물은 모두 22,007점인데, 도자기와 동전이 중요 화물이었던 것으로 보인다. 그 중 도자기류는 20,661점으로 이 중 청자가 12,359점, 백자와 청백자 5,303점으로 나뉘어진다. 도자기들은 용천요(龍泉窯) 계통의 청자와 경덕진요(景德鎭窯) 계통의 백자가 가장 많으며, 그 외 균요(鈞窯)계 그릇 등 여러 가마의 제품들이 함께 실려 있었다. 그릇들은 대개 나무상자 속에 10~20개

그림 3-124 유물 분포도
(국립해양유물전시관 2006).

씩 포개어 끈으로 포장되어 있었다.

도자기 외에도 금속유물 729점, 석제품 49점, 목제유물 및 기타 574점이 인양되었다. 특히 동전은 배 밑 부분에서 약 28톤(800만닢 추정)이나 발견되었는데, 많은 물표들과 함께 발견되어 그 화물의 중요성을 짐작케 한다.

또한 배 밑바닥에서 자단목(紫檀木)이 1,017점 인양되기도 하였다. 그밖에도 고려청자를 비롯한 고려 유물과 나막신, 칼코 등의 일본 유물도 포함되었다.

출수 유물에 대한 내용과 연구는, 관련 분야의 전문가들 몫인 바, 약하기로 한다.

⑤ 신안선에 대한 고찰 (국적, 항로, 연대 등, 문화재관리국 1988)

신안침선(新案沈船)의 정체에 대해서는 발견 직후부터 여러 가지 견해가 제시되었지만, 작업이 진행되면서 도자기를 비롯하여 무수한 물량이 인양되면서, 이들은 무역선(貿易船)에 적재된 상품들임에 틀림없다는 심증과 근거를 얻게 되었다. 다량으로 인양된 도자기들 중에는 중복된 기형(器形)들이 적지 않았으며, 그들은 동일 품목일 뿐만 아니라 전부가 신품이고 완형품(完形品)들이었다. 같은 종류의 그릇들이 10개 또는 20개씩 포개진 상태로 끈으로 묶여져 목상자에 격납(格納)된 것을 볼 수 있었다. 선저부에서 엄청난 수량의 동전과 자단목들이 발견됨에 이르러, 이 침선에 대한 무역선 설은 그 이상 문제 삼을 이유가 없게 되었다.

다음의 논의 대상은 건조지(建造地) 문제였다. 이 목선의 구조적 특징은 이미 앞에서 언급한 바와 같이, 첨저형 선박으로 거대한 용골이 갖추어져있으며, 외판은 클링커식으로 조립되었고, 앞뒤로 2개의 돛대와 방형선수(方形船首)로 설계되었음이 밝혀졌다. 이같이 견고한 선박구조는 중세 조선기술로는 상상조차 어려웠던 것으로, 신안침선의 발견으로 말미암아 비로소 그 실태를 밝힐 수 있었다고 하여도 과언이 아닐 것이다. 당시 중국이나 일본의 건조 기술로는 도저히 기대하기 어렵다는 것이 관계 학자들의 견해였다. 하지만 중국건조선설(中國建造船說)은 당초부터 유력시 되었으며, 최종 단계에 이르러 용골재가 인양됨으로써 확실해졌다. 용골은 2개의 거대한 목재를 연결하여 구성되었는데, 그 접합면에서 소위 보수공(保壽孔)

이라는 특수한 장치가 발견되었다. 이는 중국 고대의 조선사(造船史)에서 볼 수 있는 전통적인 습속(習俗)으로, 용골재의 접합면에 작은 원공(圓孔)들을 만들어 그 속에 동전이나 동경(銅鏡), 기타 등을 납치(納置)하여 선박의 무재보수(無災保壽)를 기원하였다. 1974년 중국 천주만(泉州灣)에서 발굴된 송대해선(宋代海船)의 보수공과 대동소이하여, 북두칠성으로 배치된 원공 내부에는 중국 송대의 화폐인 태평통보(太平通寶)가 1매씩 들어 있었고, 용골재와 선수재(船首材)와의 접합처에 만들어진 보수공에서는 동경 1점이 발견되었다.

신안선의 국적(國籍)을 생각하는데 있어서는 적재된 무역상품의 소유주에 대하여 검토하지 않을 수 없다. 다행히도 동전꾸러미와 기타 물품에 매달았던 많은 물표(物標)들이 인양되었다. 모두 364점이며, 화물표로서의 성격이 뚜렷한 이들 목패에는, 그 앞 뒤 면에 소유주의 이름을 비롯하여 물품명과 수량 또는 연월일 등이 묵서(墨書)되어 있었다. 여기에 나타난 소유주의 이름은 20여명에 달하는데, 그 중에서도 승려와 사사명(寺社名)을 제외한 나머지 12명의 일반인들은 모두가 일본식의 이름을 가진 인물들이었다. 목패의 묵서 내용에 의존하는 경우, 이 무역선에 승선했던 하주(荷主)나 또는 그 대리인들은 대부분이 일본인들로 구성된 사실을 부인할 수는 없을 것이다. 그러나 승선자의 소지품으로 볼 수 있는 물품들 중에, 고려제(高麗製)의 시저(匙箸)와 중국식의 주방도구 등이 인양된 것으로 미루어, 선원들의 조직 일부는 중국인이나 고려인에 의하여 편성되었을 가능성이 없지 않다고 생각할 수 있다. 신안침선은 중국 건조의 무역선이며, 하주는 일본인들에 의하여 구성되었다고 본다. 하주단(荷主團)에 중국인들이 포함되었다는 사실이 밝혀지지 않는 한, 중국의 무역선이라 할 수는 없을 것이다. 또한 일본에서 파견된 무역선일 가능성이 높으며, 중국건조선인 이 선박의 소유주가 일본인인지 아니면 임대선(賃貸船)인지의 여부에 대하여, 지금까지 수집된 자료만으로는 결론을 내리기 힘든 실정이다.

항로 등을 생각하여 볼 때, 중국을 출발하여 일본으로 향한 무역선임에는 틀림이 없을 것이다. 적재(積載)된 방대한 상품들은 도자기 및 동전을 비롯하여 대부분이 중국제품이며, 그 이외에 생약재(生藥材)의 일부와 자단목 등 동남아에 산지를 둔 물품들이 취급되었다. 이들을 구입한 하주단은, 많은 목패들의 묵서 내용 등으로 미루어, 일본인과 일본재지기관(日本在地機關)들의 대리인 등을 주요 구성원으로 하여 운영되었을 것이다. 중국과 일본 간의 옛 항로는, 일본 측 기록에 의하면, 3개 항로가 있었던 것을 알 수 있다 {**그림 3-115 a)**}. 하나는 황해(黃海)를 우회하는 북로(北路)이고, 또 하나는 남쪽으로 오키나와 등의 섬들을 경유하는 남도로(南島路)가 있다. 그러나 중세의 무역선들은 동지나해(東支那海)와 황해와의 경계수역(境界水域)에 따라 항해하는 제 3의 소위 남로(南路)를 주로 이용하였다. 좀 더 구체적으로 설명한다면, 양자강(揚子江) 하류에서 주산열도(舟山列島)를 거쳐 제주도 남쪽을 통과한 후 일본 큐슈(九州) 오도열도(五島列島)를 목표하여 항해하였다. 하지만 태풍이나 악천후 등으로 인하여 이러한 항로에서 이탈되고 심지어 조난되는 경우도 발생하곤 하였다.

고려상감청자 7점이 많은 중국 도자기들과 함께 발견되었으며, 이들 중에는 12~13세기로 소급(遡及)되는 비교적 고가품(高價品)이 포함되어 있었다. 이러한 정황으로 이 무역선의 고려 기항설(寄港設)을 주장한 경우도 있었지만, 이들 중에는 선창하부(船倉下部)에 적재된 목재상자에 들어 있었던 것이 발굴된 사실로 미루어, 중국에서 구입된 골동품에 준하는 미술품(美術品)으로 보는 견해도 있다. 여하튼 고려 기항설은 근거가 박약한 것으로 생각되는 것이다. 묵패 묵서의 발견으로 이 무역선의 목적지가 일본 구주 하카다(博多)항이었다고 말할 수 있게 되었다. 현재 후쿠오카시(福岡市)에 있는 여기팔번궁(八幡宮)은 옛부터 일본에서 명성이 높은 신사의 하나인데, 그 이름이 인양된 목패의 묵서에 나타났기 때문이다. 목패에서 볼 수 있는 또 하나의 사찰인 조적암(釣寂庵)도, 복강시(福岡市) 소재 탑두(塔頭)의 하나였다고 전해지는 암자와 그 이름이 동일하다. 13~14세기에는 일본의 대찰들이 공허무역선(公許貿易船)을 중국에 자주 파견하였는데, 그 출항지로 하카다항이 이용되었으며, 그 곳에 많은 귀화 중국인들이 거주한 사실은 일본에서 널리 알려져 있는 일들이다. 한편 중·일간을 연결하는 최단 무역항로는 남로인데, 중국 측의 상대 항구로는 경원(慶元), 즉 현재의 영파항(寧波港)이 주로 이용되었다. 영파항은 동양 중세에서 근세에 걸친 국제무역항으로 유명하다. 인양품 중에는 저울대의 동추가 여러 개 있는데, 그 중 하나에는 '경원로(慶元路)'라는 이름이 주자된 것이 있어 출항지를 밝히는데 참고가 될 중요한 단서로 주목되고 있다.

신안선의 발견으로 국제학계에 던져진 파문은 적지 않았지만, 각국의 학자들이 가장 관심을 집중한 것은 중국도자기의 대량 인양이었다고 할 수 있다. 단독 유적에서의 일괄 유물로서는 세계 고고학 사상 유례를 찾기 어려운 큰 발견이었다. 청자와 백자를 비롯한 다양한 종류와 온갖 기형들이 망라되다시피 모여져 있었으며, 그 장관은 한 시대를 대표할 수 있는 일대 전시장을 방불케 하였다. 침선에 대한 연대 규명은 다른 학술상의 요구보다도 중국 도자사(陶磁史)에 대한 편년 문제의 일대 해결을 위하여 가장 절실하였을 것이다. 인양된 도자기들 중에는 과거의 편년 기준으로는 송대(宋代)에 속하는 도자기들이 적지않게 포함되어 있었다. 그러나 대세를 이루는 것은 원대(元代)의 도자들이었다. 또한 인양된 동전 중에서 지대통보(至大通寶, 1310)가 발견된 후로는 원대무역선설은 확고해졌고, 상한년대를 말할 수 있게 되었다. 초보적 발사에 불과하였지만, 청화백자가 발견되지 않은 점에서 하한년대를 1330년으로 보는 의견도 제시되었다. 그 후 이 무역선에 대한 연대에 대하여 보다 구체성이 있는 자료에 의한 실질적 검토가 추진되었다. 그것은 계속해서 인양되는 도자기 중에서 사사사부공용(使司師府公用) 명(銘)이 있는 청자접시 2점이 발견됨으로써 시작되었다. '사사사부(使司師府)'는 선위사사도원사부(宣慰使司都元師府)의 약칭인데, 이 청자접시들은 절동도(浙東道) 선위사사도원사부의 공용으로 보는 견해가 유력시 되었다. 절동도에는 용천요가 있었고, 또 그 치소는 경원에 있기 때문이다. 인양품 중에 '경원로'명이 있는 동추가 있었음은 이미 언급하였다. 이 절동도사사사부(浙東道使司師府)의 설치년대에 대하여, 처음에는 1350년대에 설치된 것으로 오해된 바 있었으나, 그 후 '속자치통감(續資治統監)'의 기록에 의하여, 대덕육년(大德六年, 1302)에 설치된 사실로 밝혀졌다.

하지만 82년도에 이르러 선저부에서 다수의 목패들이 인양됨으로써 결정적 단서를 보충할 수 있게 되었다. 그 중 126개의 목패에서는 4월부터 6월에 걸친 일자들이 명기된 것을 볼 수 있었다. 이는 적재일을 표시한 것임에 틀림없다. 목패의 제작은 하주에 따라 그 형태와 표기방법에서 약간씩의 차이를 엿볼 수 있으며, 이들 중에서 특별히 연호까지 기입한 목패 8점이 발견되었다. 이 8점의 목패는 조적암이라는 사암(寺庵)이 소유하거나 거기에 봉납될 동전꾸러미에

부착되었던 것으로, 동일 인물의 필적에 의하여 '지치3년 운운(至治
三年 云云)'으로부터 시작되는 묵서들이 기입되어 있었다. 지치3년은
1323년에 해당된다고 하며(윤무병 1988) 김원동(1988)은 이를 침몰
년대로 주장하였다. 하지만 침몰 년대의 추정은 신중해야 하며, 연
구가 이어질 것이다.

비록 나쁜 수중 시정, 강한 조류 등의 열악한 발굴조사 여건[100]이
었지만, 정확한 유물 분포 및 선체 상태, 나아가 단계별 발굴 진행
사항 등에 관한 정밀한 기록·도면 작성이나 자료화 등에 대한 노
력이 다소 미흡하였다고 본다. 소나(Sonar) 등의 장비를 이용한 간
접탐사도 단계별로 추진되었더라면 하는 아쉬움도 따른다.

12) 진도 벽파리 통나무배 (목포해양유물보존처리소 1993)

진도 통나무배가 처음 알려진 것은 1978년 월간지 『예향』에 실린
삼별초관련 답사기행문(김종 1978)에서이다. 이를 근거로 현장을
답사하고 조사의 필요성을 인식하여 같은 해 11월 조사원을 현지에
파견하여 매몰선의 실체를 확인 조사하였다. 조사결과, 노출된 유구
의 형상으로 보아 선체일 가능성이 있으나, 시굴 등을 통한 정확한
확인조사가 필요하다는 의견이 제시되었다. 이에 따라 문화재관리
국은 1988년 12월 학계 전문가들과 함께 자세히 조사하였다. 발굴
조사는 1991년과 1992년, 1, 2차에 나누어 실시하였다. 통나무배 발

---

100) 잠수를 위하여 수면에서 머리를 아래로 향하고 다리를 위로 드는 순간부터 캄캄해 질 정도였고,
해저에서의 작업은 눈을 감은 상태나 다름없이 촉각에 의존해야 했다. 연구자가 3년 동안(1년에
태풍 시작 전, 특정 약 2~3개월간 전후) 잠수한 중에서, 딱 한 번 약 20~30cm의 가시거리를
경험하였다.
정조 때를 중심으로 잠수하였지만, 작업을 마치고 상승할 때쯤이면 조류가 바뀌며 물살이 세어진
다. 상승줄을 놓치거나 없이 상승할 경우, 200~300m를 떠내려간 곳에서 고무보트의 도움으로
되돌아 온 적도 있었다.

굴 조사가 수행된 곳은 마을 남동쪽 벽파염전 북편 수로에 위치하며, 통나무배는 수로 옆 도로의 축대와 엇비슷한 각도를 이루고 매몰되어 있었다.

선체는 약 30cm 높이로 8m정도가 동-서를 축으로 노출되어 있었으며, 조수간만의 차이 때문에 물에 잠김과 노출이 반복되어 목질이 심하게 변형되어 있는 상태였다. 통나무배의 구조물은 주변 농지와 염전 배수를 위한 수로 시설 후, 바닥 층이 점차 얕아짐에 따라 매몰선의 선체 일부가 노출되기 시작하였다고 한다. 배의 잔존 길이는 16.85m, 폭 2.34m, 깊이 0.70m, 선재두께 10～23cm로 조사되었다. 선체의 기본구조는 초대형재를 이용한 통나무배 형식이지만 본체와 선수, 선미를 분리 제작하여 결구한 통나무배이다. 선형은 선수가 좁고 선미가 넓은 두협미광(頭狹尾廣)형이며, 6개소의 격벽이 시설되어 있었다.

출토된 통나무배는 본체와 선미를 분리하고 안전한 인양과 운송을 위해 우레탄 폼으로 선체 내·외부를 포장하였다. 우레탄 폼 작업에 앞서 선체의 표면건조를 억제하기 위해 PEG 10% 수용액을 선체 전면에 도포하였으며, 포장된 선체는 특별히 제작한 대형 철제 틀에 고정하고 크레인에 의해 인양하였다. 인양된 통나무배는 정밀조사 및 보존처리를 위해 목포해양유물보존처리소(현 국립해양유물전시관 별관)에 운송하여 대형 옥외 탈염장에 수침, 보관하였다.

출토된 도자기·토기·기와편 등은 모두 226편이지만 완형 상태의 것은 없다. 출토된 도자편은 선체 내부에서는 발견되지 않고 대부분 교란이 심한 무른 갯펄 층에서 수습되었다. 다만 분리된 선미 연결재의 하부 즉, 선미재에 8개의 소원공(小圓孔)이 시설되어 있으며, 그 안에 동전이 각 한 닢씩 삽입되어 있었다. 이는 흔히 중국의 절강성 이남지역 즉, 복건성 연안 일대에서 흔히 행해지던 관행으로 알려지고 있으며, 배의 안전과 무사를 기원하는 보수공(保壽孔) 또는 압사취승(壓邪取勝)의 의미로 압승공(壓勝孔)이라고도 한다. 신안선에서도 발견되었다{**그림 3-122 a) & b)**}. 이의 존재는 진도 통나무배가 중국 강남지역에서 건조되었음을 시사해 주는 단서 중의 하나이며, 보수공 동전 중 가장 주조시기가 늦은 정화통보(政和通寶)의 주조년대(1111~1117)를 통나무배의 건조 상한년대로 추정해 볼 수 있다.

수습된 도자기 대부분은 청자이며, 잡유로 일컬어지는 갈유토기와 회흑색 및 회색의 토기, 큰 항아리 구연부 편들과 기타 회색편 구연부와 저부 동체편 등이 있다. 약 200점은 청자 대접, 완, 접시 등의 편으로, 완도 어두리의 도자기 편들과 같이 구연부가 비교적 넓게 외반되고 동체는 극소수가 S자 곡선을 이루고 있다. 단 기벽은 얇고 유색은 청색, 갈색, 녹색(암녹색과 담록색) 등의 청자유를 얇게 시유하고 굽다리는 일부가 대마디 굽을 하고 있다. 문양은 거의 없고 안쪽 벽면에 1척대 또는 2척대의 음각선을 돌리고 있으며 노태(露殆)된 예가 그리 많지 않다. 완도 어두리 출토품보다 조금 늦은 시기인 12~13세기 것으로 추정된다. 구연부는 내만되고 기벽이 두터워지며 청자유가 두껍고 대마디굽이 사라지고 번조방법에서 모래받침도 일례가 있어 완도 어두리보다 시기적으로 늦다. (崔茂藏).

a) 진도군 고군면 벽파 전경 (진도군청).

b) 조사 위치도.

c) 현재의 위성 전경 모습 (google).

그림 3-125 진도 벽파리 통나무배 발굴조사 지역 (목포해양유물보존처리소 1993).

a) 근경 (서에서).　　　　　　　　　　b) 선체 노출 상태.

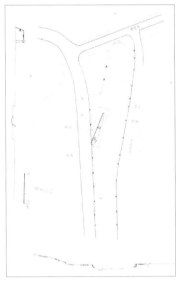

c) 조사지역 평・단면도.　　　　　　　d) 출토 전경.

그림 3-126 발굴조사 (목포해양유물보존처리소 1993).

　　발굴조사는 1, 2차로 나누어 실시하였다. 발굴기간을 2차로 구분한 것은, 통나무배의 매몰 위치가 갯벌층이라는 점과 선체 재질이 매우 위약해진 상태여서 장기간 대기(大氣)에 노출될 경우, 심한 변형을 초래할 우려 때문이었다. 7개의 조사갱(坑)을 이미 노출된 선체의 장변에 직각되게 설정하였으며, 현장 여건에 맞추어 1×2m 기준으로 하였다. 2차 본조사에서는 선체 및 주변 유물의 수습을 목적으로 1차조사의 결과로 설정된 약 150m2에 대하여 전면 발굴조사 하였다.

e) 1차 조사 물막이벽, 배수로 작업.

조사구역이 해안 배수로에 위치하여, 조수간만의 차이에 의해 수몰깊이의 변화는 있으나 항시 물에 잠겨 있어, 물막이벽을 현장 여건에 따라 노출된 선체로부터 2~3m 정도의 거리를 두고, 남벽 21m, 동벽 6m, 서벽 3m 총연장 30m를 시설하였다. 약 40개의 각목(0.06×0.09×2m)과 베니어합판(1.2m×2.4m)으로 만들었다.

f) 서에서.

q) 동에서.

그림 3-126 계속 (발굴조사).

통나무배는 선수를 동남방향(110°)으로 두고, 25°정도 좌현으로 기울어진 채 매몰되어 있었다. 기본구조는 초대경재(超大徑材)를 이용한 통나무배 형식이지만, 본체와 선수, 선미를 분리 제작하여 결구한 3재독목주형(材獨木舟型)이다.

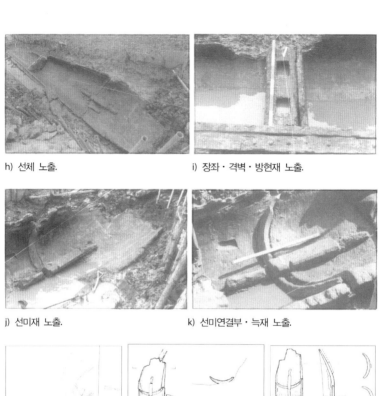

h) 선체 노출.

i) 장좌・격벽・방현재 노출.

j) 선미재 노출.

k) 선미연결부・늑재 노출.

l) 1차조사 조사갱 배치.

m) 현장 실측도.

n) 평・단면도.

그림 3-126 계속 (발굴조사).

a) 본체 우레탄 충진.   b) 선체 인양.   c) 선체 보관.

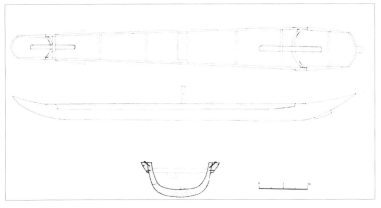

d) 복원도. 일차적 복원척도는 전장: 약 19m, 선폭(제 Ⅲ 격벽부): 1.85m(본체); 2.25m(방현재
부착상태), 최대폭(본체후단): 2.34m, 선심(船深): 0.75m(본체후단); 0.70m(제 Ⅲ 격벽부), 선
재두께: 10∼23cm이다.

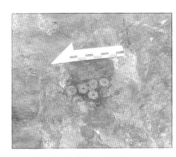 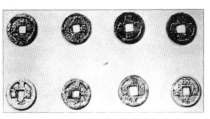

e) 보수공과 동전 출토 상태.   f) 출토 동전.

그림 3-127 선체와 보수공 (목포해양유물보존처리소 1993).

통나무배의 선형은 두협미광(頭狹尾廣), 두저미고형(頭低尾高形)이라 할 수 있다. 6개의 격벽(隔壁)이 시설되었으며, 통나무배가 갖는 협장(狹長, 장폭비: 8.52)함의 단점 보완을 위하여, 좌우 선현에 비교적 큰 방현재(防舷材)를 부가하였다. 부재의 고착은 철정(鐵釘)으로 하였으며, 수밀이 필요한 부분에는 동유회(桐油灰)를 사용하였고 선체 외부는 연화(煙火)되어 있다. 장좌(檣座)의 존재로 미루어 볼 때, 주요 추진 장치는 돛이었을 것으로 보인다. 기본적으로 원시적 통나무배 형태지만, 구조선에서 나타나는 비교적 발달된 구조재를 갖춘 특성을 지니고 있다.

구조적 특성 즉, 격벽 및 장좌, 철정, 동유회의 사용과 중국 복건 연안 일대의 독특한 옛 관행으로 여겨지는 보수공의 존재 등을 고려할 때, 중국 배의 특성들을 지니고 있다. 또한 선체의 수종(樹種) 즉, 초대경재의 녹나무(樟木, 장목)와 특히 중국 남부지방의 특산 수종으로 여겨지는 마미송(馬尾松)의 사용은 이 곳에서 건조되었음을 입증하고 있다. 앞서 언급한 바와 같이 보수공의 동전으로 상한년대를 추정하여 볼 수 있다. 또한 배 주변에서 수습된 많은 도자기편들은 11~14세기의 년대를 보이고 있다. 선재 및 동유회의 석회를 시료로 분석한 C^{14}의 년대 측정 결과, 평균 년대는 710±30BP이며 보정 년대는 1260~1380년의 범위로 추정된다.

중국 남부지방에서 건조된 통나무배가 어떠한 경로와 원인에 의하여 진도 벽파리에 매몰되었는지 현 단계에서 확인할 수 없다. 발굴 과정 중 선체 주위에서 수습된 226편의 고려시대 도자기편의 출토 상황(중·고급의 자기가 거의 없음)을 근거로, 이 배가 유입된 후 우리나라 연안에서 상당기간 사용되었을 것이라는 의견도 제시되었는데, 그러한 가능성도 전혀 배제할 수는 없다고 하겠다. 여하튼 이 배의 용도와 경로, 매몰 원인은 계속적인 연구 과제일 것이다.

3. 조선시대 이 충무공 해전유물 탐사

수중고고학 탐사로 볼 수 있는 본 사업은, 1973년 5월 문화공보부 문화재관리국에 의하여 '이 충무공 해저유물 발굴 조사단'이 발족되면서 시작되었다. 설립 목적은 이 충무공(1545~1598)의 각종 해전유물을 발굴, 인양함으로써, 공의 애국·애족 정신을 드높이고, 국위를 선양한다는데 있었다. 물론 거북선을 찾고자하는 국가적 사명 의식도 작용하였을 것이다. 해군의 지원을 받아 칠천도를 위주로 한 초기의 조사는, 1973년 7월 5일부터 착수하여 1977년까지 7년간 지속되었다(**표 3-18**). 당시로는 장기간에 걸친 대규모의 수중 탐사였지만, 뚜렷한 성과를 얻지 못하였다. 그 이유로 첫째, 탐사 대상지역의 위치가 불명확하고, 둘째, 대상 해역에 대한 충분한 해양학적 조사가 없었으며, 셋째, 조사 장비가 노후화 되었고, 탐사 현장의 실정과 부합되지 않았다(황○○·김성필 1994). 하지만 성과에 대한 만족도는 낮을지라도, 이 사업은 우리나라 최초의 계획적 수중고고학 탐사였다는데 의미를 두어야 할 것이다.

그 이후 신안 해저 유물선 발굴로 인하여 중단되었다가, 1989년 8월부터 해군 충무공 해전유물 발굴단이 발족되면서, 남해안 일대 임진왜란 당시의 전적지 14개 해역을 대상으로 다시 시작하게 되며, 1996년 6월까지, 63회(1020일)에 걸쳐 수행하였다(**그림 3-128**). 하지만 1996년에 실적과 공명심으로 인한 불미스러운 사건[101]이 알려지고, 같은 해 7월 31일 사업이 중단되었다. 이후 해군사관학교 해저유물탐사단에서 1998년 10월부터 2003년 6월까지 15회(500일)에 걸쳐 수행하였으며(**그림 3-129**), 이 기간 중에는 장보고 대사 관련 유물탐사도 포함되어, 완도 주변 등지에서 도자기 관련 유물도 수습하게 되었다. 2003년 7월에 해군 해양연구소로 업무가 이관되면서 활동이 크게 축소되었다.

2007~2009년, 경상남도 주관으로 거북선을 찾으려 했으나(**그림 3-130**), 특별한 성과가 없었다는 자책과 비판이 따랐다.[102] 바다, 특히 수중 환경에 대한 지식 부족, 전문성 결여, 편견 등은 있었지만, 많은 노력을 기울였다. 하지만 보고서와 관련 자료들의 열람 또는 입수가 불가능한 것은 아쉬움으로 남는다. 많은 예산을 들인 사업에

---

101) ⓒ 남해신문(http://www.namhae.tv)

'…아울러 84년부터 진행된 사업이기에, 94년 정부의 성과보고 독촉에, 탐사팀이 가짜 총통발굴 사건을 일으켜, 안타깝게도 94년 3월 가천 앞바다 탐사는 사전답사 수준에서 사실상 중단돼 아쉬움을 남겼다는 내용을 담기도 했다.'

http://blog.naver.com/spp0805/120066023997,'09/03/30, muzes@joongang.co.kr.

http://blog.naver.com/kwk0509,'09/03/29.

'가짜 총통 사건으로 정부 발굴단 해체 악몽

중앙정부가 거북선 발굴에 직접 나서지 않는 건 과거의 실패 경험 때문이다. 70년대 후반 해군은 박정희 전 대통령의 독려 아래, 거북선 발굴에 나선 적이 있다. 탐사 작업은 해군사관학교의 조성도 교수 주도로 진행됐다. 당시에는 해저 탐사 장비가 변변치 않아, 과학적 탐사가 어려운 시기였다. 이후 박 전 대통령 서거로, 거북선 발굴도 유야무야됐다. 89년엔 노태우 대통령의 특별지시로, 충무공 해저유물 발굴단이 창설돼 탐사가 이뤄졌다. 침몰선 잔해로 추정되는 목재 일부가 나오긴 했지만 큰 성과는 없었다. 그러던 중, 발굴단장인 황 모 대령이 92년 8월 가짜 '귀함(龜艦) 별황자총통'을 통영시 한산면 문어포 앞 바다에 떨어뜨렸다가, 인양한 것처럼 속인 사실이 드러나, 발굴단은 해체되고 말았다. 그 후로는 거북선 발굴에 대해 누구도 공개적으로 말을 꺼내지 않았다.'

102) 경상남도 공고 제2008-46; 54; 144호.

모닝뉴스 (webmaster@morningnews.co.kr, 09-12-08)

'…탐사에서는 임진왜란 당시 연대로 추정되는 밥그릇 등 유물 10여점을 포함한 80여점의 유물을 인양했지만 거북선의 실체를 규명할 사료는 얻지 못했다.'

중부일보 (데스크 승인 2011.07.16.).

'…그러나 탐사팀은 임진왜란 당시 수군들이 사용한 것으로 추정된다는 밥그릇과 술병 등 7점을 인양한 것 외에는 뚜렷한 성과를 거두지 못했다.…이 사업에는 탐사 지점을 찾기 위한 용역비 2억4천만원과 탐사비 1억4천만원 등 3억8천만원이 들어갔고, 대우조선과 삼성중공업, 성동조선해양, STX조선 등 조선 4사의 성금 8억원 등, 12억원 가량이 투입됐다.'

서 이해할 수 없는 부분 중 하나이다. 이는 언젠가 거북선을 다시 찾고자 할 때와 후학들에게 중요한 기초 자료가 되기에, 자책과 비판을 극복할 수 있는 용기와 인내가 필요한 것이다.

2010년 12월과 2011년 11월, 국립해양문화재연구소는 칠천도 인근 해역에 대한 수중탐사를 하였으며(**그림** 3-156, 3-157), 연차적 진행 예정이다.

표 3-18 칠천도 해전유물 탐사현황 (황동환·김성필 1994).

연 도	탐사 지역	방 법	장 비	결 과
1 차 (1973)	칠천수로, 당포	탄성파 탐사, 시추 탐사, 잠수 조사	음향측심기, 측면주사음파탐사기, 해저지층탐사기 (Uniboom), 펄 굴착기	장비 접촉 이상체 확인 및 시추
2 차 (1974)	칠천수로, 당포, 춘원포	"	금속탐지기 추가 사용	시추 결과 5개 공에서 목편, 통나무 채취
3 차 (1975)	칠천수로, 당포, 당항수로	"	수중 TV 추가 사용, 금속탐지기 제외	목편 채취 후 연대 측정: 결과 상이로 계산 불능
4 차 (1976)	칠천수로, 춘원포, 용천만, 노량해역	자력 탐사 추가 실시	양자자력기 추가 사용	장비 시험 결과, 감지 가 능 크기는 직경이 드럼 통 정도로 판명, 유물 잔존 형태 재고
5 차 (1977)	"	"	Radist 추가 사용	조선 초·중기 유물을 칠천수로에서 인양, 외국인 탐사 자문[103]
1984	칠천수로, 당포, 성포, 고현만	해조류 조사 추가 실시	해저지층탐사기, 음향측심기, 측면주사음파탐사기, 조류측정기	KBS 주관으로 실시

---

103) 이 해에 연구자가 참여하였다. 돌이켜 보건대 실적과 성과를 중시하는 풍토이었던 것으로 기억된다. 청와대 관계자가 해도만을 보고 칠천수로의 물을 퍼내고 찾도록 하라는 얘기도 흘러나왔다. 심지어 "거북선으로 추정되는 물체를 찾았다"라고 성급히 보도하였으나, 외국인의 설명 중, "… not…"를 듣지 못하였다고 해명하는 등의 웃지 못 할 해프닝도 있었다.

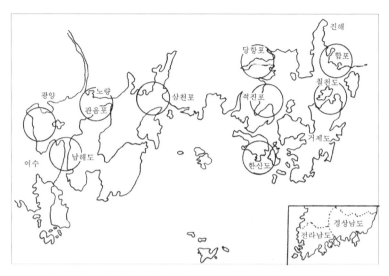

그림 3-128 충무공 해전유물 탐사 지역도 (황○○ · 김성필 1994).

a) 측면주사음탐기.

b) 해저지층탐사기.

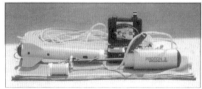

c) 자력기(Magnetometer).

d) 탐사선. a)~d) (해군사관학교 2001).

그림 3-129 탐사 선박 및 장비 (해저면 아래의 탐사를 위한 도구와 장비 포함).

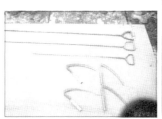

e) 잠수사용 특수 호미 및 투창.   f) 중력코아(Gravity corer).   g) 시추작업 광경.

h) 시추선 (4묘박 능력).   i) 시추기.   j) 해저 시추 장면 .

그림 3-129 계속 (탐사 선박 및 장비).

    e)〜g) (해군 충무공 해전유물 발굴단 1991).

    h), i) (해군사관학교 해저유물탐사단 2001).

    j) (해군사관학교 해저유물탐사단 2002).

그림 3-130 경상남도 탐사 구역도와 방법 (yi-sunsin.com; blog.naver.com/spp0805).

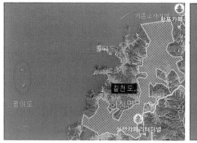 

a) 조사 해역.   b) 장비 탐사 구역 (●).

그림 3–131 2010년 멀티빔 탐사와 잠수 조사 (국립해양문화재연구소).

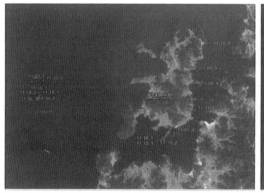 

a) 칠천도 인근 해역 탐사지. b) 소광이도 탐사지.

그림 3–132 2011년 잠수와 ROV 조사 (국립해양문화재연구소).

    조사 해역과 주변 해역에 양식장이 넓게 분포하고, 주민(어민)들이 조사에 거부감을 보임.

    소광이도 인근 해역에서 청화백자 1점, 청자편 1점, 흑유편 1점을 수습함.

    조사 해역 - 소광이도 주변은 무른 갯벌이 두껍게 퇴적되어 있음.

c) 소광이도 잠수 조사.　　　　　d) ROV.

그림 3-132　계속 (2011년 잠수와 ROV 조사).

다중빔음향측심기로 소광이도 주변을 조사했으나, 미더덕 양식장 때문에 넓은 범위를 조사하지 못함.

ROV 조사도 시도했으나, 폐로프의 간섭과 갯벌로 인한 수중 시야 불량으로 원만한 조사가 불가능함.

잠수와 ROV 조사는 지정 좌표 중심으로 반경 약 50m를 조사함.

4. 근현대 동아시아 해역 탐사 - 돈스코이호

유인잠수정으로 2003년 5월 수심 400m에서 확인한,[104] 우리나라 한국해양연구원(현 한국해양과학기술원)의 돈스코이호 탐사 자료를 소개한다.

1980년 한 대기업의 요청에 의하여 찾고자 하였으나 발견치 못하였고, 관심 있는 잠수인들이 간혹 시도하였지만 매번 성과 없이 끝났다. 그 이후 또 다시 대기업의 지원으로 한국해양연구원에 의하여, 1999~2003년까지 5년 간 심해 침몰선 (*Dmitri Donskoi*: 1895년 건조, 1905년 침몰된 러시아 군함) 탐사가 수행되었다.[105] 탐사 목

---

104) 유해수 2011, p.7.

105) Yoo H.S. et al. 2005.

적은 유해수 2011을 참고하되, 그 성과와 의미는 크다고 본다. 즉 조사 해역이 탐사에 매우 어려운 환경 - 험준한 심해 계곡임에도 불구하고, 침몰선 확인은 물론 귀중한 자료를 얻었으며, 여러 장비들을 적합하게 운용한 좋은 사례로 꼽을 수 있는 것이다.

General characteristics (as built)	
Type:	Armoured cruiser
Displacement:	5,882 long tons (5,976 t)
Length:	306 ft 5 in (93.4 m)
Beam:	58 ft 1 in (17.7 m)
Draught:	25 ft 10 in (7.88 m)
Installed power:	7,000 ihp (5,200 kW)
Propulsion:	1 shaft 2 Compound steam engines 8 boilers
Sail plan:	ship rigged
Speed:	about 16.5 knots (30.6 km/h; 19.0 mph)
Range:	7,000 nmi (13,000 km; 8,100 mi) at 10 knots (19 km/h; 12 mph)
Complement:	591
Armament:	2 × 8 in (203 mm) guns 14 × 6 in (152 mm) guns 4 × 381 mm (15 in) torpedo tubes
Armour:	Compound armour Belt: 9–4.5 in (230–110 mm) Deck: .5 in (13 mm) Barbettes: 12 in (305 mm)

그림 3-133 돈스코이호 (Wikipedia; 유해수 2011).

〈대덕넷 임은희 기자〉 redant645@HelloDD.com

전장: 63.80m, 선폭: 12m, 국제총톤수: 1,422톤, 항해속력: 15.00 knots, 항속거리: 10,000마일, 승선인원: 연구원 25명 / 승무원 15명.

그림 3-134 탐사에 동원된 한국해양연구원의 온누리호.

a) 탐사 모식도.　　　　　　　　b) 유인잠수정.

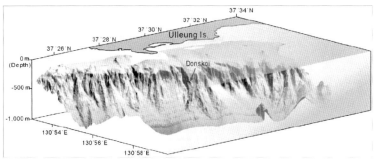

c) 삼차원 해저지형도에 표시한 돈스코이호 침몰 위치.

그림 3-135　탐사 방법, 장비와 침몰 위치 (유해수 2011).

　　a) 돈스코이호가 발견된 실제 울릉도 해저 지형으로, 골짜기를 따라 흐르는 상승 해류로 탐사 장비의 접근이 어려웠다.

　　c) 돈스코이호는 울릉도 해저의 깎아지른 절벽 중턱에 걸린 채, 100년 동안 잠들어 있었다.

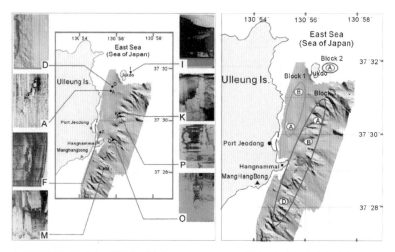

a) 측면주사음파탐지기로 확인된 이상체.

b) 종합 분석 결과 선정된 이상체.

그림 3-136 돈스코이 탐사 (Yoo H.S. et al. 2005; 유해수 2011).

c)~e) 돈스코이호가 있다고 추정되는 3ⓒ 구역의 탐사 결과.

제 4 장

해외 사례와의 비교

앞 장에서 우리나라 주요 발굴조사 사례들을 연대순으로 침몰선 위주로 알아보았다. 이 장에서는 발굴조사 방법이나 기술적인 면에서 우리나라의 사례와 비교할 수 있거나, 중요한 외국의 대표·전형적 사례들을 고찰하여, 우리나라 수중고고학 발전에 도움이 되도록 한다. 최근의 외국 동향도 분석하여 그들의 인식과 경향을 알아봄은 물론, 우리의 미래 방향도 생각하여본다.

1. 대형 범선의 계획적 발굴조사

외국 대형 범선들의 계획적인 발굴조사를, 발굴 년도 순으로 알아보며 분석한다. 1628년 침몰한 스웨덴의 바사호(*Vasa*), 1545년 침몰한 영국의 메리로즈호(*Mary Rose*)와 중국 남송 시대(1127~1279년)의 남해 1호이다. 이들은 장기간에 걸친 사전 조사로 계획적인 탐사를 수행하였고, 치밀한 엔지니어링으로 발굴조사를 하여 성공적으로 인양하였다. 인양 후의 발굴조사, 보존처리, 복원, 전시 등에 있어, 새로운 박물관 건립 등 막대한 예산을 들인 장기간의 사업으로 매우 중요한 사례들이다. 사업 연대를 염두에 두고 우리의 경우와 비교 분석한다면, 그 가치가 더할 것이다.

이 들과 함께 우리나라 이 충무공 해전유물(거북선) 탐사, 심해 침몰선 돈스코이호 탐사, 신안선과 고려 한선들의 발굴조사 등을 비교, 고찰한다.

표 3-19 비교·분석 대상의 외국 주요 사례들.

사 례	년 대		내 용	비 고
	침몰	조사·발굴*1		
바사호(*Vasa*) 스웨덴, 32 msw	1628	1956~1961	선체 밑으로 6개의 굴을 파고, 인양줄(Lifting wire)로 선체를 직접 감싸서 인양. 조석·부력과 유압 견인기(Hydraulic jacks)를 이용하여 18회 이동 후 인양.	전용 박물관(1990. 06.) 김도현 2006, pp.67-69
메리로즈호 (*Mary Rose*) 영국, 12 msw	1545	1966~1982	인양틀과 받침대 이용. 선체의 적당한 부분에 구멍을 뚫어 인양줄 설치.	박물관 증축(2013. 05.) 2016 보존처리 완료 예정 김도현 2006, pp.57-66
		2003~2005	항로 준설로 인하여 재 발굴·조사 함.	
남해 1호 (*Nanhai 1*) 중국, 30 msw	1127~1279	1987~2007	선체(유구) 전체를 대형 크레인 바지선(Revolving crane barge, 4,000톤 인양력)으로 인양. 대형 철제 상자(Steel box) 이용.	전용 박물관(2009. 12.) 대형 수조에서 발굴조사 계속

*1 발견, 인양 등 주요 년대이다. 모든 조사, 발굴과 보존 처리는 장기간에 걸쳐 수행된다.

1) 스웨덴의 바사호(*Vasa*)[106]

바사호는 1628년 스웨덴 스톡홀름 항에서 진수하여, 8월 10일 50여 명의 승객과 선원을 태운 채, 돌풍으로 인하여 좌현으로 기울면서 포구로부터 침수되어, 불운하게도 처녀항해에서 해안으로부터 약 120m 밖에 떨어지지 않은 수심 약 32m에 침몰하였다. 이 배는 64문의 포를 탑재한 전함으로서, 총 길이 69m, 폭 11.7m, 배수톤수 1,210톤에 달하며, 메이플라워호(*Mayflower*)의 4배 규모였다. 5~6백 명(승조원 145명, 전투병 300명)이 비교적 장기간 승선하여 전투할 수 있도록 완전히 무장된 전함으로, 그 당시 스웨덴의 막강한 해상력을 과시한 선박이었다.

일반적으로 목선은 침몰한 지 50여 년이 지나면 복원이 불가능한 것으로 알려져 있었다. 배좀벌레 등(*Teredo navalis*, ship worm and others)[107]에 의하여 나무가 상하기 때문이다. 그러나 스톡홀름 항은 이 종이 서식치 않는 몇 안 되는 곳 중의 한 곳이어서(Brackish Baltic waters), 바사호는 3세기가 지난 후에도 뻘 속에 잘 보존되어 있었다. 비교적 원형을 잃지 않음으로써(원형의 95%) 문화적 유산 연구에 큰 보탬이 되었고, 17세기 초엽의 생활을 잘 알려주었을 뿐만 아니라, 당시 스웨덴의 번성과 해상교통을 잘 대변해 주었다.

1956년 침몰 위치를 확인한 뒤, 1961년 4월 24일에 인양하였다. 1988년 12월 임시 박물관에서 1990년 6월 15일 개관한 현재의 박물관으로 이송되어 전시 중이다.

---

106) 김도현 2012, pp.115-158 참조.
107) 앞의 책(김도현 2012), pp.448-460; 475-477 참조

a) 랜드스트룀(B. Landström) 그림(Matz 1991).　　　　b) 중앙 단면 추정도(바사 박물관).

그림 3-137　바사호 복원도.

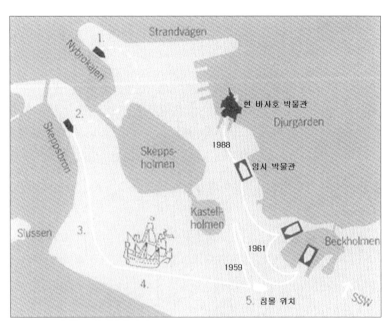

1. 바사호 건조.
2. 1628년 이른 여름에 함포, 장비 등 탑재.
3. 1628. 08. 10. 해안을 따라 이동 후 돛을 펴고 항해 시작.
4. 바사호 항해(로).
5. 1.3km 항해 후 벡홀멘(Beckholmen) 섬 앞에서 침몰.

그림 3-138　바사호 이동로 (Matz 1991).

1658년 스웨덴의 육군 장교 트라이레벤(H.A. von Treileben)은 바사호의 대포들에 대한 인양 허가를 받았으며, 1664년 그는 독일의 펙켈(A. Peckell) 등과 함께 초기 형태의 노출식 잠수종(Crude diving bell)을 사용하여 함포 53문(약 1~2톤)을 인양하였다(**그림 3-139**). 당시의 잠수기술로 이 같은 작업을 한 것은 믿기 힘든 사실이었다. 1683년에 한 문을 추가 인양함으로써, 17세기의 바사호에 대한 잠수 탐사(작업)는 종료되었다.

1663년 함포 인양을 묘사한 네 그리의 삽화이며 15분 정도의 잠수 작업이 가능하였다. 오른쪽의 작은 통에는 여유분의 공기를 담고 있다. 이후 펙켈은 나무통을 이용하여 신선한 공기를 공급할 수 있도록 개량함으로써 작업 시간을 두 배로 늘렸다.
이러한 발전은 영국의 천문학자 핼리(1656~1742)의 잠수종 개발에 도움을 주었다.

그림 3-139 당대의 해난구조 기법과 잠수종 (Matz 1991).

1920년 스톡홀름해(Stockholm archipelago)에서 릭스니켈른호(*Riksny-ckeln*)가 발견됨으로써, 바사호의 존재에 대하여 새로운 관심을 가지게 된다.

스웨덴의 석유기술자 프란젠(A. Franzen)이, 수 년 간의 문서와 자료 연구를 거치면서, 약 2년간의 탐색 끝에 1956년 침몰 위치를 찾았다. 해군 잠수사들이 선체 상태를 조사한 결과, 전체 인양이 가능하다고 판단되어 1957년 봄 바사 위원회(*Vasa* Committee)가 구성되었다. 정부와 민간의 후원 자금과 기술을 제공받아, 프란젠의 지휘아래 인양작업이 이루어지고, 1961년에 전체를 인양하여 복원 작업이 시작된 벡홀멘 근처의 도크(Dry dock)로 예인하였다. 이 난해한 인양 작업의 준비를 위한 잠수사들의 노력은 5년간의 세월에 걸쳐 계속되었다(Matz 2009).

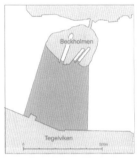  

a) 탐색 구역(Cederlund 2006)　　b) 프란젠과 채취기.　　c) 바사호 떡갈나무(Black oak).

d) 코어 샘플러(Core sampler).　　　　　e) 바사 박물관(김도현 촬영).

그림 3-140　프란젠과 바사호 발견(Matz 1991; Franzen 1960).

　b) 1956년 8월 바사호의 검은 떡갈나무 조각을 처음 찾은 샘플러를 들고 있는 프란젠. 바사호를 찾기 위하여 갈고리로 항구 바닥을 긁었을 때, 많은 이 물체들을 찾게 되었다. 이들을 일일이 잠수사가 확인한다는 것은 수중시정이 매우 불량하여 비현실적이었다. 이에, 탐침용 코어 샘플러를 고안하였다.

　c) 코어 샘플러로 처음 채취한 바사호의 떡갈나무 조각(직경 1/2"). 검은색을 띠어서 이 침몰선이 꽤 오래된 것으로 추정할 수 있었다.

바사호는 항구의 퇴적물 깊숙이 박혀있었고 수중 시정도 나빠서 작업은 매우 힘들었다. 우선 흩어지기 쉬운 부분을 해체 인양하고, 선체 인양을 위한 줄을 걸 수 있도록 선체 밑 뻘 속으로 6개의 굴을 팠다. 선체 주위나 밑을 잘못 파면 팔수록 선체가 더 깊숙이 묻힐 우려도 있었다. 매우 조심스럽고 많은 기간이 걸렸다. 1957년 해군 잠수사들이 뚫기 시작하여 1959년에 완료하고, 인양용 본 줄을 걸기 위하여 가는 줄(Grid; guide wire)을 관통시켰다. 이 동안에도 다른 잠수사들은 마스트, 돛대, 선구 등을 해체 인양하였다. 1959년 8월 넵튠사(Neptune Company)는 두 척의 부력선(Salvage pontoon)과 구난선들을 제공하였다. 가는 줄을 이용하여 직경 15cm, 총 길이 1,600미터 인양용 본 줄(철선)을 선체 밑의 굴로 집어넣어 부력선과 연결하였다. 부력선에 계속하여 물을 채워 갑판이 해수면과 같도록 한 뒤, 줄들을 단단히 조였다. 부력선의 물을 뺌으로써 부력선은 서서히 부력으로 뜨게 되고, 줄들로 연결된 바사호도 조금씩 올라오게 되었다. 선체가 해저 면에서 떨어지면 부력선을 예인하여 조금씩 얕은 곳으로 이동시켰다{**그림 3-143 a)**}. 이 같은 작업을 18번 반복하여 카스텔홀멘(Kastellholmen) 근처 17미터의 수심까지 이동시켰으며{**그림 3-143 b)**}, 최종 인양계획을 수립 할 때까지 이곳에 머물렀다.

a) 바사 박물관(김도현 촬영).　　　　　　　　　　b) 해군 잠수사(Franzen 1974).

c) 청수 상자와 촬영기를 점검하는 잠수사들(Saunders 1962).　d) 도크의 바사호와 잠수사.

그림 3-141　바사호의 잠수사들.

　b) 전통적인 잠수 장비(Conventional hard-hat)를 착용한 스웨덴 해군 잠수사.
　　오른 손에 잡고 있는 것은 바사호 밑으로 굴을 파기 위한 물 분사기이다.

　c) 수중 시정이 매우 불량하여 일반적인 촬영은 거의 불가능하였다. 렌즈 앞에 깨끗한 청수 상자
　　를 부착하여 촬영하였다. 활동성이 좋은 스쿠버 장비는 수중 시정이 흐리고 안정성이 필요한
　　작업에 효율적이지 못하였다.

　d) 도크(Gustav Ⅴ dock)안의 바사호와 스쿠버 다이버(Cederlund 2006).

  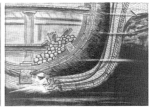

a) 젯터스트룀[108] 물 분사기.　　b) 바사 박물관 앞의 분수대에 사용.　　c) 굴착 작업.

그림 3-142　바사호 선저 밑 굴착(Tunneling) 작업 (Franzen 1974; Cederlund 2006).

　a) 앞쪽으로 강한 물줄기를 분사하여 뻘을 파고, 뒤쪽으로도 물을 분사하여 분사기가 뒤로 밀리거
　　나 요동치는 것을 방지하였다.
　c) 물 분사기와 에어리프트(Air lift)를 사용하여 인양 줄(ø150mm wire rope)을 관통시키도록 굴
　　을 파고 있다. 파여진 뻘은 에어리프트로 빨아내었다.
　　전혀 보이지 않는 곳에서 수행된 가장 힘들고 위험한 작업 중의 하나였다. 잠수사 위에는 몇
　　백 톤의 돌 밸러스트(Stone ballast)가 있음을 항상 상기하게 되고, 굴이 무너질 경우 자신이
　　분사기를 사용하여 빠져 나와야 했다.

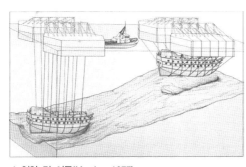

a) 인양 및 이동(Martine 1977).

a) 넵튠사의 해난구조 부력선인
　오덴호(Oden)와 프리그호(Frigg)
　로서, 부력과 조석간만의 차이
　를 이용하여 조금씩 들어 올려
　이동함.
b) 기다렸다가 조금씩 이동한다는
　것은 매우 복잡하고도 어려운
　일이었다. 기다리는 동안 뻘 속
　으로 더 묻히기도 하고, 바사호
　의 위치와 방향이 바뀌기도 하
　였다. 심지어 바사호의 선수가
　예인 방향과 정 반대로 돌아
　간 경우도 있었다.

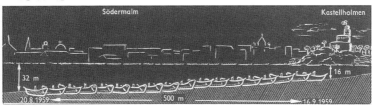

b) 18회에 걸쳐 얕은 곳으로 이동함.

그림 3-143　바사호를 얕은 곳으로 이동함 (Franzen 1974).

---

108) Franzen 1974, p.35.
　　'젯터스트룀-젯트는 젯터스트룀(A. Zetterström)이 고안하였다. 그는 1945년 수소/산소 혼합기체
　　를 사용하여 160m를 잠수함으로서, 당시의 세계 기록을 경신하였다.'

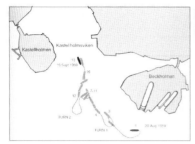

c) 1959. 08. 20. ~ 09. 18. 얕은 곳으로 이동. d) 1961년 봄, 최종 인양 전의 선단 이동.

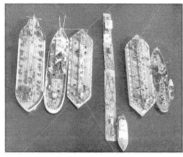

e) 1959년 8월. f) 카스텔홀멘 방향으로 이동.

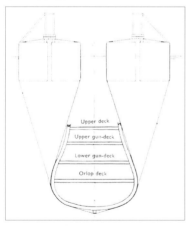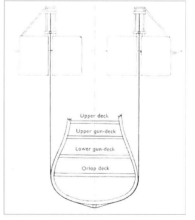

g) 초기 인양 단면도. h) 후기 인양 단면도.

그림 3-143 계속 (바사호를 얕은 곳으로 이동함)

    e) 4척의 잠수 작업용 선박들이 바사호의 위에 똑 같은 길이로 위치하고 있다.
    f) 카스텔홀멘 방향으로 조금씩 이동(zig zagging) 중이다.
    g) 바사호가 올라올수록 바깥쪽 인양 줄에 걸리는 장력이 커지게 된다. 따라서 어느 정도 올라오게 되면 h) 그림과 같이 인양줄을 중간 쪽으로 이동한다.
    h) 오덴호와 프리그호는 각 50톤을 들어올릴 수 있는 대형 유압 인양기(jack)들을 설치하였다.

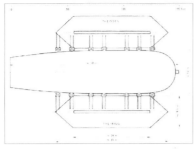

a) 각 7개 유압 인양기 탑재 평면도.

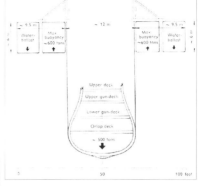

b) 인양 단면도.

c) 최종 인양 하루 전(Saunders 1962).

그림 3-144 인양 방법과 작업 선단 (Franzen 1974; Saunders 1962).

a) 1961. 04. 24. 아침, 바사호가 수면으로 나
타남. 333년이 지났으며 전 세계 매스컴의
주목을 받았다.

b) 프란젠과 수석 잠수사 폴팅(Falting, 왼쪽).
바사호에 처음으로 오른 바사호 선구자들.

그림 3-145 바사호가 수면으로 드러남 (Matz 1991).

    많은 인양 계획들이 제시되었지만 어떠한 고 선박도 해저 밑바닥에
서 원형대로 인양된 적이 없었고, 역사적 문화적 가치의 중요성을 고

려하여, 위험도가 높은 방법보다는 시간과 경비가 들더라도 확실하고도 믿을 수 있는 방법을 택하였다. 넵튠사는 다시 그들의 기술적 지원을 제공하여, 두 적의 부력선들을 개조하여, 선체에 손상을 입히지 않고 인양할 수 있도록 협조하였다. 이 부력선들에는 바사호를 물위로 끌어올릴 유압 장치가 탑재되었다. 선체 내부의 물을 퍼내어 자체 부력도 이용하여 물에 띄운 뒤, 벡홀멘에 있는 해군 도크로 예인하려는 것이다. 1960~1961년에 걸쳐 잠수사들은 함포 창구들을 막고, 선미의 상당 부분을 손질하면서 금속제 못 등이 삭은 부분들과 기타 작은 틈새들에 나무 조각을 틀어박아 밀폐(수밀) 작업을 하였다. 또한 선체 상부도 보강하였다. 이러한 작업 와중에도 잠수사들은 고고학적 가치가 있는 많은 양의 물건들을 수거하여 인양하였다. 최종 선체 인양 단계에서 상부 갑판이 수면 위로 올라오자 물을 다시 퍼내기 시작하였으며, 자체 부력으로 서서히 떠올랐다(**그림 3-145**). 잠수사들은 새는 부위를 계속하여 밀폐하였다. 고무 부력구(Pontoon) 4개도 선미에 설치하였다. 1961년 5월 4일 바사호는 도크로 안전하게 들어갈 수 있을 정도로 떠올랐으며, 예인되어 저녁 무렵에 서서히 도크로 들어갔다(**그림 3-146**). 도크 바닥에는 거대한 콘크리트 폰툰{Concrete pontoon, **그림 3-146 a**)}이 대기하고 있었다. 이 폰툰 위에 바사호가 안전하게 위치를 잡은 뒤, 철, 콘크리트, 알루미늄, 유리들로 큰 격실을 만들어 온도와 습도 등을 조절할 수 있도록 하여 원형 훼손을 방지하면서 복원할 수 있었다. 선체가 마르면서 원형이 틀어지는 것을 막기 위하여, 분무 장치(Sprinkler system)를 설치하였고, 도크에 물을 채울 때 올 수 있는 충격과 예기치 않은 물리적인 힘에 의한 손상을 최소한으로 줄일 수 있도록 각목과 철 자재를 이용하여 복잡한 지지 장치도 설치하였다. 바사호가 들어 있는 채로 이 거대한 격실을 임시 박물관으로 예인하였으며, 이곳에서 일반인들도 복구 및 복원과 보존 처리 과정을 관람 할 수 있었다.

a) 바사호 탑재용 대형 폰툰(Pontoon).

이 구조물은 바사호의 탑재 받침 구조로, 향후 바사 박물관의 영구 구조물 일부 - 하부 받침 구조(바닥)가 되었다.

b) 도크 진입 직전(Ohrelius 1963).

c) 도크 진입 1961. 05. 04.

d) 도크 내에 안착.

그림 3-146 드라이 도크로 이송 (Vasa Museum; Franzen 1960).

 c) 도크 진입은 선체나 밀폐 작업 부위가 손상을 입지 않도록 매우 주의해야 한다. 특히 포문들의 수밀 작업 부위나 견인·지지 줄들의 작은 손상도 자체 부력을 잃게 하여, 바사호가 물속으로 다시 잠길 수 있다. 선수에 대형 발전기와 배수펌프를 설치하여 지속적으로 물을 퍼내어 자체 부력을 유지토록 하였다.

 d) 수심이 얕고 바사호의 흘수가 깊어, 탑재용 콘크리트 부력선(a)에 정확히 위치할 수 있도록 추가적인 부력구들이 필요하였다. 인양된 바사호는 보존 상태가 양호하여 자체 부력만으로도 떠 있을 수 있었다. 드라이 도크 내의 최종 위치에 안착하였다. 지지대들과 추가 부력구들이 선명히 나타난다.

a) 임시 작업장으로 이송(Franzen 1974).

b) 1961년 11월 안개 낀 아침(Saunders 1962).

c) 임시 보호 구조물로 둘러싸인 바사호를 예인하여 나옴
   (The *Vasa* Museum).

a) 드라이 도크에서 콘크리트 부력선에 안정되게 탑재한 후, 1961년 7월, 물 분무 장치로 물을 선체에 뿌려 마르지 않도록 하면서 다음의 작업 장소로 이송한다.

b) 바사호 전체가 완전히 들어가는 구조물을 짓고, 벡흘멘에서 임시 박물관 위치로 2노트의 속도로 예인하고 있다. 전체 무게는 3,900톤에 달하였다.

c) 1988년 12월 6일, 바사호 전체를 임시 보호 구조물로 둘러싸서 바사 박물관으로 이송. 새로 지은 바사 박물관은 오래된 드라이도크에 조성되었다. 따라서 바사호와 임시 보호 구조물을 탑재한 부력선 전체를 새 박물관으로 이송할 수 있었다. 비록 500미터의 짧은 거리를 이동하였지만, 바사호와 임시 보호 구조물 전체에 미치는 바람의 영향은 매우 크므로 기상학자의 도움을 받아 잔잔한 날을 지정하여 이송하였다.

임시 박물관을 빠져나오고, 새 박물관으로 들어가는 작업도 매우 어렵고 고도의 조종·예인 기술이 필요하였다. 새 박물관의 도크 안벽과 바사호를 탑재한 부력선 양현의 여유는 40cm에 불과하였다.

그림 3-147 바사호 이송.

a) 보존액을 수 년 간 분무하여 갈라짐을 방지하였다. 이 동안 임시 박물관 전체가 두터운 안개로 덮인 것 같았다.

a) 물 분무 장치로 선체 보호.　　　b)(Throckmorton 1987).

c) 스웨덴 국가 상징 문양(2×3.25m) 복원 작업. 22개의 조각들을 선미에 맞춰 붙였다.

d) 선미는 장식이 가장 잘되어 있는 부분이다. 사자는 강인함과 용맹을 상징한다.

c) 스웨덴 국가 상징 문양.　　　d) 복원된 선미.

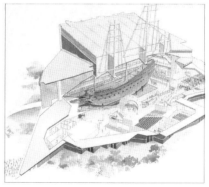

e) 보존을 위한 노력. 2006. 12.　　　f) 바사 박물관 개념도.

그림 3-148 보존 및 복원 (Matz 1991; Vasa Museum).

그림 3-149 바사 박물관 (Matz 1991; The *Vasa* Museum).

모든 것이 침몰 당시의 상태로 잘 보존되어 있었다. 사물함, 가죽 장화 무기, 목공 연장, 맥주 컵, 취사 용구, 돈, 화약, 열쇠 등 2,400점 가량의 유물이 발견되었으며, 선체 내에서 옷을 일부 걸친 12구의 완전한 사람 형태의 뼈를 발견하였다. 한 선원은 칼을 지니고, 20개의 동전이 든 가죽 주머니를 허리에 찬 채로 발견되었다. 이 발굴 작업은 매우 전문적이고도 고도의 기술을 요하는 작업이었음은 물론, 고고학자들 단독으로는 수행하기 어려웠을 것이다. 여러 분야의 전문가들이 모여 맡은 역할을 성공적으로 수행하였으며, 유물의 기록이나 보존 처리, 전시를 위한 특수 구조물들의 축조, 선체의 보존처리 등 많은 과제와 발전을 가져왔다. 더욱이 스웨덴의 그 시대 유물들이 육상에서는 비교적 많이 남아 있지를 않아 귀중한 자료가 되고 있다. 바사호는 현존하는 세계 유일의 17세기 선박으로서, 원형의 95% 이상이 보존되어 있다. 또한 14,000개 이상의 목조품이 발견되었고, 그 중에는 700개의 조각상이 포함되어 있었다. 이 조각상들은 개별적인 보존 과정을 거쳐 배의 원래 위치에 배치되었다. 이 작업은 마치 거대한 조각 그림 맞추기 같았으며, 이들로 장식된 바사호는 훌륭한 예술적 가치도 지니고 있다. 즉, 17세기의 군함은 전쟁 도구였을 뿐만 아니라 바다에 떠있는 궁전이기도 하였다. 인각된 조각상들은 당시의 도금 및 도장 기술에 대한 증거 자료가 되었으며, 현대적인 분석을 통해 붉은 바탕 위에 번쩍이는 색을 입힌 것으로 밝혀졌다. 조각상은 사자, 성전의 영웅들, 로마의 황제, 해양 동물, 그리스 천사 등 다양한 주제를 담고 있으며, 이들의 용도는 스웨덴 국왕을 찬양하고 그 힘과 문명, 그리고 정치적 야망을 나타내기 위한 것으로도 볼 수 있다.

왜 침몰한 것인가? 오늘날 우리는 정확한 계산을 통하여 목적에 맞는 적합한 선박을 설계할 수 있지만, 그 당시에는 과거 경험으로 알아낸 선박 치수표를 사용하였으며, 당시 기록을 통해 건조 후 계획이 변경되었음을 알 수 있다. 스웨덴 해군의 주력 군함으로 사용될 예정에 따라, 국왕은 일반적인 수보다 더 많은 수의 포를 이 배에 싣고자 한 것이다. 바사호에는 64문의 포가 장착되어 있었고, 그중 대부분은 24파운드 포(24파운드 또는 11kg 이상의 포탄을 발사하는 포)들이었다. 당시 스웨덴은 약 20척의 군함을 보유하고 있었지만, 바사호 만큼 많은 수의 육중한 포가 장착된 군함은 없었다. 따라서 애초에 설계한 선박의 크기는 더 이상 맞지 않았고 건조 기술자들은 그 때까지 전혀 경험이 없었던 크기의 선박을 건조해야 하였다. 배의 선루가 높아지고 포를 장착하기 위해 두 층의 상부 갑판이 만들어졌으며, 선저에는 안정성을 유지하기 위한 밸러스트(ballast, 바닥 짐) 역할을 할 큰 돌들로 가득 채웠다. 하지만 상부 하중이 너무 커져, 120톤의 밸러스트로도 균형을 유지할 수 없었다.

오랜 세월 동안 바다 속에 가라앉아 있었던 난파선은 보존을 위한 조치가 필요하였다. 전문가들이 적합한 보존 방법을 찾는 동안 우선 물로 씻었으며, 보존 수단으로는 나무에 서서히 스며들어 물을 밀어내는 수용성 밀랍 물질인 폴리에틸렌 글리콜(PEG)이 선택되어, 수년에 걸쳐 배에 침투시켰다. 하지만 바사호의 보존 및 보호 작업은 현재까지도 지속적으로 진행되고 있으며, 보존은 환경 조건에 크게 좌우된다. 난파선이 수중에 침몰되어 있는 동안 철재 볼트는 부식되어 버렸고 오크 목재는 검게 변해버렸다. 또한 생성된 황이 나무에 침투하면서 산소와 반응하며 황산을 생성하게 되어 나무를 부식시키는 것이다. 철재 볼트는 특수강으로 교체하고 있으며, 장기 보존에 대한 연구는 현재까지도 계속되고 있다.

여하튼 바사호의 발굴은 이후 영국의 메리로즈호 발굴에 많은 영향과 도움을 주게 되었으며, 총 발굴 비용은 약 USD13,000,000.-이 들었지만, 바사호는 수중의 또 다른 폼페이(Pompeii)로 평가되었다.

바사호 발굴 이후 다층(多層, multi-decked) 구조의 침몰선들에 대한 고고학적 발굴이 계속되고 있다. 그 예로는 메리로즈호(1545년 침몰), 크로난호(Kronan, Royal Swedish three-deck warship, 1676년 침몰), 암스테르담호(1749년 침몰) 등을 들 수 있다. 바사호의 발굴 경험은 이들 프로젝트에 직·간접적으로 도움을 주었으며, 선체 인양 전(또는 인양 계획 수립 전)에 선체 내부 발굴이 우선된 특징을 갖고 있었다. 비록 메리로즈호와 크로난호의 경우, 바사호보다 훼손 정도가 심하고 보존 상태가 좋지 않은 이유도 있지만 유물 자체의 발굴에 노력을 기울였다. 발굴 주관 기관(자)의(현장과 사회 사정을 고려하여 - 연구자의 개인적 첨언) 심사숙고한 결과의 일부일 수도 있고, 예산상의 문제 일 수도 있겠지만, 발굴조사가 바사호와 비교하여 볼 때 더 많은 시간이 소요되었다. 메리로즈호의 경우(원형의 약 40% 보존), 크기가 바사호의 ⅔였고 반보다 적게 남아있었음에도 불구하고, 선체 내부 발굴에 50인 이상의 잠수사가 9 개월 동안, 지속적 발굴 기간 5~6회를 포함하여, 많은 년도가 소요되었다. 바사호의 두 배 크기인 크로난호는 보존 상태가 양호하고 해저에 편편한 상태로 널려 있다. 현재 25번의 발굴 기간을 거쳤으며, 마지막은 4주간에 그쳤다. 매 기간 평균 500~1000점의 유물을 발견하였다.(Cederlund 2006).

1961년 바사호 인양 당시에는 생각도 못하였던 분야의 발달이, 현재 고고학 연구에 일반(기본)적으로 적용되고 있으며, 특히 수중 고고학에 적용될 수 있는 기술 분야의 개발은 두드러졌다.

2) 영국의 메리로즈호(*Mary Rose*)[109]

1509년 즉위한 튜더(Tudor)왕조 헨리 8세(Henry Ⅷ)의 명으로 1509~10(11)년에 포츠머스(Portsmouth)에서 건조된 뒤, 1536년에 600톤에서 700톤으로 재 건조되면서 선체 구조가 보강되어 주 갑판에 예전보다 더 무거운 함포를 탑재할 수 있었다. 1545년 7월 19일 일요일, 솔랑해협(Solent channel)에서 프랑스 함대(선박 235척과 약 30,000명의 인원에 반하여, 당시 포츠머스에는 60척의 선박과 10,000명이 채 안 되는 병력뿐이었다.)와의 해전으로 인하여, 많은 인명 피해를 낸 채 침몰하였으며, 1982년 10월 11일에 인양되었다. 당시의 다른 선박들과는 달리 선박에 대한 자료(도면이나 규격 등)가 거의 없었으며, 그다지 자세하지 않은 도면 하나뿐이었다{**그림 3-151 a**)}. 따라서 이 선박의 발굴조사만이 필요한 정보들을 제공할 수 있었다.

그림 3-150　솔랑 해전, 1545년 {바시르(J. Basire, 1730~1803)의 1788 작}.

침몰 직후, 만조 때는 돛대 2개(선수, 중앙)가 보였고, 간조 때는 선체 - 선수와 선미 일부까지 노출되었다(McKee 1982). 침몰한 해 (1545년) 8월 선체를 바로 세우고 인양하려 했으나 여러 가지 사정

---

109) 김도현 2012, pp.159-191 참조.

으로 포기하였다. 이미 해저에 많이 묻힌 상태였다. 이후 2~3년 사이에 몇 문의 함포를 인양한 뒤 방치되었다.

1823년 딘 형제(Charles and John Dean)는 마구간 화재 진압에서 착상된 호흡 기구에 대한 특허 등록을 하였고, 이를 개량하여 잠수 기구로 성능을 향상시키면서, 포츠머스 근처의 로얄죠지호(*Royal George*: Spithead, 1782 침몰), 보인호(*Boyne*: Southsea Castle, 1795 침몰), 칸브리캐슬호(*Carnbrea Castle*: Isle of Wight, 1829 침몰) 등 여러 난파선들에서 포신을 비롯한 선용품들을 인양하였다. 그러던 중, 로얄죠지호와 얼마 떨어지지 않은 곳에서, 1836년 메리로즈호의 포신과 일부 물건들을 인양한 뒤 또 다시 방치되었다.

멕키(A. McKee) 등에 의한, 1965~1971년의 잠수조사와 고 에드 거톤 박사(late Professor H. Edgerton of the MIT, 1967)의 지층탐사 기 및 측면주사음탐기를 이용한 탐사(**그림 3-177**)가 이루어졌다. 멕 키는 고문서와 역사적 배경 등을 연구하던 중, 1966년 5월 10일 토 우제(J. Towse)와 함께 런던의 수로국(Hydrographic Office)에서, 메리로즈호의 위치가 마지막으로 표시된 1841년의 해도(Admiralty chart)를 찾았다. 이를 기준으로 1966년 5월 14일 수심 40~45 피트 에서 메리로즈호로 추정되는 흔적을 발견하였다. 1967년 11월 메리로즈 위원회(The *Mary Rose* Committee)가 발족되었다. 1970년에 메리로즈호로 확인된 뒤, 1979년까지 부분적인 발굴이 이루어지고, 최초의 잠수를 하는 여성 수중고고학자 중의 한 명이라고 할 수 있는 룰(M. Rule)이 가세하였다. 1979년 메리로즈 신탁회(The *Mary Rose* Trust)가 발족하여 모든 발굴과 인양 사업을 주관하였다. 챨스 황태자(Prince Charles)도 깊은 관심을 가졌으며, 정부의 전폭적 지원을 비롯하여 여러 기관들의 후원과 자원 봉사 등이 이루어졌다.

바사호보다 원형 훼손이 심하고(원형의 40% 잔존), 우현으로 약 60°기울어져 해저 뻘 속에 묻혀있었다. 자체 부력 복원은 불가능하였으며, 인양 시의 2차적 훼손에 대비해야 했다. 바사호처럼 침몰선 밑으로 굴을 뚫어, 인양줄로 선체를 감싸 인양하기에는 선체가 약한 상태였다. 물속에서 인양틀(Lifting frame)을 이용하여 선체를 들어, 선저 모양에 맞게끔 제작된 받침틀(Steel cradle) 위에 안전하게 얹은 뒤, 전체(받침틀, 선체, 인양틀 - 약 580톤)를 함께 들어올렸다(**그림 3-180~3-182**). 인양틀과 선체를 연결하는 인양줄은 선체의 적합한 - 충분히 단단한 곳에 구멍을 뚫어 설치했다.

선체 발굴과 인양을 위하여 1979~1982년에 28,000희(12인·년)의 잠수를 하였고, 인양 비용은 약 USD7,000,000.-이 들었다. 수중의 퇴적층에 묻혀 있는 환경 속에서 대기 중으로 인양될 경우, 화학적, 물리적 및 생물적인 변형이나 훼손을 고려한, 오랜 세월 동안의 보존처리도 매우 중요하였다. 22,000여 점의 다양한 유물들이 분류 해석되고 있다. 선체는 2011년까지 물과 함께 수용성 화학물질(PEG)[110]을 분무하고, 조심스레 건조시킨 뒤 2016년부터 새 박물관에서 모두 전시 될 예정이다.

영국 국방부가 포츠머스항을 45형 구축함들과 차세대 항공모함의 모항으로 결정함에 따라, 수로 폭 250m 이상을 수심이 최소 14.3m를 유지하도록 준설이 필요하게 되었다. 하지만 메리로즈호를 인양한 곳의 수심은 저조 때 12m이었고, 준설로 인한 영향을 받게 되었다. 이에 2003~2005년 3년에 걸쳐 국방부(Ministry of Defence)의 후원으로 재 발굴조사를 하여, 2005년 10월에 닻과 5미터 길이의 선수 재목을 인양하였다(**그림 3-185, 3-186**).

---

110) polyethylene glycol, a water-based wax solution

£35,000,000.-(30,000,000.-)를 들여 새로운 박물관을 지어, 2013
년 5월 31일 재개관하였다.

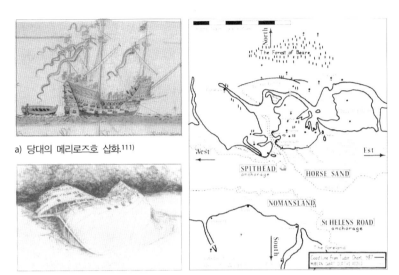

a) 당대의 메리로즈호 삽화.[111]

b) 17세기 초 상상도(Rule 1982).

c) 메리로즈호 위치(McKee 1982).

그림 3-151 메리로즈호 (maryrose.org).

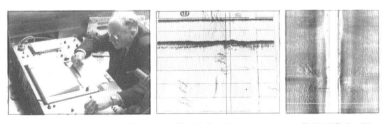

a) 스핏헤드(Spithead)의 에드거톤 b) 지층탐사기 기록. c) 측면주사음탐 기록
   교수 1968. 07. 1967. 10.

그림 3-152 에드거톤 박사와 음파 탐사 (McKee 1982; Rule 1982).
   지층탐사와 측면주사음향탐사는 수중고고학 탐사에서 매우 고전적인 간접탐사 방법이다.

---

111) Wikipedia.
    'Anthony Roll as reproduced in *The Anthony Roll of Henry VIII's Navy: Pepys Library 2991 and
    British Library Additional MS 22047 With Related Documents* ISBN 0-7546-0094-7, p.42.'

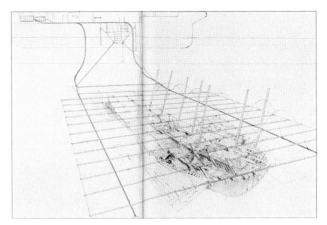

a) 애덤스(J. Adams)[112]의 발굴조사 모식도. 3×3m 구획틀을 연속으로 설치하여 손 도구와 에어리프트로 빠짐없이 조사하였다. 발견 물체의 위치는 구획틀이 아닌 선체를 기준으로 하였다. 구획틀은 단지 트렌치(trench) 설정에 도움이 되었다. 수중 시정이 매우 나쁜 이곳에서는 당연한 것이었다.

b) 1981년 늦은 여름 발굴·조사 상상도. 잠수·해난구조선 슬라이프너호와 수중 작업 현장은 잠수사 하강·상승 로프로 연결되어 있었다.

그림 3-153 전체 발굴, 1979~1982년 (Rule 1982).

---

112) Rule 1982, p.98.
 '⋯ by Jon Adams, a diving archaeologist and Deputy Archaeological Director in 1981.'

a) 잠수·해난구조선(Diving salvage vessel) 슬라이프너호. 1979년.

b) 슬라이프너호의 갑판 모습. 1980년.

a) 잠수 지원과 떠있는 발굴·조사 본부 역할을 충분히 할 수 있게끔 시설을 개선하였다. 4묘박(4-point mooring)으로 잠수 작업 기간 동안 발굴 현장 위에 위치하였다.
바사호 인양 작업에도 사용하였던 선박으로 포츠머스시가 발굴단을 위하여 구매하였다.

b) 슬라이프너호 갑판 모습. 우현에 잠수사 입·출수판(ancillary platform)을 설치하였다.
침몰선 좌현 위 두 곳으로 에어리프팅된 물, 공기방울과 뻘 등이 올라오고 있다(사진 왼쪽).

c) 3D 스케일 사진 촬영.

d) 1982년 인양 때의 모습.

그림 3-154 슬라이프너호와 잠수 작업 (Rule 1982).

수중발굴조사에서 잠수지원선의 역할은 매우 중요하다. 발굴단을 위한 포츠머스시의 지원과 배려가 돋보인다. 우리나라에서도 2013년 5월 재압실과 표면공급식 잠수 장비를 갖춘 누리안호가 취역하게 된 것은 매우 고무적인 일이다.

a) 인양틀과 받침틀(abc.se).   b) 메리로즈호 인양(UNESCO).

그림 3-155   메리로즈호 인양 구조물.

모든 해난구조 - 인양 작업은 환경, 특성과 여건에 따라 각기 다르면서도 독특한 문제점들이 있다. 메리로즈호의 경우, 우현 일부가 길이 방향으로 뻘 속에 남아 있어 가로 방향의 힘을 지탱할 수 없는 터진 용기 일부분 형태(Open shell)였다. 이러한 경우의 공법은 세 공정으로 나누어 문제점을 예견하며 진행하였다. 굳리치(G. Goodrich) 교수가 수장인 자문위원회의 많은 도움을 받았다.

첫 공정은, 뻘의 흡착력(Bottom suction) 문제를 극복해야 한다. 선체와 연결된 인양틀을 여러 개의 유압기로 서서히 들어 올려, 선체가 뻘 속에서 빠져 나오도록 한다. 둘째 공정은 해저 뻘로부터 완전히 빠져 나온 선체를 수중에서 받침틀 위에 정확히 안착시킨다. 이는 대형 해상 기중기선 토그모르호(*Tog Mor*, 인양력 1,000톤, **그림 3-31**)를 사용했다. 4묘박으로 큰 위치 수정 없이 기중기만의 운용이 가능하기 때문이다. 셋째 공정은 받침틀, 선체와 인양틀 전체를 한꺼번에 물 위로 들어 올려 이송용 짐배(Barge)에 실어 예정된 곳(해안)으로 예인하는 것이다. 인양체가 물위로 나오기 시작하여 수면을 벗어나는 순간까지, 인양 무게 변화가 급변하므로 가장 주의를 기울여야 하는 시간이다.

전체 공정을 여섯(6) 단계의 작업으로 나누어 다음의 그림으로 설명한다.

a) & b) **1 단계**.
인양틀을 내려 메리로즈호 선체 위, 정해진 위치에 네 개의 다리로 안정되게 설치한다.
b) 왕실 기술단이 인양틀을 정해진 위치에 내려놓고 있다.

a) & b) **1 단계** : 인양틀 설치.   b) 인양틀 설치 작업 1982. 06.(McKee 1982).

그림 3-156   메리로즈호 인양 방법과 절차 (Rule 1982).

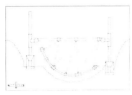 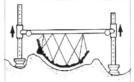

c) 미리 정해진 위치에 구멍을 뚫어 보강판을 덧대고 긴 아이볼트(Eye bolt)와 인양줄을 연결한다.

d) 유압기들로 인양틀이 네 곳의 다리를 따라 서서히 올라가게 하여 선체가 해저로부터 떨어지게 한 뒤 고정시킨다.

c) & d) 2 단계 : 선체 수중 인양 준비 1982. 09.

2 단계 선체 수중 인양을 위하여, 인양틀과 선체를 인양줄로 연결해야 한다.

선체에 구멍을 뚫고 보강판을 덧대어 아이볼트를 설치하여 인양줄을 건다. 그 과정은 아래와 같다.

선체 67곳이 주 인양점들(Main lifting points)이다. 이곳의 아이볼트에 걸은 인양줄을, 인양틀 가로보에 힘이 골고루 분산될 수 있는 위치에 연결한다. 당연히 각 인양줄의 길이 또한 사전에 정확히 결정되었다. 주 인양점 67곳 외의 103곳에 보강판을 덧대는 작업에도 볼트 설치가 필요하였다. 부수적인 잠수 작업도 많았다. 수중시정이 매우 불량하고 고난이도의 기술과 인내가 필요했다. 당연히 표면공급식 잠수장비를 사용치 않고는 불가능하였을 것이다.[113]

e) 인양줄 연결을 위한 선체 구멍 위치. 단단한 곳에 힘이 골고루 분산될 수 있도록 위치를 정함

① 미리 표시된 곳을 1.5m의 특수 드릴(Drill bit)로 뚫고 인양줄로 인양틀과 연결한다.

② 물분사기와 에어리프트를 사용하여 굴을 파며 다음 위치로 이동, 보강판을 설치한다.

③ 볼트와 보강판을 조은다. 선체 내·외에 각 한 명씩 두 명이 함께 작업해야 한다.

④ 인양줄을 걸어 인양틀과 연결한다

e) & ①~④ 선체에 구멍을 뚫어 인양틀과 인양줄로 연결(Dobbs 1995, maryrose.org).

그림 3-156 계속 (메리로즈호 인양 방법과 절차).

---

113) Dobbs 1995, p.4.

'…the availability of a surface supplied diving system was vital to the success of the work.'

f) **3 단계** : 받침틀 설치.

인양될 메리로즈호의 선체와 맞게끔 미리 제작한 받침틀을 메리로즈호와 가깝고 적합한 위치에 놓아둔다.

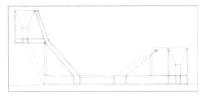

g) **4 단계** : 메리로즈호를 수중에서 들어올린다.

메리로즈호를 매달고 있는 인양틀을, 유압기를 이용하여 네 군데의 다리를 따라 들어 올려, 메리로즈호가 충분히 안정되게 매달려 있는 상태를 유지한다. 기중기선으로 메리로즈호가 매달려 있는 인양틀을 들어올려, 받침틀 위 정확한 위치로 이동시킨다.

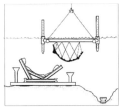 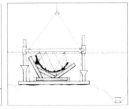

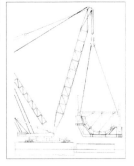

h) **5 단계** : 인양틀에 매달린 메리로즈호를 받침틀 위에 안착시킨다.

인양틀의 네 다리가 받침틀의 정해진 곳에 들어가도록 하고, 인양틀, 선체와 받침틀이 일체가 되도록 단단히 고정시킨다. 인양 준비 완료(1982. 10. 11.).

i) **6 단계** : 메리로즈호 인양하여 짐배에 들어올린다.

인양된 메리로즈호는 포츠머스 해군 기지 No. 3 드라이도크로 이송되고, 곧바로 보존처리를 시작하였다.(10. 11. 저녁 무렵에 도크로 들어갔다.)

j) 수면 위로 나타나는 메리로즈호(flickr.com).　　　　k) (photographygroup.blog.co.uk).

그림 3-156 계속 (메리로즈호 인양 방법과 절차).

BBC는 메리로즈호 인양이 고고학과 공학(Engineering) 모두의 야심작이었다고 표현하였다.

a)(Rule and Miller 1983, NGM).   b) 인양.   c) 탑재 중.

k) 인양틀 해체(bbc.co.uk).

그림 3-157 메리로즈호 인양.

a) No. 3 독크의 준비 상태.

b) No. 3 도크에 안착한 메리로즈호.

d) 목재 변형을 막기 위한 물 분무. 1984. 03.
(아래가 선미 방향, wikipedia).

e) 선체 바로 세우기.

e)~g) 선체 바로 세우기. 1984. 10.~1985. 07. 선체를 지지하고 있는 받침틀을 서서히 세웠으며, 1985년 7월 19일 오전 11시에 완전히 바로 세웠다. 내부 구조를 지지하기 위하여 티타늄 지지 설비를 설치하였다. 이 후 새로운 관망 시설과 전시실을 구성하였다.

그림 3-158 인양 후의 메리로즈호 (maryrose.org; Rule 1982).

1983년 임시박물관 완공. 경량 알루미늄과 천으로 축조. 내장재와 이중 벽·지붕으로 지어졌다. 1998년, 외부 벽·지붕과 내장재를 교체하였다.

a)(allposters.com).　　　　　　　　c) 물 머금은 선체 복원 작업(Runestone 1994).

그림 3-159　보존과 복원 (maryrose.org).

선체는 적합한 환경에서 보존되어야 한다. 2~6℃의 온도와 95%의 습도를 유지하도록 차가운 청수를 순환시키면서 분무하였다. 선체의 변형은 물론 곰팡이나 박테리아의 서식을 막기 위해서이다.

1985년 선체를 바로 세운 뒤, 내부 구조를 지지하기 위하여 티타늄 지지 설비를 설치하였다. 손상되거나 없어진 목재는 티타늄 보(Beam)로 대신하였다. 티타늄의 물리적 특성과 새로운 목재로 대신할 경우, 관람객들이 잘못 이해할 수 있기 때문이다. 모든 목재는 도면을 그리고 사진을 찍었다. 원형대로 목재와 티타늄들로 복원하고 1994년 9월부터 실질적인 3단계 보존처리에 착수하였다.

일 단계는 2006년 중엽까지 저분자량 PEG(Low-molecular-weight polyethylene glycol)로 보존처리를 한다. 이 단계는 2006년부터 2011년까지는 고 분자량 PEG를 분무할 계획이었다. 삼 단계는 서서히 말리는 것이다.

물론 많은 유물들에 대한 보존·복원 작업도 지속적으로 진행되고 있다.

새로운 박물관을 짓는 계획이 2006년부터 대두되었다.

UNESCO는 메리로즈호 발굴·조사, 인양과 이후 사업 등에 관하여, 다음과 같은 메리로즈 신탁회의 선언을 인용하였다.

"우리의 임무는 메리로즈호를 찾고, 기록하고, 인양하여 해안가로 옮기고, 보존하고, 자료를 발행하며, 메리로즈호를 포츠머스에서 항상 전시, 보고를 하는 것이다."

이에 덧붙여, '메리로즈호에 관한 연구, 자료화나 보존·복원은 오랜 기간 이어질 것이며, 역사 연구에 가치를 따질 수 없는 귀중한 것이다. 하지만, 이 같은 규모의 경험은 앞으로 얻기 어렵거나, 현명하게 재현되기도 어려울 것이다.'라고 의미와 가치를 표현하였다.

 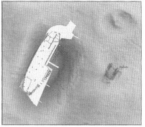

a) 잠수지원선 테르쉘링호(DSV *Terschelling*) - 4묘박. b) 멀티빔 자료에 선체 합성 2003년.

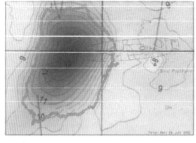 

c) 잠수사 궤적 시험과 해저도(Holt 2003). d) 음파 거리 측정과 GIS 기록 2004.

e) & f) 잠수사 위치 발신봉(Survey staff, Sonardyne APS)과 기준점 신호기. g) 잠수조종반.

그림 3-160 2003~2005년 재 탐사 (Bevan 2005; maryrose.org; Holt 2003).

    c) 잠수사의 궤적이 붉고 작은 원들로 표시된다. 테르쉘링호와의 상대 위치를 파악할 수 있다. 좌현에서 출발한 잠수사가 과거 메리로즈호 발굴지를 시계 방향으로 돌면서 탐색하며, 이상 물체 발견 시, 잠수사 위치 발신봉을 통하여 선상의 모니터(d)로 확인 기록할 수 있다.

    e) & f) 잠수사는 기본적인 표면공급식 잠수 장비를 착용하였으며, 경량 헬멧에 비디오 카메라와 라이트를 부착하였다. 위치 음파 발신봉을 사용하여 이상 물체 또는 유물의 위치를 30mm 오차 범위 이내로 측정할 수 있다.

h) & i) 노출식 잠수종.   j) 노출식 잠수종과 잠수사.

k) & l) 원격 조정 무인 작업 장비(ROV). 목적과 용도에 따라 주문 제작하는 경우도 있다.

그림 3-160 계속 (2003~2005년 재 탐사).

　　새로운 장비와 기술을 적용하여, 고고학자와 잠수사 간의 원활한 논의는 물론 현장 파악과 해석이
더욱 용이해졌다(e & i). 우리나라도 이미 알고(보유하고) 있는 장비, 기술이지만 아직까지는 현장
적용한 경우가 거의 없었다.

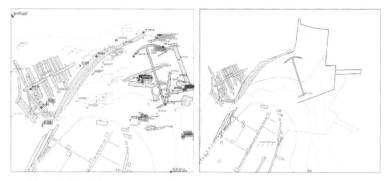

a) 선수 주변 해저 평면도 2005.   b) 선수재(船垂材, stem timber) 위치로 추정한 선수 윤곽.

c) & d) 선수재(船垂材) 인양(Bevan 2005b).   e) & f) 인양된 닻.

그림 3-161   2005년 발굴조사 (maryrose.org; Bevan 2005).

　　a) 선수재, 좌현 목편과 닻을 포함하여 발굴 트렌치 주변을 보여주고 있다.

　　f) 23년 만에 현장을 다시 찾은 룰 여사.

a) 2008년 5월 14일.

a) & b) 기존의 박물관.

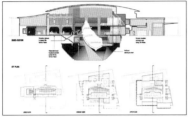

c) 단면도 2009. 03. 17.(Wikipedia).

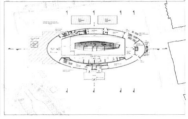

d) 1층 평면도.

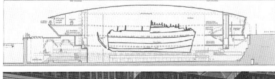

e) 종단면도. 선수재는 2005년 발굴품으로 대치될 예정. 오래된 도크의 구조도 볼 수 있도록 할 것이다.

f) 2011. 10. 02. 증축 중인 메리로즈 박물관(flickr.com).

그림 3-162 새로운 메리로즈호 박물관 (maryrose.org; flickr.com).

3) 중국의 남해 1호

"남해 1호(Nanhai No.1; South China Sea No.1)"는 남송 시대 (1127~1279년)에 중국 남부 해안 - 양쟝(陽江, Yangiang)시의 해릉도(海陵島, Hailing Island)로부터 20마일 떨어진 곳, 수심 30m에 침몰한 대형 중국 상선이다. 이 침몰선은, 중국의 해난구조 기관과 영국의 해난구조 회사[114]가 공동으로 18세기 동인도 회사 선박 린스버그호(*Rhynsburg*)를 찾던 중(Wikipedia),[115] 200점 가량의 자기류가 침몰선에서 우연히 발견됨으로써 1987년에 세상에 알려지게 되었다. 이는 길이 30.4m, 폭 9.8m, 높이 3.5m(돛대 제외)로서, 당시까지 발견된 같은 종류의 배들 중 가장 큰 것이었다. 또한 "바다의 실크로드(Marine Silk Road)"와 연관되어 처음으로 발견된 오래 된 선박이다. 발굴책임자에 따르면, 이 배는 외국과의 교역을 위하여 남중국의 어느 항구를 출발한 후, 아마도 폭풍우를 만나 침몰한 것으로 추정되며, 빠른 시간 이내에 침니(silt)[116]로 덮여지게 되었을 것이다.

국립해양문화재연구소에서는 남해 1호와 관련하여, 2008년 광동성 문물고고연구소와 "한·월 해양문화유산 공동연구 및 교류"에 관한 협약을 체결하고, 2009년부터 매년 5월경 약 1개월간씩 인적 교류 및 상호 발굴 협조를 해오고 있다.

---

114) Maritime Exploration & Recoveries PLC of Southhampton UK

115) China.org.cn
     '···while they were searching for abandoned Dutch shipwreck of the 17th century.'

116) 김도현 2006, **Fig. 2-3** 참조.
     해양과학용어사전, 2005.
     '모래(sand)와 점토(clay) 사이 정도 크기에 해당하는 세립입자의 퇴적물. 입도 범위가 1/16~1/256mm 사이.'

a) 중국의 주요 침몰선들과 바다의 실크로드.   b) 남해 1호 모형(lifeofguanzhou.com).

그림 3-163   남해 1호와 바다의 실크로드 (wikipedia).

최근 남·동중국해에서 자기 항아리, 그릇과 접시, 철 그릇과 동 접시 등과 같은 유물과 함께 여러 척의 오래된 침몰선들이 발견되었다. 이들 외에도 중국에서는, 1976년에 천주(취안저우, 泉州, Quanzhou)에서 13세기 정크선, 1980년대 이후 산동성 봉래시에서 원·명나라 전선(戰船)과 고려선 등이 발견되었다.

① 남해 1호와 중국의 수중고고학

과거 중국의 수중고고학은 사상, 재원과 인력 등의 문제로 낙후되었다. 하지만 남해 1호 발굴을 계기로 중국은 세계적 수준에 달했다고 자부하고, 심지어 한국과 일본을 앞섰다고 표현하였다.[117] 이는 우리나라의 신안선 발굴을 염두에 둔 표현으로 생각된다.

1980년대 중반을 전후하여 중국은 자국 영해 내의 오래된 침몰선들과 유물들의 문화적 가치를 높이 깨닫고, 이들의 보호와 연구에 대한 중요성이 대두되었다. 이러한 수중 매장 문화재의 국외 반출을 막으면서, 수중 탐사·발굴의 기술적 자립을 위하여 범국가적인 노력을 기울이며, 막대한 예산을 지원하게 된다.

1987년에 발견된 "남해 1호"를 20년이 지난 후에 침몰선 - 유구

---

117) china.org.cn(by Chen Lin, August 31, 2007).
　　'The Chinese underwater technology and equipment has already reached world development level, even better than that of South Korea and Japan. It was not easy for China to reach this level in only 20 years.'

전체를 인양하여, 새로운 전용 박물관의 대형 수조에서 보존 및 발굴조사를 진행하고 있다.

또한 중국 고대 항구 중 유일하게 보존되어 온 항구인 등주항(登州港, 봉래수성)의 대규모 준설 공정(1957 · 1984 · 2005년) 중 발견된 봉래(蓬萊) 고선들은, 1990년 완공된 등주고선박물관(원대 고선 1척)에 전시되어 있고, 2012년 상반기에 새로 완공된 봉래고선박물관에 두 척의 봉래 고려(조선) 고선들이 전시되고 있다(국립해양문화재연구소 2011a, pp.45~58).

"남해 1호" 발굴의 주요 인물인 장위(張威, Zhang Wei)는 초대 중국수중고고학센터장(Director of the Underwater Archaeology Center of China)으로서 발굴을 지휘하였다. 이 센터는 1987년에 설립되었다. 그는 1982년 북경(Peking)대 고고학과를 졸업하였으며, 이 센터의 설립 전에 잠수를 배우기 위하여 네덜란드로 파견되었다. 또한 1989년에는 미국에 건너가 비록 짧은 기간이지만 바스(G. F. Bass) 박사의 지도를 받았다.

② 발굴 과정

2000년에, 중국국립박물관(National Museum of China) 산하의 이 센터는, 광동문화유산고고학연구소(Guangdong Cultural Relics Archaeological Research Institute)와 함께 12명의 전문 요원으로 연구진을 결성하였다.

2002년의 두 번째 수중 탐사를 통하여, 4,000점 이상의 금, 은, 도자기류 유물과 약 6,000점의 동전 등을 인양하였다. 이후, 2004년 6월까지 네 차례의 발굴조사를 통하여 약 4,500점의 문화적 유물과 10,000점에 달하는 동전 등 값진 유물들을 수습하였다.

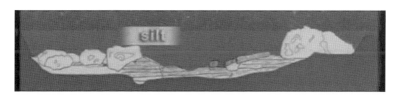

2002. 03.~2004. 06. 동안, 남해 1호 고고학단은 4차례의 대규모 발굴조사를 수행하였다.
약 4,500점의 값진 문화적 유물과 약 10,000점에 달하는 동전을 수습하였다.
왼쪽 그림의 재압실에 유의하기 바란다.

그림 3-164 남해 1호 발굴조사 (english.cntv.cn).

2004년 광동개발·개량위원회(Guangdong Development and Reform Commission)는 양장의 해릉도 해변에 바다의 실크로드 박물관(Marine Silk Road Museum) 건립을 결정하고, 공사에 착수하였다. 4년에 걸쳐 약 2억 위안(USD 29 million)을 들여 12,200㎡의 박물관을 2009년 11월에 준공하고, 12월 24일에 개관하였다.

2007년 1월 16일, 고고학 팀은 침몰선 전체 인양에 앞서 최종 수중 조사를 실시하였다.

③ 선체(- 유구) 인양과 바다의 실크로드 박물관

2007년 1월, 인양 사업 본부가 결성되고, 재무부로부터 3,000만 위안(USD4.3 million)의 예산이 책정되었다. 5월부터 밑이 터진 대형 철제 상자(길이 35.7m, 폭 14.4m, 높이 12m, 무게 530톤, 농구장 넓이의 3층 건물 크기로 표현함)를 제작하면서 선체를 통째로 인양하는 작업에 착수하여, 2007년 12월 21~22일에 중국에서 건조한 4,000톤 인양 능력의 대형 기중기선(Revolving crane barge)118)으

---

118) 크레인 붐(Crane boom)이 아래 위로만 움직일 수 있는 Stiff-leg(A-frame) crane과는 달리, 360° 회전할 수 있어 작업 효율성이 높다. 건조 비용이 Stiff-leg crane보다 많이 든다.

로 인양하였다.

밑이 터진 대형 철제 상자를 침몰선 전체 위에 씌어 누른 뒤, 잠수사들이 상자 아래에 36개의 철제 가로 들보(steel beam)를 설치하였다. 첫 번째 들보는 2007년 9월 4일에 설치하였으며, 굳은 뻘 속으로 어렵게 설치하여 11월 13일에 모두 완료하였다. 이어 각 들보 간의 틈은 12mm 두께의 긴 철판 37개로 막았다. 퇴적층을 파고 든 대형 철제 상자(가로 들보) 아랫단은 절단하였다. 고 난이도의 작업이었다.

남해 1호와 주변 퇴적물을 포함한 전체 철제 상자의 중량은 5,000톤에 달했다. 4,000톤 인양력으로는 물 위로 완전히 들어 올릴 수 없기 때문에, 반잠수식 바지선(Semi-submersible transportation barge; Heavy lift ship)[119]을 이용하여 인양물 일부는 물에 잠긴 상태로 반잠수식 바지선에 탑재한 뒤, 이 바지선의 밸러스트 탱크를 배수하여, 남해 1호가 들어있는 철제 상자가 완전히 물 위로 나오도록 흘수를 조절하였다.

이 바지선을 예인하여 박물관의 수정 궁전("Crystal Palace")이라 이름 지은 해수 수조(길이 64m, 폭 40m, 높이 23m, 수심 12m)로 이송, 보관하였다. 이곳에서 발굴조사와 보존 처리 등의 작업이 진행되고 있다.

---

119) wikipedia.
    'A heavy lift ship is a vessel designed to move very large loads that cannot be handled by normally equipped ships. They are of two types: semi-submerging capable of lifting another ship out of the water and transporting it; and vessels that augment unloading facilities at inadequately equipped ports.'

a) & b) 대형 철제 상자 설치.　　c) & d) 가로 들보와 철판으로 상자 아래 부분 막음.

d) 상자 아래 부분 막음.　　e) 가로 들보 아래로 절단.　　f) 들어 올림.

g)~i) 철제 상자 물 위로 올라오며 반잠수식 바지선 위에 위치함.

j) 박물관으로 이송.　　　　　　k) 박물관 해안(임시 접안 시설) 도착.

그림 3-165　남해 1호 인양과 이송 (english.cntv.cn; cfie.org.cn).

　남해 1호는 길이 30.4m, 폭 9.8m로 약 80,000점의 귀중한 유물들과 약 6,000점의 동전들을 탑재한 채, 800년 동안 수심 30m의 해저에 잠들어 있었다.

　전체 가치는 USD1,000억(100 billion) 이상으로 평가되었다.

　1987년에 발견되어 장기간에 걸쳐 계획을 수립한 뒤, 20년이 지나서야 인양되었다.

l) 접안 중.　　　　　　　　m) 접안 후 하역.

n) ~ p) 하역 과정(evergreen-maritime.com; cctv.com; china.org.cn).

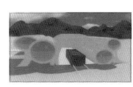

q) ~ s) 박물관 안으로 이송(english.cntv.cn; marinebuzz.com; common-talk.com).

그림 3-165　계속 (남해 1호 인양과 이송).

　　대형 철제 상자를 바지선에서 임시 접안 시설로 이동시킬(내릴) 때에는 여러 개의 대형 원통 공기 주머니(16 huge air bags), 활차(滑車, Tackling)와 기중기 등을 사용하였다. 박물관으로 들어갈 때에는 25개의 원통 공기 주머니(직경 1m, 길이 15m)를 사용하였다.

a) 박물관(왼쪽)과 Silver Beach.　b) 2011. 02. 23.(flickr.com).

그림 3-166　박물관 전경 (unesco.org).

대형 철제 상자 속에 든 채로 인양된 남해 1호를 수조(glass pool) 속에 보존함으로써, 발견된 당시의 수중 환경 - 수온, 수압, 기타 환경 조건 등과, 가능한 비슷하게 유지할 수 있다. 관람객들은 수중에서 행하여지는 발굴조사 등의 작업 과정들을 지켜 볼 수 있다. 이 수조로 된 전시관이 박물관의 핵심 부분이며, 이 같은 시설은 아시아에서 유일한 것이다. 박물관은 세(3) 곳의 주요 전시 공간과 여덟(8) 곳의 전시실로 구성되어 있다.

이 수조에서 2009년 8월 18일~9월 27일 동안, 선체 중간 부분에서 각 4㎡ 넓이의 네(4) 곳에 대한 첫 시굴을 하였다. 이 후 이(2)차 발굴은 2011년 3월까지 진행되었다.

a) & b) 발굴 과정을 관람할 수 있다(news.cultural-china.com).

c) & d) 고고학자들의 발굴조사 모습(newsgd.com)

그림 3-167 박물관 수조에서의 발굴조사.

a) 박물관 내부 모습. 2011. 02. 22.(flickr.com).

b) 잠수·인양 장비. 매우 중요한 대형 사업에 비하여 전시 내용이 다소 미흡한 듯하다.

그림 3-168 박물관 내부와 전시 (lifeofguangzhou.com).

　　b) 매우 중요한 대형 사업에 비하여 전시 내용이 다소 미흡한 듯하다.

4) 한국 사례들과의 비교

고고학적 가치가 있는 침몰선 전체를 통째로 한 번에 인양한 외국의 세(3) 사례들을 살펴보았다. 탐사, 발견에서부터 발굴조사, 인양, 보존처리, 전시 및 지속적 연구가 장기간에 걸쳐 이루어졌으며, 치밀한 계획에 따라 막대한 예산과 인력이 동원된 범국가적 사업들이었다. 이는 수중 문화유산의 중요성과 가치를 충분히 인식하는 것이다.

이들과 한국의 사례들을 비교하여, 과거와 최근 - 21세기의 기술적 경향과 국가·세계적 배경을 알아보며, 우리의 타산지석(他山之石)으로 삼아야 할 것이다.

표 3-20 비교 사례 요약.

사 례	주 장 비	기 법 및 내 용	비 고
바사호 32 msw 1961 인양	부력선, 구난선 유압 인양기 콘크리트 폰툰	부력을 위주로 한 인양 방법. 선체를 인양줄로 감싸 조금씩 들어올려 얕은 곳으로 이동시킨 후 최종 인양함.	개인의 집념으로 발견하고, 민간 기업, 해군과 정부의 전폭적 지원이 따름.
메리로즈호 12 msw 1982 인양	해상 기중기선 (Derrick type) 철부선(Flat barge) 잠수 전용선, ROV	선체 훼손이 바사호에 비하여 큼. 인양틀과 받침틀을 이용하여 인양함. 2003~2005 발굴조사에서 바람직한 장비들 사용함	민간 기업, 해군과 정부의 전폭적 지원이 따름. 바사호의 영향도 큰 것으로 사료됨.
남해 1호 30 msw 2007 인양	해상 기중기선 (Revolving) 반 잠수식 운반선 대형 철제 상자	대형 철제 상자를 사용하여, 침몰선 전체가 포함된 퇴적층(유구)을 교란되지 않게끔 인양함. 보존 및 발굴조사를 위한 대형 수조가 있는 전용 박물관으로 이송함.	정부 주도 : 과거의 쓰라린 경험과 체재에서 기인한 것으로 사료 됨.
신안선 20 msw 1983 인양	해군 함정 (TA, LST & R-1) 초소형 폰툰 철부선	유물과 선체 파손 조각 등을 먼저 조사·인양하고 주 선체를 분해 인양함.	정부와 해군 주도.

바사호는 수 년 간의 문서와 자료 연구를 거치면서, 약 2년간의 탐색 끝에 1956년 침몰 위치를 찾았다. 이후 5년 동안 치밀한 계획 아래 준비 작업 - 발굴조사를 거쳐 1961년에 인양하였다. 정부와 민간의 후원 자금과 기술을 제공받았다. 전용 박물관이 새로이 건립되어 1990년 6월 15일 개장되었다. 1957년 바사 위원회 구성 후 30여 년의 세월이 흐른 뒤였다. 총 발굴 비용은 USD13,000,000.-이 들었다. 여러 분야의 전문가들이 모여 맡은 역할을 성공적으로 수행하였으며, 지금도 보존처리와 후속 연구들이 진행 중이다.

메리로즈호는 1965~1971년의 잠수조사와 지층탐사기 및 측면주사음탐기를 이용한 탐사 등으로 1966년에 발견, 1971년에 위치를 최종적으로 확인하였다. 1979년까지 부분적인 발굴조사가 수행되었으며, 1979년 메리로즈 위원회가 발족되어 모든 사업을 주관하였다. 선체 인양과 발굴조사를 위한 1979~1982년에 28,000회의 잠수(12 man·years)를 하였고, 1982년 인양하였다. 인양 비용은 USD7,000,000.-이 들었다. 새로운 박물관 증축에 £35,000,000.-(30,000,000.-)이 소요되었고, 2013년 5월 재개관하였다.

남해 1호는 1987년에 우연히 발견하였고, 20년이 지난 2007년에 USD4,300,000.-의 예산으로 인양하여, 발굴과 보존을 위한 수조가 있는 박물관으로 이송하였다. 막대한 예산(USD29,000,000.-)을 들여 새로 지은 이 박물관은 2009년 12월 24일 대중에게 공개되었다. 지금도 이 곳에서 발굴조사와 보존처리가 진행되고 있다. 오랜 기간 꾸준히 준비하고 막대한 예산을 들인 이 사업을 계기로, 중국의 수중고고학 발굴조사 기술은 큰 발전을 이루었고, 자부심까지 갖게 되었다.

우리나라 수중 발굴조사의 많은 부분을 차지하고 있는 고려 한선들(신안선 포함)은 우연히 발견되었고, 발굴조사와 인양을 대부분 군·관이 주도하여 왔다. 우리나라의 환경과 특성 때문이었을 수도 있고, 관련 연구자들이 부족하고 연구 환경 조성이 부족한 탓도 있겠다. 예산 또는 인식 부족으로 인하여 장비 운용 등이 미흡한 경우도 많았다고 본다. 하지만 근자에 들어서면서 우리나라도 많은 발전이 있었고, 인식 또한 새로이 변하고 있다. 물론 그간 축적된 경험과 기술은 앞으로의 발전에 많은 도움이 될 것이다. 아울러 2015년에 마도 3호선을 통째로 인양할 계획이 있는 바, 좋은 결과를 바랄 뿐이다.

우리나라 최초의 계획적 수중고고학 탐사로 볼 수 있는 '이 충무공 해전 유물 탐사'는 1973년에 시작되었다. 물론 거북선을 찾는 목적도 함께 있다. 해군과 여러 기관 등을 거치며, 중단된 적도 잦았지만 아직도 진행 중으로 본다. 주관 부서에 따른 인식 부족과 사명의식 결여, 실적 위주의 사업 수행, 비전문성 등으로 뚜렷한 성과가 없었음은 매우 유감스럽다. 하지만 최근 수행한 국립해양문화재연구소의 조사와 앞으로의 계획은 매우 고무적인 것으로 기대된다.

비록 대기업의 후원으로 수행되어 한계성은 있었지만, 한국해양연구원(현 한국해양과학기술원)의 돈스코이호 탐사는 또 다른 의미를 부여할 수 있겠다. 전문 해양 연구자들이 참여하여 새로운 시각에서 볼 수 있었던 경우였다. 새로이 속개될 예정으로 그 결과가 주목되는 사업이다.

2. 가물막이(Cofferdam)를 이용한 발굴조사

수중고고학 발굴조사 방법 중의 하나인 가물막이(Cofferdam)[120]
는, 잠수로 인한 시간적 제한이나 수중 환경에 기인한 어려움을 극
복할 수 있다. 또한 산란되지 않는 환경에서 유구 전체에 대한 정확
한 조사, 발굴을 가능케 한다. 하지만 많은 비용이 들며, 수심 등으
로 인한 적용상의 어려움이 따르고, 사전 준비(설계, 설치 등)를 철
저히 해야 한다. 유구의 중요성이나 가치 등에 따라 이를 적용하며,
이 또한 귀중한 수중 문화유산에 대한 인식을 제대로 하는 것이다.
덴마크의 스쿨델레브(Skuldelev)선들은 1960년대 전반기에 당시
로서는 대규모의 가물막이를 설치하여 발굴하였다. 미국에서는
1980년대 중반, 요크타운(Yorktown) 난파선 발굴조사를 위하여, 해
저 면으로부터 약 8미터 높이의 물막이('wet' cofferdam)를 설치하여
3년에 걸쳐 구제 발굴을 한 뒤, 선체를 다시 모래로 덮어 보존하였
다. 이후 1990년대 중·후반에는 프랑스 탐험가 라살(La Salle)의 벨
호(*Belle*, 1686년 침몰) 발굴조사를 위하여, USD1,400,000.-을 들여
이중 물막이(cofferdam consists of two concentric octagonal walls)를
설치하였다.

1) 스쿨델레브(Skuldelev)[121]

바이킹 선단은 여러 형태의 선박들(예; 전투선, fighting ships)로
구성되어 있었다. 이들에 관한 북유럽의 무용담들 중에도 여러 형태

---

120) 앞의 주 83) 참조. 김도현 2012, 주 3); **Fig. 2-1**; p.199 참조.
121) 앞의 책, pp.201-232 참조.

의 선박에 대한 많은 정보가 담겨져 전해 내려오고 있다. 하지만 고고학자들은 매우 적은 자료만 접할 수 있었다. 따라서 1959년부터 덴마크 국립박물관(Danish National Museum)에 의하여 본격적으로 조사가 시작된 덴마크 동쪽 로스킬레 피오르드(Roskilde Fjord), 스쿨델레브(Skuldelev)의 바이킹 후기(AD 1,000년경) 난파선들(5척)은 매우 중요한 의미를 갖는다. 특히 나르(knarr, heavy cargo ship, wreck 1)로 일컫는 선박은 바이킹 교역의 중추적 역할을 한 것으로 추정되는 대표적인 것이다. 즉, 선저에 긁힌 흔적이 없는 점으로 봐서, 전투선과는 달리 해안에 배를 직접 좌초시키면서 접안(beaching)하지 않았음을 알 수 있었다. 왜냐면 크고 무겁기 때문이었을 것이다. 또한 많은 생필품과 장비 및 인원을 탑재할 수 있고 안전성이 있어, 대서양을 가로질러 이주민의 운송도 하였을 것으로 추정되었다(**그림 3-194** 네모 안). 이들 난파선들은 11세기 전반기 중에 돌을 채워 침몰시켜 더미(blockage, barrier)를 이룬 것으로 추정된다. 두 척의 교역선과 한 척의 전투선이 침몰되고, 다시 대형 전투선과 작은 나룻배(또는 낚싯배)가 침몰된 것이다. 왜 이렇게 항로를 막게 되었는지는 알 수가 없지만, 마을을 보호하기 위한 고의적 행위로 추정되었다.

　1924년에 어부가 잔해를 발견하였고, 1950년 중엽에 잠수사들이 수중조사를 하였으며 인양한 목재 등을 분석한 결과, 14세기 마그렛 여왕(Queen Margrethe) 시대로 추정했던 것과는 달리, 바이킹 시대로 밝혀졌다. 1962년 여름에 대규모의 고고학적 발굴조사가 올센(O. Olsen)과 페더슨(O. C. Pedersn) 박사들의 지휘아래 이루어지게 되었다. 이 곳 협만은 수심이 얕으면서 진흙탕이고, 목재들이 약하여 물막이를 설치하고 물을 퍼내어 발굴하였다. 세(3) 계절에 거쳐 잠수사들이 도면을 그리면서 확인한 결과, 한 척이 아닌 대여섯 척의 난파선들이 겹쳐있는 것으로 추정하였고, 조사와 발굴을 통하여 한 척은 기록이나 자료를 잘 못 해석한 것으로 밝혀지면서, 다섯(5) 척들로 더미가 이루어져 있었음을 알게 되었다. 이들의 연구는 한 시대에 같은 방식으로 건조된, 목적에 따른 선박들의 건조 방법과 형태를 알 수 있는 최초의 중요한 기회였다. 즉 전투선은 길고 좁았으며(warship, long ship), 교역선(merchantmen)은 짧고 넓었다.

사진술을 이용한 측량 및 기록을 한 뒤, 나무의 원형 보존에 유의하여 복원할 박물관으로 조각 별로 옮겼다. 1,500점의 큰 부분을 포함한 약 50,000여 점의 나무 조각들이 옮겨졌다. 브레드(Brede)의 국립박물관 실험실에서 보존 처리를 하였고, 1963년에 이 선박들을 위한 특별 박물관(the Viking Ship Museum, VSM)이 로스킬레에 건립되어, 최종 복원을 하여 전시하고 있다. 1969년에 개관하였다.

1996~1997년에 전체적으로 확장하는 과정에서, 바이킹 시대와 중세의 선박 9척(Roskilde Ships)이 발견되었다. 이후 이 곳은 스쿨델레브 바이킹 선박 다섯 척의 전시는 물론, 해양·수중 고고학 분야의 중심을 이루면서, 실험고고학적 선박 복원, 체험 견학(승선 항해), 현장 학습 등, 다양한 프로그램을 운영하고 있다.

선체의 복원과 복제는 고 기록, 문서 등을 참고할 수 있으며, 무엇보다 중요한 것은 정확한 현장 조사 및 기록을 한 뒤, 정밀하고도 섬세한 발굴을 수행하여야만 가능한 것이다. 장기간에 걸쳐 많은 예산을 투입하여, 다섯 척의 바이킹 선박들은 복원, 복제되었다. 보존상태가 양호한 작은 교역선(Wreck 3)의 실물 크기 복제가 우선적으로 이루어졌다.

그림 3-169 바이킹 시대의 유럽 (Muckelroy 1980).

9~11세기 바이킹의 활동 범위를 나타낸다.

북대서양을 중심으로 한 바이킹의 이주 정착지와 경로(오른쪽 위 네모 칸)

a) 덴마크의 고선 발견 위치도.

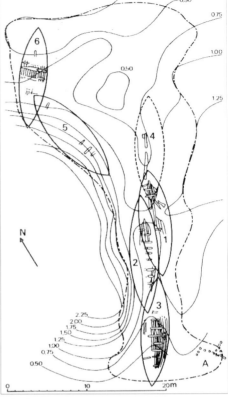

b) 스쿨델레브선들의 위치(●). c) 스쿨델레브선들(UNESCO 1972).

그림 3-170 로스킬레 피오르드와 스쿨델레브선들 (Crumlin-Pedersen 2010).

　　a) 1960년 이전 국립박물관이 조사한 선체들.
　　　　1: Nydam, 2:Hjortspring, 3:Ladby, 4:Skuldelev.

　　b) 로스킬레 피오르드의 지형도. 로스킬레(●)에 이르기 까지 멀고도 어려운 항로(협수로)를 지나
　　　　야 했다.

　　c) 1957~1959년 수중조사를 토대로, 덴마크 국립박물관이 1959년 작성한 도면.
　　　　Wreck 1 : 교역선(Knarr), 길이 16.5m로 넓고 단단하게 건조.
　　　　Wreck 2 : 전투선, 길이 약 28m. 50~60명의 전사를 실을 수 있음.
　　　　Wreck 3 : 소형 화물선, 길이 약 13.5m. 꽤 가벼이 건조.
　　　　Wreck 5 : 전투선(12쌍의 노), 길이 약 18m. 좁고 긴 공격선.
　　　　Wreck 6 : 소형(고기잡이 또는 운송)선, 길이 약 12m.

b) 북쪽에서 봄(Muckelroy 1978).

a) 남쪽에서 봄(Rackle 1968).　　　c)(Bass 1972).

d)(Bass 1972).　　　　　e) 1962년 Wreck 5 노출 상태(Crumlin-Pedersen 2010).

그림 3-171 고고학적 발굴을 위한 가물막이.

1962년의 발굴 작업은 지대한 관심을 끌었으며, 약 30,000명의 관람객이 현장을 방문하였다.

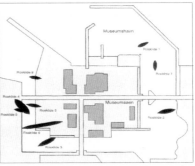

a) 증설 전(Crumlin-Pedersen 2002).
앞 건물이 기존의 바이킹선 박물관.

b) 증설된 박물관(항구동: Harbor Buildings)과
증설 중 새로이 발견된 로스킬레선들(VSM).

c) 바이킹선 박물관과 주변 위성 지도(maps.google.com).

그림 3-172 바이킹선 박물관 (Viking Ship Museum).

연구 및 분석 결과, 두 척 전투선의 크기는 같지 않았다. 작은 것은 길이 17.4~18미터, 폭 2.6미터이었고, 12벌의 노가 있었으며, 전형적인 덴마크 바이킹의 전투선이었을 것이다(Wreck 5). 함 운용이나 해안 상륙(beaching)이 용이하였고, 말들을 실을 수 있었으며, 선단의 기본적인 전투선으로서 9~10세기 영국과의 잦은 교전에 사용되었을 것이다. 또 다른 전투선은 맨 위에 침몰되었기 때문에 다른 선박들보다 손상이 심하였고, 선저에는 잦은 해안 상륙의 흔적이 남아 있었으며, 선체의 반 정도밖에 남아 있지를 않았다. 하지만 북유럽의 바이킹 무용담에서 언급되다시피, 선단 또는 개인의 힘이나 위세를 떨칠 수 있는 대형으로서, 길이 30미터에 달하였고 25~26벌의 노가 있었다(Wreck 2). 속력이 빨랐고, 선원 외에 60명의 병정을 실을 수 있었을 것이며, 그 당시 덴마크의 해상 방어에 중추적인 역할을 하였을 것이다. 두 척의 교역선 중 작은 것은 보존 상태가 가장 양호하였으며, 길이 13.5~13.8미터, 폭 3.2~3.8미터로 3.5톤 가량의 화물을 적재할 수 있고, 떡갈나무(oak)로 만들어졌다. 길이 대 폭 비율은 4.2:1로서, 전투선의 6:1과 7:1에 비하여 다소 넓적한 형태였다. 구조적으로 매우 우수하였으며, 북해와 발틱해 연안 교역에 이용되었을 것이고, 낮은 흘수(draft)를 고려할 때 강에서도 운항했을 것이다(Wreck 3). 중요성 및 보존 상태 등을 고려하여 가장 먼저 복제선을 제작하여 시험 항해를 하였다. 보다 큰 교역선은 전형적인 나르선으로 길이 16.5미터, 폭 4.8미터로 원양항해에 맞게끔 무게보다는 견고성에 치중하여 건조되었고, 노르웨이, 아일랜드, 그린랜드 및 북미까지 항해하며 교역은 물론, 조사 및 이주 등의 역할도 했을 것이다(Wreck 1). 용골(keel)과 하부 늑재(rib)는 떡갈나무이나, 많은 소나무 판재가 있었다. 이 소나무 판재는 그 당시 덴마크에서 쉽게 구할 수 있는 것이 아니었으며, 노르웨이 남부에서 구했을 것으로 추정된다. 가장 작은 나룻배는 길이 11.6~12미터, 폭 2.4미터이며 주로 소나무로 만들어졌고, 가까운 곳의 인원 수송이나 낚시 등에 사용되었을 것이다(Wreck 6).

이러한 발굴과 실험고고학적인 실물 크기의 복제선 제작 및 시험항해 등을 통하여, 10~11세기 바이킹의 조선·항해 기술과 침략, 이주 및 교역에 대한 연구의 발전을 가져오게 되었고, 기존 자료들의 새로운 확인도 가능하게 되었다.

고고학에서 보존과 전시는 매우 중요하다. 특히 박물관 전시 공간의 공기는 보존과 연관되어, 이의 성분 분석과 관리는 주요 연구 과제이다. 많은 관람객들과 연구자들로 인한 전시실과 진열장 내부의 공기 성분 변화는 보존에 중요한 영향을 미치며, 이에 대한 연구가 전 세계적으로 지속적으로 이루어지고 있다.

2003년 4월 28, 29일에 영국 노르위치의 이스트 앵글리아 대학 환경 과학대[122]에서 제 5차 실내 공기 오염 학술대회[123]가 있었다. 5개 분야의 주제(session) - 1. 오염원의 이해와 영향(Effect and Perceptions of Pollutants), 2. 방사물(Emission - 진열장 내에서 방출되는 유기물의 영향), 3. 실내 환경 측정과 모니터링(Measurements and Monitoring of the Indoor Environments), 4. 먼지(Dust), 5. 오염 방제와 관리(Management and Mitigation) - 에 걸친 발표가 있었으며, 우리나라에서는 주제 2와 4에서 각 한(1)편씩 발표를 하였다.

---

122) School of Environmental Sciences at the University of East Anglia, in Norwich, UK.

123) The 5th meeting of the Indoor Air Pollution Working Group / IAQ 2003 Norwich - Indoor Air Quality in Museums and Historic Properties
IAQ : Indoor Air Quality, this web site contains information for those interested in the deterioration processes in cultural heritage objects caused by the indoor environment, especially air pollutants.······

2) 요크타운(Yorktown)

미 독립전쟁 당시 요크타운(York Town)의 요크강에 최소한 50척 이상의 영국 전함들이 침몰하였다(1781년 9월). 1852년 애쉬(T. Ashe)의 진정에 의하여 작은 유물들이 인양되었고, 그 이후 이 곳에서 작업하던 굴 채취자들(oystermen)에 의하여, 장애물이나 흔적의 존재가 1900년대 초반부터 알려지곤 했으며, 그들의 불만 또한 많아지게 되었다. 1933년 가을에 이들과 국립 식민지 역사 공원(Colonial National Historical Park) 및 선원 박물관(The Mariners' Museum) 간에 강바닥의 장애물을 제거하기 위한 공동조사를 합의하였다.

1934년 여름, 강바닥을 긁으면서 장애물들의 위치를 파악하여 기록했다. 해군 잠수사들이 강한 물줄기를 사용하여 선체를 노출시켰으나, 인양하기엔 보존 상태가 좋지 않았다.

브로드워터(J. D. Broadwater)[124]는 이 곳에서 1980년경부터 수 년 간에 걸쳐, 조사 작업을 벌여, 요크타운 선박 중, 영국 해군의 가장 큰 전함 샤론(*H.M.S. Charon*)호를 위시하여 여러 선체들을 발견하였다 (**그림 3-173**). 그 중 수심 약 6미터에 있던 보존 상태가 양호한 선박 (약 75×24피트, 170톤급의 작은 상선으로서, 영국에서 건조되어 해군에 징발된 것으로, 일반적인 운송 및 공급을 위한 선박)을 지목하게 되었고, 18세기 교역선의 활동 및 생활상과 구조를 알 수 있는 귀중한 단서가 될 것으로 생각하였다. 그 후 이 선박은 베치호{*Betsy*, **그림 3-173 a)**}로 밝혀졌다.

요크강은 조류가 강하면서 변화가 심하고 수중 시정이 매우 나빴으며, 쏘는 해파리가 많아 수중 작업에 많은 어려움이 따랐다. 여러 기구, 기관들의 지원으로 1980년대 중반부터 3년에 걸쳐 선체 주위에,

---

124) Nautical archaeologist with the Virginia Dept. of Conservation and Historic Resources

해저면으로부터 8미터 높이 물막이('wet' cofferdam, **그림 3-174**)[125]를 설계하여 설치한 뒤, 조사 및 구제 발굴을 하였고 선체는 인양치 않았다 - 다시금 모래로 덮인 채 보존되는 것이다. 이러한 물막이 내부 - 일종의 인공 수영장 같은 환경에서 물을 걸러 깨끗이 하고, 조류의 영향을 받지 않는 양호한 환경에서 효율적이고도 정확한 작업이 이루어졌다. 물막이와 육지 간에 가교를 설치하여 작업자와 장비의 이동이 용이하였다.

세부적인 도면을 작성하기 위하여 정밀 소나 위치측정 장비 {SHARPS, **그림 3-174** c)}[126]와 컴퓨터를 연동하여 2, 3차원적 기록 및 자료화하였다(Broadwater 1988). 이 또한 물막이 덕분에 수중 시정이 좋아지고, 조류의 영향을 받지 않을 수 있었기 때문에 가능하였다. 함장의 방이 있는 선미부터 발굴하여 생활상을 알 수 있는 중요 단서들을 찾았으며, 선수 갑판 쪽의 유물들을 분석한 결과, 일종의 작업선 역할을 하였음을 알 수 있었고, 숙련된 기능공에 의하여 천천히 침몰시키면서 불을 질러 프랑스 함대 쪽으로 충돌을 시도한 의도도 파악할 수 있었다. 물론 잘 보존된 채로 발굴된 유물들로, 당시의 함상 생활이나 해전의 양상 및 보급 역할까지도 규명할 수 있었다. 또한 이 당시까지만 하더라도, 이러한 선박들이 대부분 어떠한 규격이나 도면 등에 의하지 않고, 경험 있는 도공들에 의하여 전수되면서 건조되는 것이 일반적이었다. 물막이를 이용한 조사와 발굴로 매우 정확하게 선형이나 형태를 확인할 수 있어, 특정 목적에 따른 건조 및 개조 기술을 알게 된 것도 매우 중요한 의미를 갖는다.

---

125) Renfrew & Bahn 2004, p.115.
   'Cofferdam have also been used in shipwreck excavations, either simply to control the flow of water - as on a Revolutionary War(War of Independence) wreck at Yorktown, Virginia - or th pump out the water altogether. Cofferdam are expensive and the dig must be well funded.'

126) Sonar high-accuracy ranging and positioning system

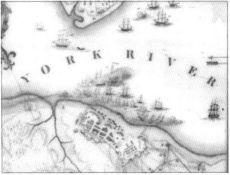

a) 선원 박물관의 베치호 모형.　　b) 고의로 침몰시킨 선박들의 위치(vims.edu)

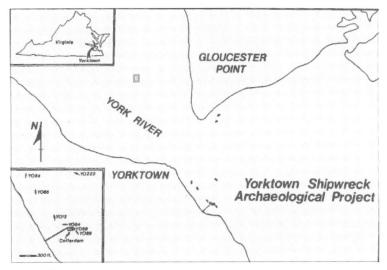

c) 9척 침몰선(Cornwallis Ships) 위치도.

그림 3-173　베치호(*Betsy*)와 위치도 (rememberyorktown.org).

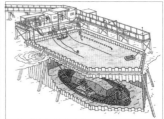

b) 가물막이 모식도.

a) 수중발굴에서 처음으로 사용된 Wet cofferdam.   c) SHARPS(Delgado 1997, p.394).

그림 3-174 가물막이와 SHARPS (Broadwater 1988; Delgado 1997).

 c) SHARPS : Sonic High Accuracy Ranging and Positioning System

 (Courtesy Marine Sonic Technology, Inc.).

그림 3-175 수중 발굴조사 (Broadwater 1988).

3) 벨호(*Belle*)[127]

루이 14세의 명으로 신대륙에 식민지를 개척하기 위하여, 프랑스 탐험가 라살(La Salle)은 300명의 이주민을 4척의 선박에 싣고, 미시시피 강 어귀를 목표로 항해하였다. 이 중, 마타고르다(Matagorda)만에서 1686년에 침몰한 벨호(45톤급의 바크선, barque longue, 16.6×4.5×2.4m)를 1995년에 위치 확인하고, USD1,400,000.-을 들여 이중 물막이 공법으로 물을 퍼낸 뒤 발굴하였다. 수심 약 3.7미터로 비교적 얕았기 때문에 이 공법이 용이했다. 텍사스 역사위원회(Texas Historical Commission: THC)가 발굴을 주관하였으며,[128] 1996년 기록에는 51×14피트로 생각보다는 훨씬 적은 배였다. 긴 팔각형의 물막이를 이중으로 설치하고, 물막이 사이를 모래와 자갈로 채웠다. 이 곳은 작업장(Working platform) 역할을 충분히 해내었다. 수면보다 1.8미터 높았으며 육상기지(Palacios)로부터 15마일 떨어졌다.

완전한 유골이 가죽신과 함께 발견되었으며, 목재, 뼈, 가죽, 머리카락, 빗 등의 유기 유물 등은 혐기성의 환경에서 잘 보존되어 있었으며, 중요한 자료들이었다. 포신, 납 총알, 유리 구슬 등도 발견되었다. 선체와 모든 동반(유)물들을 완전히 발굴하였으며, 1997년 5월 현장 작업을 완료하였다.

보존처리와 후속 연구에도 막대한 예산과 시간을 투자하고 있다. 텍사스 에이앤엠 대학(Texas A&M University)은 브라이언 공군기지(Bryan Air Force Base) 일부를 기증받아 보존연구소(CRL: Conservation Research Laboratory)를 운영하고 있다. 선체 복원은 2013년 11월부터

---

127) 김도현 2012, pp.271-295 참조.

128) Hamilton 1998, Conservation of the hull of the *Belle*, Conservation Research Laboratory Research Report #7.
http://nautarch.tamu.edu/crl/Report7/hull.htm, updated: Jan. 7, 2002.

시작하여 2014년 여름에 완료할 예정이다.

그림 3-176 라살의 1684년 루이지애나 원정 (T. Gudin의 1844년 그림, wikipedia). *La Belle*호는 왼쪽, *Le Joly*호는 중앙, *L'Aimable*호는 오른쪽에 좌초되어 있다.

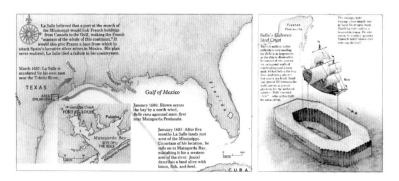

그림 3-177 벨호의 자취와 이중 물막이 (Laroe 1997).

a) & b) 물막이 설치 중.

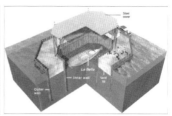

c) 물막이 전경.   d) 구조

그림 3-178 이중 물막이 설치와 구조 (Laroe 1997; THC).

a) 육상 발굴과 다름이 없다. b) 노출 상태.

그림 3-179 현장 발굴조사 (Laroe 1997; texasbeyondhistory.net).

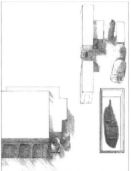

a) 보존연구소로 이송된 선체편과 동반유물.　　　　　b) 보존연구소 조감도.

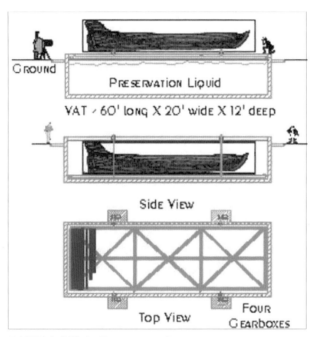

c) 보존처리·복원 수조(Treatment pool).

그림 3-180 보존처리 및 복원 (CRL, Texas A&M University).

d) 용골 지지대.   e) 선체편 복원

f) 대부분의 늑골(frames) 등이 제 위치함.   q) 선체편(판재) 등도 복원되었다.

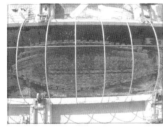

h) 복원 선체 보존처리.   i) 보존처리 수조에 덮개 설치.

그림 3-180 계속 (보존처리 및 복원).

4) 한국 사례 – 목포 달리도배 등과의 비교

1960년대 전반기 덴마크 스쿨델레브선들의 대규모 가물막이,
1980년대 중반 미국 요크타운 난파선 베치호의 물막이('wet'

cofferdam), 1990년대 중·후반 미국 벨호(프랑스 선박)의 이중 물막이 - 이 세 가지 사례들은 많은 예산을 들여 철저한 준비를 하고, 견고한 물막이를 확실하게 설치한 후 발굴조사를 하였다.

우리나라에서는 1995년 목포 달리도배, 1991·92년 진도 벽파리 통나무배 발굴조사에서 가물막이 공법을 적용한 적이 있다. 하지만 엄격히 말한다면 제대로 된 가물막이라고는 보기 어렵다. 유구의 특성, 환경, 규모 등을 고려했겠지만, 유물 등의 유실, 유구의 산란이나 훼손 등을 방지하기 위한 가설 보조 자재의 설치로 보는 것이 타당하다고 본다. 더욱이 물의 유입을 차단한다는 취지는 없었다고 보여 진다. 따라서 외국 사례와의 비교라기보다는 참고 사례의 소개에 그칠 수밖에 없다. 하지만, 그간 우리나라에서 수행한 발굴조사에서 물막이 공법을 제대로 적용할 필요가 있는 경우는 없었을까하는 의문을 가져 본다.

3. 지중해 청동기 시대 침몰선

20세기 초를 전후하여 지중해에서 난파선의 흔적들이 발견된 이래로, 많은 고대 난파선들에 대한 발굴조사가 이루어져 왔다. 특히 1950년대 후반부터 골동 가치가 있는 유물들의 단순한 인양보다는, 육상 발굴과 마찬가지로 유물이나 유적, 난파선들이 갖는 고고학적 의미의 중요성을 인식하게 되었다. 그 중에서도 케이프 겔리도니아(Cape Gelidonya)와 울루부룬(Uluburun) 해역의 청동기 시대 침몰선들의 발굴조사, 연구와 해석은 매우 중요하다고 본다.

1959년 발견된 겔리도니아의 기원전 1,200년경 청동기시대 난파선은, 고고학자에 의하여 처음으로 고대 난파선을 완전히 수중 발굴한 것이다. 바스 등, 펜실베이니아 대학 박물관 팀에 의하여 발굴되었다. 각계 전문가들이 발굴조사에 참가하여 지중해에서의 새로운 수중고고학 연구의 장을 열었고, 수중 문화유산과 발굴조사의 가치를 깨닫게 한 중요한 업적이었다.

1982년 울루부룬에서 조사·발굴된 기원전 1,300년경 청동기시대 난파선은, 당시의 교역상 등을 규명하는 등 값진 성과를 거두었다고 평가되었다.

이들 모두 고고학자의 지휘 아래 교과서적으로 유구를 발굴조사한 사례들로서, 수중고고학 연구사에서 중요한 의미를 가지며, 두 선박 모두 청동기라는 동일 시대이고, 해역의 자연 환경적 특성을 고려하여 우리의 사례들과 비교·고찰한다.

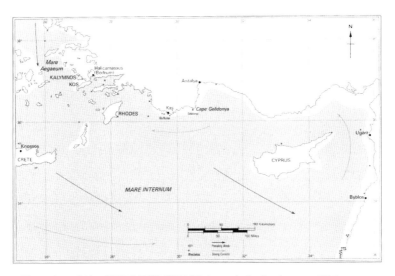

그림 3-181 케이프 겔리도니아와 울루부룬 (30°E 좌; 우, Throckmorton 1987).

1) 케이프 겔리도니아(Cape Gelidonya)

1954년 보드룸의 해면채취 잠수부 아라스(K. Aras)가 수심 26~28 미터에서 발견하고, 1959년 트로크머르턴이 확인한 뒤, 1960년 바스, 뒤마 등 각계 전문가들이 참가하였다. 물론 고고학자들이 주관하게 되어 육상 발굴에 사용되는 기법들이 적용되었다. 바스 일행은 잠수를 배워 직접 수중 작업에 임함으로써 획기적인 진보가 이루어지게 되었다. 트로크머르턴은 에게 청동기시대(Aegean Bronze Age) 전문학자인 바스의 고고학적 접근과, 조사, 발굴 및 해석에 매우 높은 평가를 하였으며, 각계의 전문인들로 구성되면서도 모두가 직접 잠수를 할 수 있었던, 최초의 체계적이고도 전문적인 수중고고학적 발굴이라고 하였다(Throckmorton 1987).[129]

이 곳의 난파선은 그 당시로서는 바다에서 발견된 선체들 중 가장 오래된 것이었으며, 유물들과 함께 수심 약 27미터의 불규칙한 해저에 있었고, 선체는 많이 남아 있지 않았다. 나무 조각에 대한 탄소동위원소 함량 분석과 도기류의 형태 분석을 통하여, 그 연대는 기원전 1,200±50년으로 추정되었다. 유물들의 분포 상태로 선체 길이는 9~10미터로 추정하였다. 개당 14~25kg인 34개의 네 모서리가 튀어나온 구리 등의 주괴(Four-handled ingot, 납 동위원소 분석으로 산지는 키프로스로 추정)들을 위시하여, 선원(near Eastern, probably Canaanite, crew) 물품, 재사용을 위한 것으로 추정되는 청동 조각, 땜장이(금속 취급 기능인)의 탑승 및 작업 흔적 등 거의 1톤에 달하는, 고고학적으로 귀중한 유물들이 발굴되었다. 더욱이 주

---

129) nauticalarch.org
'George Bass and a team of young divers would excavate the Gelidonya wreck undertaking the world's first scientific underwater excavation.'

괴들은 원료로 거래되었지만, 선상에서 금속의 가공을 위한 시설과 소품, 재 사용재 등의 흔적도 찾을 수 있었다. 장사꾼도 탑승하였으며, 물건 거래를 위한 소품들도 발견되었다. 항로는 시리아(Syria)와 키프로스(Cyprus)로부터 에게(Aegean)까지였을 것이며, 서쪽으로 흐르는 해류를 이용하였을 것이다. 주요 기항지는 금속 원료(주괴 등)들을 싣기 위한 키프로스였을 것이다.

이러한 수중고고학적 발굴은, 단순한 분류나 발굴품 자체의 연구에만 국한되지 않고, 당시의 역사와 문화적 맥락에서 해석될 수 있어야만 그 의미나 가치가 부여되는 것이다. 이 난파선은 여러 정황을 고려할 때, 가나안·페니키안(Canaanite·Phoenician)의 것으로 인정되었지만, 이 한가지 사례로 가나안·페니키안들이 해외 교역 망을 구축하고 있었다는 가설을 섣불리 내세워서는 아니 될 것이며, 지중해 중부와 서부 해역의 그 당시 교역을 재조명할 수 있는 기회로 삼아야 할 것이다. 분명한 것은 청동기 시대의 교역에 대한 가설들을 뒷받침할 수 있고, 새로운 가설을 제시할 수 있는 사례였다는 것이다. 이러한 것들을 토대로 지중해에서의 후기청동기시대, 셈의 해상 교역(Semitic maritime trade)은 이때껏 생각해왔던 것 보다 훨씬 더 활발하였음을 알 수 있었다. 물론 번창했던 미케네(Mycenaean) 해양 상권에 대한 평가를 절하하겠다는 것은 아니지만, 한 단편적인 일용품(예: 도기류)만으로 고대 교역에 대한 가설을 제시한다는 것은, 매우 위험한 접근임을 알아야 한다.(Muckelroy 1980; Throckmorton 1987).

약 30년이 지난 1980년대 후반에 재조사 및 발굴이 이루어졌으며, 1994년에 발견된 석재 닻으로, 바스는 이 배의 기원이(지중해) 동쪽 지방이었음을 뒷받침해준다고 하였다.

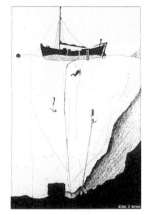

❶ ❺ 주 발굴장
❷ 공기부양주머니
❸ 에어리프트
❹ 인양기(Winch)
❺ 발굴 중심부(Platform)

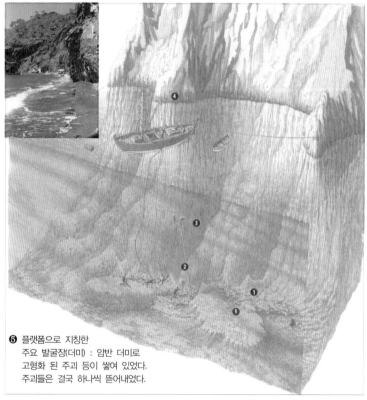

❺ 플랫폼으로 지칭한
주요 발굴장(더미) : 암반 더미로
고형화 된 주괴 등이 쌓여 있었다.
주괴들은 결국 하나씩 뜯어내었다.

그림 3-182 수중 발굴조사 상상도 (Throckmorton 1987; INA).

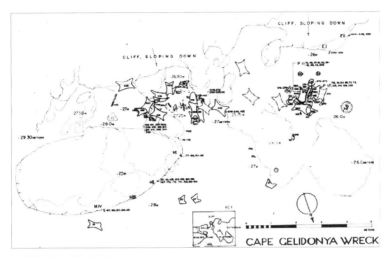

a) 수중 현장 평면도(INA).

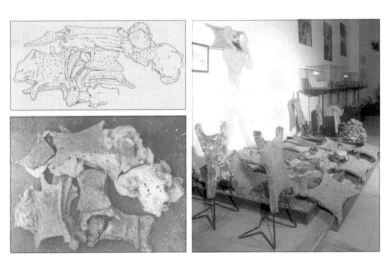

b) & c) 현장 수습 주괴(Muckelroy 1980).   d) 구리 주괴 전시(INA).

그림 3-183 유물 분포도와 주괴.

a) 조사 및 도면 작성.　　b) 정과 망치로 쪼아 냄.

c) 초기 형태의 금속탐지기.　d) 금속탐지기 사용.

그림 3-184　1960년대 초의 수중 발굴 (INA).

수중 시야가 매우 좋아 양호한 사진과 훌륭한 기록 등을 남길 수 있었다. 물론 수중 작업과 필요한 장비의 운용도 용이하였다.

육상과는 달리 수중고고학 연구는 환경 요인에 따라, 성취도와 결과물의 수준이 달라질 수 있다.

a) INA의 조사선 비라존호(*Virazon*).　　　　　　　b) 고 두휫(C. Duthuit)과 바스

1980년대 후반에 비라존호가 현장에 투입되어 약 30년 전의 해면채취선을 대신하였다.
4반세기 이상 지난 뒤, 최초 발굴팀의 두휫과 바스가 잠수 준비를 하고 있다.

c) 도구 등의 수습 유물.　d) 금속 가공 연장 등의 전시.

e) 저울 추 등. f) 닻돌(약 100m 떨어진 곳 출수)

그림 3-185 1980년대 후반의 재 발굴조사 (INA).

2) 울루부룬(Uluburun)

1982년 터키 남부 해안의 카스(Kas) 근처 울루부룬에서 발견되었고, 바스 일행(INA and Bodrum Museum, C. Pulak)에 의하여 1984~1994년 사이에 발굴조사 되었다. 이 기간 동안 매 3~4개월씩 11번의 발굴조사 작업을 수행하였고, 22,423회의 잠수(침몰선 잠수 6,613 시간)를 하였다. 당시까지 가장 오래된 후기 청동기시대 난파선이었다 {기원전 1,300년경 - 장작에 대한연륜(年輪) 연대학적 분석은 1306 B.C.E.였다. 겔리도니아보다 약 150년 더 오래된 것으로 추정}. 지중해 난파선 중 가장 많은 양의 교역품, 원자재와 제품 등의 발굴로, 당시의 교역상(**그림 3-217**) 등을 규명할 수 있는 값진 성과를 거둔 사례이다. 하지만 수심이 깊어(선체는 44~52미터에 주로 분포, 61미터까지 유물이 흩어져 발견됨), 해저체류시간의 제약과 질소마취로 인한 작업 장애 및 안전사고에 각별한 신경을 기울여야했다.

발굴 전 유물들의 위치와 선체의 형태 등을 정밀하게 측정, 도면 작성을 하였고, 입체 사진 기법도 적용되었다. 하지만 이러한 과정들은 수심에 따른 해저체류 시간의 제약으로 오랜 시간이 소요되었고, 장기간 인내하며 자료 수집과 정리를 해야만 하였다. 겔리도니아의 경우와는 달리 선체의 많은 부분이 잘 보존되어 있었고, 300~400개의 주괴(10톤의 구리와 1톤의 주석), 유리, 긴 항아리(amphora), 등자 줄 단지(stirrup jar), 무기, 연장, 개인사물 등, 귀중한 유물들이 발견되었다. 특히 주석 주괴는 순도 99.5%에 이르는 원자재로, 이렇게 순수한 상태로 발견되는 것은 매우 드문 경우였다(Bass 1987). 이집트를 포함한 11개의 다른 문화 양상을 시사하는 유물들이 분류되어, 후기 청동기 시대의 연대기에 중요한 단서를 제공하였다. 청동기, 유리, 도기, 금(특히 금 잔), 상아 등의 제조·가공 기술을 더욱 정확히 파악할 수 있었고, 매우 귀중한 인장들과 가장 오래된 책으로 볼 수 있는, 나무 재질로 된 책 형태와, 고대 왕국간의 위신재 유통에 대한 단서도 발견되었다. 불투명한 코발트 블루의 유리 원자재는 청동기 시대 유리 교역에 대한 오펜하임(late L. Openheim)의 해석도 증명 가능케 하였다.

모든 출수 동반 유물들은 보드룸 수중고고학 박물관(the Bodrum Museum of Underwater Archaeology, Bodrum Castle)으로 옮겨져 영구적으로 보관되고 있다. 물론 보존처리와 복원, 분류 및 연구도 이곳에서 아직 진행되고 있다.

이 선박의 기원지는 확실히 알 수 없지만, 가나안이나 키프로스로 추정되며 에게해를 목적지로 삼은 것 같았다. 약 1,000년 뒤의 것으로 추정되는 키레니아(Kyrenia) 선박과 유사한 방법(mortise and tenon)으로 건조되었으며, 길이는 약 15~16미터였다. 지중해 및 주변 집단들의 구리, 주석 및 기타 원자재 교역 연구에 많은 도움을 주었다(Delgado 1997). 바스는 이 발굴을 통하여, 물론 겔리도니아 발굴에서도 피력하였지만, 그가 4반세기간 주장해왔던 가설 - 청동기 시대 동부 지중해의 해상 교역에 가나안이나 페니키안들이 중요한 역할을 하였다. - 을 뒷받침해 준다고 하였다. 이는 육상에서 원자재 등의 발견이 매우 적어 많은 추론들을 할 수 있었는데 반하여, 수중에서 잘 보존된 원자재를 포함한 유물들의 다량 발견은 정확한 분석과 연구를 가능케 하였기 때문일 것이다. 또한 그는 고고학자들의 꿈을 실현케 하였으며, 이집트 연구, 지리학 등을 위시하여, 금속, 유리, 선박 건조, 해상 교역, 농경, 예술과 종교를 연구하는데 새로운 정보들을 제시하였다고 평가하였으며, 최고의 보물 - 지식을 얻었다고 표현하였다.

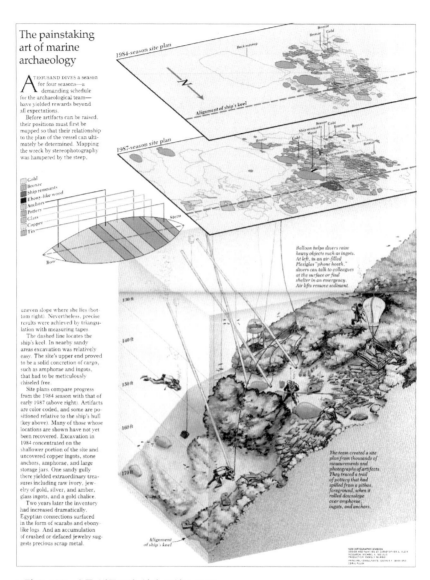

그림 3-186 수중 발굴조사 설명 모식도 (INA).

수중 정보에 대한 정밀한 측정과 도면 작성을 엄격히 필요로 하는 수중고고학은 장기간 인내하며 연구하는 태도가 필수적이다.

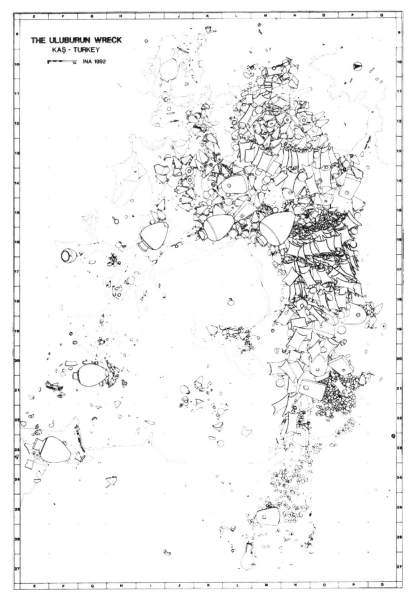

그림 3-187   유구 · 유물 분포도 (INA).

a) 선체와 닻돌.　b) 닻돌 인양 준비.

24점의 닻돌이 출수되었다. 무게는 21∼220 kg으로 크기, 형태, 재질이 다양하였다.

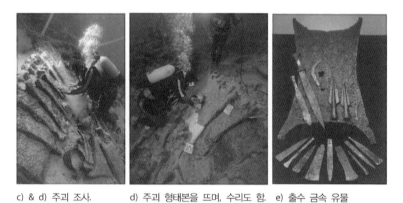

c) & d) 주괴 조사.　　　d) 주괴 형태본을 뜨며, 수리도 함.　e) 출수 금속 유물

그림 3-188　수중 발굴조사 (INA; Bass 1987).

    d) Archaeologist C. Peachy replicating and consolidating damages.

    e) In front of a 60-pound copper ingot, a bronze dagger, a sword, spear heads, and cutting tools such as chisels are a mix of Canaanite, Mycenaean, Cypriot, and Egyptian designs.

a) ~ c) 금으로 된 성배(聖杯). 침몰선 서쪽 끝단에서 발견.
c) 수중 노출 상태.

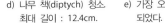

d) 나무 책(diptych) 청소.　　e) 가장 오래된 나무 책으로 세 부분의 상아 경첩으로 연결
　　최대 길이 : 12.4cm.　　　　되었다.

그림 3-189 출수 유물 - 금 성배와 나무 책 (Bass 1987; INA).

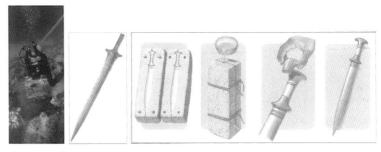

a) 46cm의 청동검.

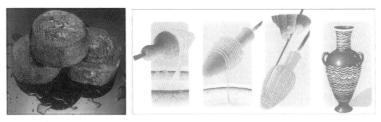

b) 유리 주괴("Mekku-stone", Blue glass ingots, 폭: 38cm)

c) 상아.

그림 3-190   다양한 출수 유물과 제작 기법 (Bass 1987).

a) INA 팀이 4년에 걸쳐 자료를 수집·분석·연구하여, 당시 선상 생활상과 화물 적재 모습을
재현하였다. 수면 위는 이집트 무덤에 묘사된 기원전 14세기 시리아 선단의 도착 모습의 그
림도 참고하였고, 수면 아래는 울루부룬 침몰선에서 수습한 동반 유물(화물)에 근거하여 작
성하였다.

b) 보드룸 박물관의 모형(pixoto.com).

그림 3-191   34세기 전 상업선의 재현 (Bass 1987).

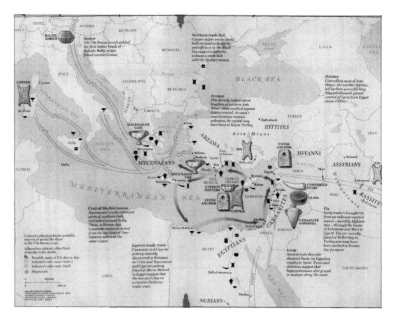

그림 3-192 청동기 시대의 교역 (Bass 1987).

울루부룬에서 발견된 불운한 선박의 항로를 나타낸다. 또한 다양한 유물들의 재료(원자재)에 대한 추정 원산지도 나타낸다.(Renfrew and Bahn 2004).

3) 한국 사례 - 자연 환경과 고려 한선 등과의 비교

앞의 **Ⅳ. 2.**항과 마찬가지로 한국 사례들을 위의 지중해 두 사례들과 직접 비교한다는 것은 매우 어렵고 적절하지 못할 수도 있다. 발굴조사 현장의 환경, 대상 유구의 규모와 특성 등이 매우 다르기 때문이다. 하지만 인식과 의도, 방법, 기간, 연구와 결과 등은 귀감으로 삼는데 부족함이 없기에 나름대로 고찰하여 본다.

겔리도니아와 울루부룬의 청동기시대 선박 발굴 사례는, 약사에서 언급한 야시아다의 세 척(7, 4, 16세기: 1961~1980년대에 발굴조사)과 함께 고찰되어야 한다. 고고학자들 - 바스 등에 의하여 발

그림 3-193 보드룸 박물관
(Bodrum Museum of Underwater Archaeology, bodrum-museum.org).

굴조사 되었고, 그들 대부분이 직접 잠수를 하여 정확한 조사를 할
수 있었기 때문이다. 또한 바스는 INA{앞의 주 31); **그림 2-20** 참조}
를 설립하여, 학계를 중심으로 한 수중고고학 연구를 도모하였고,
관련 분야 간의 유기적 협조 체계도 구축할 수 있었다. 물론 국제간
의 교류와 협력에도 큰 성과를 이루었다.

　겔리도니아는 고고학자에 의한 최초의 수중 발굴로, 1960년에 본
격적으로 수행되었다. 30년 가까이 지난 1980년대 후반에 재 탐사
(발굴조사)를 하고 지속적으로 모니터링을 하였다. 이후 야시아다와
울루부룬으로 이어지는 일련의 흐름은 수중고고학 연구와 발전의
큰 틀을 이해토록 한다. 더욱이 겔리도니아 발굴을 계기로 INA는
터키와의 협력 관계를 갖게 되고, 보드룸 연구소(Bodrum Research
Center)를 운영, 지원을 하면서 현재에 이른다.130) 2011년 5월 연구
자는 보드룸 박물관을 방문하였다. 물론 연구자의 개인적 기대였지
만, 당시에는 활발한 분위기를 접하기가 어려웠다. 예산, 정치 등의

---

130) nauticalarch.org
　　'The project would inspire the birth of the Institute of Nautical Archaeology and transformation
　　of Bodrum Castle into the Museum of Underwater Archaeology. And it would ultimately lead
　　to the creation of INA's Bodrum Research Center.'

문제에 기인한 것으로 보였다.

고고학자들이 직접 잠수를 할 수 있었기에, 수중 발굴조사 기법, 장비와 그 운용에 대한 개선도 신속히 반영되어, 수중이라는 특수 환경에도 불구하고 안전성과 효율성을 증대시켰다. 이미 야시아다 발굴에서 1967년부터 두 격실 재압실(Double-lock recompression camber)을 사용하였다. 우리나라는 2013년 5월에 취역한 누리안호 (**그림 3-219**)에 처음으로 이 장비가 탑재되었다. 하지만 표면공급식 잠수 장비의 사용과 운용은 찾아보기 어려웠다. 잠수 기술의 한계를 느끼게 하는 부분이었다.

울루부룬은 수심이 깊어 - 공기 잠수의 허용 한계 수심을 넘나들 며, 장기간 인내하며, 연차적인 발굴조사(**그림 3-211**)를 성공적으로 수행하였고, 그 결과(**그림 3-217**) 또한 훌륭한 업적이 되었다.

한국의 주요 수중 발굴조사 현장은 환경 - 특히 수중 시야와 조류 에 의한 제약이 매우 크다. 그럼에도 불구하고, 태안선(5층), 마도 2 호선(5차 노출면), 마도 3호선(4-5차)의 층별 발굴조사들은 그 의도 와 결과를 높이 사야할 것이다. 십이동파도선에 대한 국립해양연구 원과 KBS의 3D 구성 시도, 마도 2호선 보고에 따른 3D 기법 개발 과 다른 한선들에 대한 적용 또한 한국 수중고고학 발전에 한 몫을 충분히 하였다고 본다.

a) 보도자료 사진.

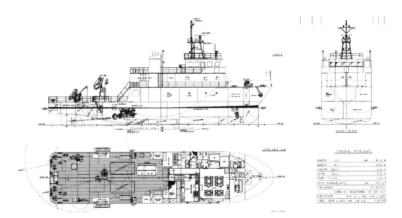

b) 일반배치도(G/A: General Arrangement Drawing).

그림 3-194 누리안호 (국립해양문화재연구소, 문화재청).

제 5 장

우리나라
수중고고학의 미래

1970년대 전반 이 충무공 해전유물 탐사를 시작으로, 크고 작은 수중 문화재에 대한 발굴조사가 꾸준히 이어져왔다. 근자에 들어 고려 한선들의 연이은 발굴로, 수중고고학 연구는 수중 문화재에 국한되지 않고, 수중 문화유산의 개념으로 확장되어 이루어진다. 이는 UNESCO를 비롯한 세계적 추세이기도 하다.

우리의 수중고고학은 벌써 한 세대를 10년이나 넘어섰다. 지금쯤은 앞날의 발전과 방향을 숙고해야 한다. 문화유산에 대한 인식을 바로하고, 수중이라는 특수한 자연 환경을 이해하고, 이에 알 맞는 연구 태도와 방향을 추구하여야 한다.

1. 사회적 배경

해양 국가임을 내세우는 우리는 바다에 대한 올바른 인식이 부족하고 귀중함을 충분히 깨닫지 못하고 있다. 지리·지형적 특성 때문에 신석기 시대로부터 해양과 관련된 고고·역사학적 자료가 많이 발견되어왔다. 하지만 해상왕 장보고 이후 고려시대를 지나면서부터 이러한 자료들이 드물어졌다. 현재까지 열(10)척의 고려 한선들이 발견되었으나, 물론 발견치 못하였을 수도 있겠지만, 조선시대 선박이나 관련 선편의 발견은 아직껏 보고된 바 없다. 이에 대한 관련 전문가의 연구가 기대된다. 이는 조선시대 어느 때부터인가 바다를 경시하는 풍조가 나타났기 때문인 것으로 생각된다. 물론 난세의 해전(海戰) 영웅도 있었다.

조선·해양 산업의 발달도 바다에 대한 올바른 인식보다는, 경제적 성장을 추구한 결과가 아닌가 싶다. 1968년 서울대학교 문리과대학에 해양학과가 신설된 이후, 사회 여러 분야에서 바다에 관심을 기울이는 듯하였다. 연구자는 1980년대 후반 외국의 해양공사 현장에서 귀국하였으며, 계속하여 국내·외의 해양 관련 분야 업무에 종사하고 있다. 아직까지도 바다에 대한 정책이나 제도 등 사회·정치적 여건과 전문성은 기대에 못 미치고 있음을 직접 느끼고 있다. 극히 일부일 수도 있겠지만, 관련·환경(NGO) 단체나 지역 주민들의 이기적 사고방식도 재고되어야 할 경우가 간혹 있기도 하는 것 같다.

또한 군·관(현재는 관) 주도하에 수중 발굴조사가 이루어져 온 배경과, 일부 과거의 폐쇄적 연구 환경에 대하여도 이제는 재고가 필요하며, 국가적 차원에서도 고려되어야 한다. 수중고고학은 장기간에 걸쳐 많은 인원과 예산이 소요되는 경우가 많다. 외국의 경우와 같이 체계적인 자원 봉사를 통하여, 저변 확대와 홍보·전시 효과를 얻음도 바람직할 것이다.

2. 학술 및 기술적 배경

수중고고학은 수중이라는 특수한 자연 환경을 이해하여야 하며, 그 연구는 자연과학이나 공학적인 뒷받침이 필요하다. 최근에 들어, 이러한 필요성과 관련 학문·학계간의 공동 연구와 협력을 인식하고 언급도 하고 있지만, 실제로는 아직도 미흡하다고 본다. 따라서 체계적인 연구가 이루어지지 않는 경우가 있게 마련이다. 이는 관련 학과, 교육 과정의 빈곤과 연구자의 부족에서 기인한다고도 볼 수 있다. 참고로 문화재청의 자료(2011년 10월까지)에 따르면, 육상 지표조사기관과 발굴조사기관은 121곳과 109곳이고, 수중 지표조사기관과 발굴조사기관은 8곳과 1곳(국립해양문화재연구소)이다. 너무나 많은 차이가 난다. 특히 수중 발굴조사는 한 곳 - 정부 기관만이 할 수 있다. 이는 폐쇄적 연구 분위기를 조성할 수도 있으며, 관련 학계간의 공동 연구, 협조를 어렵게 할 수도 있다.

경우에 따라, 가시적인 결과나 성과 위주의 탐사나 발굴조사가 실시될 수 있다. 수중 환경에서의 연구는 장기간 인내하면서 단계적으로 수행되어야 하고, 많은 예산이 소요되기 때문이다.

우리의 실정과 상황에 맞는 기술·기법의 적용과 개발이 부족하며, 기본적인 장비(예: 잠수 장비 등) 운용이 다소 적합하지 못한 경우가 더러 있었다고 본다. 하지만 근자에 들어 국립해양문화재연구소에서 다중빔음향탐사기 등 관련 조사·탐사 장비를 도입하였고, 재압실과 표면공급식 잠수장비(경량 잠수헬멧 포함)를 갖춘 수중발굴인양선131) 누리안호(**그림 3-219**)의 취역은 고무적인 것으로 받아

---

131) 개인적인 소견이지만, 선체에 "수중발굴인양선"으로 표기한 것은 다소 거부감이 든다. 발굴인양만을 위한 선박이 아니며, 조사·탐사라는 중요한 업무도 수행할 수 있기 때문이다. 특히 누리안호

들여진다.

2011년 6월 국립해양문화재연구소 태안보존센터가 준공되었고, 2012~2015년, 태안군에 서해수중유물보관동 건립을 추진 중이다. 이 보관동의 건립으로 서해에서 발굴되는 고선박과 수중유물을 체계적이고 안전하게 보관·전시될 것이다. 또한 수중고고학 연구·훈련 기지로 활용할 수 있고, 해양문화유산의 홍보는 물론 문화 공간으로서의 역할도 기대할 수 있을 것이다. 수중문화유산의 보호와 보존관리 기반 마련을 위하여 중장기 과제로 2013~2016년 「수중문화재 탐사기법 개발 연구사업」도 추진 중이다.

의 특성과 임무를 고려할 때, 인양이라는 표현은 경우에 따라서 올바른 뜻의 전달을 그르칠 수도 있기 때문이다.

맺음말

수중고고학은 중세 이후, 단순한 골동품 또는 경제적 가치가 있는 수중 유물들의 단순한 인양·획득으로부터, 1900년대 중엽에 이르러 고고학적 관점에서의 조사, 발굴이 이루어지기 시작하였다. 물론 유물 자체에 대한 연구 위주이던 것이 유구, 주변 경관에 이르기까지 발전되었다. 또한 조사, 기록 및 발굴 기법의 발전은 물론, 보존이나 전시에도 괄목할만한 성장을 가져왔으나, 수중환경이라는 특수성의 제약으로 그 한계는 분명히 있었다. 하지만 해상 활동이 활발하였던 시대나 지역에서의 그 당시 난파·침몰선에 대한 연구는 중요한 것이었다. 물론 시대적으로 다른 유물들이 함께 발견될 수도 있지만, 일반적으로 난파·침몰선에는 침몰 당시의 교역, 이동, 생계, 문화, 편년 등을 규명할 수 있는 많은 유물들이 잘 보존된 채로 발견될 수 있기 때문이다.

근자에 이르러 수중의 원 상태대로 보존하자는 흐름도 있으되, 목적이나 환경에 따라 신중히 단계별로 체계화하여야 될 것이다. 또한 그 대상이나 해석에 있어서도, 고고학적인 측면을 항시 염두에 둬야 한다. 수중고고학이 여러 분야의 지식이나 기술이 필요한 것은 사실이지만, 최종의 해석은 당연히 고고학적이어야 할 것이다. 유럽 선사 호수가 주거지에 대한 연구는 정착과 이주 및 생활상을 알 수 있었고, 집단의 환경에 대한 적응과 타 집단과의 관계 또는 확장 등을 규명할 수 있었다.

난파·침몰선에서 발견되는 유물이나 유구의 맥락이 단편적일 수도 있지만, 한 시대의 양상을 알 수 있다는 점에서 중요한 것이다. 비록 청동기 시대 선박의 발굴 사례들을 언급하였지만, 고고학자에 의하여 교과서적으로 이루어진 중요한 사례들로서, 고고학적 해석을 할 수 있었다.

또한 물막이 공법의 적용이나 선체 전체를 인양하여 장기간의 보존처리와 연구를 거치면서 전시를 한다는 것은, 고고학적 가치와 해양 문화, 역사 및 유산 등의 중요성에 대한 올바른 인식 없이는 불가능하였을 것이다. 고고학적 발견은 여러 맥락들과 함께 해석·연구되어야만, 그 진정한 의미를 갖게 되는 것이다.

비록 기법이나 방법론적인 문제이겠지만, 잠수의 목적에 따른 분류를 과학, 산업, 군사, 레저·스포츠 등으로 나눌 때, 수중고고학에 필요한 잠수는 과학적인 것이 주가 되며 산업적인 측면도 있다. 수중고고학 분야를 연구하는데 있어서, 레저·스포츠적인 장비나 방법에 의존하는 것은, 효율성이나 안전성에 있어서 취약하다. 수중문화유산의 해석·보존과 중요성, 경제성 등을 고려하여 이 점은 개선되어야 한다.

우리는 이제 바다에 대한 인식을 새롭게 가지고, 바다 - 수중문화유산의 중요함을 깨달아야한다. 수중고고학 관련 교육 과정의 빈곤과 연구자의 부족에서 탈피해야 하며, 관련 학문·학계간의 유기적인 공동 연구와 협력을 통하여, 체계 정립과 발전을 이루어야 할 때이다.

참고문헌

강봉룡, 2005. 『바다에 새겨진 한국사』,(재)해상왕장보고기념사업회, 한얼미디어.

곽유석, 2012. 『고려선의 구조와 조선기술』, 민속원.

국립김해박물관, 2008. 『비봉리 - 창녕 비봉리 양배수장 신축공사 부지내 신석기시대 저습지유적』, 용디자인.

국립해양문화재연구소, 2009a. 『고려청자 보물선 - 태안 대섬 수중발굴 조사보고서』,(주)삼성문화인쇄.

_____, 2009b. 『군산 야미도 Ⅲ - 수중발굴조사·해양문화조사 보고서』, 문화재청 국립해양문화재연구소.

_____, 2010. 『태안 마도 1호선 수중발굴조사 보고서』, 포인트테크.

_____, 2011a. 『고려의 난파선과 문화사』, 2011 국제학술대회, 세인CP디자인.

_____, 2011b. 『태안 마도 해역 탐사 보고서』, 포인트테크.

_____, 2011c. 『태안 마도 2호선 수중발굴조사 보고서』, 포인트테크.

_____, 2012a. 『태안 마도 3호선 수중발굴조사 보고서』, 포인트테크.

_____, 2012b. 『태안 원안 해수욕장 수중발굴조사 보고서, <부록> 2009년~2011년 수중탐사 보고서』, 포인트테크.

국립해양유물전시관, 2003/1995. 『바다로 보는 우리 역사 - 전시안내서』, 3판. 국립해양유물전시관.

_____, 1999. 『목포 달리도배』, 발굴조사보고서, 도서출판 무돌.

_____, 2003. 『무안 도리포 해저유적』, 예맥출판사.

_____, 2004a. 『도자길·바다길』, 예맥출판사.

_____, 2004b. 『신안선 보존과 복원, 그 20년사』, 예맥출판사.

_____, 2004c. 『신안선 보존·복원 보고서』, 예맥출판사.

_____, 2005. 『군산 12동파도 해저유적』, 대한인쇄정보산업협동조합.

_____, 2006a. 『14세기 아시아의 해상교역과 신안해저유물』, 신
안선 발굴 30주년 기념 국제학술대회, 국립해양유물전시관.

_____, 2006b. 『신안선 - I 본문 편』, (주)중앙문화인쇄.

_____, 2006c. 『신안선과 동아시아 도자교역』, (주)중앙문화인쇄.

_____, 2006d. 『안좌선 발굴 보고서』, 국립해양유물전시관.

_____, 2008. 『안산 대부도선 수중발굴조사 보고서』, 예맥.

김도현, 1999. 『우리나라 산업잠수의 현황과 발전방안』, 한국해양대학교대학
원 석사학위논문.

_____, 2006. 「수중 잠수 기술의 발전과 수중고고학」, 『수중과학기술 제7권
제1호』, 한국수중과학회.

_____, 2012. 『유럽연합(EU)의 수중고고학 탐사 및 발굴 기법에 대한 연구』,
(주)한국해양기술.

김동욱 외, 2010. 『이코모스 헌장 선언문집』, (사) 이코모스 한국위원회.

김수정·유해수, 2004. 「'Dmitri Donskoi'호의 탐사 해역 설정 과정과 수중
유물 발굴의 방법론」, 『한국물리탐사학회 학술대회지, 한국물리탐사
학회 04 정기총회 및 제6회 특별 심포지움』, 한국물리탐사학회.

김영원, 1986. 「고려자기와 중국자기의 비교연구」, 고고미술.

_____, 1999. 「통일신라시대 한·중교역과 자기의 출현」, 『장보고와 21세기』,
도서출판 혜안.

_____, 2001. 「한국 유적 출토의 중국 도자기」, 『동북아도자교류전』, 세계도
자기엑스포조직위원회.

_____, 2004. 「한반도 출토 중국 도자」, 『우리 문화 속의 중국 도자기』, 국립
대구박물관.

김용한, 2006a. 「한국 수중고고학의 현황과 과제」, 『한국해양문화학회 06년
상반기 학술대회 - 인문학과 해양과학기술과의 만남』, 한국해양문화
학회.

_____, 2006b. 「수중문화유산의 보호, 그 현황과 과제」, 『해양문화학 2』, 한
국해양문화학회.

김원동, 1988. 「신안에서 침몰된 원대 목선의 침몰 년월과 인양된 도자의 편
년에 관한 연구」, 미술자료 176호.

김재근, 1993/1980. 『배의 역사』, 정우사.

_____, 2002/1994. 『한국의 배』, 서울대학교출판부.

_____, 1999. 「달리도 발굴 고선의 선박사적 의의」, 『목포 달리도배』부록 1,

도서출판 무돌.

동양문물연구원, 2012. 『김해 봉황동 119-1 및 22-6 일원 주택신축부지 문화재 발굴조사 약보고서』,(재)동양문물연구원.

목포해양유물보존처리소, 1993. 『진도 벽파리 통나무배』발굴조사보고서, 도서출판 향지사.

문화공보부 문화재관리국, 1978. 『안압지 발굴조사보고서』, 문화공보부 문화재관리국.

문화재관리국, 1983. 『신안해저유물』자료편 I.

_____, 1985a. 『신안해저유물』자료편III.

_____, 1985b. 『완도해저유물』발굴조사보고서.

_____, 1988. 『신안해저유물』종합편.

문화재청, 2011. 『문화재 연감 2011』, 예맥.

_____, 2012. 『대곡천 암각화군 - 보존학술조사 연구용역』, 동아원색.

박성욱, 1997. 『국제법상 수중문화유산보호제도에 관한 연구』, 경희대학교 대학원 박사학위논문.

박양생, 2004. 『한국 해녀 - 잠수 생리학적 특성』, 고신대학교 출판부.

손보기·김문경 외, 1999. 『장보고와 21세기』, 도서출판 혜안.

양순석, 2013. 「한국 수중문화재 탐사 현황과 한계」, 『수중문화재 탐사기법 개발 연구 - 전문가 워크숍 발표집』, 문화재청 국립해양문화재연구소.

오석민·한상욱, 2009. 「굴포운하의 역사적 의의와 현대적 활용방안」, 『충남 리포트 제17호(2009-05: 2009.4.24)』, 충남발전연구원.

유해수, 2011/2007. 『울릉도 보물선 돈스코이호 - 해양탐사대, 100년의 역사를 끌어올리다』, 지성사.

유해수·김수정·박동원, 2004. 「지구물리 탐사기법을 이용한 심해 Dmitri Donskoi호 확인」, 『한국물리탐사학회 학술대회지, 한국물리탐사학회 04 정기총회 및 제6회 특별 심포지움』, 한국물리탐사학회.

윤명철, 2001/2000. 『바닷길은 문화의 고속도로였다 - 동아지중해와 한민족 해양활동사』,(주)사계절출판사

李國清, 2004. 「중국 천주 고선 보존·복원」, 『신안선 보존과 복원, 그 20년사』, 예맥출판사.

이원식, 2003/1990. 『한국의 배』, 대원사.

이철한, 1992. 「진도 벽파리 통나무배 발굴조사 개보」, 『학술연구발표논집』제6집, 국립문화재연구소.

_____, 2004. 「신안선 복원연구」, 『신안선 보존과 복원, 그 20년사』, 예맥출판사.

정양모, 1977. 「1976 · 1977년 조사 신안해역 도자기의 편년적 고찰」, 『신안해저문물』, 국립중앙박물관.

_____, 2006. 「신안선 조사 성과의 의의」, 『14세기 아시아의 해상교역과 신안해저유물』, 신안선 발굴 30주년 기념 국제학술대회, 국립해양유물전시관.

제주도, 1996. 『제주의 해녀』, 제주도인쇄공업협동조합 삼화인쇄사.

한국해양연구원, 2003. 『2003년 문화재청 수중매장문화재 조사업무처리지침 연구』, 한국해양연구원.

황○○ · 김성필, 1994. 『수중 유물 발굴의 기초』, 해군사관학교.

해군사관학교 해저유물탐사단, 2001. 『2000년 해저유물탐사 결과 보고서 - 충무공 해전 및 장보고 대사 관련 유물탐사』, 해군인쇄창.

_____, 2002. 『2001년 해저유물탐사 결과 보고서 - 장보고 대사 및 충무공 해전관련 유물탐사』, 해군인쇄창.

해군 충무공 해전유물 발굴단, 1991. 『충무공 해전유물 발굴조사 - 제2차 보고서』, 해군인쇄창.

허권 외/이코모스한국위원회, 2012. 『대곡천 암각화군 - 보존학술조사 연구용역』, 문화재청 유형문화재과

홍순재, 2011. 「고려시대 난파선의 구조와 제작기술의 변천」, 『고려의 난파선과 문화사』, 2011 국제학술대회, 국립해양문화재연구소.

Abbott S.S. et al., 1974. _Undersea Treasures._ The National Geographic Society(NGS).

Adams J., 1999. _The Kravel Project : The survey and recording of an early sixteenth century wreck in the Baltic.(Interim Report)._ Centre for Maritime Archaeology, Department of Archaeology, University of Southampton.

Anderson H.V., 2001. _Underwater Construction Using Cofferdams._ Best Publishing Co., Arizona.

Babits L.E. and Tilburg H.V., 1998. _Maritime Archaeology: A Reader of Substantive and Theoretical Contributions._ Plenum Press, New York and

London.

Bachrach A.J., Desiderati B.M. and Matzen M.M., 1988. *A Pictorial History of Diving.* Best Publishing Co., San Pedro.

Bahn P. and Renfrew C., 2004. *Archaeology: Theories, Methods and Practice.* Thames & Hudson Ltd., London.

Baix Y. *Comex: The Conquest of the Ocean Depths.* Comex.

Ballard R.D., 1987. Epilogue for Titanic. *NGM, Oct. 1987,* NGS.

_____, 1989. The Bismarck Found. *NGM, Nov. 1989,* NGS.

_____, 1990a. *The Lost Wreck of the Isis.* Scholastic/Madison Press Book, New York.

_____, 1990b. *The Discovery of the Bismarck.* Madison Press Book, New York.

_____, 1998. High-tech Search for Roman Shipwrecks. *NGM, Apr. 1998,* NGS.

_____, 2001. Black Sea Mysteries. *NGM, May 2001,* NGS.

_____, 2004. Why is Titanic Vanishing. *NGM, Dec. 2004,* NGS.

Ballard R.D., et al., 2008. *Archaeological Oceanography.* Princeton University Press.

Ballard, R.D., Stager L., Master D., Yoerger D., Mindell D., Whitcomb L., Singh H., & Piechota D., 2002. Iron Age Shipwrekcs in Deep Water off Ashkelon, Israel. *American Journal of Archaeology.* 106.2.

Baptist C., 1979. *Salvage Operations.* Stanford Maritime Ltd., London.

Bartholomew C.A., 1990. *Mud, Muscle, and Miracles: Marine Salvage in the United States Navy.* Naval Historical Center and Naval Sea Systems Command.

Bascom W., 1976. *Deep Water, Ancient Ships.* Doubleday & Company, Inc., New York.

Bass G.F., 1966. *Archeology Under Water: in the Series Ancient Peoples and Places.* Thames and Hudson, London.

_____, 1968. New Tools for Undersea Archaeology. *NGM, Sep. 1968,* NGS.

_____, 1972. *A History of Seafaring based on Underwater Archaeology.* Thames & Hudson Ltd., London.

_____, 1987. Oldest known Shipwreck Reveals Splendors of the Bronze Age. *NGM, Dec. 1987*, NGS.

Bass G.F. and van Doorninck F.H., Jr., 1982. *Yassi Ada vol. 1: A Seventh-century Byzantine Shipwreck*. Texas A&M University Press.

Bennett P.B. and Elliott D.H., 1982. *The Physiology and Medicine of Diving*. Best Puiblishing Company: 3rd ed., San Pedro.

Bevan J., 1996. *The Infernal Diver*. Submex Ltd., London.

_____, 2005a. *The Professional Diver's Handbook*. Submex Limited, London.

_____, 2005b. Weighing Anchor for the Last Time: A final archaeological dive on the wreck site of the Tudor warship *Mary Rose* has recovered two 'high-value' items. *Underwater Contractor International Nov./Dec. 2005*, Underwater World Publications Ltd.

Blot J-Y., 1996. *Underwater Archaeology: Exploring the World beneath the Sea*. Harry N. Abrams, Inc., New York.

Bradford E., 1982. *The Story of the Mary Rose*. The Mary Rose Trust.

Brady E.M., 1981. *Marine Salvage Operations*. Cornell Maritime Press, Inc.: 7th printing, Maryland.

Broadwater J.D., 1988. Yorktown Shipwreck. *NGM Jun. 1988*. NGS.

_____, 1992. Shipwreck in a Swimming Pool: An Assessment of the Methodology and Technology Utilized on the Yorktown Shipwreck Archaeological Project. *Advances in Underwater Archaeology, Historical Archaeology Vol.26, No.4*. Journal of the Society for Historical Archaeology.

Busby R.F., 1976. *Manned Submersibles*. Office of the Oceanographer of the Navy.

BYM News, 2007. MSC Napoli & the Wreckers. *Boats Yachts Marinas, Issue 2 - February 2007*. Maian Martin(Publishers) Ltd.

Camidge K., 2005. *HMS Colossus, Stabilization Trial - Final Report*. CISMAS.

Camidge K. and Panter I., 2012. *HMS Colossus, Monitoring & Investigation - Project Design*. CISMAS.

Carlson D.N., 2002. Caligula's Floating Palaces. *Archaeology May/June 2002*, Archaeological Institute of America.

Cederlund C.O., 2006. *Vasa I: The Archaeology of a Swedish Warship of*

1628. National Maritime Museums of Sweden.

Christensen A.E., 1987. *Guide to the Viking Ship Museum*. Universitetets Oldsaksamling, Oslo.

Clifford S.A., 1993. *An Analysis of the Port Royal Shipwreck and Its Role in the Maritime History of Seventeenth-Century Port Royal, Jamaica*. Texas A&M University.

Coggins C.C., 1992. *Artifacts from the Cenote of Sacrifice Chichen Itza, Yucatan*. Harvard University Press.

Coleman D.F., 2003. *Archaeological Oceanography of Inundated Coastal Prehistoric Sites*. University of Rhode Island.

Comex. *North Sea Alert!*. "Oceans" Publishing.

Cousteau J.Y. and Diole P., 1971. *Diving for Sunken Treasure*. Doubleday & Company, Inc., New York.

Crumlin-Pedersen O., 2010. *Archaeology and the Sea in Scandinavia and Britain, A personal account*. Viking Ship Museum in Roskilde.

Crumlin-Pedersen O. and Olsen Olaf, 2002. *The Skuldelev Ships I: Topography, Archaeology, History, Conservation and Display*. The Viking Ship Museum in Roskilde.

Csepp D.J., 2005. ROV Operation from a Small Boat. *MTS Journal Summer 2005 Vol.39 No.2*, MTS.

Davis R.H., 1995. *Deep Diving and Submarine Operations: A Manual for Deep Sea Divers and Compressed Air Workers*. Siebe, Gorman & Company Ltd.: 9th ed., Gwent.

Dean M., et al., 1995. *Archaeology Underwater: The NAS Guide to Principles and Practice*. Nautical Archaeology Society, Archetype Publications Ltd., London.

Dear I.C.B. and Kemp P., 2006. *Oxford Companion to Ships and the Sea*. Oxford University Press Inc.: 2005 2nd ed./paperback ed., New York.

Delgado J.P., 1997. *Encyclopedia of Underwater and Maritime Archaeology*. Yale University Press.

Dincauze D.F., 2000. *Environmental Archaeology: Principles and Practice*. Cambridge University Press.

Diole P., 1953. *The Undersea Adventure*. Julian Messner, Inc., New York.

Dixon N., 2004. *The Crannogs of Scotland: An Underwater Archaeology.* Tempus Publishing Ltd., Gloucestershire.

Dugan J., 1957. *Undersea Explorer: The Story of Captain Cousteau.* Harper & Brothers, New York.

Dugan J., et al., 1967. *World beneath the Sea.* NGS.

Dumas F., 1962. *Deep-Water Archaeology.* Routledge and Kegan Paul, London.

Dunkley M., 2008. *Protected Wreck Sites at Risk - A Risk Management Handbook.* English Heritage, Portsmouth.

Durham K., 2008. *Viking Longship.* Ospery Publishing Ltd., Oxford.

Easterbrook N., et al., 2003. *Underwater Archaeology: History and Methodology.* Periplus Publishing London Ltd.

Empereur J.Y., 1998. *Alexandria Rediscovered.* George Braziller, Inc., New York.

English Heritage, 2010. *Waterlogged Wood - Guidelines on the Recording, Sampling, Conservation and Curation of Waterlogged Wood.* English Heritage, Swindon.

Ferguson H.L., 1939. *Salvaging Revolutionary Relics from the York River.* Clyde W. Saunders & Sons, Inc.: reprint(1944) and extract from William and Mary College Quarterly Historical Magazine, series 2, vol.19, no.3, July 1939, Virginia.

Fish J.P., Carr H.A., 1990. *Sound Underwater Images.* Lower Cape Publishing, Orleans, MA.

Flemming N.G. and Max M.D., 1996. *Scientific Diving: A General Code of Practice.* Best Publishing Company - UNESCO Publishing: 2nd ed.

Foley B.P. and Mindell D.A., 2002. Precision Survey and Archaeological Methodology in Deep Water. *ENALIA The Journal of the Hellenic Institute of Marine Archaeology,* Vol. VI, 49-56, 2002.

Ford B., 2011. *The Archaeology of Maritime Landscapes - When the Land Meets the Sea: An ACUA and SHA Series.* Springer, New York.

Franzen A., 1974/60. *The Warship Vasa: Deep Diving and Marine Archaeology in Stockholm.* P.A. Norstedt & Soners Forlag, Stockholm.

Franzen G., 1971. *The Great Ship Vasa.* Hastings House, Publishers, New York.

Garabello R. and Scovazzi T., 2003. *The Protection of the Underwater Cultural*

Heritage: Before and After the 2001 UNESCO Convention. Martinus Nijhoff Publishers, Leiden/Boston.

GeoAcoustics, 2006. GeoChirp 3D Product Bulletin. GeoAcoustics Ltd.

Gillon J., 2002. Marine Archaeology: Acid attack. Nature vol.415 Feb. 2002, Macmillan Magazines Ltd.

Goddio F., 2007. Underwater Archaeology in the Canopic Region in Egypt: The Topography and excavation of Heracleion-Thonis and East Canopus (1996-2006). Oxford Centre for Maritime Archaeology.

Goddio F. and Bernand A., 2004. Sunken Egypt Alexandria. Periplus Publishing London Ltd.

Goddio F. and Clauss M., 2006. Egypt's Sunken Treasures - Exhibition Catalogue. Prestel, Munich.

Goddio F., et al., 1998. Alexandria - The Submerged Royal Quarters. Periplus Ltd, London.

Goddio F., et al., 2000/2001. Royal Captain: a Ship Lost in the Abyss. Periplus Publishing London Ltd.

Gores J.N., 1971. Marine Salvage: The Unforgiving Business of No Cure, No Pay. Doubleday & Company, Inc., New York.

Gould R.A., 2000. Archaeology and the Social History of Ships. Cambridge University Press.

Green G., 2004. Maritime Archaeology: A Technical Handbook, 2nd ed. Elsevier Academic Press, London.

Guerin U., Egger B. et al. 2011. UNESCO Manual for Activities Directed at Underwater Cultural Heritage. UNESCO.

Hackman D.J. and Caudy D.W., 1981. Underwater Tools. Battelle Press, Columbus, Ohaio.

Harris G.L., 1994. Iron Suit: The History of the Atmospheric Diving Suit. Best Publishing Company.

Hass H., 1975/73. Men beneath the Sea: Man's Conquest of the Underwater World. St. Martin's Press, New York.

Hatcher M., 1987. The Nanking Cargo. Hamish Hamilton Ltd., London.

Heine J.N., 1999. Scientific Diving Techniques: A Practical Guide for the Research Diver. Best Publishing Company, Arizona.

Henderson G., 1986. *Maritime Archaeology in Australia*. University of Western Australia Press, Nedlands.

Hocker F.M. and Ward C.A., 2004. *The Philosophy of Shipbuilding: Conceptual Approaches to the Study of Wooden Ships*. Texas A&M University Press / College Station.

Hocker F., 2011. *Vasa: A Swedish Warship*. Medstroms Bokforlag and National Maritime Museum in Sweden.

Holmquist J.D. and Wheeler A.H., 1964. *Diving into the Past: Theories, Techniques, and Applications of Underwater Archaeology*. The Minnesota Historical Society and the Council of Underwater Archaeology, St. Paul.

Holt P., 2003. *The Sonardyne Fusion Acoustic Positioning System used on the Mary Rose*. Sonardyne International Ltd.

Hussain F., 1970. *Living Underwater*. Praeger Publishers, Inc., New York.

ICOMOS, 1994. *The Nara Document on Authenticity*. ICOMOS.

_____, 1996. *Charter on the Protection and Management of Underwater Cultural Heritage - Rectified by the 11th ICOMOS General Assembly in Sofia, Bulgaria, October 1996*. ICOMOS.

_____, 2006. *Underwater Cultural Heritage at Risk: Managing Natural and Human Impacts - Heritage at Risk, Special Edition*. ICOMOS.

IMCA, 1985. *AODC 034 Diving Where There is Poor Surface Visibility*. IMCA(International Marine Contractors Association), London.

_____, 1987. *AODC 047 The Effects of Underwater Currents on Divers' Performance and Safety*. IMCA.

_____, 1988. *AODC 048 Offshore Dive Team Manning Levels*. IMCA.

_____, 2002. *IMCA D 022 The Diving Supervisor's Manual*. IMCA.

_____, 2003. *IMCA D 033 Limitations in the Use of SCUBA Offshore*. IMCA.

_____, 2007 *IMCA D 014 IMCA International Code of Practice for Offshore Diving rev. 1*. IMCA.

Irion J.B., 1990. *Archaeological Investigations of the Confederate Obstructions, Mobile Harbor, Alabama*. The University of Texas at Austin.

ITOPF(The International Tanker Owners Pollution Federation Ltd.), 2002. *Technical Information Paper: Fate of Marine Oil Spills*. ITOPF.

Jardine F.M. and McCallum R.I., 1994. *Engineering and Health in Compressed Air Work*. E & FN Spon, an imprint of Chapman & Hall, London.

Joiner J.T., 2001. *NOAA Diving Manual: Diving for Science and Technology*. Best Publishing Company: 4th ed., Arizona.

Keith D.H., 1979. Yellow Sea Yields Shipwreck Trove: A 14th-century Cargo Makes Port at Last. *NGM, Aug. 1979*, NGS.

Kenny J.E., 1973. *Business of Diving*. Gulf Publishing Company: 2nd ed., Houston.

Lafferty B., et al., 2006. A side-scan sonar and high-resolution Chirp sub-bottom profile study of the natural and anthropogenic sedimentary record of Lower Lough Erne, northwestern Ireland. *Journal of Archaeological Science 33(2006) 756-766*. Elsevier Ltd.

Lampton C., 1988. *Undersea Archaeology*. Franklin Watts, New York.

Laroe L.M., 1997. La Salle's Last Voyage. *NGM, May 1997*, NGS.

Latil P. and Rivoire J., 1956. *Man and the Underwater World*. Jarrolds Publisher(London) Ltd.

Lawler A., 2005. Ancient Alexandria Emerges, by Land and by Sea. *Science vol.307 Feb. 2005*, AAAS.

Lawrie J.A., 1985. Comparison of Past with Present. *Developments in Diving Technology: Advances in Underwater Technology and Offshore Engineering Vol.1*. Graham & Trotman Ltd., London.

Li Q., 2010. *Nanhai I and the Maritime Silk Road*. China Intercontinental Press.

Linder E. et al., 1976. *Introducing Underwater Archaeology*. Lerner Publications Company, Minneapolis.

Link E.A., 1964. Tomorrow on the Deep Frontier. *NGM, June 1964*, NGS.

Manders M.R., 2011a. *Guidelines for Protection of Submerged Wooden Cultural Heritage, including cost-benefit analysis*. EU Project WreckProtect(Project No. 226225).

_____, 2011b. *Guidelines for Predicting Decay by Shipworm in the Baltic Sea*. EU Project WreckProtect(Project No. 226225).

Manders M.R., Oosting R. and Brouwers W., 2009. *Managing Cultural Heritage Underwater(MACHU) Report Nr. 2*. www.machuproject.eu.

                , *Managing Cultural Heritage Underwater(MACHU) Final Report Nr. 3.* www.machuproject.eu.

Marx R.F., 1973. *Port Royal Rediscovered.* Doubleday & Company, Inc., New York.

        , 1975. *The Underwater Dig: An Introduction to Marine Archaeology.* Henry Z. Walck, Inc., New York.

Marsden P., 1975. *The Wreck of the Amsterdam.* Stein and Day, New York.

Martin C., 1981. Archaeology in an Underwater Environment. *Protection of the Underwater Heritage: Technical Handbooks for Museums and monuments 4.* UNESCO.

Masters D., 1933. *S. O. S.: A Book of Sea Adventure.* Eyre and Spottiswoode (Publishers), Ltd., London.

        , 1932. *When Ships Go down: More Wonders of Salvage.* Eyre and Spottiswoode(Publishers), Ltd., London.

Matz E., 1991. *Vasa.* The Vasa Museum, Stockholm.

      , 2009. *Vasa.* Vasa Museum, Stockholm.

McKee A., 1973. *King Henry VIII's Mary Rose: Its Fate and Future.* Souvenir Press Ltd., London.

        , 1982. *How We Found the Mary Rose.* Souvenir Press Ltd., London.

Menotti F., 2004. *Living on the Lake in Prehistoric Europe: 150 Years of Lake-dwelling Research.* Routledge, London and New York.

Milwee W.I., Jr., 1996. *Modern Marine Salvage.* Cornell Maritime Press, Maryland.

Morgan N., 1990. *Marine Technology Reference Book.* Butterworth & Co. Ltd., Essex.

Morrison I., 1973. *The North Sea Earls: The Shetland/Viking Archaeological Expedition.* Gentry Books Ltd., London.

MTS(Marine Technology Society), 1984. *Operational Guidelines Remotely Operated Vehicles.* Subcommittee on Remotely Operated Vehicles, MTS, Washington.

Muckelroy K., 1978. *Maritime Archaeology.* Cambridge University Press.

          , 1980. *Archaeology Under Water: An Atlas of the World's Submerged Sites.* McGraw-Hill Book Company, New York.

Myers J.J., Holm C.H. and McAllister R.F., 1969. *Handbook of Ocean and Underwater Engineering*. McGraw-Hill Book Company, New York.

NOAA, 2006. *NOAA Hydrographic Survey Priorities 2006 Edition*. Office of Coast Survey, NOAA(National Oceanic and Atmospheric Administration), U.S. Department of Commerce.

Ohrelius B., 1963. *Vasa: The King's Ship*. Chilton Books, Philadelphia.

Oosting R. and Manders M., 2008. *Managing Cultural Heritage Underwater(MACHU) Report Nr. 1*. www.machuproject.eu.

Owen D.I., 1970. Picking up the Pieces: The Salvage Excavation of a Looted 5th Century BC Shipwreck in the Straits of Messina. *Expedition vol.13, no.1, Fall 1970*, The Bulletin of the University Museum of the University of Pennsylvania.

Oxley I. and O'Regan D., 2001. *The Marine Archaeological Resource*, Institution of Field Archaeologists(IFA) Paper No.4. IFA SHES, University of Reading, Whiteknights, UK.

Paterson L.J., 1996. *"Only Thirty Birthdays": British Marine Mutual, 1876 to 1996*. The British Marine Mutual Insurance Association Ltd., London.

Pellegrino C., 1990. *Her Name, Titanic: The Untold Story of the Sinking and Finding of the Unsinkable Ship*. Robert Hale Limited, London.

Penrose J.D. et al., 2005. *Acoustic Techniques for Seabed Classification*. Cooperative Research Centre for Coastal Zone Estuary and Waterway Management, Australia.

Penzias W. and Goodman M.W., 1973. *Man Beneath the Sea: A Review of Underwater Ocean Engineering*. John Wiley & Sons, Inc.

Perry, 1984. *ROV*. Perry.

Peterson M., 1965. *History Under the Sea: A Handbook for Underwater Exploration*, Smithsonian Publication 4538. Smithsonian Institution.

Peterson M.L., 1954. *History Under the Sea: Underwater Exploration of Shipwrecks*, Smithsonian Publication 4174. Smithsonian Institution.

Quinn et al., 2002. Integrated Geophysical Surveys of the French Frigate *La Surveillante*(1797), Bantry Bay, Co. Cork, Ireland. *Journal of Archaeological Science(2002) 29*. Elsevier Science Ltd.

Rapp G.R. and Hill C.L., 1998. *Geoarchaeology: The Earth-Science Approach to*

Archaeological Interpretation. Yale University Press.

Renfrew C. and Bahn P., 2004. *Archaeology: Theories, Methods and Practice.* Thames & Hudson Ltd., London.

Renner M.A., 1987. *Eighteenth-Century Merchant Ship Interiors.* Graduate College of Texas A&M University.

Richards N., 2008. *Ships' Graveyards - Abandoned Watercraft and the Archaeological Site Formation Process.* University Press of Florida.

Riche W.L., 1996. *Alexandria: The Sunken City.* George Weidenfeld and Nicolson Ltd., London.

Roberts F.H.H., Jr. 1961. *River Basin Surveys Papers: Inter-Agency Archaeological Salvage Program No. 21 ~24,* Smithsonian Institution Bureau of American Ethnology Bulletin 179. U.S. Government Printing Office, Washington.

Robinson D. and Wilson A., 2011. *Maritime Archaeology and Ancient Trade in the Mediterranean.* OCMA(Oxford Centre for Maritime Archaeology), Institute of Archaeology, Oxford.

_____, 2010. *Alexandria and the North-Western Delta.* OCMA, Institute of Archaeology, Oxford.

Rule M., 1982. *The Mary Rose: The Excavation and Raising of Henty VIII's Flagship.* Conway Maritime Press Ltd., London.

Rule M. and Miller P., 1983. Henry VIII's Lost Warship: The Search for Mary Rose. *NGM, May 1983,* NGS.

Runestone Press, 1994. *Sunk!: Exploring Underwater Archaeology.* Runestone Press, Minneapolis.

Ruppe C.V. and Barstad J.F., 2002. *International Handbook of Underwater Archaeology.* Kluwer Academic/Plenum Publishers, New York.

Ryan E.J. and Bass G.F., 1962. Underwater Surveying and Draughting - A Technique. *Antiquity, vol. XXXVI, no.144, Dec. 1962,* The Antiquity Trust, Cambridge.

Ryan W.B.F. and Pitman W.C., 1998. *Noah's Flood: The New Scientific Discoveries about the Event that Changed History.* Simon & Schuster, New York.

Sagalevitch A.M., 2001. Second Discovery of the Bismarck Wreck. *Sea*

Technology, Dec. 2001.

Sandstrom M. et al., Deterioration of the Seventeenth-century Warship *Vasa* by Internal Formation of Sulphuric Acid. *Nature vol.415 Feb. 2002,* Macmillan Magazines Ltd.

Saunders R., 1962. *The Raising of the Vasa: The Rebirth of a Swedish Galleon.* Oldbourne Book Co. Ltd, London.

Schiermeier Q., 2002. Undersea Plan Leaves Wrecks to Rest in Peace. *Nature vol.415 Feb. 2002,* Macmillan Magazines Ltd.

_____, 2004. Noah's Flood. *Nature, vol. 430, Aug. 2004,* Nature Publishing Group.

Scott D., 1932/1931. *Seventy Fathoms Deep - With the Divers of the Salvage Ship Artiglio.* Faber & Faber Limited, London.

Sjøvold T., 1985. The Viking Ships in Oslo. Universitetets Oldsaksamling, Oslo.

Smith C.W., 2003. *Archaeological Conservation Using Polymers: Practical Applications for Organic Artifact Stabilization.* Texas A&M University Press.

Spirek J.D. and Scott-Ireton D.A., 2003. *Submerged Cultural Resource Management: Preserving and Interpreting Our Sunken Maritime Heritage.* Kluwer Academic/Plenum Publishers, New York.

Stammers M.K., 1989. *Tugs and Towage.* Shire Publications Ltd.

Staniforth M. et al., 2008. *Maritime Archaeology - Australian Approaches.* Springer Science+ Business Media, LLC.

Stanley J.-D. et al., 2007. *Underwater Archaeology in the Canopic Region in Egypt: Geoarchaeology.* Oxford Centre for Maritime Archaeology.

Steffy J.R., 2006. *Wooden Ship Building and the Interpretation of Shipwrecks,* 3rd printing(1994 1st). Texas A&M University Press.

Stenuit R., 1978. The Sunken Treasure of St. Helena. *NGM, Oct. 1978,* NGS.

Thorndike J.J., Jr., 1980. *Mysteries of the Deep.* American Heritage Publishing Co., Inc., New York.

Throckmorton P., 1969, 1970. *Shipwrecks and Archaeology: The Unharvested Sea.* Atlantic-Little, Brown, Boston.

_____, 1970. More Lost Ships. *Expedition vol.13, no.1, Fall 1970,* The Bulletin of the University Museum of the University of Pennsylvania.

_____, 1987. *The Sea Remembers: Shipwrecks and Archaeology.* Weidenfeld & Nicolson, New York.

UNESCO, 1972. *Underwater Archaeology: A Nascent Discipline.* United Nations.

_____, 1997. Underwater Heritage, a treasure Trove to Protect. *UNESCO Sources, No.87, Feb.* UNESCO.

_____, 1998. 20,000 Worlds Under the Sea. *UNESCO the Courier, July-August.* UNESCO.

_____, 2000. *Underwater Archaeology and Coastal Management - Focus on Alexandria.* UNESCO Publishing.

_____, 2001. *The UNESCO Convention on the Protection of the Underwater Cultural Heritage.* UNESCO.

_____, 2011. *UNESCO Manual for Activities Directed at Underwater Cultural Heritage.* UNESCO.

USACE, 2004. *Engineering and Design - Hydrographic Surveying.* Department of the Army, USACE(U.S. Army Corps of Engineers), Washington, DC.

USN, 1988a. *U.S. Navy Towing Manual.* USN.

____, 1988b. *US Navy Salvage Safety Manual.* USN.

____, 1989 *U.S. Navy Ship Salvage Manual vol.1 Strandings.* USN.

____, 1990. *U.S. Navy Ship Salvage Manual vol.2 Harbor Clearance.* USN.

____, 2002. *U.S. Navy Towing Manual rev.3.* USN.

____, 2006. *U.S. Navy Ship Salvage Manual vol.1 Strandings and Harbor Clearance rev.1.* USN.

____, 2006. *U.S. Navy Diving Manual rev.6.* USN.

Viking Ship Museum. *The Viking Ship Museum in Roskilde.* Viking Ship Museum.

Villiers A., 1963. Ships Through the Ages: A Saga of the Sea. *NGM, Apr.*

1963, NGS.

Vorosmarti J., Jr., 1997. A Very Short History of Saturation Diving. *Historical Diving Times Issue 20(Winter 1997)*, The Historical Diving Society.

Vryhof Ankers bv, 1990. *Anchor Manual, 1990 edition*. Vryhof Ankers B.V., Netherlands.

Ward I.A.K. et al., 1999. A New Process-based Model for Wreck Site Formation. *Journal of Archaeological Science(1999) 26*. Academic Press.

Wheat-Stranahan P., 2007. *La Salle in Texas - A Teacher's Guide for the Age of Discovery and Exploration*. Texas A&M University Press.

Wheeler G.J., 1958. *Ship Salvage*. George Philip and Son Limited, London.

WHOI, 1998. DSL Surveys British Merchant Ship. *Currents vol.7, no.2, Spring 1998*, WHOI.

Wilcox T.E. and Fletcher B., 2004. High-Frequency Sonar for Target Re-acquisition and Identification: Off-the Shelf Side Scan Sonar System Used aboard small UUVs to Produce Ultra-high-resolution Imagery. *Sea Technology vol.45, no.6 Jun. 2004*, Compass Publications Inc., Arlington, Virginia.

Williams K., 2004. *Alexandria and the Sea: Maritime Origines and Underwater Explorations*. Lightning Source UK Ltd.

Woods J.D. and Lythgoe J.N., 1971. *Underwater Science: An Introduction to Experiments by Divers*. Oxford University Press.

Wunderlich J. et al., 2004. Detection of Embedded Archaeological Objects using Nonlinear Sub-bottom Profilers. *Proceedings of the Seventh European Conference on Underwater Acoustics*, ECUA 2004.

Yoo H.S. et al., 2005. Discovery of the Dmitri Donskoi ship near Ulleung Island(East Sea of Korea), using geophysical surveys. *Exploration Geophysics(2005) Vol 36, No. 1*. Australian Society of Exploration Geophysicists(ASEG).

Zwingle E., 1987. "Doc" Edgerton - The Man Who Made Time Stand Still. *NGM, Oct. 1987*, NGS.

김도현

김도현은 경남고등학교, 서울대학교 해양공학과를 졸업하고 현대건설 해양산업 분야에서 근무하였으며, 이후 한국해상기술 대표이사, 대한수중과학회 회장, 잠수명장을 지냈다. 또한 대한민국건설대상 건설기능상 금상과 제1회 바다의 날 산업포장을 받았다. 우리나라 최고의 잠수 명인이었을 뿐만 아니라, 잠수에 대한 학술적인 연구도 수행하였으며, 부경대학교 사학과에서 수중고고학 분야 최초로 박사 학위를 취득하였다. 방글라데시 국가 초청으로 잠수 기술을 가르쳤고, 부경대학교에서도 수중고고학을 강의하였다. 이 책은 김도현의 박사 학위 논문을 바탕으로 한 것이다. 국내 자료뿐만 아니라 수중고고학 관련 자료를 직접 외국에 가서 수집해 왔다. 논문은 그의 오랜 잠수 경력과 잠수에 대한 열정이 낳은 결과물이다. 효성도 지극하여 늘 어머님을 찾아뵈었고, 어머님이 세상을 버리시자, 그도 뒤를 따를 듯 이 세상을 떠났다. 그는 서둘러 떠났으나, 그의 뜨거운 가슴은 여기에 남았다.

수중고고학의
역 사

초판인쇄 2018년 11월 1일
초판발행 2018년 11월 1일

지은이 김도현
펴낸이 채종준
펴낸곳 한국학술정보㈜
주소 경기도 파주시 회동길 230(문발동)
전화 031) 908-3181(대표)
팩스 031) 908-3189
홈페이지 http://ebook.kstudy.com
전자우편 출판사업부 publish@kstudy.com
등록 제일산-115호(2000. 6. 19)

ISBN 978-89-268-8607-6 93910